Mehmet Dalar

Su Sorununda Legal Perspektifler: Fırat ve Dicle

AF821191

Mehmet Dalar

Su Sorununda Legal Perspektifler: Fırat ve Dicle

Türkiye Alim Kitapları

Impressum / Yayınevi adı
Bibliografische Information der Deutschen Nationalbibliothek: Die Deutsche Nationalbibliothek verzeichnet diese Publikation in der Deutschen Nationalbibliografie; detaillierte bibliografische Daten sind im Internet über http://dnb.d-nb.de abrufbar.
Alle in diesem Buch genannten Marken und Produktnamen unterliegen warenzeichen-, marken- oder patentrechtlichem Schutz bzw. sind Warenzeichen oder eingetragene Warenzeichen der jeweiligen Inhaber. Die Wiedergabe von Marken, Produktnamen, Gebrauchsnamen, Handelsnamen, Warenbezeichnungen u.s.w. in diesem Werk berechtigt auch ohne besondere Kennzeichnung nicht zu der Annahme, dass solche Namen im Sinne der Warenzeichen- und Markenschutzgesetzgebung als frei zu betrachten wären und daher von jedermann benutzt werden dürften.

Deutsche Nationalbibliothek tarafından yayınlanan bibliyografik bilgiler: Deutsche Nationalbibliothek, bu yayını Deutsche Nationalbibliografie'de listeler; detaylı bibliyografik bilgi İnternet'te http://dnb.d-nb.de sitesinde mevcuttur.
Bu kitapta bahsedilen herhangi bir marka ve ürün adı, tescilli marka, marka veya patent korumasına tabidir ve ilgili sahiplerin ticari veya tescilli markalarıdır. Marka, ürün, ortak ve ticari adların, ürün açıklamalarının v.s. işbu eserde özel işaretleme olmadan bile kullanılması, bu çeşit adların, tescilli marka ve marka korunması kanunu açısından kısıtlanmamış ve böylece herkes tarafından kullanılabilir olarak hiç bir şekilde yorumlanamaz.

Coverbild / Kitap kapağı resmi: www.ingimage.com

Verlag / Yayıncı:
Türkiye Alim Kitapları
ist ein Imprint der / yayınevinin bir ticari markasıdır
OmniScriptum GmbH & Co. KG
Heinrich-Böcking-Str. 6-8, 66121 Saarbrücken, Deutschland / Almanya
Email / E-posta: info@turkiye-alim-kitaplary.com

Herstellung: siehe letzte Seite /
Basım yeri: son sayfaya bakın
ISBN: 978-3-639-67294-7

Copyright / Telif hakkı © 2015 OmniScriptum GmbH & Co. KG
Alle Rechte vorbehalten. / Her hakkı saklıdır. Saarbrücken 2015

SU SORUNUNDA LEGAL PERSPEKTİFLER: FIRAT VE DİCLE

Mehmet DALAR

31.01.1969 tarihinde Mardin'de doğan Mehmet Dalar, 1993 yılında Uludağ Üniversitesi İktisadi ve İdari Bilimler Fakültesi Uluslararası İlişkiler Bölümü'nde lisans eğitimini, 1995'te Dicle Üniversitesi Sosyal Bilimler Enstitüsü Kamu Hukuku bölümünde Yüksek Lisans eğitimini tamamlamıştır. 2004 yılında Uludağ Üniversitesi, Uluslararası İlişkiler Bölümü Devletler Hukuku ana bilim dalında doktora çalışmasını tamamlayan Dalar, 2011 yılında Üniversitelerarası Kurulun yaptığı doçentlik sınavını başararak doçent unvanını almıştır. Halen Bolu'da bulunan Abant İzzet Baysal Üniversitesi İktisadi ve İdari Bilimler Fakültesi Uluslararası İlişkiler bölümünde öğretim üyesi olarak çalışan Dalar, uluslararası hukuk, siyasal düşünceler tarihi, insan hakları ve anayasa hukuku gibi dersleri vermektedir. Elinizdeki bu eserinin dışında "Gazze Savaşı: Filistin Direnişi, İsrail Yayılmacılığı ve Uluslararası Hukuk" adlı kitap çalışmaları ile Avrupa Birliği Türkiye ilişkileri konusunda yazdığı makalelerin yanı sıra " Mısır: İç ve Dış Çatışma Dinamikleri", "Uluslararası Sular Sorunu", "Haklı Savaş Doktrini", "İran'ın Nükleer Programı", "Darfur Sorunu: Sorunun Kökenleri, Çatışma ve Uluslararası Hukuku", "Azınlıklar Sorunu: Uluslararası Hukuk ve Türk Hukuku Açısından Bir Analizi" ve "Mısır'da Müslüman Kardeşler Hareketinin Demokrasi Anlayışı ve Sisteme Etkisi" gibi çok sayıda alan çalışmasını içeren makaleleri bulunmaktadır.

ÖNSÖZ

İnsanın ve diğer canlı varlıklarının onsuz yaşayamayacağı tatlı su kaynaklarına sahip olan devletler ile daha az su kaynağına sahip olan devletler arasında suların kullanımından kaynaklanan anlaşmazlıklar, toplumların devlet haline dönüştükleri tarihlerden beri var olmuştur. Suların aktığı aynı coğrafi havzada ortaya çıkan birden fazla ulus devletlerin kendilerini yapay sınırlarla sınırlandırmaları sonucunda bir kısmının yukarı bir kısmının da aşağı çığırda bulunmalarına yol açmıştır. Bu da aynı sular üzerinde egemenlik iddia eden devletler arasında suların tüketilmesi ve kirlenmesinden kaynaklanan sorunların oluşmasına yol açmıştır. Özellikle 20. Yüzyıldan itibaren ulusal devletlerle birlikte gittikçe artan nüfus ile tarımsal endüstriyel ihtiyaçlar, kıt olan su kaynaklarının kullanımını daha hassas hale getirmiş ve potansiyel çatışma kaynağı haline dönüşebilmiştir. Tatlı su kaynaklarına daha fazla sahip olan devletler, avantajlı konumda olurken bu kaynağa daha az sahip olan devletler yönünden problem her geçen gün artmıştır. Bu çalışmada dünyadaki belli başlı uluslararası nehirlerle ilgili ortaya çıkan gelişemeler ve sorunlar ele alınarak bu spesifik nehirlerle ilgili kıyı devletlerinin yaptıkları antlaşmalar analiz edilmiş ve uluslararası nehirlerle ilgili yapılan genel sözleşmeler incelenerek bu konuda uluslararası hukukun kaydettiği gelişemelere değinilmiştir. Bununla birlikte Uluslararası nehirlerin genel kullanımıyla ilgili henüz bir uluslararası yapılageliş kuralı oluşmuş değildir. Çünkü her devletin ülkesinden geçen nehirlere yönelik özel durumu, hukuk kurallarının oluşmasında etkili olmaktadır. Bu çalışmada da değinileceği gibi 1997 yılında BM Genel Kurulu tarafından kabul edilen ve devletlerin onayına sunulan Uluslararası Su Yollarının Ulaşım Dışı Kullanımıyla ilgili Sözleşmenin yürürlüğe girebilmesi için en az 35 devlet tarafından onaylanması şartı 2014 yılında yerine gelmesine rağmen henüz genel bir uluslararası yapılageliş kuralı haline dönüşmüş değildir. 190 dan fazla devletin olduğu dünyada 35-40 devletin onaylaması genel bir teamül kuralına dönüşmesi için yeterli değildir.

Türkiye'den kaynaklanıp Suriye ve Irak'a akan Fırat ve Dicle nehirleri, Ortadoğu'nun geleceğini ve kaderini değiştirecek uluslararası sular niteliğindedir. Bu suları ulusal ve uluslararası hukuk belgeleri çerçevesinde ve teknik boyutlarıyla inceleyen bu çalışma, üç havza devletinin geçmiş ve gelecek kullanımları ve projeleri üzerinde durarak, suların kullanımıyla ilgili anlaşmazlıklara neden olan etkenleri tespit ettikten sonra, sular üzerinde üçlü antlaşma sağlanmasına zemin olacak hakkaniyete dayalı ve makul kullanımını etkiyen faktörleri belirlemiştir. Bu faktörler bazında sorunun çözümüne yönelik yapılacak antlaşma, Türkiye ve bölge devletlerinin bu sular sayesinde ekonomik ve siyasal anlamda yakınlaşmaları ve işbirliğinde bulunmalarını sağlamlaştıracağının yanı sıra Ortadoğu barışının oluşturulmasında da önemli katkı sağlayacaktır.

Çalışmadaki hata ve eksikliklerin bana ait olduğu bilinciyle, okuyuculardan yöneltilecek eleştiri ve önerileri dikkate alacağımı belirtmek isterim.

Mehmet DALAR

İÇİNDEKİLER

İKİNCİ BÖLÜM
TÜRKİYE'DEKİ ULUSLARARASI NEHİRLERİN HUKUKSAL STATÜSÜ

ÜÇÜNCÜ BÖLÜM
FIRAT-DİCLE NEHİRLERİNİN COĞRAFİ ÖZELLİKLERİ, KIYIDAŞ DEVLETLERİN SU DURUMU, FAYDALANMA ŞEKİLLERİ VE ETKİLERİ

DÖRDÜNCÜ BÖLÜM
FIRAT VE DİCLE NEHİRLERİNİN HUKUKSAL DURUMU, KIYIDAŞ DEVLETLERİN YAKLAŞIMLARI VE ÇÖZÜM ALTERNATİFLERİ

KISALTMALAR

AB : Avrupa Birliği
ABD : Amerika Birleşik Devletleri (USA: United States of America)
AID : Agency for International Development (Uluslararası Kalkınma Ajansı)
BM : Birleşmiş Milletler (UN: United Nations)
DPT : T.C. Devlet Planlama Teşkilatı
DSİ : T.C. Devlet Su İşleri
FAO : U.N.Food and Agriculture Organization (BM Gıda ve Tarım Örgütü)
GAP : Güneydoğu Anadolu Kalkınma Projesi
GSBH : Gayrı Safi Bölgesel Hasıla
GSMH : Gayrı Safi Milli Hasıla
GSYİH : Gayrı Safi Yurtiçi Hasılası
GWh : Giga vat saat (1000 MWH)
Ha : Hektar
HES : Hidroelektrik Santralı
Hm^3 : Hektometreküp = 100 m^3
KHGM : Köy Hizmetleri Genel Müdürlüğü
Km : Kilometre
Km^2 : Kilometre kare= 1000 m^2
Km^3 : Kilometreküp= 1000 m^3
KWh : Kilovat saat
Lt : Litre
M^3 : Metreküp
MFA : Turkish Ministry of Foreign Affairs (Türk Dışişleri Bakanlığı)
mtpe : Milyon ton petrol eşdeğerinde
MW : Megavat
MWH : Mega vat saat (1000 Kwh)
NACSE : Northwest Alliance for Computational Science and Engineering.(Bilgi İşleme Dayalı Bilim ve Mühendislik için Kuzey Batı İttifakı.)

NAFTA : North America Free Trade Area/Agreement (Kuzey Amerika Serbest Ticaret Bölgesi/ Antlaşması)

OP : Operational Policy (Dünya Bankasının çalışma politikası)
S. B. F. : Siyasal Bilgiler Fakültesi
TBEA : Toplam Birincil Enerji Arzı
TDA : U.S.Trade and Development Agency (ABD Ticaret Ve Kalkınma Ajansı)
TED : The Trade Environment Database (Ticaret Çevre Veritabanı)
TÜBİTAK: Türkiye Bilimsel ve Teknik Araştırmalar Kurumu.
TWS : Teravatsaat: 1 milyar kilovatsaat
UHD : Uluslararası Hukuk Derneği (ILA: International Law Association)
UHK : Uluslararası Hukuk Komisyonu (ILC :International Law Commission)
UN : United Nations (Birleşmiş Milletler)
UN GA : United Nations General Assembly (Birleşmiş Milletler Genel Kurulu)
UNDP : United Nations Development Programme (Birleşmiş Milletler Kalkınma Programı)

UNESCO : United Nations Educational, Scientific,and Cultural Organization.(Birleşmiş Milletler Eğitim, Bilim ve Kültür Örgütü)
WHO : World Health Organization (Dünya Sağlık Örgütü)

GİRİŞ

İnsan hayatının ve eko sisteminin temeli olan su, hızlı nüfus artışı, endüstriyel gelişme, kuraklık ve insan kaynaklı çevresel kirlenme nedeniyle giderek nicelik ve niteliğini kaybetmektedir. Onsuz insan hayatının mümkün olmadığı tatlı su kaynaklarının birden fazla devletin egemenliğine konu olması, kullanımla ilgili olarak sorunları beraberinde getirmektedir. Özellikle bir devlet toprağında doğduktan sonra başka devlet/devletlerin topraklarında akan sınır aşan nehirlerin kullanımıyla ilgili anlaşmazlık, krize ve gerginliğe neden olabilmektedir. Uluslararası hukuk alanında önemi gittikçe artan bu konuyla ilgili ilke ve kuralların oluşturulması çalışmaları henüz istenen sonucu vermiş değildir. Aynı nehirleri paylaşan devletler, suyun kullanımına ilişkin ortaya çıkan anlaşmazlıkları, nehirlerin de koşulları dikkate alınarak, anlaşma yapma yoluna gitmişlerdir. Fakat değişik coğrafi ve çevresel özelliklere sahip olan nehir havzalarıyla ilgili yapılan bu antlaşmalar, benzeri anlaşmazlıkların çözümünde referans kaynağı olup olmadıkları tartışma konusudur. Bununla beraber bugüne kadar uluslararası nehirlere ilişkin yapılan kodifikasyon çalışmaları sonucunda şekillenen ve bazıları sözleşme mahiyetini kazanan uluslararası belgeler, devletlerin konuyla ilgili uyuşmazlıklarının çözümü için genel ilkeler ve metotlar sunmakta ve uluslararası su hukukunun gelişmesine katkıda bulunmaktadırlar. Sınır aşan su kaynaklarının koordinasyonlu olarak yerinde, etkin ve adil kullanımı, hakkaniyet ve eşit haklar temelinde tüm devletler arasında barışın güçlendirilmesini, güvenliği ve dostane ilişkilerin gelişmesini sağlayacaktır.

Eski medeniyetlerin doğup geliştiği Fırat ve Dicle Nehirleri tarihten beri sulama ve diğer amaçlarla kullanılmış ve içinde aktıkları Mezopotamya Ovası'nın bolluk ve zenginliğine kaynaklık etmiştir. Osmanlı İmparatorluğu'nun çökmesinden sonra bu nehirler, yeni kurulan üç ulusal devlet arasında fiilen paylaşılmış oldu. Türkiye'nin kaynak, Suriye ve Irak'ın aşağı devletleri konumunda olduğu bu nehirlerin kullanımıyla ilgili henüz kapsamlı bir antlaşma yapılmış değildir. Bu devletlerin tarımsal ve endüstriyel gelişmelerini sağlamak için artan oranda bu nehirlerin sularına ihtiyaç duymaları, kullanıma ilişkin sorunların başlangıç noktası olmuştur. Dünyadaki tatlı su kaynaklarının giderek azalması sonucu, su rezervleri bakımından Ortadoğu devletlerine göre nispeten daha zengin olan Türkiye, kaynağı kendisinde bulunan Fırat ve Dicle Nehirleriyle ilgili yapılacak düzenlemede önemli devlet durumundadır.

Aslında uluslararası hukukun ulaşım dışı nehirlerle ilgili tedrici gelişmesi henüz tamamlanmış değildir. Devletlerin farklı çıkar algılamaları ve bu çıkarları bütünleştirecek mekanizmaların yetersiz olması, gelişmesini yavaşlatmaktadır.

Uluslararası hukukun, sınırları aşan ulaşım dışı kullanılan nehir kaynaklarıyla ilgili getirdiği düzenlemeler oldukça yeni olup henüz tam oturmuş değildir. Kısaca bu çalışmada şu soruların cevabı araştırılacaktır:

- Bölgede uluslararası nehirler üzerinde egemen olan uluslararası bir hukuk var mıdır?
- Eğer var ise veya var olacaksa bölgedeki nehir kaynaklarının kontrol ve yönetiminde bu hukukun rolü ve etkisi nedir?
- Bölgedeki devletlerin farklı görüşlerini doğrulayan uluslararası hukuk kuralı var mıdır?
- Fırat ve Dicle Nehirleri benzeri, değişik devletlerin sınırlarından geçen diğer nehirlere ilişkin yapılan ikili veya çok taraflı antlaşmalar, sorunun çözümünde ne kadar ve hangi boyutta örneklik teşkil eder?

Suyun taksimi, tahsisi, kullanımı ve gelişimi üzerinde etkili olan uluslararası nehirlere ilişkin antlaşma ve sözleşmeler neler getirmektedir?

Bu sorulara verilecek cevaplar ölçüsünde bölgedeki su sorununun çözümlenmesiyle ilgili önemli bulgular elde edilecektir.

Bu çalışmanın amacı, konuyla ilgili uluslararası belgelerin getirdiği ilkeler ve uluslararası su hukukunun temel kuralları çerçevesinde Fırat ve Dicle Nehirleri'nin kullanımıyla ilgili üç kıyı devleti arasında hakkaniyete uygun makul kullanım ve katılım ilkesi temelinde antlaşma sağlama zeminini hazırlayan faktörleri ve işbirliği olanaklarını araştırmak, benzer ikili ve çok taraflı antlaşmaları dikkate alarak uluslararası hukukun bu konuda getirdiği düzenlemeleri inceleyerek bölge devletlerinin konuyla ilgili ileri sürdükleri farklı görüşleri uluslararası hukuk tekniğine göre değerlendirmek ve kullanımlarına hukuksal boyut kazandıracak alanları tespit etmektir. Türkiye'den kaynaklanan bu iki nehir üzerinde yukarı ve aşağı devletlerin kullanım haklarının hukuki dayanağı ile ilgili farklı yaklaşımlarının analiz edildiği çalışmada, bu nehirler üzerinde yapılacak antlaşmaya esas olmak üzere makul ve adil kullanım faktörlerinin neler olduğunu tespit etmektedir. Sorunun çözümünde çalışmanın savunduğu hakkaniyete dayalı makul kullanım ve katılım ilkesinin getirdiği esaslar uygulandığı takdirde, Bölge devletlerinin kalkınmalarını gerçekleştirmeleri ve ilişkilerini barış ve işbirliği temelinde istikrarlı olarak sürdürmeleri daha kolay olacaktır

BİRİNCİ BÖLÜM

ULUSLARARASI NEHİRLER VE ULUSLARARASI SU HUKUKU

Bu bölümde dünyada çeşitli devletler arasında paylaşılan başlıca tatlı su kaynağı olan nehirlerin genel durumu ile dünya nüfusunun bu nehirlere olan ihtiyacı tespit edildikten sonra uluslararası nehir kavramı ele alınacaktır. Birden fazla devletin egemenliğine konu olan, özellikle sınır aşan nehirlerden faydalanmanın hukuksal dayanağı ve referans alınan doktrinler incelenecek ve uluslararası hukukun bu konuda kaydettiği gelişmeler ile uluslararası örgütler tarafından yapılan kodifikasyon çalışmaları hakkında bilgi verilerek, uluslararası mahkemelerin konuyla ilgili uyuşmazlıkları hangi esaslar üzerinde çözüme kavuşturdukları açıklandıktan sonra örnek uluslararası antlaşmalar incelenecektir.

1.1.Uluslararası Nehirlerin Dünyadaki Genel Durumu

Dünyadaki önemli nehirlerin çoğu uluslararası niteliktedir. Birleşmiş Milletler (BM)'in eski kayıtlarına göre Dünyada iki veya daha fazla devletçe paylaşılan 200 nehir bulunmaktadır. Dünya nüfusunun yaklaşık % 40'ı iki veya daha fazla devletçe paylaşılan nehir havzalarında yaşamaktadır. Bu alan Dünyadaki karaların % 50' sini kapsamaktadır.[1]

Yeni kayıtlara[2] göre ise iki veya daha fazla devlet tarafından paylaşılan nehir sayısı 261'dir. Dünyanın tatlı su kaynağının yaklaşık

---

[1] Priscoli, Jerome Delli, "International Conflicts Related to Transboundary Water", Water Resources Institute, USA, 1998, (çevrimiçi) www.internationalwaterlaw.org, 24 Mart 2002.

[2] Postel, Sandra L. , and Wolf, Aaron T. , "Dehydrating Conflict", Foreign Policy, September-October, 2001, (çevrimiçi) http://www.foreignpolicy.com/, 23 Aralık 2001.

% 60'ını oluşturan bu sular Dünya nüfusunun % 40'ı tarafından kullanılmaktadır. Önümüzdeki senelerde beş kıtadaki elli devlet, ülkelerinde geçen uluslararası suların kullanımıyla ilgili antlaşma yapmadıkları takdirde aralarındaki anlaşmazlık gerginliğe yol açarak savaşa dönüşebilir. Sular üzerindeki anlaşmazlık ve gerginliği önlemek için su rezervlerini korumaya yönelik etkin yöntemlerin geliştirilmesi, su kaynaklarıyla ilgili objektif veriler üzerinde politikalar geliştirilerek antlaşmalar yapılması ve su idaresiyle ilgili etkin kurumların oluşturulması gerekmektedir. Dünyadaki su kaynaklarının durumu aşağıdaki gibi özetlenebilir: [1]

a) Dünya nüfusunun artışından dolayı kişi başına düşen tatlı su oranı % 58'e düşmüştür.
b) Önümüzdeki yıllarda Dünya nüfusunun yaklaşık % 40'ı gıda, sanayi ve çeşitli ihtiyaçları karşılayacak düzeyde yeterli su sağlamlayamayan devletlerde yaşayacağı düşünülmektedir.
c) Asya kıtasındaki nüfus, Dünya nüfusunun % 60'ı dolayında olduğu halde tatlı su kaynaklarının ancak % 36'sına sahiptir.
d) Son elli yılda uluslararası nehirlere ilişkin 1831 uyuşmazlık üzerinde yapılan analize göre, bunların dörtte üçü işbirliğine yakınken dörtte biri de gerginlik safhasındadır.
e) Tarihte su üzerindeki anlaşmazlığın savaşla sonuçlanan ilk vakası, 4500 yıl önce Mezopotamya site devletleri olan Lagaş ve Umma arasındaki su paylaşımına ilişkin savaştır.
f) Sekizi Afrika'da, altısı Asya'da olmak üzere Dünyadaki on yedi uluslararası su havzalarındaki elli bir devlet, önümüzdeki on yıl içinde su anlaşmazlığından dolayı risk altındadır.
g) Etkin su denetimi ve yönetimini sağlayan esnek antlaşmalar da yapılmıştır. Bunlardan 1960'ta

[1] Aynı yer. Ayrıca bkz. United Nations (UN) Food and Agriculture Organization (FAO), "4. World Water Resources by Country", 'World Water Resources' başlığında. (çevrimiçi), http://www.fao.org/DOCREP/005/Y4473E/y4473e08.htm#bm08.1 , 22 Aralık 2003.

Hindistan ve Pakistan arasında yapılan İndus Nehri Antlaşması, taraflar arasında çıkabilecek savaşı engellemesi açısından dikkate değerdir.

Dünya nüfusunun büyük bir kısmı tarıma elverişli, fakat sınırlı su kaynaklarının bulunduğu yarı kurak veya kurak bölgelerde yaşamaktadır. Dünyadaki toplam kara alanlarının yarısını, 261 uluslararası su yolu ve göl havzasının oluşturması, suyun uluslararası anlaşmazlıklar açısından hassas bir konu haline gelmesine yol açmıştır.[1] Kurak veya yarı kurak bölgelerdeki su kıtlığı, aynı havzayı paylaşan devletler arasında genellikle "su baskısı" olarak adlandırılan siyasal baskının yapılmasına yol açmaktadır. Siyasal sınırları dikkate almayan akarsularla ilgili yapılan uluslararası düzenlemeler kurumsal alt yapıdan yoksun olduğu için BM başta olmak üzere uluslararası kuruluşlar, uluslararası su kaynaklarıyla ilgili bir strateji geliştirmekte yetersizdirler. Tatlı su miktarının bu yüzyılımızın ana sorunu olmasının yanı sıra, suyun kalitesindeki düşüş de çok kritik bir noktaya gelmiştir. Yapılan tespitlere[2] göre:

- Dünyada yarım milyardan fazla nüfus, tatlı su kaynaklarına ulaşmaktan mahrumdur.
- Yaklaşık üç milyar nüfusun kullandığı sular sağlık koşullarından uzaktır.
- Her yıl 5-10 milyon kişi su kaynaklı hastalıklardan ölmektedir.
- Dünyanın sulanabilir topraklarının % 20'si tarımsal üretimi olumsuz etkileyen tuz barındıran sularla sulanmaktadır.

Çeşitli uluslararası kuruluşlar ve uzmanlara göre içme, temizlik ve sağlıklı yaşam için kişi başına düşmesi gereken su miktarının günlük asgari 50 litre olması gerekmektedir. Ne var ki 1990 yılında dünyada yarım milyardan fazla insanın sahip olduğu su

[1] Özkan , Naki, "Türkiye Su Zengini Değil", Milliyet Gazetesi , 24 Mart 2000, (çevrimiçi) www.milliyet.com.tr , 21 Ocak 2002.
[2] Wolf, Aaron T. , "Tranboundary Waters: Sharing Benefits, Lessons Learned", Thematic Background Paper, Bonn, 2001. s. 3, (çevrimiçi) http://www.water-2001.de/co_doc/transboundary_waters. pdf, 3 Mayıs 2003.

miktarı, bu asgari miktarın altındadır. Dünya Barajlar Komisyonu'nca yapılan araştırmaya göre:

-2005 yılına doğru 3.5 milyar dolayında nüfus su problemi olan devletlerde yaşayacaktır. Hızla artan nüfus ile elverişli su kaynakları arasında ters orantı vardır.

-İki milyar dolayında Dünya nüfusu elektrik sıkıntısı çekmektedir. Gelişmekte olan devletlerde elektrik talebi gittikçe artmaktadır.[1]

Başka bir araştırma[2], yeryüzünde 1.4 milyar kilometreküp (km^3) su bulunduğunu, bu suyun % 97'sinin tuzlu olduğunu, temiz suyun ise % 2' sinin buz halinde veya görünüşte erişilemeyen derinliklerdeki fosillerde yer aldığını gösteriyor. Öte yandan, Dünya genelinde temiz su kullanımının 1940 ile 1980 yılları arasında iki kat arttığı ; 20 yıl sonra iki kat daha artacağı belirtilmiştir. Temiz su ihtiyacı ile kaynakların, birbirleriyle ters orantılı olarak artacağı beklenmektedir. Nitekim bilim adamları 2000 yılında pek çok devletin 1975 yılında sahip oldukları suyun yarısına sahip olacaklarını; buna karşılık su ihtiyaçlarının iki katına çıkabileceğini hesaplamaktadırlar. Bu durumda, bir kriz noktasına varılacağı ve bu noktanın 2050 yılı olacağı ileri sürülmüş ve 2050 yılında Dünya nüfusunun yaklaşık iki katına çıkacağı ve azalmakla birlikte bugün var olan miktardaki suyu paylaşacağı ifade edilmiştir.[3]

Geçen 50 yıllık sürede uluslararası nehirlerle ilgili 37 tane gerginliğe neden olan anlaşmazlık görülmüş, aynı süre içinde 157 tane antlaşma görüşülmüş ve imzalanmıştır. İşbirliği anlayışı içerisinde yapılan antlaşmalar, gerginlikler sonucu yapılanlardan daha çoktur.[4] Dolayısıyla bitişik veya ardışık olan aynı nehir sularını paylaşan devletler, ekonomik yapılarının hassasiyetini dikkate alarak

---

[1] The Report of the World Commission on Dams "Dams and Development: A New Framework for Decision-Making, The Report of the World Commission on Dams, An Overview - November 16 2000, "the changing concept" başlığında, (çevrimiçi) http://www.dams. org/ , 04 Şubat 2002.

[2] Biçer, Ahmet, "Orta Doğu Su Sorunu", 'a) Su kaynakları Açısından Genel Durum'kısmı, (çevrimiçi) http://www.avrasyakusagi.com/deneme/susorunu.htm, 21 Ocak 2002.

[3] Aynı yer.

[4] Wolf, "Tranboundary Waters: Sharing. . . " , s. 3.

suların ortak kullanımını işbirliği çerçevesinde anlaşma zemininde oturtmak durumundadırlar.

Taze su kaynaklarının eşitsiz dağılımını global, bölgesel ve yerel olmak üzere üç kademede ele almak mümkündür. Burada, global seviye daha çok dünyadaki iklim kuşakları ile ilgilidir. Yani bir devletin içinde bulunduğu iklim kuşağı, o devletin sahip olduğu su kaynakları hakkında belirleyici bir etkiye sahiptir. Dünyanın bir tarafında kuraklık hüküm sürerken, aynı anda başka bir tarafında aşırı yağıştan dolayı seller meydana gelebilmektedir. Su kaynaklarının bölgesel eşitsiz dağılımı ise, daha çok kurak veya yarı kurak bir bölgede kullanılabilir su kaynaklarının bir veya sınırlı sayıda devletin toprakları içerisinde bulunmasından ortaya çıkmaktadır. Üçüncü ve son kademe olan yerel kademede ise adaletsiz dağılım söz konusudur. Bu da devletlerin -özellikle ülkesi geniş olan devletlerin- sınırları içerisindeki jeografik ve küçük iklim farklılıklarından meydana gelmektedir. Günümüzde, özellikle Ortadoğu ve Kuzey Afrika'daki su sorununun temelinde yatan asıl faktör, su kaynaklarının kıtlığından çok, bu kaynaklar üzerindeki karşılıklı hakların belirlenememesi ve bu hakları belirleyecek normların açıkça ortaya konulamamasıdır.[1]

---

[1] Biçer, a. g. m. , (web), ilk 5. ve 6. par.

1. 2. Uluslararası Nehir Kavramı

Bu başlıkta, tarihsel süreç içinde bu kavramın mahiyeti ve yapılan farklı tanımlamalar ile bu tanımlar arasındaki farklılık ve benzerlikler üzerinde durulduktan sonra hukuksal anlamda ne gibi etkiler doğurduğu araştırılacaktır.

1. 2. 1. Uluslararası Nehrin Tanımı ve kapsamı

Uluslararası hukukçular bu kavramın tanımlanması konusunda hukuksal, teknik ve politik güçlüklerle karşı karşıyadırlar. Devletler arasındaki sınırları aşan bir su kaynağının genel geçer anlamda her kesimin birleşeceği bir tanımının yapılması güçlüğü nedeniyle çeşitli terimler kullanılmıştır. Bu kavramlar genel olarak: "Sürekli Sular, Milli Olmayan Sular, Sınırı Aşan Sular, Nehir Havzası, Drenaj Havzası, Uluslararası Nehir, Nehir Sistemi, Uluslararası Su Yolu, Uluslararası Sular" gibi kavramlarla ifade edilmiştir.

Uluslararası belgelerde ise genel itibarıyla şu tanımlarla karşılaşmaktayız:

1699 tarihli Karlofça Antlaşması'nda, birden fazla devletçe paylaşılan nehirler için "Ortak Sular" terimi kullanılmıştır. Aynı kavram XX. Yüzyıla kadar Avrupa'da yapılan diğer antlaşmalarda da geçmektedir. 1966 yılında Türk-Irak yetkililerince Ankara'da yapılan ortak bildiride de Fırat ve Dicle suları için "Müşterek Sular" terimi kullanılmıştır.[1]

Cem Sar'a göre "Ortak bölgesel sular" veya "müşterek sular" kavramlarının kullanılması, uluslararası hukuk yönünden çelişki yaratmaktadır. Yalnız fiziki bir durumu belirten "Ortak" deyimine hukuki bir anlam katarak bu niteliğin verildiği nehirleri ilgili devletlerin ortak mülkiyetinde veya egemenliğindeymiş gibi ileri sürülen düşünceler ancak tarihi bir değer ifade etmektedir. Günümüzde iki veya daha fazla devletin ülkesinden geçen nehirlerle

---

[1] Sar, Cem Uluslararası Nehirlerden Endüstriyel ve Tarımsal Amaçlarla Faydalanma Hakkı, A. Ü. S. B. F. . y. , Sevinç Matbaası, Ankara 1970, s. 47 ve 48.

ilgili uygulama incelendiğinde devletlerin başka devletlerin topraklarından geçen nehirler üzerinde ortak egemenlik iddiaları ileri sürmedikleri görülmektedir.[1]

1966 tarihinde Hükümet dışı Uluslararası Hukuk Derneği (UHD) tarafından kabul edilen Helsinki Nehir İlkeleri'nin (Kurallarının)[2] 1. maddesinde uluslararası nehir anlamında "*Uluslararası Drenaj Havzası Suları*" terimi kullanılmıştır. Uluslararası drenaj havzasının ne olduğu ise 2. maddede açıklanmaktadır. Bu da: "Yüzey ve yer altı sularını içeren genel sınırlar içinde akan su sisteminin sınırları tarafından belirlenen iki veya daha fazla devleti kapsamına alan coğrafi bir alandır." Esasında bu kavram, bir nehrin ana unsuru ile onu besleyen kollarını veya göl/nehir sistemini bir bütün olarak ifade etmede kullanılmaktadır. Ayrıca bu kavram sadece yüzey sularını değil, yer altı sularını da kapsamına almaktadır. "*Uluslararası Drenaj Havzası*" kavramı su kaynaklarının geliştirilmesi ve planlanmasıyla ilgili rasyonel bir temel oluşturmak için kullanılmaktadır. "*Havza*" ise içinde tüm doğal kaynakların mevcut olduğu ve doğa tarafından belirli sınırla ayrılan alandır. Su kaynakları arasında fiziksel bir bağlantı olduğundan havzadaki sular üzerinde insandan veya doğadan kaynaklanan bir değişiklik doğal olarak tüm kaynakların bulunduğu havzayı bir bütün olarak etkilemektedir.[3] "*Drenaj Havzası Suları*" kavramı esas alınan bu belgenin 3. maddesinde "*Havza Devleti*", uluslararası drenaj havzasının bir parçasının ülkesinde olduğu devlet olarak tanımlanmaktadır.

BM Uluslararası Hukuk Komisyonu (UHK)'nun raportörü Stephen M. Schwebel'in, Komisyonun 1980 tarihli 32. oturumunda sunduğu ulaşım dışı nehirlerle ilgili hazırladığı altı maddelik taslak

---

[1] Aynı eser, s. 49.
[2] 37 maddeden oluşan belge metni için bkz. International water law project, "The Helsinki Rules on the Uses of the Waters of International Rivers-1966", (çevrimiçi) http://www.internationalwaterlaw.org/IntlDocs/Helsinki_Rules. htm 29 Aralık 2001.
[3] Caponera, Dante A. , The Law of International Water Resources, pub. by Food and Agriculture Organization of United Nations, Legislative study, No. 23, Rome 1980, s. 5.

metinde[1] "*Uluslararası Su Yolu Sistemi*" kavramı geçmektedir. Buna göre su yolu sistemi, fiziksel ilişki yönünden bir bütün oluşturması nedeniyle nehirler, göller, kanallar, buzullar ve yer altı sular gibi hidrografik unsurlar tarafından oluşturulmuş öğeler dizisidir. Sistemin doğası gereğince birinde yapılan değişiklik diğer unsurları da etkilediğinden, sistemdeki bir su kaynağı üzerinde yapılan değişiklik su yolunun geçtiği diğer devletteki kısımlarını da etkilemektedir. Uluslararası su yolu sistemi ise, su yolu sistemi öğelerinin iki veya daha fazla devletin ülkesinde bulunduğu sistemdir.[2] Ne var ki Stephen M. Schwebel'in yerinde 1982 yılında Komisyonun özel raportörlüğüne atanan Jens Evensen, 1983 yılındaki 35. oturumunda Komisyona sunduğu 39 maddelik taslak sözleşmede "*Uluslararası Su Yolu Sistemi*" yerine "*Uluslararası Su Yolu*" kavramı kullanılmıştır.[3] "*Sistem*" kavramının terk edilmesinin nedeni ise, bu kavramın çok kapsamlı olması ve daha önce Komisyonca terk edilen "*Drenaj Havzası*" kavramında olduğu gibi doktriner bir yaklaşım sergilemesidir. Kavram değişikliği üzerinde tartışılmışsa da, farklı anlamda kullanımlara yol açmaması bakımından bu değişikliği üyeler kabul etmişlerdir.[4] Böyle olduğu halde "*Su Yolu Sistemi*" kavramı bir çok uluslararası antlaşma metninde geçmektedir. Örneğin Versailles Antlaşması'nın 331. maddesi, nehirlerin uluslararası statüsünün tanımlanmasında esas alınan kriter olarak "ulaşım yapılabilir nehir sisteminin tüm kısımları..." şeklinde hüküm getirmektedir. Benzer tanımlama "uluslararasılaşmış nehir sistemi" ifadesiyle Tuna Nehri Statüsünü düzenleyen 1921 tarihli sözleşmesinin 1. maddesinde de geçmektedir.[5] Nitekim UHD'nin 1958 yılında kabul ettiği New York Kararlarında: "Drenaj havzasındaki nehirler ve göller sistemi ayrı ayrı değil, bir bütün olarak algılanması gerekmektedir." denilerek

---

[1] Bkz. Taslak metin için, Yearbook of the International Law Commission, 1986, Vol. II, Part one, Documents of the thirty-eight session, United Nations pr. , Newyork 1988, s. 89.
[2] Aynı yer, par. 5.
[3] Aynı eser, s. 91, par. 14. ve s. 99, par. 62.
[4] Aynı eser, s. 92, par. 17-18. ve s. 99, par. 63.
[5] Yearbook of international Law Commission, 1991, Vol. II. , Part One, Documents of the Forty-third session, United Nations pr. , Newyork, Geneva 1994, s. 59, par. 51-55.

bu kavramın bu yönü teyit edilmektedir.[1] Bu kavramlar BM Genel Kurulu'nun Altıncı Komitesi'nde de aynı minval üzerinde tartışılmıştır.[2] Sonuç olarak Komisyonun 1991 yılındaki toplantısında "su yolu"nun tanımlanmasında sistem kavramı kullanılmış ve bu şekilde taslak sözleşme metnine eklenmiştir.[3]

1997 tarihinde BM Genel Kurulunca kabul edilen Ulaşım Dışı Uluslararası Su Yolu Sözleşmesi'nin[4] 2. maddesinin (a) fıkrasında –1991 yılındaki taslak sözleşmede olduğu gibi- nehrin karşılığı olarak Türkçe'de "*Su Yolu*" anlamında "Watercourse" kavramı kullanılmaktadır. Her ne kadar "Uluslararası Su Yolu" kavramının "*Uluslararası Nehir*" kavramıyla benzerliği varsa da "*Su Yolu*", "*Nehir*" kavramından daha geniş niteliktedir. Yer altından kaynaklanan çoğu tatlı sularının zeminde akan sularla ilişkili olduğu gerçeğinden hareketle hem zemin hem de yer altı sularını kapsayacak şekilde bir kavramın kullanılması gerekirdi. Bu da "*Su Yolu*" kavramı olacaktı. Bunun da tanımı: "Fiziksel özelliği açısından genel bir sınır dahilinde bir bütünlük oluşturan ve normal olarak akan, yerin yüzeyindeki ve altındaki sular sistemidir." Yüzey ve yer altı suları bir sistem oluşturduğundan ve fiziksel özellikleri bakımından bir bütün olduğundan sistemdeki bir öğede değişiklik diğer öğeleri de etkilemektedir. Komisyonda yüzey sularıyla ilgisi olamayan yer altı suları "*Su Yolu*" kavramı kapsamı dışında tutulma eğilimi doğmuştur. Bazı üyeler ise, yer altı sularının bulunduğu havzanın sınırlar tarafından kesildiği takdirde "*Su Yolu*" kapsamında olduğunu belirtmektedirler.[5] Bu tanımlamanın amacı, hem yer altı hem de zemin suları sisteminin tüm parçaları arasındaki ilişkiye devletlerin dikkatini çekmekti. Açıktır ki sistemin bir kısmı her hangi bir faktör

---

[1] Aynı eser, s. 60, par. 59. (Bu yaklaşım, Türkiye'nin Fırat ve Dicle Nehirlerinin tek havza olduğu tezine yakındır.)

[2] Yearbook of International Law Commission... 1986, vol. II, part one, s. 94-95, par. 36.

[3] Yearbook of International Law Commission... 1991, vol. II, part two, s. 70, par. 5.

[4] 37 madde ve 14 maddelik ekten oluşan bu sözleşme için bkz. International Law Commission, "Convention on the Law of the Non-navigational Uses of International Watercourses, 1997", (çevrimiçi) http://www.un.org/law/ilc/texts/nnavfra.htm, 31 Aralık 2001.

[5] Yearbook of International Law Commission... 1991, vol. II, part two, s. 70, par. 5.

tarafından etkilenirse sistemin diğer parçaları da etkilenecekti. Dolayısıyla yüzey sularıyla ilişkili olmayan yer altındaki suları sözleşmenin konusu dışında olmaktadır.[1] Aynı maddenin (b) fıkrasına göre "*Uluslararası Su Yolu*", farklı devletlerin toprakları içinde akan su yolu şeklinde tanımlanmıştır. Aynı su yolunu paylaşan kıyı devletine de "*Su Yolu Devleti*" denildiği (c) fıkrasında belirtilmektedir. Yukarıda değinilen Helsinki Belgesi'nin getirdiği "*Uluslararası Drenaj Havzası*" kavramı ile "*Uluslararası Su Yolu Sistemi*" kavramı arasında uygulama yönünden önemli farka sahip olan sonuçlar doğurmamaktadır.

BM'nin Avrupa Komisyonu tarafından 17 Mart 1992 tarihinde hazırlanan "Sınırı Aşan Su Yollarının ve Uluslararası Göllerin Kullanılması ve Korunmasına İlişkin Helsinki Sözleşmesi" nde[2] ise "*Sınır Aşan Su Yolu*" kavramı kullanılmıştır. Bu sözleşmenin 1. maddesinin 1. fıkrasına göre sınırı aşan sular, iki veya daha fazla devletin toprakları içinde akan veya bu devletlere sınır konumunda olan yüzey ve yer altı sularıdır. Bu belgede hem sınır kesen hem de sınır oluşturan nehirler için müşterek olarak "*Sınır Aşan Su Yolu*" kavramı kullanılmıştır.

Yukarıda anılan çeşitli uluslararası belgelerde geçen uluslararası nehir anlamında kullanılan "*Su Yolları*", "*Drenaj Havzası Suları*" ve "*Sınırı Aşan Sular*" kavramları özü itibarıyla aynı şeyleri ifade etmektedir. Yalnız "*Sınırı Aşan Sular*" kavramı dışında diğer kavramlar devletleri ayırarak sınır oluşturan nehirleri veya bir devletin topraklarından kaynaklanıp da değişik devletlerin topraklarından geçen nehirleri ifade etmekte kullanılırlar. Bu anlamda "sınırı aşan sular" kavramı daha dardır. Bu açıdan hem 1966

---

[1] McCaffrey, Stephen, "The contribution of the UN Convention on the law of the non-navigational uses of international watercourses", Int. J. Global Environmental Issues, Vol. 1, No. 3/4, 2001, s. 251, (çevrimiçi) http://www.internationalwaterlaw.org/Bibliography/IJGEI/03ijgenvl2001v1n34mccaffrey.pdf, 10 Ağustos 2003.

[2] The water page, "Convention on the Protection and Use of Transboundary Watercourses and International Lakes", (Helsinki, 17 March 1992), The water page, (çevrimiçi) http://www.thewaterpage.com/helsinki.htm 31 Aralık 2001.

tarihli Helsinki Nehir İlkeleri hem de 1997 tarihli BM Ulaşım Dışı Su Yolu Sözleşmesi, bu kavramlar hakkında ayrı sınırlar içinde bir düzenleme ve hüküm getirmemiştir. Bu metinlerde tümünü kapsayacak şekilde BM'nin söz konusu sözleşmesinde "*Uluslararası Su Yolu*" kavramı kullanılırken, Helsinki İlkelerinde "*Uluslararası Drenaj Havzası Suları*" kavramı kullanılmıştır. Uygulamada "*Drenaj Havzası Suları*" kavramının kullanım alanı daha dardır.

Doğal olarak bir nehir, kaynağından ağzına kadar aktığı yer ile kollarıyla fiziksel bir bütündür. Suların aynı doğrultuda sürekli akışı, nehrin doğduğu nokta ile sona erdiği yer arasında suladığı bölgeleri bir bütünün parçaları haline getirmektedir. Devletlerin sınırlarının ortaya çıkmasıyla bu fiziki bütünlük doğal olmayan bir şekilde bölünmektedir. Aynı nehrin farklı kısımları farklı devletlerin egemenlik alanına girmektedir.[1]

Yukarıda da belirttiğimiz gibi uluslararası nehirler iki veya daha fazla devletin ülkesinden geçen veya bu devletler arasında sınır oluşturan nehirlerdir. Kaynağından döküldüğü yere kadar aynı devletin ülkesi içinde kalıyorsa ulusal nehir niteliğindedir. Bu tür nehirler ulaşım gibi başka bir devletin kullanımına açıksa veya bunlara ilişkin ikili veya çok taraflı antlaşma yapılırsa, bunlara da "*Uluslararası Nehir*" denilir.

Sınır oluşturan ve devlet topraklarını kesen nehirler, ilişkili bulundukları devletlerin kullanımına terk edilmiştir. Sınırları aşan nehirlerde ise durum farklıdır. Yararlanmanın olumsuz etkileri, ulusal sınırlar ötesinde hissedilecek ve diğer ilgili devletin yararlanması ile çatışacaktır. Çoğu kez aynı nehir, bazı kesimlerde devletlerin ülkelerini kesen, diğer kesimlerde ise devletlerin ülkelerini ayıran niteliktedir. devletler, ortak nitelik taşıyan nehir sularının kullanılmasını düzenleyen antlaşmalarda bu ayırımı genel olarak göz önünde bulundurmamışlar.[2]

---

[1] Sar, a. g. e., s. VII.
[2] Aynı eser, s. 57.

1. 2. 2. Uluslararası Nehir ve Sınırları Aşan Nehir Kavramları

Uluslararası nehir ile sınırı aşan nehir kavramları arasında ne gibi farklılık ve benzerlikler vardır? Bir nehri uluslararası nehir yapan ölçüler nelerdir? Fiziksel açıdan belli bir devletin topraklarından başka bir devletin topraklarına akan sularla ilgili olarak "çeşitli devletlerde bölümleri bulunan su" şeklinde tanımlama yaparken, UHK da farklılıkları açıklayamamıştır. Bu konuyla ilgili H. Pazarcı şöyle bir izah getirmektedir:

> *"Devletlerin birden fazlasının ülkesinde bulunan sular, sınır oluşturan sular durumunda bulunabiliyorlar. Bunların kullanımı halinde suyun miktar olarak kullanımında tahsisi gibi konular söz konusu olacaksa, zorunlu işbirliği durumu ortaya çıkıyor.*
>
> *Bir de sınırı aşan sular var. Bunların belli bir kısmı bir devletin ülkesinde, ondan sonraki kısmı bir başka devletin ülkesinde bulunuyor. Kullanım hakkı itibarıyla baktığımızda, uluslararası hukuk, yararlanma hakkını devletlerin egemenliğine bağladığına göre 'her devlet kendi ülkesinde bulunan sular üzerinde egemenlik hakkına dayanarak bundan yararlanır' anlayışı benimsendiğine göre, siz kendi devletinizdeki kısmından uluslararası hukukun daha sonra koyduğu birtakım verileri göz önünde tutarak; ama her haliyle takdiri size kalmak üzere yararlanma hakkını kullanabiliyorsunuz. Öteki devletlerle ortak bir düzenleme zarureti içinde bulunmadan.*
>
> *Bu durumda uluslararası su kavramı hem sınırı aşan suları hem de sınır oluşturan suları kapsamaktadır."*[1]

Jerome Lipper, sınır aşan nehir anlamında "*Ardışık Nehir*" kavramını kullanmaktadır. Ona göre bir devlet sınırını aşarak başka devletlerin toprağına akan nehirler bu tür nehir olup, ilgili devletler arasında paylaşıma konu olmaktadır. Çünkü bu nehirlere ilişkin

---

[1] Pazarcı, Hüseyin, "Su Sorununun Hukuksal Boyutları", Ortadoğu devletlerinde Su Sorunu, TESAV y. , No. 4, Ankara 1994, s. 45.

yapılan antlaşmaların çoğu, taraf devletlerin bu sulardan faydalanmaya ilişkin paylaşılmış haklarını tanımaktadır.[1]

Uluslararası Daimi Adalet Divanı, 1929 yılında Oder Nehri davasında uluslararası nehir kavramını tanımlamıştır. Divan, bunu tanımlarken nehrin ulaşıma elverişli olması ve iki veya daha fazla devletin topraklarından geçmesi veya bu devletler arasında sınır oluşturması gibi iki ölçü kullanmıştır. Günümüzde ulaşım ölçüsü önemini yitirdiğinden UHK tarafından daha kapsayıcı olan "*Uluslararası Sınırı Aşan Su Yolu*" kavramı kullanılmıştır.[2]

İki tanım arasında fark olmadığını açıklayan başka bir görüşe[3] göre, devletler bir yandan suyu tüketim amacıyla kullanırken, diğer yandan da suyun niteliklerini korumak için çaba göstermektedirler. Bu da geleneksel uluslararası nehir tanımında esas alınan ölçüler yetersiz kalmasına neden olmaktadır. devletlerin tüketim ve koruma amaçlarını bağdaştırmak için hem uygulamada hem de doktrinde, ulaşım kriterini dışarıda bırakan "*Uluslararası Su Yolu*" veya "*Sınırı Aşan Su Yolu*" kavramı UHK tarafından kabul edilmiştir. Buna göre"*Sınırı Aşan Sular*" kavramı, ulaşım ölçütünü kapsam dışı bırakmaktadır. Ancak, diğer kullanımların ulaşımı etkilememesi veya ulaşım nedeniyle diğer kullanımların etkilenmemesi esastır.

Bu olumsuzlukların bulunduğu durumlarda "*Sınırı Aşan Sular*" kavramı değil, "*Uluslararası Nehir*" kavramı söz konusudur. Diğer taraftan "*Sınırı Aşan Sular*" kavramı, fiziksel ilişkiler içinde bir bütün oluşturan ve bu şekilde bir deniz veya göle ulaşan yüzey ve yer altı sularını da kapsamına almaktadır. Suyun geçtiği devletin bu suyu kullanmasının, suyun geçtiği diğer devletleri etkilemesi durumlarda, bu tür kullanımlar sınırı aşan sular sistemi içinde

---

[1] Lipper, Jerome, "Equitable Utilization", The Law of International Drainage Basins, ed. by A. H. Garretson, R. D. Hayton and C. J. Olmstead, eds. , Dobbs Ferry, N. Y. , Oceana Publications, Newyork 1967, s. 33.

[2] Pazarcı, "Su Sorununun Hukuksal Boyutları", s. 45.

[3] İnan , Yüksel, "The Law of International Water Courses and the Middle East", Perceptions Journal of International Affairs , Volume V, Number 2, (June-August 2000), (çevrimiçi) http://www.mfa.gov.tr/grupa/percept/V-2/yinan.htm , 30 Aralık 2001. "International Water or International Watercourse"kısmı.

değerlendirilemediği düşünülmektedir.[1] Günümüze kadar, sınır aşan sularla ilgili uyuşmazlıkların büyük bir kısmı ilgili devletlerin iyi niyetleri sonucu çözümlenmiştir. Fakat bu konudaki bazı anlaşmazlıkların halen devam etmesinin nedeni, muhtemelen bu alanda her olaya uygulanabilecek kapsamlı uluslararası hukuk kurallarının bulunmamasından veya suyun geçtiği devletlerin çeşitli taleplerinin, hakkaniyete dayalı olarak karşılanmasında karşılaşılan güçlükleren kaynaklanmaktadır.[2]

Kanaatimizce BM'nin su yollarının ulaşım dışı kullanımıyla ilgili sözleşmesinde geçen "*Su Yolu*" kavramı her iki kavramı da kapsamına alacak mahiyette olup her iki kavram yerinde kullanılabilir.

Türkiye'nin resmi görüşüne göre uluslararası nehir ile sınırları aşan nehir arasında farklar vardır. Uluslararası nehir, iki veya daha fazla devlet arasında sınır oluşturmakta ve bu nehirler devletler arasında "*Thalweg Hattı*" denilen nehrin en derin yerinden paylaşılmaktadır. Sınırları aşan nehir[3] ise iki veya daha fazla devletin sınırını aşarak başka devletlerin topraklarından akan nehirlerdir. Bunlar, ilgili devletler arasında paylaşılmazlar. Bunlarla ilgili yapılacak düzenleme, ancak ilgili devletlerin ihtiyaçlarına göre taksim değil tahsis işlemi yapılır.[4] Çünkü tahsis taksimden farklı olarak bir malın ortaklar arasında eşit paylar şeklinde değil, bu ortakların ihtiyaçları ve durumları dikkate alınarak yapılan dengeli dağıtım şeklidir.

---

[1] İnan, Yüksel, "Sınır Aşan Suların Hukuksal Boyutları (Dicle ve Fırat)", A. Ü. S. B. F. Dergisi, C. 49, No. 1-2, (Ocak-Haziran 1994), s. 246.

[2] Aynı yer.

[3] Türkiye'nin kullandığı "sınırı aşan sular" kavramı İngilizcede kullanılan "Transboundary" kavramıyla değil, "Cross boundary" kavramıyla ifade edilmektedir. "Transboundary" kavramı, uluslararası sınırları aşan ve sınır oluşturan nehirler için kullanılmakta olup (bkz. Helsinki Sözleşmesi md. 1), "Cross boundary" kavramına göre daha geniş bir kavramdır. "Cross boundary"nin ulusal karakteri daha fazla olup bu kavramla ilgili uluslararası antlaşma ve sözleşmelerde bir düzenlemeyle karşılaşılmamıştır.

[4] T. C. Dışişleri Bakanlığı, Ortadoğu'da su sorunu, Bölgesel ve Sınıraşan Sular İdaresi, Ankara 1994, s. 27. ve bkz. Dışişleri Bakanlığı web sitesi, Turkish Ministry of Foreign Affairs (MFA), "Turkey's Views on the Arguments of its Neighbours", (çevrimiçi) http://www.mfa.gov.tr/grupa/ad/adg/adgc/Chap2c.HTM , 21 Aralık 2001.

Bu yaklaşıma yakın görülen Bazı Latin Amerika devletleri tarafından 1971 yılında, uluslararası nehirlerin kullanımıyla ilgili yayınladıkları Asunción Deklarasyonu, sınır aşan ve sınır oluşturan nehirlerle ilgili şöyle bir açıklama getirmektedir:

"İkili egemenlik altında bulunan ve sınır oluşturan (bitişik) uluslararası nehirlerin sularından faydalanmayla ilgili kıyıdaş devletler arasında öncelikle ikili antlaşma olması gerekir. İkili egemenliğin olmadığı sınır aşan (ardışık) uluslararası nehirlerde ise her devlet, havzadaki diğer devlete kayda değer zarara neden olmaması şartıyla kendi ihtiyacı uyarınca sulardan faydalanabilir."[1]

Gerçekten de Türkiye ile Sovyetler Birliği arasında 1927 tarihinde Kars'ta yapılan Sular İtilafnamesi Protokolü'nün 1. maddesinde, ortak sınır oluşturan nehir suları taraflar arasında eşit paylaşılacağı belirtilmekteydi. Tarafların payının tespiti ve su kullanım iradesiyle ilgili olarak 4. maddeye göre iki tarafın teknik uzmanlarından kurulu bir komisyon öngörülmektedir.[2]

Türkiye'nin komşularıyla yaptığı diğer antlaşmalarda da özellikle sınır hattını oluşturan nehirler için aynı yaklaşım söz konusudur.

1. 3. Su ve Devlet Egemenliği

Devletin egemenliği altında bulundurduğu en önemli doğal kaynak su kaynaklarıdır. Suların ulusal sınırlar içinde olduğu sürece ilgili devletin istediği gibi tasarruf hakkı olduğu ve bununla ilgili yetkisinin sınırlanamayacağı düşüncesi, yerini gittikçe küreselleşen ve entegrasyon halindeki Dünyada aynı nehri paylaşan toplumların ortak fayda ve kullanım ilkesine bırakmaktadır. Bu nedenle gittikçe klasikleşen egemenlik kavramı, uluslararası su hukukunun belirlediği

---

[1] Bu Deklarasyon, Arjantin, Bolivya, Brezilya, Paraguay ve Uruguay tarafından kabul edilen uluslararası nehirlerin kullanımına ilişkin Asunción Kanunu kapsamındadır. Bkz. Yearbook of International Law Commission. . . 1986, V. II, part one, s. 122, par. 136.

[2] T. C. Resmi Gazete, "8 Kânunusani 1927 Tarihli Kars'da İmza Edilen Sular İtilafnamesi ile Serdarabat Barajinin İnşasına Dair Müzeyyel Protokol ", 3-4 Ağustos 1927, Sayı. 649-650, III. Tertip, C. 8, s. 1008, (çevrimiçi) www.mfa.gov.tr , 4 Ocak 2002.

ve düzenlediği ilkeler karşısında gelişmiş bölgelerde önemini kaybetmektedir. Ekonomik gelişme ile egemenliğin ters orantılı olduğu gerçeği dikkate alınırsa su probleminin daha çok gelişmekte olan devletlerde görülmesinin nedeni anlaşılabilir. Devletler topraklarından kaynaklanan doğal kaynaklar üzerinde daha çok mutlak egemenlik düşüncesine yakın eğilim sergilemekte olup aynı kaynağı başka devletlerle paylaşma düşüncesine rağbet etmek istemezler. Uluslararası hukuk bu konuda gelişimini sürdürdüğü için, genel geçer anlamda kapsamlı ve sistemli olarak uluslararası su hukuku oluşturulmaya doğru süreç henüz tamamlanmamıştır.

1. 3. 1. Egemenlik

Egemenlik kavramıyla ilgili bilimsel analiz, ilk olarak Machiavelli (1469-1527) tarafından "*Prens*" adlı eserinde yapılmıştır. Bu eserde egemenlik daha çok dış ilişkilerde hükümdarın gücünü artırması için tüm imkan ve kabiliyetlerden faydalandığı şeklinde ele alınmıştır. Bunun özü, bütün devletlerin gerçekçi bir görüşle kabul ettikleri ve hassasiyetle uygulamaya çalıştıkları "*Kuvvet Dengesi*" politikasına dayanmaktadır. Bu kavram sistematik bir şekilde ilk defa Fransız Filozof Jean Bodin (1530-1596) tarafından incelenmiştir. Başlangıçta daha çok hükümdarın yönetilenler üzerinde sınırsız ve otoriter yetkisi anlamında düşünülen bu kavram, devletin metafizik kaynaklı üstün gücünü ifade etmede kullanılmıştır[1]. Bu kavramla ilgili yapılan diğer tanımlamaları da kısaca incelersek;

Genel olarak egemenlik, devletin gerek içte gerek dışta serbest hareket etme yetkisidir. Bu yetki içte otonom, uluslararası alanda bağımsızlık olarak tanımlanmıştır.[2] Charles Dupuis'e göre egemenlik hiçbir insani otoriteye boyun eğmeksizin devletin istediği şekilde hükmünü sürdürmesidir.[3] Maurice Borquin, egemenliği,

---

[1] Meray, Seha L., Devletler Hukuna Giriş, C. I, A. Ü. S. B. F. y., Ankara 1968, s. 298. ; Gönlübol, Mehmet, Milletlerarası Siyasi Teşkilatlanma, A. Ü. S. B. F. y. , Ankara 1964, s. 20.
[2] Bilsel, Cemil, Devletler Hukuku, C. I, İ. Ü. Hukuk F. y., İstanbul 1941, s. 122.
[3] Lütem, İlhan, Egemenlik Kavramı ve Devletlerarası Hukuk, Sakarya Basımevi, Ankara 1947, s. 7.

devletin kendi iradesinin gerektirdiği şekilde serbest hareket ederek rızası olmadan belirli bir disipline bağlanmama gücü olarak tanımlar.[1] Egemenlik, başlangıçta yeryüzünde ilahi irade dışında sınırlanmayan ve kral nezdinde temsil edilen gücün bağımsız en yüksek otoritesi olarak tanımlanmıştır. Daha sonra kavramdan ilahi irade unsuru çıkarılarak kavram laik bir nitelik kazandığı halde bunun kaynağının hükümdarın iradesi olduğu düşünülmüştür. Bu durumda egemenlik ancak hükümdarın iradesiyle sınırlanabilir.[2] Daha sonra ulusal devletlerin kurulmasıyla bu üstün otoritenin kaynağının halk iradesi olduğu ve bu iradenin devletin üst organlarınca temsil edildiği ileri sürülmüştür. Ayrıca idare edenler ile edilenler arasında bir sınır var olup, bu sınır yasama, yürütme ve yargı gibi karşılıklı kuvvetlere göre değişmektedir. Bu bakımdan pozitif hukukta egemenlik, en son yetkisel merci olarak son sözü söyleme hakkı ve üstün kudret anlamında kullanılmıştır.[3] Sosyalist uluslararası hukukçular ise egemenliğin kaynağının üretim araçlarını elinde bulunduran sınıfın iradesi olduğunu ve bu irade dışında sınırlanamayacağını belirtmişlerdir. Buna göre egemenlik, devletin özgür olarak karar verme hakkını içeren başka bir devletin müdahalesi olmaksızın tüm iç ve dış ilişkilerine hakim olan ve diğer devletlerden bağımsız olarak faaliyetlerini yürütme gücü olup içte üretim araçları tarafından, dışta ise zıt çıkarlar üzerinde karşılıklı olarak sınırlanabilen en üst bir kudrettir.[4]

Çoğu uluslararası hukukçulara göre egemenlik bir metafizik mefhum taşımadığı gibi devlet özünün bir parçası da değildir. Sadece devletin diğer devletlere olan ilişkilerinde doğal olarak kendilerince oluşturulan çok yaygın belirli özellikleri içeren ahlaki bir terim olarak değerlendirilmektedir.[5] Çünkü egemenliğin kaynağı hukuk olduğu için hukukun belirlediği doğrultuda egemenlik mutlak

---

[1]Aynı eser, s. 6.
[2] Oppenheim, L., M. A. LL. D., International Law A Treatise, V. I, yay. y., London 1952, s. 120.
[3] Le Fur, Louis, Devletler Amme Hukuku, C. I, çev. Nihat Erim, Maarif Matbaası, Ankara, 1942, s. 71.
[4] Tunkin, G. I., Theory of International Law, translated by William E. Butler, Harvard University Press, London 1974, s. 21.
[5] Hannum, Hurst, Autonomy, Sovereignty and Self-Determination, Pennsylvania U. pr., Pennsylvania 1990, s. 14.

olmayıp, hem iç hukuk hem de uluslararası hukuk tarafından sınırlanmaktadır.

Egemenlik kavramı ayrıca devletin sınırları içindeki tüm varlıklar üzerindeki kontrolü anlamına gelen "*Yetki*" kavramı ile de ifade edilmiştir. Yani, devletin yasama, yürütme faaliyetleri ve yargı kararları vasıtasıyla kişileri ve devlet topraklarını etkileyen egemen gücünü ifade eden "*Yetki*" (Compétence, Jurisdiction), devlet egemenliğini kullanmada ve sürdürmede hukuksal bir dayanak anlamında kullanılmıştır.[1] Schwarzenberger'in yaklaşımıyla egemenlik uluslararası hukukta negatif bir özellik arz ederken, "*Yetki*" onun pozitif tamamlayıcısı olup bir bakıma hukuk tarafından belirlenen egemenlik, hukukun devlete belirli sınırlar dahilinde sonsuz irade gücünü yansıtmayacak biçimde her şeyi yapabilme gücünü ifade etmektedir.[2] Egemenliğin ancak hukuk çerçevesinde belirleneceğini ileri süren Georges Scell ise yetkilerin hukuk tarafından düzenlendiğini ve devletin kullandığı yetkinin hukuksal denetime tabi olan "*Takdir Yetkisi*" olduğunu belirtmektedir.[3] Buna göre devletin topraklarından kaynaklanan sınırları aşan nehirler üzerindeki yetkisi, hukukun belirlediği sınırlar çerçevesinde olmak durumundadır.

Başka bir açıdan düşünülürse egemenlik soyut ve metafizik bir nitelikte olup "*Yetki*" egemenliğin bir anlamda uygulamadaki somut sonucu olmaktadır. Bu nedenle egemenlikle yetkinin aynı şeyleri ifade ettiği düşünülmektedir.[4] Her ne kadar iktidar, yetki gibi kavramlar farklı amaç ve konular için kullanılsa da egemenlikle bağlantılarının olduğu dolayısıyla özü itibarıyla önemli bir değişikliğe yol açtığı söylenemez. Dolayısıyla, konumuz açısından bu kavramlardan birini gerek hukuksal gerek siyasal yönden diğerine

---

[1] Connel (Cantab), D. P., International Law for Student, yay. y., London 1971, s. 251.
[2] Schwarzenberger, Georg, A Manuel of International Law, fifth edition, pub. by Stevens and Sons, London 1967, s. 90.
[3] Çelik, Edip F., "Milli Selahiyetin Hukuki Mahiyeti Hakkında İleri Sürülen Nazariyeler", A. Ü. S. B. F. .Mecmuası, C. XI, No. 3, Ankara 1956, s. 141 ve 147.
[4] Toluner, Sevin, Milletlerarası Hukuk Dersleri, 2. b., İ. Ü. Hukuk F. y., İstanbul 1977, s. 312.

tercih etmenin ve daha önemlisi de çalışmanın varmak istediği sonuç bakımından önemli olmadığı kanaatindeyiz.

1975 yılında BM Genel Kurulu'nca kabul edilen "Devletin Ekonomik Hakları ve Görevlerine ilişkin Sözleşme" nin 1. maddesine göre, her devlet, dış müdahale, zorlama ve herhangi bir şekilde tehdide maruz bırakılmaksızın halklarının taleplerine uygun olarak ekonomik, siyasi, sosyal ve kültürel sistemini seçmede tasarruflarından soyutlanamayacak hak ve egemenliğe sahiptir. Konumuzu ilgilendiren 2. madde ise her devletin, varlığını ihtiva eden doğal kaynaklarla ekonomik aktiflerini kullanma ve düzenleme gibi tam ve devamlı bir egemenliğe sahip olduğunu belirtmektedir. 3. madde aynı kaynakları paylaşan devletlerin birbirlerine karşı yükümlülüklerini hükme bağlamıştır. Buna göre bir kıyı devleti, diğer kıyıdaş devletlere esaslı zarar vermemek ve kıyıdaş devletlerin hukuksal çıkarlarını ihlal etmemek diğer bir deyişle nehir sularından hakkaniyet ölçüleri içerisinde faydalanma ve paylaşılmasına dikkat etmek zorundadır.[1]

Bununla bağlantılı olarak devletin egemenliği ilkesi uygulamada iki önemli sonuç doğurmaktadır: Biri, devlet öteki devletlerden bağımsız ve ayrı bir iradeye sahip olup başka hiçbir iradeye bağımlı değildir. Diğeri de devlet kendi ülkesinde kurallar koymağa yetkili tek otoritedir.[2] Gelişen uluslararası hukuk karşısında bu anlayış önemini yitirmiş olup gittikçe globalleşen Dünyada, devletler ve özellikle toplumlar birbiriyle sürekli iletişim içinde oldukları için ekonomik ve sosyal anlamda birbirlerine bağımlı hale geldiklerinden, devletler kendi sınırları içinde sahip oldukları doğal kaynaklar üzerinde mutlak anlamda tasarruf sahibi değildirler. devletler bu haklarını kullanırken diğer devletlere zarar vermeme yükümlülüğü altındadırlar. Çevre hukuku açısından düşünülürse

---

[1] Mcwhinney, Edward, United Nations Law Making, *: Cultural and Ideological Relativism and International Law-Making for an Era of Transition*, Holmes and Meier/UNESCO Newyork 1984, s. 181.

[2] Meray, a. g. e., s. 299. ; Turton, A. R., "Water and State Sovereignty: The Hydropolitical Challenge for States in Arid Regions", Occasional Paper No. 5, California, (March 1999), 'Theoretical Background' başlığında, (çevrimiçi) www.ciao.org. 30 Aralık 2001.

devletin uluslararası alanda bir sorumluluğu söz konusudur. Doğal kaynaklar üzerinde devlet egemenliğini sürdürürken diğer devletlere zarar vermeme ve çevresel zararlara yol açmama yükümlülüğü vardır. Kendi sınırları içinde yapılan bir faaliyetten dolayı başka devletler olumsuz etkileniyorsa ilgili devletin bu sorumluluğu taşıyarak buna önlem alması yükümlülüğü, uluslararası hukukun bir kuralı haline gelmiştir. Bunun pozitif hukuka yansımasının ilk örneği ise Trail Smelter Davası'nda verilen hakemlik kararıdır. Bu kararda, Kanada'da Amerika Birleşik devletleri (ABD) sınırlarına yakın bulunan bir fabrikanın ABD ülkesinde neden olduğu zararların sorumluluğu Kanada'ya yüklenmiştir. Aynı şekilde Lanoux Gölü Davasında hakemlik mahkemesi, bir devletin ülkesine giren suların diğer devletçe kirletilmesi söz konusu olduğu takdirde buna neden olan devletin sorumluluğunun doğacağını bunun için önlem almasının uluslararası hukukun bir ilkesi olduğunu karara bağlamıştır.[1]

Yukarıda belirttiğimiz nedenlerden dolayı devletlerin doğal kaynakları üzerinde klasik anlamda sınırsız tasarruf hakları olmadığından mutlak ulusal egemenlik doktrininin uygulamada yeri bulunmamaktadır. 1992 yılında kabul edilen Rio Bildirgesi, bir devletin ülkesinin sınırları içindeki faaliyetin başka devletlere zarar vermemesi mükellefiyetini getirmiştir. Bu Bildirgede sürdürülebilir kalkınma ile doğal kaynakların kullanımı arasında bir denge mekanizmasının kurulması yükümü benimsenmiştir.[2] Bu anlamda Bu bildirgenin çevre hukukuyla ilgili getirdiği ilkeler, sınırları aşan su kaynaklarını kullanan devletlerin egemenlik yetkileriyle doğrudan ilintilidir.

1. 3. 2. Su ve Egemenlik

Devletlerin su kaynakları üzerinde kontrol kapasitelerinin artması ve su yollarını daha kolay saptırabilmeleri nedeniyle uluslararası nehirler, uluslararası su hukukunun önemli bir sujesi haline gelmiştir. Aynı akarsuları paylaşan devletlerin bu sular

---

[1] Pazarcı, Hüseyin, "Çevre Sorunlarının Uluslararası Boyutları ve Uluslararası Hukuk", A. Ü. S. B. F. Dergisi, A. Ü. S. B. F. y., Ankara 1983, s. 208-209.
[2] Kaboğlu, İbrahim, Çevre Hakkı, 3. baskı , İmge Kitabevi, Ankara. 1996, s. 151.

üzerindeki egemenlik yetkilerini nasıl kullanacaklarına ilişkin ortaya çıkan doktrinler farklı yaklaşımlar sergilemişlerdir. Bu doktrinler hukuksal bir düzenleme yapılırken ilham kaynağı olabildiği ölçüde önemli rol oynamaktadırlar.

Kuşkusuz ki uluslararası hukukun oluşmasında önemli bir payı olduğu için, Uluslararası Adalet Divanı Statüsü'nün 38. maddesine göre doktrinler uluslararası hukukun yardımcı kaynağıdır. Uluslararası hukuk gelişme halinde olduğu için kuralları henüz kesin olarak açık ve seçik değildir. Bu nedenle örnek olayları ve kanıt gösterici belgeleri toplayarak sistematik bir şekilde inceleyen doktrin çalışmaları mevcut hukukun belirtilmesi açısından önem kazanmaktadır. Uluslararası mahkeme yargıçları karar verirken ana kaynaklardaki bazı boşluklara izah getirilmesi amacıyla özellikle yardımcı kaynak olarak bu doktrinlerden de faydalanabiliyorlar. Doktrin açısından en önemli katkı, uluslararası hukuk alanında çalışmalar yapan Uluslararası Hukuk Enstitüsü ile UHD gibi özerk kurumların etkinliklerinden kaynaklanmaktadır. Bu kurumların çalışmaları ve özellikle su hukuku gibi belirli bir uluslararası hukuk konusunda aldıkları kararlar, hukuk kuralının tayininde önemli rol oynamaktadırlar.[1]

Aşağıda ayrıntılarıyla açıklayacağımız bu doktrinler şunlardır:

- Mutlak Ulusal Egemenlik Doktrini (Harmon Doktrini)
- Öncelikli Kullanımın Üstünlüğü Doktrini
- Mutlak Ülkesel Bütünlük Doktrini
- "Sic Utere" Doktrini ("Sınırlı Ulusal Egemenlik ve Sınırlı Ülkesel Bütünlük Doktrini")
- Ortak Çıkarlar Doktrini[2]
- Ekonomik Doktrin
- İhtiyaca Dayalı Kriter

---

[1] Sar, a. g. e. , s. 44 ; Meray, a. g. e. , s. 104.

[2]Ilomäki, Jukka, "Institutional Challenge of Developing Transboundary Water Resources", Theories and Principles of Water Rights, Helsinki, 1999, (çevrimiçi) http://www.water.hut.fi/wr/research/glob/pubications/index.html ., 20 Nisan 2002. ; Sar, age, s. 45.

- Hakkaniyete Dayalı Eşit ve Makul Kullanım Doktrini

1. 3. 2. 1. Mutlak Ulusal Egemenlik Doktrini

Başka devletlere verilecek zararı dikkate almadan devletler, sınırları içindeki su ve doğal kaynaklar üzerinde tarihsel olarak mutlak egemenliklerini icra etmişlerdir. Buna göre memba devleti de diyebileceğimiz yukarı kıyı devleti, aşağı kıyı devleti olarak adlandırılan mansap (aşağı kıyı) devletine olumsuz etkisini düşünmeden, toprakları içinde akan suları istediği şekilde kullanabilir ve saptırabilir[1]. Harmon Doktrini olarak da bilinen bu doktrin, ABD ile Meksika arasında Rio Grande Nehrinin kullanılmasıyla ilgili anlaşmazlıkta ortaya çıkmıştır. ABD, nehrin kendi sınırları içinde kalan bölümünde sulama amacıyla bazı saptırmalar yaptığından nehrin Meksika tarafında kalan kısmında azalma olmuş ve bunun sonucunda ekim alanları önemli zarar görmüştür. Bu sorun ABD Başsavcısı Judson Harmon'a intikal etmiş, o da 12 Aralık 1895 tarihinde şu görüşü açıklamıştır: "ABD, Rio Grande Nehri'nin kendi sınırları içinde kalan bölümünden istediği ölçüde faydalanabilecektir. Bu ülkesel egemenliğin verdiği bir yetki olup devletinin mutlak tasarruf hakkının bir sonucudur."[2]

ABD ile Meksika arasında sınır değiştiren bir akarsu olan Rio Grande Nehri'nin kullanımına ilişkin bu uyuşmazlıkta, Amerikalı hukukçu Harmon, devletlerin topraklarından geçen sularla ilgili hükümranlık haklarının mutlak olduğunu, buna sınırlama getirilemeyeceğini ve bu hususun uluslararası hukukun ana ilkesi olduğunu iddia etmiştir. Harmon Doktrini, ABD ile Meksika arasında 1906 yılında imzalanan antlaşmaya konu olmuştur.[3] Nitekim bu antlaşmanın 4. maddesi aşağıdaki hususu belirtmektedir:

"Bağıtlanan antlaşmaya göre bırakılan sular, Meksika tarafından söz konusu sulara ilişkin olarak yapılmış taleplerin Birleşik Devletlerce tanındığı anlamını taşımamaktadır."

---

[1] Aynı yer.
[2] Sar, a. g. e., s. 107.
[3] Bilen, Özden, "Ortadoğu su sorunları ve Türkiye", I. Bölüm, (çevrimiçi) http://www.basarm.com.tr/yayin/politik/susorunicin.htm., 01 Ocak 2002.

Bu maddeyi izleyen 5. maddede ise aşağıdaki ifadeler yer almıştır:

"Rio Grande Nehri sularının antlaşmaya taraf olan Birleşik Devletler'ce çevrilmesi sonucunda, Meksika'daki toprak sahiplerinin maruz kalabileceği zararları gerekçe gösterilerek yapılacak talep ve iddiaların hukuki dayanağı bulunmadığı gibi, bu antlaşma ile genel bir ilke ve emsalin yerleştiği de kabul edilmemektedir." [1]

Bu doktrinin uluslararası hukuk açısından değerlendirilmesine gelince; bazı hukukçular bunu savunmakla birlikte, hukukçuların çoğunluğu bu doktrinin uluslararası hukukun genel ilkelerine aykırı düştüğü görüşündedirler. İç hukukta olduğu gibi bir kişi kendi mülkünde mutlak tasarruf hakkını kullanırken, bu kullanım hakkı, diğer kişilere ve nesnelere zarar vermemekle sınırlıdır.[2] Fakat uluslararası hukukta, -tartışmalı olmasına rağmen- hukuka aykırı olsa da genellikle güçlü devletlerin taraf olduğu ikili antlaşmalar, imzalanıp onaylandıktan sonra geçerli olduğundan, uygulamada bazı sorunlarla karşılaşılmıştır. Nitekim ABD, Meksika'yla 1906 ve 1909 Antlaşmaları yaparken Harmon Doktrini'ni desteklemekte iken, daha sonra bu doktrini terk etmeye başlamıştır. ABD'nin bu politikasını değiştirmesinin nedeni ise, Columbia Nehri'nin kullanımına ilişkin Kanada'yla çıkan uyuşmazlıktan kaynaklanmaktadır. Columbia Nehri'nin akışına göre ABD aşağı kıyıda yer almakta ve Kanada, Columbia Nehri'nin ülkesinde kalan kısmında suları saptırarak bütünüyle kendi sınırları içinde akan Frazer Nehri'ne akıtmayı planlamaktaydı. Bu da ABD' yi, Columbia Nehri'nden yararlanmada sıkıntıya düşürebilirdi. Bu durum, ABD'yi "uluslararası nehirlerde mutlak egemenliğin değil, sınırlı devlet egemenliğinin söz konusu olduğu" tezini savunmaya

---

[1] Bilen, a. g. m, "Uluslararası Hukuk ve Fırat-Dicle Havzası" kısmı.

[2] Örneğin 17 Şubat 1926 tarih ve 743 sayılı eski Medeni Kanunumuzun 666. maddesinde konuyla ilgili şöyle bir hüküm geçmektedir : "Bir gayrimenkulun sahibi, üst taraftaki gayrimenkulde kendi kendine akan suları hususiyle kar, yağmur ve tutulmamış kaynak sularını kendi mülküne kabule mecburdur. Komşuların hiçbiri diğerinin zararına bu cereyana mani olamaz. Bir gayrimenkulün aşağısında bulunan diğer bir gayrimenkule akan ve ona lazım olan suyunu yukarıdaki gayrimenkul sahibi kendisine lazım olan dereceden fazla mülkünde tutamaz.". 22 Kasım 2001 tarih ve 4721 sayılı yeni Medeni Kanunun 737 ile 738. maddeleri genel olarak benzer düzenleme getirmektedir.

yöneltmiştir.[1] Burada görülüyor ki egemen devletler, daha önce savundukları tezleri sonradan çıkarlarına aykırı gördükleri için terk etme eğilimindedirler. Bu nedenle Harmon Doktrini'nin hukuksal anlamda bir bağlayıcılığı bulunmadığı ortaya çıkmaktadır. Diğer dikkati çeken konu da ABD eyaletleri arasındaki suyla ilgili anlaşmazlıklarda bu doktrinin uygulanmamasıdır. ABD Yüksek Mahkemesi, eyaletlerarası su anlaşmazlıklarında uluslararası hukuk kurallarını uygularken mutlak ulusal egemenlik ile ülkesel bütünlük teorilerini uygun bulmamış ve bu doktrinlerin dışında eyaletlerarası sorunları çözüm yollarıyla ilgili kararlar vermiştir.[2] Nitekim Yüksek Mahkeme, Wyoming ile Colorado Eyaletleri arasındaki bir uyuşmazlıkla ilgili olarak 1922 yılında verdiği kararında Harmon Doktrini karşısında oldukça olumsuz bir yaklaşım sergilemiştir. Colorado yukarı eyalet ülkesi olarak Wyoming'e akan Laramie Nehri'ni saptırması üzerinde açılan dava sonucunda Yüksek Mahkeme, "*Colorado'nun olarak, söz konusu eyaletlerarası nehrin kendi sınırları içinde akan sularını dilediği gibi ve ülkesinin aşağısında aynı nehir üzerinde, hakları bulunan başkalarına verebilecek zarara rağmen meşru bir şekilde saptırabileceğini ve kullanabileceğini ön gören iddiası kabul edilemez. Nehir aktığı her iki eyalette mecrası boyunca bu eyaletlerin her birinin, karşılıklı saygı gösterilmesi gereken çıkarlarının bulunduğu tek bir nehirdir. Daha önce buna benzer bir iddia, Kansas ve Colorado meselesinde gene Colorado tarafından ileri sürülmüş ve reddedilmişti. Sonraki incelemelerimiz bu kararın isabetli olduğunu doğrulamıştır.*" şeklinde karar vermiştir. Mahkeme daha sonraki Eyaletlerarası su anlaşmazlıklarında da aynı görüşü teyit etmiştir.[3]

Yukarı kıyı devletinin sınırları aşan sularda mutlak egemenlik haklarına sahip bulunmadığı hususu uluslararası uygulamada ve Lanoux Gölü Davası gibi bazı mahkeme kararlarında

---

[1] Sar, a. g. e. , s. 118.
[2] Dellapenna, Joseph W. , "The Customary International Law of Transboundary Fresh Waters", Int. J. Global Environmental Issues, Vol. 1, No. 3/4, Pennsylvania, 2001, s. 272, (çevrimiçi) www.internationalwaterlaw.org/Bibliography/IJGEI/04ijgenvl2001v1n34dellapenna.pdf., 27 Nisan 2003.
[3] Sar, a. g. e. , s. 170-171.

görülmektedir. Yukarı kıyı devletinin egemenlik haklarının sınırlanması sonucu iyi komşuluk ilişkilerinde bazı kurallar da oluşmuştur. Yukarı kıyı devletinin bu konudaki egemen haklarının belirli bir oranda sınırlandırılmak istenmesiyle, esas itibarıyla , aşağı kıyı devletlerinin korunması ve hakkaniyetin sağlanması amaçlanmıştır. Böylelikle, yukarı ve aşağı kıyı devletlerinin çelişen çıkarlarının bağdaştırılması sağlanarak, aşağı kıyı devletlerine esaslı zararlar verilmesi önlenmek istenmiştir. Diğer yandan aşağı kıyı devletleri de uluslararası hukuka ve uygulamalara göre, makul bir zarara katlanmak zorundadırlar. Yarar ve zarar, her olayda ayrı ayrı değerlendirilmeli ve bu değerlendirme sırasında bütün etkenler dikkate alınmalıdır. Uluslararası hukukun bu kuralı, Hakem Mahkemesince hükme bağlanan "Trail Smelter" ile Uluslararası Adalet Divanınca sonuçlandırılan "Korfu Boğazı" davalarında açıkça ifade edilmiştir.[1]

İç hukuk açısından bu doktrinin reddinin değerlendirilmesine gelince; iç hukukta hakkın kötüye kullanılmaması esası bilinmektedir. Bir hakkın kötüye kullanılıp kullanılmadığının tespiti için en yaygın ölçü, sırf başkalarına zarar vermeme kastıdır.[2] Yukarıda bireylerin mülkiyet haklarına ilişkin dipnotta değindiğimiz Medeni Kanunun ilgili hükmünde olduğu gibi, aynı şekilde uluslararası alanda da devletlerin hukuka uygun ve iyi niyetle hareket ettiklerine dair karine mevcuttur. Bu karinenin aksini iddia eden, yani hakkın kötüye kullanılabileceğini düşünen taraf ağır bir ispat yükü altındadır. Nitekim uluslararası nehirlerden yararlanma hakkını kullanan taraf diğer tarafa bilerek zarar vermek istemeyecektir. Ne var ki, komşu durumda bulunan gayrı menkul sahiplerinin karşılıklı hak ve sorumluluklarını düzenleyen özel hukuktaki kurallar, uluslararası hukuk alanında bu anlamda tam olarak uygulanma

---

[1] İnan, "Sınırları Aşan Sular... ", s. 250.

[2] Tabii hukukta bir hak ve hürriyetin sınırı başkasının hak ve hürriyetinin başladığı noktadadır. Bir kişi başkasının hak ve hürriyetine zarar verecek şekilde hak ve hürriyetini kullanamaz. Bu genelde uygulanan ve tabii hukuktan kaynaklanan özel bir hukuk kuralı olarak algılanmakta olup 1924 Anayasamızda da geçmektedir. Bu Anayasanın 68. maddesi "Her Türk hür doğar, hür yaşar. Hürriyet, başkasına zarar vermeyecek her şeyi yapabilmektir. Tabii haklardan olan hürriyetin herkes için sınırı, başkalarının hürriyetinin başladığı sınırdır. Bu sınırı ancak kanun çizer." (T. C. Resmi Gazete 15. 1. 1945, sayı. 5905.)

zeminini bulamamıştır.[1] Bu durumun esas nedenlerinden biri de, uluslararası ilişkilerin düzenlenmesinde hukuktan çok devletlerin çıkarlarının ön planda tutulmasıdır. Bu da uluslararası hukukun tedrici gelişmesini olumsuz etkilemektedir.

1. 3. 2. 2. Öncelikli Kullanımın Üstünlüğü Doktrini

Bu doktrin, uluslararası nehrin yukarı veya aşağı kesiminde kalan devletlerin coğrafi durumlarını dikkate almadan sadece müktesep haklar bakımından yaklaşımda bulunmuştur. Bunun esası, nehirleri ilk kullanan devletin kullanımı daha çok öncelik taşıdığından, bu hakkın korunmasına önem verilmesi gereğine dayanmaktadır. Aşağı kıyı devleti olsa da eğer bu devlet, yukarı kıyı devletinden önce nehirler üzerinde tesisler kurarak tarımsal ve diğer amaçlarla suyu kullanıyorsa yukarı kıyı devleti bu kullanımı olumsuz etkileyecek şekilde suyu kullanamayacağı gibi, yeterli miktarda su bırakmakla da yükümlüdür. Aynı durum daha önce suları kullanım hakkını kullanan yukarı kıyı devleti için de geçerli olup aşağı kıyı devleti buna saygı göstermek zorundadır.[2]

Bu doktrin aslında iç hukukta uygulanan bir kuralın uluslararası hukuk alanında da uygulanması düşüncesine dayanmaktadır. İç hukukta ön kullanım doktrini "kadim intifa hakkı" tabiriyle karşılanmaktadır. Bir suyun herhangi bir köyden çıkıp, başka köylerin topraklarından geçerek akması halinde kadim hakları ihlal konusunda suyun çıkmış olduğu üst taraftaki köye herhangi bir hak verilmemektedir. Örneğin A köyünden çıkan bir derenin, aşağı doğru akarak B ve C köylerinden geçtiğini ve B köyü halkının açmış oldukları arklarla daha önceden tarlalarını sulamakta olduklarını kabul edecek olursak, suyun çıkmakta olduğu A köyü halkı kendi arazilerini sulamak maksadıyla derenin suyunu kendi arazilerine çeviremezler.[3] Nitekim Yargıtay'ın 6. Hukuk Dairesi de 13 Şubat 1954 tarih ve 902 sayılı kararında bunu açıkça belirtmiş ve su hangi

---

[1] Sar, a. g. e., s. 198-199.
[2] Ilomäki, a. g. e., "Theories. . . " kısmı. ; Anderson, Prof., "Water Law", (Summer 1997), s. 2 , (çevrimiçi) www.rincon-de-cortess. com/pdf/waterlaw1.pdf, 27 Ekim 2002.
[3] Akgün, M. Zerrin, Sular Hukuku ve Sularla İlgili Arazi Davaları, 2. Baskı, yay. y. , Ankara 1967, s. 13.

köyden çıkarsa çıksın önceki faydalanma hakkına halel getirmeyeceğini karara bağlamıştır.[1]

İç hukukta olduğu gibi uluslararası hukukta da kazanılmış haklara saygı, medeni milletlerce kabul edilmiş bulunan hukukun genel ilkeleri arasında bulunmaktadır.[2] İç hukukta kazanılmış haklar mefhumu, uluslararası hukukta tartışmalı olup çeşitli şekillerde tanımlanmıştır. Uluslararası hukukta önemli olan, belirli bir devletin başka bir devlete karşı ileri sürebileceği bir hakkının bulunup bulunmadığıdır. Böyle olunca, kazanılmış haklar ilkesi uluslararası nehir sularından yararlanma konusunda uygulansa da, suları diğer devletlerden önce tüketmeye başlayan aşağı kıyı devletlerinin mevcut kullanımlarına mutlak bir dokunulmazlık tanınmamaktadır.[3] Aslında bu ilke iç hukukta da her zaman uygulanmamaktadır. Nitekim ABD Yüksek Mahkemesi, hakkaniyete dayalı faydalanma ölçüsünde bu ilkenin Eyaletlerarası uygulanmasına sınırlama getirmiştir.[4]

Nehirler üzerinde yerleşme ve endüstri faaliyetleri çoğunlukla nehirlerin ağızlarına yakın olduğu için aşağı kıyıda bulunan devletlerin kullanımları daha önce başlamış durumdadır. Örneğin Nil, Rio Grande, Fırat ve Dicle nehirlerinden yararlanmaya ilk başlayanlar, aşağı kıyı devletleridir. Bu duruma dikkat çekerek, ön kullanım üstünlüğünü ilk defa ileri süren devlet Rio Grande Nehriyle ilgili ABD ile arasında uyuşmazlık çıkan Meksika'dır.[5] Nitekim Irak, Fırat ve Dicle Nehri üzerinde diğer yukarı komşu devletlerinden önce tarımsal amaçlarla tesisler kurduğundan müktesep haklar ilkesine dayanarak topraklarında akan Fırat ve Dicle suları üzerinde ön kullanımdan dolayı kazanılmış hakkının olduğunu savunmaktadır.[6] Türkiye ile su sorununda Suriye'den farklı olarak daha çok bu ilke üzerinde durmaktadır.

---

[1] Aynı yer.
[2] Meray, a. g. e., s. 551.
[3] Sar, a. g. e., s. 278.
[4] Bkz. infra, "1. 10. 1. 2. b. " Yüksek Mahkemenin su tahsisi" ile ilgili kararı
[5] Sar, a. g. e., s. 276.
[6] Bu havzada ilk mühendislik projelerini geliştiren devlet, Irak'tır. 1911-1914 yılları arasında sulama ve su taşkınlıklarını önlenmesi için Fırat Nehri üzerinde Hindiya Barajı kurulmuştur. 1950'li yıllarda Ramadi'de aynı nehir üzerinde ikinci bir baraj kurulmuştur. Bkz. Irak Dışişleri ve Tarımsal Sulama Bakanlığının resmi görüşü : Ministry of Foreign Affairs and Ministry of Irrigation, "The Division of Waters in the International Law Facts on The Joint Waters with Turkey", Baghdad – Iraq

Ne var ki bu doktrin de uluslararası hukukçularca destek görmemiştir. Suları ilk kullanan teknolojik anlamda ileri olan devletin, buna dayanarak diğer devlete karşı üstünlüğünden kaynaklanan avantajı da kullanarak müktesep haklar ilkesini ileri sürmesi hukuksal yönden tartışmalıdır. Bir devletin ilgili su yollarını daha önce kullanmış olmasının kendisine bu konuda üstünlük sağlayıp sağlamadığıyla ilgili uluslararası hukuk kuralları kesin değildir. Kazanılmış haklar ilkesinin bu günkü uygulanan uluslararası hukukta çok tartışmalı bir yeri olduğu ve kabul gördüğü dönemlerde bile daha çok devletlerin ardıl olması konusunda uygulandığı dikkate alınırsa bu ilkeye dayanarak sular üzerinde hak iddia etmek en başta bu ilkenin niteliği nedeniyle geçerli olmadığı düşünülmektedir.[1] C. Sar, devletlerin uygulamalarında ön kullanımın mutlak dokunulmazlığı yönünde bir istikrar bulunmadığını belirterek incelediği 140 özel antlaşma arasında sadece 13 tanesinde değişik ölçülerde varolan kullanımlara dokunulmazlık sağlandığını tespit etmektedir.[2] Nitekim 1966 tarihli Helsinki İlkelerinin 6. maddesi, "Bir kullanım veya kullanımlar kategorisi, diğer kullanım veya kategoriler üzerinde doğal üstünlük kuramaz" şeklinde geçmektedir.

Devletlerin uygulamaları ve antlaşmalar incelendiği zaman, sulardan faydalanma konusunda bu yönde yerleşmiş bir kurala rastlanmamaktadır. Bu nedenle bir suyun önceden kullanılmış olması mutlak korunması gereken bir hak olduğu biçiminde değerlendirilmemesi nedeniyle, suların paylaşılması sırasında mevcut kullanımların bir kazanılmış hak olarak ileri sürülmeyip ancak hakça paylaşma ilkesinin bir öğesi olarak göz önünde bulundurulması durumunda uygulanan uluslararası hukuk kurallarına uygun olabilecektir.[3]

1999, 'Acquired Rights of Iraq in the Waters of the Two Rivers' kısmı, (çevrimiçi) www.uruklink.net.mofa/iraq , 22 Nisan 2002. (dipnotlarda 'Iraqi Ministry of Foreign' olarak geçecektir.)

[1] Pazarcı, Hüseyin, Uluslararası Hukuk Dersleri , 2. Kitap, Turhan Kitabevi., Ankara, 1989., s. 237. ; Sar, a. g. e. , s. 276.
[2] Sar, a. g. e. , s. 283-284.
[3] Aynı eser, s. 279.

1. 3. 2. 3. Mutlak Ülkesel Bütünlük (Doğal Durumun Bütünlüğü) Doktrini

Harmon Doktrini'nin karşıtı olarak değerlendirilen bu doktrin, nehrin doğal akışını etkileyecek her türlü fiziki değişimi yasaklamak suretiyle, aşağı kıyıdaki devleti, uluslararası nehir sularının kullanılmasında söz sahibi tek devlet durumuna getirmektedir. Yukarı kıyıdaki devlet, uluslararası nehir sularından aşağı kıyıdaki devletin iznini almadan yararlanamayacaktır. Böylece aşağı kıyıdaki devlete bir veto hakkı tanınmış olmaktadır.[1]

Suların akış yönüne göre zarar verebilecek durumda olan yukarı kıyıdaki devletin, hiçbir durumda aşağı kıyıdaki devlete zarar vermemesi düşüncesine bağlı olarak, egemenliği altındaki topraklardan geçen sular üzerindeki kullanım hakkı bir ölçüde aşağı kıyıdaki devletin rızası çerçevesinde olmaktadır.

Bu doktrin de uluslararası hukukçularca destek görmemiştir. Çünkü egemen bir memba[2] devletinin kendi topraklarından geçen suları aşağı kıyıdaki devletin rızasına bağlı olarak kullanması, genellikle böyle bir devletinin zayıf olduğu durumlarda söz konusu olmaktadır. İlgili antlaşmalar da buna göre şekillenmektedir. Örneğin Mısır'ın Sudan ile yaptığı Nil Nehri Antlaşması bu doktrine yakın görülmektedir. Mısır ve Sudan, 1959 yılında nihai şeklini verdikleri antlaşma ile, özellikle Nil Nehri sularına en büyük katkısı olan Etiyopya başta olmak üzere 7 kaynak devletinin kullanımlarına önemli ölçüde sınırlama getirmişlerdir. Afrika'da uzun süre hakimiyet kurmuş olan Avrupa devletleri ile Mısır'da ve Sudan'daki İngiliz Koloni Yönetiminin çeşitli etki ve girişimleriyle şekillenen 1959 Antlaşması, çoğu 20. Yüzyılın ikinci yarısında bağımsızlığını elde eden ve henüz politik istikrara kavuşamamış memba devletleri ile Mısır arasında, gelecek yüzyıl içinde muhtemelen büyük anlaşmazlıklara neden olacağı düşünülmektedir[3].

---

[1] Pazarcı, Uluslararası Hukuk Dersleri..., s. 238 ; Sar, a. g. e., s. 219. ; Ilomäki, a. g. e., 'Theories ' başlığında.

[2] Topraklarından suların kaynaklandığı devlet, yukarı çığır devleti.

[3] Aberra, Getachew, "There is Neither Customary International Law Nor a Treaty That Entitles Egypt to Nile Waters within Ethiopian Territory", Politics of Nile, (çevrimiçi) http://chora.virtualave.net/egyptandnile.htm, 01 Ocak 2002. ve bkz. Bilen, a. g. m., (web), "Ortadoğuda su sorunları ve Türkiye", II. Bölüm. ; ayrıca

Aynı zamanda "Riparian Doktrini" olarak da adlandırılan bu doktrin, ABD'nin doğu Eyaletlerindeki bazı mahkemeler tarafından geliştirilmiştir. Bu doktrinin esası şudur: Özel su hakları doğal su yolunu ayıran toprakların mülkiyetine bağlıdır. Bu haklar suyun kalitesini etkilememek ve diğer kıyıdaşların suya erişimini kısıtlamamak şartıyla suları kullanım ve sulardan faydalanma hakkını ifade etmektedir. Bu doktrinin de iki versiyonu vardır: Doğal Akım Teorisi ve Makul Kullanım Teorisi. Doğal Akım Teorisine göre nehre kıyısı olan her mülk sahibinin faydalanma hakkı vardır. İçme ve insani kullanım dışında yukarı kıyıdaki mülk sahibinin doğal suları azaltma hakkı yoktur. Doğal akımı azaltmamak kaydıyla, sular diğer amaçlar için kullanılabilir. Makul Kullanım Teorisi ise nehre kıyısı olan her mülk sahibinin kullanımlarının ihtiyaçlarının dikkate alınması şartıyla suları kullanma hakkını içermektedir. Bu teori esasında paylaşım kavramına dayanmaktadır. Bireysel su haklarının sınırları suların kullanımının olumsuz etkisiyle belirlenmektedir.[1] Bu uygulama Eyaletlerarası su uyuşmazlıklarında referans olarak dikkate alınmamıştır. Aşağıda da değineceğimiz gibi, ABD Yüksek Mahkemesi verdiği kararlarda bu teoriyi hukuksal bir çözüm yolu olarak değerlendirmemiştir.

İç hukuk sisteminde bu doktrin özel hukuk belgelerinde[2] düzenlenip uygulanma alanını bulmakla beraber, uluslararası hukukta

---

bkz. Pichyakorn , Bantita, "Sustainable Development and International Watercourses Agreements: The Mekong and The Rhine", Draft, 30 June 2002, s. 5, (çevrimiçi) www.iucn.org/themes/law/pdfdocuments/CDGFinalPaperSunnyPichyakorn .pdf , 27 Ekim 2002.

[1] Carriker, Roy R. , "Water Wars: Water Allocation Law and the Apalachicola-Chattahoochee-Flint River Basin", University of Florida, Institute of Food and Agricultural Sciences, (november 2000), "Administrative Water Allocation Law "başlığında, "The Riparian Doctrine" kısmı, (çevrimiçi) http://edis. ifas. ufl.edu/BODY_FE208 , 4 Mart 2003.

[2] Nitekim 2001 tarihli 4721 sayılı yeni Medeni kanunumuzun 742. maddesinde "Taşınmaz maliki, üst taraftaki araziden kendi arazisine doğal olarak akan suların ve özellikle yağmur, kar ve tutulmamış kaynak sularının akışına katlanmak zorundadır. Komşulardan hiçbiri bu suların akışını diğerinin zararına değiştiremez. Üstteki arazi

ise, uluslararası nehirden yararlanma eylemine girişmek isteyen devletin buna başlamadan önce diğer kıyıdaki devletlerin rızasını alması yönünde bir teamülün olduğu uygulamada görülmemektedir. Ayrıca bu konuda devletlerin uygulamaları da tutarlı değildir. Örneğin Şeria Nehri uyuşmazlığında Arap tezi kıyıdaş devletler arasında ön anlaşmaya dayanırken, Columbia Nehri uyuşmazlığında bundan söz edilmemiştir.[1]

Bu doktrinin herhangi bir uluslararası mahkeme tarafından su kaynaklı uluslararası uyuşmazlıklarda referans olarak gösterildiği bir durumla karşılaşılmamıştır. 1925 yılında Mısır tarafından Nil Komisyonu oturumlarında gündeme getirilmişse de Komisyon, Mısır'ın bu yaklaşımını uygun bulmamıştır. Aynı zamanda ABD Yüksek Mahkemesi, Kansas Eyaleti başta olmak üzere bazı Eyaletlerin mutlak ülkesel bütünlük iddialarını reddetmiş ve bu doktrinin Eyaletlerarası uygulanmasının mümkün olmadığına karar vermiştir.[2] Bununla beraber bu doktrini referans gösteren bazı ulusal mahkemeler olmuştur. 1927 yılında Alman Yüksek Mahkemesi'nin Wurttemberg ve Baden Eyaletleri arasındaki uyuşmazlıkla ilgili verdiği kararda "topraklarından geçen uluslararası nehirler üzerinde her devletin egemen haklarının uygulanması, uluslararası topluluğun diğer üyelerinin çıkarlarına zarar vermeme yükümlülüğüyle sınırlıdır. Hiçbir devlet nehrin doğal akışını zayıflatacak girişimlerde bulunamaz" denilmekle beraber , mahkeme bu ilkenin hangi koşullarda uygulanacağını şöyle belirtmektedir: "Bu prensip belirli koşullarda uygulanabilir. Böyle durumlarda devletlerin çıkarları diğer devletlerin çıkarlarıyla hakkaniyet ölçülerinde dengelenmesi gerekir. Bu ilkenin uygulanmasında bir tarafa ciddi bir zararın verilmesi durumuyla karşılaşılırsa bu uygulamadan vazgeçilir." Mahkeme başlangıçta bu doktrinden hareket ederken sonuç olarak sınırlı egemenlik doktrinine gönderme yapmıştır.[3]

---

maliki, alt taraftaki taşınmaza gerekli olan suyu, ancak kendi taşınmazı için zorunlu olduğu ölçüde tutabilir. " denilmektedir.

[1] Pazarcı, Uluslararası Hukuk Dersleri. . . , s. 240.
[2] Bkz. infra, "1. 10. 1. 2. b. Yükek Mahkemenin su tahsisi" başlığı.
[3] Lipper, a. g. m. , s. 18-19.

Fransa'nın yukarı kıyıda olduğu İspanya ile arasında Carol Nehri uyuşmazlığına ilişkin Lanoux Hakem Mahkemesinin 1957 yılında verdiği karara göre, hem Fransa'nın öne sürdüğü mutlak egemenlik doktrini hem de İspanya'nın desteklediği doğal durumun bütünlüğü ilkesi hukuka uygun bulunmamıştır. Bu kararın getirdiği hükümler doğrultusunda taraflarca ortak faydalanmayı öngören 1958 tarihli Lac Lanoux Antlaşması yapılmıştır.[1] Lanoux Hakem Mahkemesi'nin bu konuda verdiği karar itibarıyla düşünülürse, bir su havzasının doğal bütünlüğünün dokunulmazlığı, ancak toplumsal gerekçelere uygun düştüğü ölçüde kabul edilebilecektir. Aşağı kıyı devletin ülkesinde toplumsal yaşamı olumsuz etkilemeyen değişikliklerin yukarı kıyı devleti tarafından yapılabileceğini üstü örtülü olarak kabul edilmiş bulunmaktadır. Bu nedenle uygulanan uluslararası hukuka göre bir kıyıdaş devletin, sulardan faydalanmak amacıyla, suların fiziksel durumlarını değiştirme de dahil, sular üzerinde yapacağı faaliyetler için bir yasaklama söz konusu olmamaktadır. Bu faaliyetlerin ancak kıyıdaş devletteki sosyal hayatı belirli ölçüde olumsuz etkilemesi durumunda uluslararası hukuka aykırılığından söz edilebilir. Fakat bu zararın ölçütleri konusunda uygulanan uluslararası hukukta yerleşmiş bir kurala rastlanmadığından, her somut durumun kendi koşuluna göre değerlendirilmesi gerekir.[2]

Devletler, konumlarına göre kendilerine yakın görüp benimsedikleri doktrinleri uluslararası hukukun bir prensibi olarak değerlendirdiklerinden bu doktrinlerin her somut bir olayda uygulanması sorunuyla karşılaşılmaktadır.

1. 3. 2. 4. "Sic Utere" Doktrini (Sınırlı Ulusal Egemenlik ve Ülkesel Bütünlük)

Bu doktrin, kıyıdaş devletlerin birbirlerine zarar vermeyecek şekilde uluslararası nehirlerden faydalanmaları tezine dayanır. Bu

---

[1] Wolf, Aaron T. , "Criteria for Equitable Allocations: The Heart of International Water Conflict", Natural Resources Forum, Vol. 23, No. 1, February 1999, s. 6, (çevrimiçi) http://www.transboundarywaters. orst.edu/publications/allocations/ , 24.Mart 2002.

[2] Pazarcı, Uluslararası Hukuk Dersleri. . . , s. 239-240.

doktrine göre devletlerin topraklarından geçen doğal kaynaklar üzerindeki egemenlik hakları tanınırken, bu haklarını kullanmalarında birbirlerine zarar vermeyecek şekilde bir sınırlama getirilmektedir. Her ne kadar yukarıda geçen doktrinler birbirlerinden farklı ise de her biri sonuç itibarıyla aynı sorunlar doğurmaktadır. Dolayısıyla kıyıdaş devletler, hakkaniyete uygun olan ölçüyü aşacak biçimde suları kullandıkları takdirde sorun çıkmaya başlar.[1] Bu doktrin gerek Helsinki ilkelerinde gerek BM'nin ulaşım dışı su yolları sözleşmesinde geçen "devletler arasında hakça kullanım" ilkesiyle örtüşmektedir. Ortak suların kıyı devletleri arasında karşılıklı antlaşmaya dayalı hakça kullanılması bu doktrinin ana referansı olmuştur.[2]

Hangi kullanımın hukuksal olup olmadığı ise, bu kullanımdan dolayı ilgili devletin gördüğü zarar derecesince belirlenir[3]. "Başkasına zarar vermediğin müddetçe bir mülkü isteğin kadar kullan" şeklindeki teamül kuralının da etkisiyle gelişen bu doktrin, uluslararası hukuk alanına taşınarak sınırları aşan doğal kaynaklar üzerindeki devletlerin egemenlik çatışmalarını önlemek amacıyla bir denge sisteminin kurulmasını sağlamaya yönelik olarak değerlendirilmektedir.

Bu doktrin ulaşım dışı nehirlerle ilgili ilk düzenleme olan yukarıda değinilen 1923 tarihli Cenevre Sözleşmesi'nin de referans kaynağı olmuş ve uluslararası su hukukunun kodifikasyonu çalışmalarında en çok bu doktrinden hareket edilmiştir. Özü itibarıyla bu doktrine yakın olan gerek Helsinki İlkeleri gerekse BM Ulaşım Dışı Suyollarından Faydalanma Sözleşmesi yapılırken, bu doktrinin ilkelerinin uygulanması yönünde kurallar konulmuştur.[4] Aynı şekilde

---

[1] Topkaya, Bülent, "Water Resources in The Middle East: Forthcoming Problems and Solutions for Sustainable Development of The Region", Akdeniz University, (July 1998), (çevrimiçi) http://www.akdeniz.edu.tr/muhfak/publications/gap.html#Theories 12 Mart 2002.

[2] Richards, Alan and Singh, Nirvikar, "Water and Federalism: India's Institutions Governing Inter-State River Waters", Department of Economics, University of California, (June 1996), Santa Cruz, s. 5, (çevrimiçi) www.econ.ucsc.edu/~boxjenk/ - 22k , 27 Ekim 2002.

[3] Ilomäki, a. g. e., 'Theories and principles of water rights' başlığında.

[4] Green Cross International, National Sovereignty and International Watercourses, The Hague, March 2000, s. 19, (çevrimiçi) http://www.greencrossinternational.net/ , 31 Mart 2002.

bazı hakem mahkemeleri de bu doktrin çerçevesinde karar vermişlerdir. Nitekim Lanoux Gölü davasında, mahkemenin kararında geçen "toprakları içindeki sular üzerinde bir devletin hidro-elektrik santralı gibi tesisler kurması doğal hakkı iken bu hakkını diğer kıyıdaş devlete zarar verecek şekilde kullanamaz" şeklindeki hükümde olduğu gibi, çoğu uluslararası belgelerde önemli ölçüde bu doktrin hakim olmuştur.[1]

1. 3. 2. 5. Ortak Çıkarlar Doktrini

Bu yaklaşım, uluslararası nehir sularını bir bütün olarak kullanılacak hidrolojik bir ekonomik birim olarak değerlendirmektedir. Bu doktrinin esas amacı, uluslararası nehir sularının geçtiği devletlerin topraklarında yaşayan toplumların yararına siyasal sınır mefhumu olmadan ortak ve entegrasyon halinde kullanımının sağlanmasıdır[2] Sınırları aşan nehir ve kollarının havzaları içinde bulunan devletlerin, nehir üzerinde ortak bir yönetim kurmalarını destekleyen projeleri gerçekleştirmek ve bu projelere tahsis edilmek üzere maddi katkılarda bulunmak suretiyle işbirliğini teşvik etmek bu doktrinin temel amaçlarındandır.[3]

Burada iki yaklaşım söz konusudur: Biri her devletin gelişme programlarını belirleyerek nehirlerle ilgili bilgi toplama görevinden ihtiyaç duyulan yapıların kurulmasına kadar kıyı devletlerin topraklarında karşılıklı olarak faaliyetlerde bulunmayı öngörmektedir. Diğer yaklaşım da karşılıklı faydalanmaya dayalı olarak müşterek planlama ve proje çalışmalarında bulunma, ortak nehir idaresini kurma ve inşaat çalışmalarında ortak katkı sağlama gibi müşterek girişim ve faaliyetleri kapsamaktadır. Her devletin kalkınma programlarının birbiriyle koordineli bir şekilde uyumlaştırılması ve birbirlerinin topraklarında karşılıklı

---

[1] Topkaya, a. g. e. , 'International water law treaties' başlığında. ; ayrıca bkz. aşağıda yargı kararları bölümü.
[2] Richards and Singh, a. g. e. , s. 5. ; Ilomäki, a. g. e. , 'Theories. . ' başlığında. ; Topkaya, a. g. e. , 'Theories of water right' başlığında.
[3] Akmandor, Neşet , "Su Sorununun Fiziksel Boyutları", Ortadoğu devletlerinde Su Sorunu, TESAV y. , No. 4, 1994 Ankara, s. 16.

faydalanmaya dayalı tesisler kurulması bu yaklaşımın esasını oluşturmaktadır.[1]

Yukarıdaki yaklaşımlar bağlamında bu doktrin, daha çok ABD'nin Eyalet Sisteminde ve Avrupa Birliği (AB)'nde sulara ilişkin yapılan antlaşmalarda görülmektedir. Dünyanın globalleşmesi sonucunda devletlerin değil de toplumların ekonomik öncelikler çerçevesinde entegrasyonun sağlanması amacına uygun olarak nehirlerin aştığı devlet sınırlarının önemini yitirmesiyle ekonomik bir değer olarak sular da toplumların bütünleşmesi için önemli bir doğal kaynak olarak değerlendirilmektedir. Dünyanın diğer devletleri açısından oldukça ileri bir sistem öneren bu doktrinin, AB devletleri arasında uygulanmasına rastlanmaktadır. AB'nin yapısı gereği Konsey ve Komisyon Direktiflerinin tüm üye devletlerince uygulanması sulara ilişkin böyle bir doktrinin geniş anlamda uygulama alanını bulmasını sağlamıştır. Nitekim 23 Ocak 2000 tarihinde Avrupa Parlamentosu ve Konseyi, Birliğin ortak su politikasıyla ilgili çerçeve oluşturmasına ilişkin 2000/60/EC sayılı Direktif (yönerge) yayınlamıştır.[2] Bu Direktifin 24. maddesi gereğince üye devletler su hukukuyla ilgili yasa ve yönetmeliklerini 22 Aralık 2003 tarihine kadar Direktif hükümleriyle uyumlu hale getirip bundan Komisyonu haberdar edeceklerdir. Yönergenin önsöz kısmında, üye devletler arasında sulara ilişkin ortak politikalar izlenmesine dair daha önce Topluluk organlarınca alınmış kararlar referans gösterilerek çevresel kirlenmenin önlenmesi, içilebilir su kaynaklarının korunması gibi konularda üye devletler arasında koordinasyon sağlanması ve ulusal yasaların bu ortak politikaya göre uyumlaştırılması hususu düzenlenmektedir. Direktifin getirdiği diğer esaslar şunlardır: Ekonomik değer taşıyan suya belirli bir fiyat mekanizmasının kazandırılması, kullanımlar arasında denge sağlanması, çevresel zararlara neden olmadan suyun kullanılması ve "kirleten öder" ilkesinin suların korunmasında esas tutulması.

---

[1] Lipper, a. g. m. , s. 39.
[2] Bkz. Bu Direktif metni için, EUR-Lex, "Community legislation in force , Document 300L0060", (çevrimiçi) http://europa.eu.int/eur-lex -, 4 Ocak 2002.

1. 3. 2. 6. Ekonomik Doktrin

Suyun kullanımıyla ilgili önemli sorunlardan biri de suyun maliyet unsurunun dikkate alınmamasıdır. Ekonomik doktrine göre makul ölçüde ödeme yapılan bir mal veya hizmetin gerçek maliyeti tespit edildiği takdirde bunun dağıtımı daha etkin yapılabilir. Suyun belirli bir ekonomik değerle ölçülmemesi halinde, tarımsal ve sanayi alanlarda kullanımında israfına yol açılacağının yanı sıra su kaynaklarını geliştirme ve koruma tekniklerinin de ileri düzeyde sağlanamamasını da beraberinde getirmektedir. Böylece suyun gereğinden fazla tarımsal ve sanayi alanlarında kullanılması sonucunda etkin bir üretim gerçekleşmemektedir. Suya belirli bir fiyat mekanizması verilirse suyun etkin ve tekniğine uygun olarak kullanılması ve uygun tekniklerle yeniden geri dönüşümünün sağlanması mümkündür. Gereğinden fazla kullanılmayan su rezerve edilir.

Suyun değer ve maliyeti üzerinde yoğunlaşan ekonomik analiz, ne kadar suyun ne kadar arazi için tarımsal amaçlarla kullanılacağını, bunun getirdiği maliyetleri de dikkate alarak ne kadar ürün elde edileceğini tespit etmektedir. Bu da bir girdi olarak kullanılan suyun üretilen çıktının değeriyle orantılamaya dayanmaktadır. Bir üretim girdisi olarak kullanılan suyun maliyeti, çıktının maliyetini olumlu veya olumsuz olarak etkilemektedir. Suların etkin kullanım yöntemleri bu çıktı ve girdilerin maliyet ve değer analizi yapılmakla tespit edilmektedir.[1]

Bazı ekonomistlere göre, su diğer ekonomik kaynaklar gibi kaçan fırsat maliyetine göre değerlendirilmelidir. Diğer bir ifadeyle, suyun çeşitli seçenekler arasında örneğin tarım, içme suyu ve endüstride kullanılmasına karar verirken, bu sektörlerdeki değeri göz önünde bulundurulmalıdır. Mükemmel işleyen bir piyasa ekonomisinde fiyat, suyun elde edilmesindeki marjinal maliyetine eşittir. Bu, kaynağın kaçan fırsat maliyetini yansıtır.[2]

---

[1] Wolf, Aaron T., "Middle East Water Conflicts and Directions for Conflict Resolution", International Food Policy Research Institute, Washington, D. C., U. S. A., March 1996, s. 11, (çevrimiçi) www.ifpri.org/2020/dp/dp12.pdf, 03 Aralık 2002.

[2] Bilen, a. g. e., (web), "Ortadoğu Su Sorunları ve Türkiye" kısmı, III. bölüm.

Devletler arasındaki su uyuşmazlıklarını çözüm için ekonomik analizin dikkate alınması önerilmektedir. Wishart'a göre, eğer suyun etkin kullanımını sağlayan mekanizmalar işlenirse ve maliyet unsuru dikkate alınırsa su hakları üzerindeki anlaşmazlıkların çözümü daha kolay olur. Çünkü devletler, su kaynakları üzerinde savaşmaktansa işbirliği yapmayı tercih edeceklerdir.

Bununla birlikte bu doktrine de bazı eleştiriler yöneltilmiştir. Su sadece ekonomik bir mal değildir. İnsancıl ihtiyacın esas unsurudur. Mal ve hizmetleri tüketenlerin tercihleri bunların en ucuz olanlarına yöneliktir. Belirli su kaynaklarını kullanan ve sınırları sıkı bir şekilde kontrol edilen küçük bir devletin vatandaşlarının bu kaynak haricinde su gibi daha ucuz alternatif bulma olanakları yoktur. Ortadoğu devletlerinin ekonomileri daha çok tarımsal sektöre dayalıdır. Tarımsal üretim klasik yöntemlerle yapıldığı için kullanılan su miktarı daha fazladır. Suya belirli bir fiyat mekanizması kazandırılması durumunda teknolojik yöntemler kullanılmayan tarımsal üretimin maliyetini artırdığı için az gelişmiş devletlerin ekonomilerini olumsuz etkilenmektedir.[1] Su sistemlerinin sahip oldukları farklı fiziksel karakterleri ile fiyat mekanizmalarının uygulanacağı çeşitli kurumsal ve kültürel yapıların varlığı istikrarlı bir su ekonomisinin sürdürülmesini güçlendirmektedir. Su sektörlerindeki gelişmeler üzerindeki siyasal nüfuz, suyun geleceğiyle ilgili tahmin edilemeyen sosyo-ekonomik kötü sonuçlar doğurmasına yol açabilmektedir. Ekonomik analizlerle birleşik olmayan siyasal yaklaşımlar suların etkin kullanımını ve dağılımını tehlikeye düşürebilir. Dolayısıyla politik kurumlarla suların kullanımıyla ilgili ekonomik ve teknik kurumlar arasında sürekli bir koordinasyonun sağlanması gerekir.[2]

---

[1] Wolf, "Middle East water. . . "., s. 11.

[2] Dinar, Ariel, "Political Economy of Water Pricing Reforms", The Political Economy of Water Pricing Reforms, ed. by Ariel Dinar, Oxford Univ. pr. , Washington D. C. 2000, s. 6.

1. 3. 2. 7. Haklara Dayalı Kriterden İhtiyaçlara Dayalı Kritere

Devletlerin çoğu, ülkelerinden geçen sular üzerinde ileri sürdükleri haklarını yukarıda açıkladığımız doktrinlere dayandırmışlardır. Fakat şimdiye kadar çözümlenen anlaşmazlıkların çoğunda sular üzerinde "haklar kriteri" değil de sulara ne kadar gereksinim duyulduğu "ihtiyaca dayalı" ölçü esas tutulduğu görülmektedir. Bu ihtiyaçların ne kadar olduğu ise sulanabilecek arazi, nüfus durumu ve belirli proje ve tesisler dikkate alınarak tespit edilmektedir. İlgili devletin suya olan ihtiyacı bu kriterler çerçevesinde belirlenerek nehirler üzerinde antlaşma yapılmaktadır.[1] 1929 ve 1959 tarihlerinde Sudan ve Mısır arasında yapılan Nil Nehri Antlaşmaları da iki devletin sahip olduğu tarımsal alanlar ve nüfus büyüklüğü esas alınarak ihtiyaçlarına göre her devletin payına düşen sular tahsis edilmek suretiyle düzenlenmiştir. Bu anlamda Mısır daha fazla nüfusa ve sulanacak arazilere sahip olduğu için Nil'in paylaşımında Sudan'a göre daha fazla pay sahibidir.[2]

Haklara dayalı kriterden ihtiyaçlara dayalı kritere eğilim görülmesinin nedenine gelince; bunun iki nedeni vardır: Biri, uyuşmazlığa taraf olan devletler arasında yapılan görüşmelerde her biri kendi çıkarına yakın gördüğü zıt haklar içeren doktrinleri ileri sürdüğünden, çözüme ulaşılamamakta ve tarafların görüşleri bağdaştırılamamaktadır. Bu nedenle görüşmelerde doktrinlerden ziyade ihtiyaçların neler olduğu tezi hakim olmaktadır. Çünkü devletlerin zıt çıkarlarının ihtiyaca göre uyumlaştırılması daha kolay olmaktadır. Nitekim Bangladeş ve Hindistan'ın Ganges Nehrine ilişkin antlaşma yapma süreçlerinde özellikle ihtiyaçlar mekanizması egemen olmuştur. İkinci nedenine gelince; haklara dayalı kriterler somut veriler üzerinde bina edilmemekte olup soyut anlamında ifade

---

[1] Wolf, "Criteria for Equitable Allocations:. . ", s. 10.

[2] Mısır ve Sudan gelecekteki paylarına düşecek sularıda oransal olarak belirlemişlerdir. 1959 Nil Antlaşmasının 2. maddesinin 4. fıkrasına uyarınca Nil Nehrinden 55, 5 milyar m^3 Mısır'a (%75) ; 18, 5 milyar m^3 Sudan'a (%25) tahsis edilmektedir. Bkz. Northwest Alliance for Computational Science and Engineering (NACSE), "Agreement between the Government of the United Arab Republic and the Government of Sudan", (çevrimiçi) http://mgd.nacse.org/qml/watertreaty/textdocs/international/58.html , 4 Nisan 2002.

edildiği için, yerini somut olarak ileri sürülebilen ihtiyaçlara dayalı kritere bırakmaktadır. Gerçekten de uyuşmazlığa taraf olan devletler ihtiyaçlarını sayısal anlamda istatistiksel veriler doğrultusunda belirledikten sonra suyla ilgili somut problemlerini daha kolay çözüme kavuşturmaktadırlar.[1] Nitekim ulaşım dışı su yollarının kullanımıyla ilgili BM Sözleşmesinin 6/1-b maddesi gereğince hakkaniyete dayalı eşit ve makul ilkesi uygulanırken ihtiyaç faktörü, ilgili su yolu devletlerinin sosyal ve ekonomik gereksinimlerini dikkate alınacak bir faktör olarak değerlendirilmektedir. Aynı hüküm Helsinki İlkeleri'nin 5. maddesinde de geçmektedir.

Esasında ihtiyaçlar teorisini eşit kullanım ve hakların eşitliğine daha yakın olarak düşünenler olmuştur. Nitekim Prof. Andrassy, " hakların eşitliği kıyıdaş devletlerin nehir sularını kendi ihtiyaçları uyarınca eşit haklara sahip olmaları anlamında kullanılması gerekir" demektedir. Buna göre hakların eşitliği, suların eşit parçalarla bölüşülmesi anlamında değil ihtiyaçların eşit olarak karşılanması anlamında algılanması gerekir. Bu kavrama daha çok ihtiyaçların çatışması durumunda referans olarak başvurulmuştur. Çünkü "ihtiyaç" terimi, nehir sularına bağımlı olan kıyıdaş devletlerin ekonomik ve sosyal gereksinimlerini karşılama anlamında kullanılmıştır.[2]

Ne var ki bu teorinin de eleştirilen yönleri bulunmaktadır. Bu yaklaşıma daha çok uyuşmazlıkların çözümlemesi durumunda başvurulmuştur. Özellikle Ganges Nehri uyuşmalığında, tarafların ihtiyaçları dikkate alınarak antlaşmaya varılmaya çalışılmıştır. Göreceli olarak zayıf olan yukarı kaynak devleti ile güçlü olan aşağı kıyı devleti arasındaki su kullanım dengesizliğini meşru bir temele dayandırmak için başvurulan bir yaklaşım olduğu düşünülmektedir. Nitekim teknik ve ekonomik açıdan ileri düzeyde olan devletlerin suya olan ihtiyacı, daha geri olan devletlerinkinden her halde daha fazladır. Önemli su kaynaklarını topraklarında barındıran yukarı kıyı devletinin, ihtiyacı daha fazla olduğu gerekçesiyle aşağı kıyı devletine istenildiği kadar su bırakma zorunluluğu bulunmamaktadır. Uluslararası mahkemeler ise daha çok suların kullanımına ilişkin

---

[1] Wolf, "Criteria for. . . ", s. 2
[2] Lipper, a. g. m. , s. 44.

haklara dayalı kriterler uyarınca karar vermişler ve ihtiyaçları bu haklar çerçevesinde bir faktör olarak değerlendirmişlerdir. Tabiatıyla bir ihtiyacın ortaya çıktığı durumlarda bunu sadece ihtiyaç olması itibarıyla değil, "haklar" açısından bu ihtiyaçlar incelenmektedir. Zira her ihtiyaç duyulan şey hukuksal anlamda bir hak mefhumunu doğurmamaktadır. Bu nedenle ihtiyaçlara dayalı kriter doktrini uluslararası hukuk açısından yetersizdir. Söz konusu BM Sözleşmesinin 6/1-b de geçen ihtiyaç faktörünü diğer faktörlerle birlikte düşünmek gerekmektedir.

Ortadoğu bölgesinde endüstriyel ve tarımsal açıdan bölgenin diğer devletlerine göre daha gelişmiş devlet olan İsrail'in, sahip olduğundan daha fazla suya ihtiyacı olduğu açıktır. Bu nedenle, İsrail ve Filistin arasındaki suyun dağılımında dengesizlikler mevcuttur. Ayrıca İsrail, işgal altında tuttuğu Batı Şeria ve Gazze'deki su kaynaklarını maksimum kullanmaktadır. Nitekim, bu bölgede kişi başına düşen ortalama su miktarı 257 metreküp (m^3)/yıl iken, İsrail'de kişi başına 344 m^3/yıl, Filistin Bölgesi'nde 93 m^3/yıl ve Ürdün'de 244 m^3/yıl düşmektedir.[1]

Uluslararası suların hukuksal düzenlemesi yapılırken, yürütülen kodifikasyon çalışmalarında gücün meşruiyet kazanmaması noktasında bu yaklaşıma gönderme yapılmamıştır. Bununla beraber kodifikasyon çalışmalarında hakkaniyete dayalı bir paylaşım faktörü olarak ekonomik ve sosyal ihtiyaçlar sayılmıştır.

1. 3. 2. 8. Hakkaniyete Dayalı Eşit ve Makul Kullanım Doktrini

BM ulaşım dışı su yolu Sözleşmesinin referans ilke olarak benimsediği ve ayrıntılarını aşağıda[2] inceleyeceğimiz bu doktrin, esas olarak hakların dengeli bir şekilde dağılımının sağlanmasına dayanmaktadır. "Önemli zarar vermeme" ile suların makul ve dengeli

[1] Rabi, Ayman, "Water: A Means for Confidence-Building and Cooperation in the Jordan River Basin", Water for Peace in the Middle East and Southern Africa, Green Cross International pr., The Hague, March 2000, s. 35, (çevrimiçi) http://www.greencrossinternational.net/, 31 Mart 2002.
[2] Bkz. infra, "1. 5. 2. 3. "Hakkaniyete dayalı eşit ve Makul Kullanım" ve "Önemli Zarar Vermeme" İlkeleri"konusu.

kullanımı unsurundan oluşan bu doktrin, kıyıdaş devletlerin eşit bir şekilde ihtiyaçları ve hakları oranında uluslararası nehirlerden faydalanmasını içermektedir. Yukarıda değindiğimiz gibi "İhtiyaç" kavramı kıyıdaş devletlerdeki uluslararası nehirlere bağımlı olan nüfusun ekonomik ve sosyal gereksinimlerini ifade etmede kullanılırken, "Hakkaniyet" kavramı ise her özel durumda bir devletin elde ettiği fayda ile fayda getiren eylemin diğer devlete verdiği zararın karşılaştırılması anlamında kullanılmaktadır.[1] Bu doktrin hem aşağı hem de yukarı devletin haklarını koruyucu niteliğinde görülmekle beraber bu doktrinin önlediği zarar kavramı açısından düşünürsek, uyuşmalıklarda, özellikle zarar gören aşağı kıyıdaki devleti yukarı kıyıdaki devletin zararlı kullanımına karşı korunması noktasında önem arz etmektedir.[2] Bu çalışmanın referans aldığı bu doktrin, aşağıda değinileceği gibi, Helsinki İlkeleri ve BM'nin ulaşım dışı su yolları Sözleşmesinin ilgili maddelerinde geçen[3] nehir kullanımıyla ilgili tüm ilke ve faktörleri dikkate almaktadır. Bu doktrini uygulayan devletlerin başında ABD gelmektedir. Önceleri bu doktrini hukuk kuralı olarak değil, pratik bir çözüm yolu olarak değerlendiren ABD özellikle Kanada ile Columbia Nehri uyuşmazlığında bu doktrini referans almış ve hakkaniyete dayalı kullanımı uluslararası hukukta yerleşmiş bir kural olduğunu ileri sürmüştür.[4]

Zamanımızda BM çerçevesinde yürütülmekte olan çalışmalarda bu doktrine geniş bir şekilde yer verildiğini görmekteyiz. Gerçekten de Uluslararası Adalet Divanı'nın Macaristan ve Slovakya arasındaki Tuna Nehri'nin kullanımıyla ilgili uyuşmazlıkta verdiği kararda, bu doktrinin getirdiği ilkeleri referans almış ve bunun uluslararası su hukukunun önemli bir kuralı olarak gelişmesine zemin hazırlamıştır.[5] Bu doktrinin diğerinden farkı,

---

[1] Lipper, a. g. m. , s. 43-44.
[2] Sar, a. g. e. , s. 300.
[3] Helsinki İlkelerinin 5. maddesi ile BM Sözleşmesinin 6/1 md. Bkz. s. 50.
[4] Sar, a. g. e. , s. 302.
[5] Bkz. infra, "1.6. 3. Uluslararası Adalet Divanı'nın Tuna Nehri Anlaşmazlığına Dair Kararı". Lanoux Gölü uyuşmazlığıyla ilgili Hakem Mahkemesinin verdiği kararda da bu doktrinin ilkelerini görmek mümkündür. Bkz. infra, "1.6.1.1. Lanoux Gölü Davası".

belirli bir kritere bağlı değil de birden çok kriter ve etken dikkate alınarak uluslararası su yollarının kullanımıyla ilgili esaslar oluşturmasıdır. Egemenliğin hukuk tarafından belirlenip düzenlendiği bir sistemde, uluslararası nehirlerden faydalanılırken bu doktrinin getirdiği esasların dikkate alınacağı açıktır.

1. 4. Sürdürülebilir Kalkınma Kavramı ve Uluslararası Su Hukuku

Sürdürülebilir kalkınma, insan ile doğa arasında denge kurarak doğal kaynakları tüketmeden, gelecek nesillerin ihtiyaçlarının karşılanmasına imkan verecek şekilde bugünün ve geleceğin yaşamını ve kalkınmasını programlama anlamını taşımaktadır. Sürdürülebilir kalkınma sosyal, ekolojik, ekonomik, mekansal ve kültürel boyutları olan bir kavramdır.[1]

Sürdürülebilir kalkınma konusu doğal kaynakların korunmasına ilişkin uluslararası hukuk sisteminin gelişmesi üzerinde önemli etkisi vardır. Sosyal, ekonomik ve çevresel olmak üzere konuyla ilgili üç faktör aynı oranda önemlidir. Dünya Çevre ve Kalkınma Komisyonu 1987 yılında bu kavramı şöyle tanımlamıştır: " Sürdürülebilir kalkınma, gelecek nesillerin ihtiyaçlarını karşılayabilecek derecede olmayan, şimdinin ihtiyaçlarını karşılamakla sınırlı bir kalkınmayı ifade etmektedir."

Bu tanımın açılımı yapıldığında yedi önemli unsuru içerdiği görülmektedir. Bunlar:

1. Ekonomik kalkınma ile çevre korunmasının entegrasyonu,
2. Kalkınma hakkı,
3. Doğal kaynakların sürdürülebilir kullanımı ve korunması,
4. Doğal kaynakların ihtiyaçtan fazlası gelecek nesiller için korunması,
5. Farklı devletler arasında farklı kullanımın giderilmesi,
6. Kirleten öder ilkesi,

---

[1] Güneydoğu Anadolu Projesi (GAP), "Sürdürülebilir Kalkınma Nedir?", (çevrimiçi) http://www.gapturkiye.gen.tr/kalkinma/ , 23 Haziran 2003.

7. sürdürülebilir kalkınmanın prosedürüne ait unsurlar.

Yukarıdaki tanım uluslararası nehirler bağlamında düşünülürse sürdürülebilir kalkınma, "kullanılabilir düzeyindeki suyun yeterince sürdürülerek korunması ve gelecek nesillere aktarılacak nehrin eko sisteminin zarar görmesini engelleyecek faaliyetlerin tümüdür."[1] Her havzanın spesifik ihtiyaçları ve amaçları kıyı devletlerin ihtiyaç ve yapıları çerçevesinde tanımlanır. Bunlar; Suyun kullanım hakkı, su seviyesini düşüşünü önleme, su akışının devamlı olmasını sağlama ve koruma, eko sistemi koruma, suyun geliştirilmesiyle ilgili prosedürün oluşturulması gibi hususları içermektedir. Kısacası uluslararası su hukuku aralarındaki problemlerini çözmek için sadece kıyı devletlerinin davranışlarını düzenlemez aynı zamanda suyun kullanımı ve işlevleriyle ilgili uzun dönemdeki konulara da değinmektedir. Bunun en açık örnekleri hem Helsinki İlkeleri'nde hem de ilgili BM Sözleşmesi'nde geçen "hakça ve eşitçe kullanım", "zarar vermeyecek şekilde kullanım yükümlülüğü" ilkeleri uyarınca belirlenmektedir. Bunlardan bazıları eko sistemininin koruması ve suyu kirletenin ağır sorumluluğu ve bunu tazminine katlanması kuralları şeklinde görülmektedir.[2]

Bu bağlamda düşünülürse hakkaniyete dayalı olarak nehirlerden eşit faydalanma ilkesi sadece su miktarının adilce bölünerek taraflar arasında paylaşım anlamında algılanmamaktadır. Nitekim Uluslararası Adalet Divanı, Gabčíkovo-Nagymaros Davasında[3] verdiği kararda ekonomik amaçlarla nehir sularından faydalanılırken bunun çevre üzerindeki etkisi ve gelecek kuşaklara getireceği muhtemel riski dikkate almak gerektiğine işaret etmektedir. Bu karar su konulu BM Sözleşmesi ile diğer uluslararası antlaşmalarda geçen hakkaniyete dayalı eşit ve makul ilkesinin içeriğini de etkilemektedir. Her ne kadar hakkaniyete dayalı olsa da ekolojik ve doğal çevre etkeni dikkate alınmayan düzenlemeler Divana göre hakkaniyete dayalı eşit ve makul ilkesini uygulamış

---

[1] World Commission on Environment and Development, "*Our Common Future* (1987)", (çevrimiçi) http://www.sdinfo.gc.ca/what_is_sd/index_e.cfm., 4 Şubat 2002.

[2] Pichyakorn a. g. m. , s. 9-10.

[3] Bkz. infra, "1.6.3. Uluslararası Adalet Divanı'nın Tuna Nehri Anlaşmazlığına Dair Kararı".

sayılmamaktadırlar. Divan ekonomik kalkınma ile çevresel faktörler arasında denge mekanizmasının kurulmasını önermektedir. Dolayısıyla sürdürülebilir kalkınma kapsamında söz konusu BM Sözleşmesinin 6/1 a maddesinde geçen faktörler çerçevesinde 20. madde gereğince devletler eko sistemini koruyacak ve 21. madde gereğince kirliliği önleyeceklerdir.[1]

1. 5. Uluslararası Hukukun Uluslararası Nehirlere İlişkin Gösterdiği Gelişmeler

Uluslararası Adalet Divanı Statüsü'nün 38. maddesinde uluslararası hukuk kaynaklarının neler olduğu belirtilmiştir. Uluslararası su hukuku da dayanağını bu kaynaklardan alarak gelişmiştir. Kaynak terimi ise, hukuku bir şekle, bir yaptırıma bağlayan ve bunları gösteren usullerin tümü olarak tanımlanmıştır.[2] Uluslararası su hukukunun kaynakları da Divan Statüsünün 38. maddesinde belirtilenlere uygun olarak, uluslararası teamül, devletler arasında bu konuda yapılmış özel ve genel antlaşmalar, genel hukuk prensipleri, hukuk kurallarının belirlenmesinde ve geliştirilmesinde etkin rolü olan yardımcı kaynak niteliğinde yargı kararları ve doktrinlerdir.

Bilindiği gibi diğer konularda olduğu gibi uluslararası su yolları konusunda da uluslararası hukuk, henüz gelişimini tamamlamamıştır. Çünkü halen devletlerin egemenliği ve eşitliği uluslararası hukuk sisteminde temel ilke olmaya devam etmektedir. devletler, kendi aralarında kendilerini bağlayıcı kuralları birlikte koyma yoluna gitmektedirler ve antlaşma yapmak suretiyle kendilerini bağlayıcı kuralları oluşturmaktadırlar. Suyla ilgili ikili ve çok taraflı antlaşma ve sözleşmeler yapıldığı halde, bu konuda genel, sürekli ve bağlayıcı bir uluslararası teamül hukukunun

---

[1] Wouters, Patricia, "The Legal Response to International Water Scarcity and Water Conflicts: The UN Watercourses Convention and Beyond", The water page, "The UN Convention's Response to Water Scarcity and Water Conflicts" kısmı, (çevrimiçi) http://www.thewaterpage.com/pat_wouters1.htm#_ftn8 , 01 Eylül 2002. ; Pichyakorn a. g. m. , s. 11.

[2] Bkz. Kaynakla ilgili daha geniş bilgi için Çelik, Edip F. , Milletlerarası Hukuk , I. Kitap, 2. b. , Filiz Kitabevi, İstanbul 1987, s. 51-52.

oluşmamasının birkaç nedeni vardır. Bunlardan biri devletlerin güçlerinin farklılıkları ve yaptıkları pazarlıklarda isteklerini diğer tarafa kabul ettirmedeki yeteneklerinin değişik olmasıdır. Diğer neden ise, coğrafi verilerin değişik olması, suyun kapasitesi ile her devletin konumunun ve faydalanma biçiminin farklı olmasıdır.[1] Uluslararası suların bugünkü durumu değerlendirildiğinde çok genel anlamda oluşmuş ve belirginleşmiş bir uluslararası hukuk düzeni henüz oluşmuş değildir. Halen sular konusu büyük ölçüde siyasal pazarlıklara bağlı olduğu için hukukun çözüm getirebilme ve etkili olma şansı hayli az olmaktadır.

Bununla birlikte teamül kuralı düzeyinde oluştuğunu düşünebileceğimiz en önemli kural, aynı nehir sularını paylaşan devletlerin, topraklarından geçen sular üzerindeki egemenlik haklarına bağlı olarak, bu sulardan faydalanma haklarının olduğudur. Ancak böyle bir yararlanma hakkının teyidi bile ancak 20. Yüzyılın ortalarına doğru mümkün olmuştur. Daha önceleri mutlak egemenlik haklarına dayanarak devletlerin toprakları üzerinden geçen kaynaklar üzerinde istediklerini yapabileceklerine dair yaklaşımının dayanağı gittikçe zayıflamaktadır. devletlerin barış içinde birlikte yaşama gereksinimi ve bilinci arttıkça bu yaklaşım, yerini ortak yararlanma ve haklara dayalı dengeli paylaşma düşüncesine bırakmaktadır.[2]

1. 5. 1. Tarihsel Gelişim

Tarih, toplumların ekonomik ve sosyal gelişimleri ile suya bağımlılık ve su açısından yeterlilik arasında önemli bağlar olduğunu göstermektedir. Su kaynakları etrafında yerleşik hayata geçen insanlar tarımsal üretim için suları kontrol altına almaya yönelik düzenlemeler ve tesisler kurmuşlardır. Medeniyetler su kaynaklarını iyi denetleyen ve bu konuda kurumlaşmaya giden hukuksal düzenlemeler yaptıkları müddetçe ilerleme kaydetmişlerdir. Bu konuda yeterince başarı göstermeyen medeniyetler daha kolay çökmüşlerdir. Su hukukunun en eski kodifikasyon çalışmalarını Eski Mısır, Manu Hind Kanunları ile Babil'de Hammurabi Kanunlarında bulmak mümkündür. Roma ve İslam Hukukunda da kodifikasyon

---

[1] Pazarcı, "Su sorununun hukuksal... ", s. 41.
[2] Aynı eser, s. 42.

çalışmaları devam etmiştir. Bundan 4000 yıl öncesine kadar dayanan Hammurabi Kanunları dikkate alınırsa, Mezopotamya bölgesinde Fırat ve Dicle vadilerinde yerleşen insanların suları kullanım ve korumaya ilişkin yaptıkları düzenlemeler medeniyetlerin oluşmasında çok önemli rol oynamıştır.[1]

Roma hukukundan bu yana, insanoğlunun egemenlik kuramadığı ve özel mülkiyete konu edemediği varlıkların başında, su gelmektedir. Su kaynaklarının yetersizliğinin gündeme geldiği geçtiğimiz yüzyılda, daha çok sular üzerinde egemenlik kurmak amaçlarına bağlı olarak, konunun tartışma gündemine geldiği görülmektedir. Bu dönemde ortaya çıkan devletler arasındaki suların kullanımıyla ilgili ortaya çıkan çıkar çatışmaları, sorunun çözümüne ilişkin süreci olumsuz etkilemiştir. ABD – Meksika, Çin – Hindistan – Pakistan, Brundi – Ruanda – Zaire – Kenya - Uganda – Etiyopya – Sudan – Mısır, Meksika – Guatemela, Ürdün – Suriye – Lübnan – İsrail ve hatta Türkiye – Suriye – Irak arasında su kaynaklarını kullanımından kaynaklanan çekişme ve tartışmalar, konunun uluslararası ortamda görüşülmesine yol açmıştır.[2]

Eski Roma hukuku su haklarını üç sınıfa ayırmaktaydı: (i) Özel : Bir kişinin tasarrufu altında bulunan ve herhangi bir kısıtlama ve sınırlama getirilmeyen ve özel mülkiyete konu olan sulardır. (ii) Ortak: Suyun herkesin kullanımına ve faydalanmasına açık olmasıdır. (iii) Kamusal: Devletin mülkiyeti altında bulunan sular olup bu suların kullanımı devletin denetimine tabidir.

Roma Hukukunun modern ulusların yasama süreci üzerinde önemli etkisi olmuştur. Tarihsel olarak su hukuku ilkeleri yukarıda anılan üç ana yönde gelişmiştir. Avrupa devletlerindeki su hukuku ilkeleri Napoleonic Kanun tarafından yasalaştırılmış olup kıta Avrupa'nın su kanunlarında örneği görülmektedir. Buna göre sular kamusal veya özel olabilir. Kamusal sular ancak Hükümetin tasarrufu altında kullanılabilir. Özel sular ise kıyıdaşların hakkaniyete dayalı

---

1 Caponera, Dante A. , "The Importance of Water Law and Institutions for Sustainable Development", "The importance of water law" başlığında, (çevrimiçi) http://www.oieau.fr/ciedd/contributions/atriob/contribution/caponera.htm , 13 Eylül 2003.

2 Gürbüz, Mahir, "Kuraklık ve Su ! "Çözümü Belirsiz Sorunsal" , 01.05.2001, (çevrimiçi) www.chp.org.tr/bykp/ , 26 Nisan 2002.

doktrini temelinde kullanılabilmektedir. İngiliz Ortak Hukuku, Roma Hukukunun "*Ortak Su Hukuku*" kavramını uygulamaya devam etmiştir. Sular herkesin kullanıma açık olup kimsenin münhasır tasarrufu altında değildir. Bununla ilgili sınırlama ancak kanuni düzenleme ile mümkündür. Bu yaklaşım ABD'nin doğu Eyaletleri ile İngiltere'nin daha önce sömürgesi altında bulunan devletlerde yaygın olarak uygulanmaktadır.

ABD'nin bazı batı Eyaletlerinde "kendisine tahsis etme" doktrini geliştirilmiştir. Buna göre suları ilk kullanan ve sular üzerinde ilk olarak hak iddia eden Eyaletlerin bu konudaki haklarının korunması esastır. Bu yaklaşım tabiatıyla ABD'nin diğer Eyaletlerince geliştirilen "bağımlı ve karşılıklı haklar" ile "suların faydaya dayalı kullanımı" doktrinleri ile çatışmaktadır.[1]

Aynı Federal devlet içindeki eyaletlerde bu doktrinin uygulanma alanı bulunmadığı halde ayrı ulusal devletlerin ortaya çıkmasıyla aynı nehirlerin değişik devletler tarafından paylaşılması sonucunda, bu nehirlerin kullanımına ilişkin sorunları bu doktrin bazında çözmek hukuksal anlamda zor görülmektedir. İlk olarak nehirler üzerinde ulaşımla ilgili düzenlemeler yapılmış ve buna ilişkin antlaşmalar yapılmıştır

İlk başta 1815 tarihli Viyana Kongresi'nde, Avrupa'daki uluslararası nehirlerden bütün devletlerin ticaret gemilerinin yararlanması ilkesi kabul edilmiş ve nehir ulaştırmasına dair genel statü hazırlanmıştır. Ardından bu genel statünün Avrupa'daki nehirlere uygulanması için özel sözleşmeler yapılması yoluna gidilmiştir.[2]

Uluslararası su hukuku 1. Dünya Savaşı'ndan sonra uluslararası sistemde etkin kılınmaya çalışılmıştır. Bu dönemden itibaren UHD gibi uluslararası hukuk kuruluşları, Dünyadaki nehirlere uygulanacak genel teamül ilkelerini araştırıp taslak metinler hazırlamaya başlamışlar. Bu kurumlar tarafından tedrici olarak geliştirilen bu hukuk, legal anlamda bağlayıcı olmamakla birlikte uyuşmazlıkları çözmede önemli referans kaynağı olmaktadır.

---

[1] Caponera, a. g. m., "Water law from ancient times to the present" başlığında.
[2] Çelik, Edip F., Milletlerarası Hukuk, İkinci Kitap, Filiz Kitabevi, İstanbul 1987, s. 154.

Uluslararası nehirlerin statüsü konusunda genel bir sözleşme yapılmasına Milletler Cemiyeti öncülük etmiş ve bu amaçla 1921 tarihinde Barselona'da yapılan konferansta bir statü, bir sözleşme ve bir protokol imzalanmıştır. Bu sözleşmede uluslararası nitelikteki nehirler için kabul edilen ilkeler özet olarak şunlardır:

1. Uluslararası nehirlerde ulaşım, bu nehirlerde sahili olsun olmasın bütün akit devletler için serbesttir. Bu serbestlikten devletler eşit olarak faydalanacaktır.

2. Ülkesinden uluslararası nehir geçen devletlerin ulaştırmayı engelleyecek önlemler alması yasaklanmıştır.

3. Bu devletlerin, ulaştırmayı sağlayacak ve kolaylaştıracak önlemler almaları öngörülmüştür.

4. Özel hizmetlerin karşılığı olmayan hiçbir resim veya harç alınmayacaktır.[1]

Barselona Sözleşmesi Viyana Kongresi'nde olduğu gibi ulaşıma elverişli nehirlerle ilgili düzenlemeler getirmiştir. Viyana Kongresi'nden farkı ise daha genel ve evrensel hükümler getirmesidir. Bununla birlikte Barselona Sözleşmesi az sayıda devlet tarafından onaylandığı için uluslararası nehirlerle ilgili ulaşım serbestliğinin genel bir uluslararası hukuk kuralı olarak yerleştiğini savunmak güçtür. Buna karşılık ulaşımla ilgili konular özel antlaşmalarla düzenlenmiş ve genel hukuk ilkeleri olarak kabul edilmişlerdir.[2]

Ulaşım dışı nehirlerle ilgili konular ilk olarak 1923 tarihli Cenevre Sözleşmesi ile gündeme gelmeye başlamıştır. Cenevre'de 9 Aralık 1923 tarihinde imzalanan "Birden fazla devleti etkileyen Hidrolik Gücün Geliştirilmesine ilişkin Sözleşme", konuyla ilgili konferansa katılan otuz üç devletten çok azı tarafından onaylanmıştır.[3] Bu sözleşmenin dikkat çekici özelliği, sınırlı

---

[1] Çelik, a. g. e., 2. kitap, s. 155.
[2] Aynı yer.
[3] Lipper, a. g. e., s. 34. Caponera, sözleşmenin ilk önce 20, sonra 11 devlet tarafından onaylandığını belirtmektedir. Bkz. Caponera, a. g. e., s. 10.

egemenlik ilkesini açıkça tanımasıdır. Sözleşmenin "hidrolik gücünü geliştirmek amacıyla akit bir devlet, diğer akit devlete ciddi zarar vermeye neden olabilecek faaliyetlerde bulunursa ilgili devletler, bu faaliyetlerin yürütülmesini düzenleyecek antlaşmaları sonuçlandırmak için görüşmelerde bulunacaklar"[1]şeklinde geçen hükmü, konuyla ilgili sonraki antlaşma ve sözleşmelere referans kaynağı olmuştur.

1933 yılındaki Montevideo Konferansı'nda yayınlanan kıta Amerika Devletleri Deklarasyonu'nda: "Endüstriyel veya tarımsal amaçlarla devletler, egemenlikleri altında bulunan uluslararası nehirlerden münhasıran faydalanma haklarına sahiptir. Ne var ki bu hak aynı suları paylaşan komşu devletin eşit haklarını zedeleyecek şekilde kullanılamaz." şeklinde verilen hükümle devletlerin uluslararası sular üzerinde sınırlı egemenlik haklarının olduğunu vurgulamaktadır. Konferansta ayrıca aynı hükmün sınırları aşan nehirler için de geçerli olduğu kabul edilmektedir. 1963 yılında Niger Nehri'nden faydalanmaya ilişkin sonuçlandırılan antlaşmayla önemli kilometre taşına ulaşılmıştır. Bu antlaşma, havzadaki her devletin Niger Nehri ve besleyici kollarının topraklarında geçen kısımlarından faydalanacağı hükmünü getirmektedir. [2]

Avrupa Ekonomik Komisyonu Sekreterliği, 1950 yılında göl ve nehirlerin hidroelektrik geliştirilmesinin yasal dayanaklarıyla ilgili bir çalışma hazırlamıştır. Bu çalışmada "bir devlet tek taraflı olarak topraklarından geçen sınır oluşturan veya sınır kesen nehirlerin kısımları üzerinde proje geliştirme hakkı bulunmaktadır. Ne var ki bu tür projeler iyi komşuluk ilişkileriyle uyuşmayan nitelikte başka devletlere zarar vermeye neden olmamalıdır. Diğer taraftan neden olunan zarar ciddi ve devamlı olduğu takdirde bu çalışmalar ancak ön bir antlaşmayla sürdürülebilir.[3]

UHD'nin 1956 yılında Dubrovnik'te düzenlediği 47. Konferansında uluslararası nehirlerin kullanımıyla ilgili şu ilkeler kabul edilmiştir:

---

[1] Lipper, a. g. e., s. 34.
[2]Lipper, a. g. e., s. 33. ; Yearbook of International Law Commission... 1986, V. II. , part one, s. 122, par. 135.
[3] Aynı eser, s. 124, par. 144.

"III. Her devletin sınırları içindeki uluslararası nehirler üzerinde egemenlik kaynaklı kontrol hakkı var olup devlet bu kontrol hakkını kullanırken diğer kıyı devleti üzerindeki etkiyi dikkate almalıdır.

IV. devlet, diğer devlete zarar veren mevcut uluslararası nehrin rejimini değiştiren kamusal veya özel girişimlerde bulunursa uluslararası hukuk uyarınca sorumlu tutulmaktadır.

V. III. paragrafta belirtilen genel ilke uyarınca bir devletin, diğer devletin sularını kullanımından kaynaklanan zarara uğraması sonucunda ortaya çıkan anlaşmazlığı mahkemeler veya devletler çözerken zarar görenin çıkarını zarar verene karşı korunarak dengelenmesine dikkat edecekler." [1]

1966 yılında Helsinki'de UHD[2] tarafından kabul edilen Helsinki İlkeleri'nde su kaynaklarının "hakkaniyete dayalı eşit ve makul kullanımı"nın sağlanması için "*Drenaj Havzası*" terimi benimsenmiştir.[3] Bu belgenin 4. maddesi " Her havza devleti kendi

---

[1] Aynı eser, s. 123, par. 141.

[2] UHD, 1873 yılında Brüksel'de kurulmuştur. Hedefleri özel ve genel uluslararası hukuk konularıyla ilgili araştırmalar yapmak, uluslararası hukuk normlarını oluşturmak, geliştirmek, hukuksal anlaşmazlıklarla ilgili önerilerde bulunmak ve hukukun birliğini sağlamaktır. UHD bir Hükümet dışı örgüt olarak danışma organı konumundadır. Dernek, ilke olarak komiteler aracılığıyla çalışmaktadır. Bu komitelerin oluşturdukları raporlar iki yılda bir yapılan toplantılarda tartışılarak bir sonuca varılmaktadır. Merkezi Londra'da olan UHD 'nin çalışmaları İcra Konseyi tarafından yürütülmektedir. Üye sayısı Dünyanın çeşitli yerlerindeki kollarıyla birlikte 3700'ün üzerindedir. Üyelik UHD' nin amaçlarına ilgi duyan herkese açıktır. Derneğin hedefleri uluslararası komiteler aracılığıyla takip edilmektedir. Konferans niteliğinde yılda iki kez yapılan toplantılar derneğin ana ilgi merkezidir. Şimdiye kadar çeşitli yerlerde düzenlenen 70 konferans uluslararası hukukun geliştirilmesinde önemli katkı sağlamıştır. Daha geniş bilgi için bkz. Internarional Law Association, "History of ILA", (çevrimiçi) http://www.ila-hq.org. , 31 Aralık 2001.

[3] Beach, Heather L. ; Hammer, Jesse ; Hewitt, J. Joseph ; Kaufman, Edy ; Kurki, Anja ; Oppenheimer, Joe A. and Wolf, Aaron T. , "Transboundary freshwater dispute resolution: Theory, practice, and annotated references", The United Nations University pr. , 2000, 'Organizational theory' başlığında s. 9, (çevrimiçi)www.ciao.org.(California), 13 Mart 2002.(pdf formatındasdır.)

topraklarında geçen uluslararası drenaj havzası sularından makul ve eşit bir şekilde faydalanacaktır." şeklinde geçerken, 5. madde ise liste halinde sıraladığı on bir faktörün "makul ve eşit kullanım"ın tanımlanmasında dikkate alınmasını önermektedir. Bu faktörler arasında herhangi bir hiyerarşi olmayıp hepsi bir bütün olarak düşünülmesi gerekmektedir.

Helsinki İlkeleri dört temel uluslararası hukuk kuralına dayanmaktaydı:

1. Aynı havzaya dökülen her nehir ve göl sistemi ayrı sistemler olarak değil, bir tek entegre birim olarak ele alınmalıdır.
2. Ayrı antlaşmalarla kabul edilmedikçe sistemdeki her devletin havzaya dökülen sistemin sularından makul ve hakkaniyete uygun olarak kullanım hakkı vardır.
3. Havzayı paylaşan devletler havzadaki diğer devletlerin haklarına saygı göstermelidir.
4. Nehir boyu devletlerinin haklarına saygı gösterileceğine dair bir taahhüt olmalıdır.[1]

Bu ilkelerin yayınlanmasından dört yıl sonra 1970 yılında Finlandiya, Helsinki İlkelerinin uluslararası su yollarıyla ilgili bir model olmasını öneren bir kararın BM Genel Kurulu tarafından çıkarılmasını istemesi üzerine, BM'nin Altıncı Komitesi, bu öneriyi tartışmak için gündeme almıştır. Bu toplantıda Helsinki İlkeleriyle ilgili üç çekince tartışma konusu olmuştur: Biri, bu ilkeler devleti temsil etmeyen uzman kuruluşça hazırlanmıştır; ikincisi, Etiyopya gibi bazı devletler, bu ilkelerin hazırlanmasında devletlerin bir katılımı olmadığından bu ilkelerin model olarak kabul edilmesi halinde karmaşık olan bu konuyla ilgili yeni tasarıların önünü kesebileceği düşüncesine dayanmaktaydılar; üçüncü belki de en önemli çekince, Belçika, Fransa, Brezilya ve Çin gibi devletler tarafından, drenaj havzası yaklaşımına dayanan Helsinki İlkeleri'nin ulusal egemenliğe potansiyel tehdit mahiyetini taşıdığının ileri sürülmesidir. Buna karşılık Finlandiya ve Hollanda, bu ilkelerdeki yaklaşımın bilimsel ve makul ölçülerde olduğunu belirtmişlerse de söz konusu devletleri ikna edememişlerdir. Bazı devletler tarafından,

---

[1]Darwish, Adel ve Bulloch, John, Su Savaşları Ortadoğuda Beklenen Çatışma, çev. Mehmet Harmancı, Altın kitaplar basımevi, İstanbul 1994, s. 150.

uluslararası nehir havzaları problemi o kadar karmaşık ki bu konudaki kodifikasyon çalışmalarının başarıyla sonuçlanması mümkün olmadığının ileri sürülmesi bu tartışmada dikkati çeken diğer bir konudur.

Helsinki İlkeleri'ni bir model olarak öneren karar tasarısı 25 kabul, 32 çekimser oya karşılık 41 ret oyuyla BM Genel Kurulunca kabul edilmemiştir.[1]

Aynı yılda aşağıda ayrıntılarını inceleyeceğimiz konuyla ilgili kodifikasyon çalışmaları yapmak üzere UHK'ya görev veren karar BM Genel Kurulunca kabul edilmiştir.

Dünyanın çeşitli devletlerindeki 500 den fazla uluslararası nehrin barışçı kullanımına ilişkin oluşturulan sürdürülebilir yönetim planı ve projelerin yürürlüğe konulması, uzun dönemde mümkün olabilecektir. 20. Yüzyılda uyuşmazlıkların çözümünde devletler, genellikle savaş yerinde barışçı yolları tercih etmektedirler. Sınırları aşan nehirlerle ilgili uyuşmazlıkların çözülmesinde izlenecek "su hukuku"nun gelişmesinde uluslararası kurumların yanı sıra ulusal ve uluslararası mahkeme kararlarının da katkısı olmuştur. İç hukuk sisteminde "eşit paylaşım" ilkesi rakip unsurlar arasında denge mekanizmasını kurmak amacıyla esas kural olarak gelişmiştir. Uluslararası düzeyde ise antlaşmalar ve uluslararası yargı organlarınca desteklenen "hakkaniyete dayalı eşit ve makul kullanım" ilkesi daha çok uluslararası teamül hukukundan kaynaklanmaktadır. Sınırlı egemenlik doktriniyle uyumlu bu ilke, sınırları aşan nehirlere ilişkin uyuşmazlıklar bağlamında ortaya çıkmış ve bu alandaki devletlerin etkinlikleri için referans olmuştur.[2]

---

[1] Biswas, Asit K. , "Management of International Water Resources: Some Recent Developments", International Waters of the Middle East From Euphrates-Tigris to Nile, Edited by Asit K. Biswas, Oxford Univ. pr. , Oxford, Newyork, Bombay 1994, s. 192.

[2] Wouters, "The Legal Response to International. . . ", "Introduction" kısmı.

1. 5. 2. 1997 Tarihli Ulaşım Dışı Su Yollarının Kullanımına İlişkin BM Sözleşmesi[1]

Yedi bölüm ve ekten oluşan bu sözleşme uluslararası su hukuku alanında yapılmış en son düzenlemedir. Bu sözleşme, Helsinki İlkeleri Belgesi'nden farklı olarak Hükümetler dışı bir kurum tarafından değil de BM Genel Kurulu tarafından oluşturulmuş bulunan UHK tarafından hazırlanmış ve üye devletlerinin onayına sunulmuştur. Genel Kurulun 21 Mayıs 1997 tarih ve 51/229 sayılı kararıyla kabul edilen bu Sözleşme, sözleşmenin 34. maddesi gereğince 21 Mayıs 1997 tarihinden 21 Mayıs 2000 tarihine kadar Newyork'taki BM merkezinde tüm devletlerin ve bölgesel ekonomik entegrasyon örgütlerinin imzalamasına açık olacaktı. 36. Madde itibariyle yürürülüğe girebilmesi için en az 35 devletin onay belgelerinin BM Genel Sekreterliğine göndermeleri gerektiği öngörülmüştür. Bu şart 17 Ağustos 2014 tarihinde sağlanmış ve sözleşme 2014 yılı itibariyle 35 devletin onayından sonra yürürlüğe girmiştir.[2] Bununla birlikte 190'dan fazla devletin olduğu dünyada az sayıdaki devletlerin onaylamış olması, sözleşmenin genel bir uluslararası yapılageliş (teamül) kuralına dönüşmesi için yeterli değildir. Ancak onaylayan devletler arasında teamül kuralı niteliğinde olabilir. Aşağıda da değinileceği gibi, Suriye ve Irak tarafından kabul edilen ve Türkiye tarafından reddedilen bu sözleşmenin Türkiye'ye karşı ileri sürülmesi uluslararası hukuk yönünden mümkün değildir. Dünyada her ne kadar genel ve kapsamlı anlamda uluslararası teamül kuralı haline dönüşmemişse de sözleşmenin uluslararası su hukukunun tedrici gelişmesine yardımcı

---

[1] "*Uluslararası Su Yollarının Ulaşım Dışı Kullanım Hukukuna İlişkin BM Sözleşmesi*"nin orijinal metni için bkz. International law Commission, "Convention on the Law of the Non-navigational Uses of International Watercourses, 1997", (çevrimiçi) http://www.un.org/law/ilc/texts/nonnav.htm , 22 Ocak 2002. Bu Sözleşme BM Genel Kurulunda Türkiye'nin de içinde bulunduğu 3 red oyuna karşılık 106 olumlu ve 26 çekimser oyla kabul edilmiştir. (UN. Press Release GA/9248 21 Mayıs 1997.)

[2] 29.01.2015 itibairyle onay veren devlet sayısı 39'dur. Bu sözleşmeye Türkiye'nin komşularından Yunanistan 2010 yılında, Suriye 1998 yılında, Irak 2001 yılında taraf olmuştur. İran taraf değildir. Bkz. United Nations, Treaty Collection, https://treaties.un.org/Pages/ViewDetails.aspx?src=IND&mtdsg_no=XXVII-12&chapter=27&lang=en Erişim tarihi: 29.01.2015.

olması ve ikili antlaşmalara referans olabilmesi bakımından önemli bir belge olduğu söylenebilir.

1. 5. 2. 1. Ana Hatları

Sözleşme, esas olarak ulaşım dışı uluslararası nehirlerle ilgili düzenlemeler getirmiştir. Sözleşme, su yolu anlamında uluslararası nehri "fiziksel özelliği açısından genel bir sınır dahilinde bir bütünlük oluşturan, normal olarak akan ve yerin yüzeyindeki ve altındaki sular sistemi"şeklinde tanımlamıştır. Akarsularla ilgili mevcut antlaşmalar bu sözleşmeden etkilenmemekle beraber taraflar bu sözleşmeye aykırı antlaşmaları ona uyumlu hale getirebilirler (mad. 3/1, 3/2). Diğer kıyı devletlerine önemli zarar verilmediği müddetçe taraflar kendi aralarında ikili antlaşma yapabilirler (md. 6/4).

Sözleşmenin II. Bölümü "Genel Prensipler" başlığını taşımaktadır. Bu genel prensiplerden "makul ve eşit kullanım ilkesi" ile "önemli zarar vermeme ilkesi" en önemlileridir. İşbirliği yapma, düzenli bilgi ve veri alışverişi yükümlülüğü ve farklı kullanımlar arasındaki ilişkinin niteliği ile ilgili hükümler de bu bölümde yer almaktadır.

"Planlanmış Önlemler" başlığında geçen III. Bölüm, II. Bölümde geçen ilkelerin planlanmış önlemler bağlamında nasıl uygulanacağı hususunda izlenecek yöntemleri içermektedir. Özellikle devletlerin, suların kullanımıyla ilgili belirli sürelerle birbirlerini haberdar edip bilgi akışı sağlamaları, planlanmış önlemlerle ilgili görüşmelerde bulunmaları ve hangi yöntemleri kullanacakları bu bölümde geçen önlemlerin belli başlılarını oluşturmaktadır.

IV. Bölüm "Koruma ve İdare Etme" başlığı altında geçmektedir. Eko sisteminin korunması çevresel kirlenmenin önlenmesi konusunda dayanışma içinde bireysel ve müşterek hükümler getirmektedir. Bu bölümde izlenecek ve uygulanacak yöntemler belirtilmektedir.

Sözleşmenin "Zararlı ve Acil Durumlar" başlıklı V. Bölümü ise bu durumlar karşısında alınacak önlemlerle ilgili hükümler getirmektedir. Konuyla ilgili 27. ve 28. maddeler felaketler, su kaynaklı hastalıklar, sel ve erozyon gibi durumlarda devletlerin nasıl hareket edecekleriyle ilgili öneriler içermektedir.

"Çeşitli Düzenlemeler" başlığıyla geçen Sözleşmenin VI. bölümünde de silahlı anlaşmazlıkla ilgili hükümleri yer almaktadır. Bu bölümde kıyı devletleri arasında bağlantıların kesilmesi durumu, ulusal güvenlik ve savunmaya ilişkin hayati veriler, ayırım yapmama ve uyuşmazlıkların çözümüyle ilgili konular düzenlenmektedir.

İmzalama, kabul etme , onaylama ve yürürlüğe girme ve metnin geçerli dilleri ile ilgili hükümler "nihai maddeler" başlığıyla VII. bölümde yer almaktadır.

Sözleşmenin ek kısmında ise 33. maddede geçen uyuşmazlığın yargısal çözümlenmesiyle ilgili olarak hakem mahkemeleri ve oluşturulması usulüyle ilgili 14 maddeden oluşan düzenlemeler yer almaktadır.

1. 5. 2. 2. Gelişimi

Uluslararası su yollarıyla ilgili hukuksal bir düzenleme yapılması önerisi ilk olarak Bolivya temsilcisi tarafından 5 Ocak 1959 tarihinde BM Genel Kurulu gündemine getirilmiştir. Önerinin özü, UHK'nın uluslararası su yollarıyla ilgili kodifikasyon çalışmalarına başlayıp genel bir su hukukunu oluşturmaktı. Genel Kurulun Altıncı Komitesi'nde tartışılan bu öneri, bazı değişiklikler de yapılarak, 3 çekimser oya karşılık 63 kabul oyuyla Genel Kurul tarafından 21 Kasım 1963 tarih ve A/RES/1401 XIV sayılı kararla kabul edilmiştir. Çekimser oyları Arjantin, Brezilya ve Uruguay kullanmıştır. Bu kararın kısaca içeriği, Genel Sekretere uluslararası su yollarıyla ilgili olarak devletlerin yasal düzenlemelerini, ikili ve çok taraflı antlaşmalarını ve yargı kararlarını inceleyerek bu alanda yapılmış çalışmalarla ilgili bir rapor hazırlaması görevinin verilmesinden ibaretti. Bunun üzerinde Genel Sekreter, "Uluslararası Nehirlerden Faydalanmaya İlişkin Legal Problemler" (UN. Doc. A/5409 (1963) başlığıyla bir rapor hazırlamıştır[1]

---

[1] Wouters, Patricia, "Present Status of International Water Law", Editor's Foreword to *"International Water Law. Selected Writings of Professor Charles B. Bourne" (London, Kluwer Law International, 1997)*. (çevrimiçi) www.dundee.ac.uk/cepmlp/assets/images/wouters. doc , 31 Aralık 2001.

Bilindiği gibi BM Genel Kurulu, 21 Mayıs 1997 tarihinde UHK[1] tarafından hazırlanan ulaşım dışı nehirlerle ilgili taslak metni kabul etmiştir. Uzman hukukçulardan oluşturulmuş olan bu Komisyon, BM Genel Kurulu'nca, 1970 yılında ulaşım dışı nehirlerle ilgili uluslararası teamül hukukunu kodifiye etmek ve geliştirmekle görevlendirilmişti.[2] Bunun üzerinde, Komisyon 1971 yılındaki yirmi üçüncü oturumunda konuyu çalışma programına almıştır.[3] 1974 yılındaki yirmi altıncı oturumunda Komisyon, Genel Sekreterin gönderdiği ulaşım dışı uluslararası nehirlerin kullanımına dair legal problemlerle ilgili ek raporunu da gündemine almıştır. Aynı oturumda Komisyon ulaşım dışı uluslararası nehirlerin kullanımıyla ilgili alt bir komisyon kurmuştur. Başkanlığına Richard D. Kearney seçilen bu alt komisyon, konuyla ilgili olarak Genel Sekreter tarafından devletlere anket gönderilmesini öneren bir rapor sunmuştur. Bu rapor Komisyon tarafından kabul edilmiş ve Richard D. Kearney özel raportör olarak atanmıştır.[4] Söz konusu anket dokuz soru içermekteydi. Biri "*Uluslararası Su Yolu*"nun tanımlanmasıyla, ikisi "*Drenaj Havzası*" kavramının uygun olup olmadığıyla, beşi hangi suların kullanımlarının sorun olduğunun düşünülmesiyle, son soru da, ekonomik bilimsel ve teknik uzmanlarının potansiyel rolüyle ilgiliydi. Ne var ki 1976 yılında bu ankete 147 devletten sadece 21'i cevap vermiştir. 1982 yılına kadarki 8 yıllık sürede gelen 11 cevapla beraber anketi cevaplayan devletlerin oranı yaklaşık 1/5 dolayındaydı.[5] 1976 yılındaki yirmi sekizinci oturumda Komisyon, 21 devletin hükümetinden gelen anketlerin cevapları ve özel raportör

---

[1] UHK, uluslararası hukukun gelişmesini sağlamak ve bu hukukun kodifikasyonunu gerçekleştirmek üzere 1947 yılında BM Genel Kurulunca kurulmuştur. Merkezi Cenevre'de bulunan bu komisyon 34 üyeden oluşmaktadır. Bu üyeler Genel Kurulca beş yıllık bir süre için seçilirler, mensubu oldukları devletin temsilcileri olarak değil, bireysel kapasiteleri uyarınca hizmet etmektedirler. bkz. International law Commission, "Introduction", (çevrimiçi) http://www.un.org/law/ilc/introfra.htm , 31 Aralık 2001.

[2] Genel Kurulun UN GA Res. 2669 (XXV) 8 Aralık 1970, sayılı kararı için bkz. Yearbook of United Nations, Vol. 86, United Nation pr. , Newyork 1997, s. 2671.

[3] Bkz. Yearbook of International Law Commission... 1971, vol. II, part one, s. 265, par. 120.

[4] Yearbook of International Law Commission... 1974, Vol. II, part two, s. 265 ve 301, par. 159.

[5] Biswas, a. g. m. , s. 193.

tarafından sunulan raporu incelemiştir. Bu raporun ana konusu "*Uluslararası Su Yolu*" tanımı ve komisyonun konuyla ilgili çalışmalarını içeriyordu.[1] Gelen anketlerde devletlerin "*Drenaj Havzası*" kavramı konusunda ikiye ayrıldıkları görülmektedir. Helsinki İlkeleriyle ilgili BM Altıncı Komitesi'nde yapılan tartışmalarda[2] olduğu gibi bir kısmı bu kavrama karşı çıkarken bir kısmı da bu kavramı desteklemekteydi. Bunun üzerinde Komisyon üyeleri 1976 yılında şu hususta anlaştılar: "Çalışmanın başlangıcında bir sonuca ulaşılamayan 'uluslararası su yollarının' kapsamının belirlenmesiyle ilgili sorunun tartışılması yerinde, bu su yollarının kullanımlarının legal yönüne uygulanacak genel ilkelerin oluşturulması çalışmaları üzerinde durulacaktır."[3] Komisyon'un 1977 yılındaki oturumunda özel raportör olarak atanan Stephen M. Schwebel, 1979 yılında 10 maddelik taslak sözleşmeyi içeren raporunu sunmuştur. Bu oturumda raporda değinilen sorunlar ve konunun tümü üzerinde genel bir görüşme yapılmıştır.[4] Schwebel, 1980 yılında altı taslak maddeyi içeren ikinci raporunu otuz ikinci oturumunda Komisyon'a sunmuştur. Bu oturumda rapor tartışıldıktan sonra Taslak Komiteye havale edilmiştir. Bu maddeler Komite tarafından incelendikten sonra, Komisyon aynı oturumda bu maddeleri kabul etmiştir. Bu rapor, bir sistem olarak "*Su Yolu*" tanımlaması üzerinde durmakta ve uluslararası suları paylaşılan doğal kaynak olarak değerlendirmektedir.[5] Schwebel'in 1981 yılında Adalet Divanı'na yargıç seçilmesi üzerinde Komisyon, 1982 yılındaki otuz dördüncü oturumunda özel raportör olarak Jens Evenson'ı atamıştır. Komisyon bu oturumunda da Schwebel'in önceki raporlarına benzer üçüncü raporunu tartışmıştır. 1983

---

[1] Yearbook of International Law Commission... 1976, Vol. II, part two, s. 164, par. 164.
[2] Bkz. s. 40.
[3] Biswas, a. g. m., s. 193. ; Yearbook of International Law Commission... 1976, Vol. II, part two, s. 164, par. 166.
[4] Yearbook of International Law Commission... 1986, Vol. II, part one, s. 89, par. 3.
[5] Yearbook of International Law Commission... 1985, Vol. II, part one, s. 88, par. 5. Bu maddelerin başlıkları şöyleydi: Mevcut maddelerin kapsamı, sistem devletleri, sistem antlaşmaları, sistem antlaşmalarına taraf olan devletler, paylaşılan doğal kaynak oluşturan suların kullanımı, bu maddelerle uygulamadaki diğer antlaşmalar arasındaki ilişki...

yılındaki 35. oturumunda Komisyon, Evenson'ın hazırladığı altı bölüm halinde 39 madde içeren sözleşme taslağı ile ilgili ilk raporu tartışmıştır. Bu tartışmanın odak noktası "*Uluslararası Su Yolu Sistemi*" tanımlaması ile "paylaşılan doğal kaynak olarak uluslararası su yolu" arasındaki ilişki olmuştur.[1] Evenson, 1984 yılında altı bölüm ve 41 maddeden oluşan ikinci raporunu 36. oturumda Komisyona sunmuştur. 1-9. maddelerinin Taslak Komite tarafından incelenen rapor "taslak sözleşme" yaklaşımıyla Komisyon tarafından kabul edilmiş ve BM Genel Kurulunun Altıncı Komitesi de bu yaklaşımı yerinde bulmuştur. Evenson Raporu, öncekilerden farklı olarak önemli değişiklikler içermektedir. "*Uluslararası Su Yolu Sistemi*" kavramı yerinde "*Uluslararası Su Yolu*" kavramı kullanılmıştır.[2] Diğer önemli değişiklik ise "su yolunun paylaşılan doğal kaynak" olduğu şeklindeki düzenlemenin taslak metinde değiştirilmesidir. Bunun yerinde 6. maddede doğal kaynakların makul ve hakkaniyete dayalı kullanılmasında paylaşım ilkesi getirilmiştir.[3] Evenson'ın da Adalet Divanı'na yargıç seçilmesi üzerinde Komisyon, 1985 yılındaki otuz yedinci oturumunda Stephen C. McCaffrey'i özel raportör olarak atamıştır. Özel raportör, Komisyon'un konuyla ilgili o güne kadar yaptığı çalışmaları inceleyen ön hazırlık raporunu sunmuştur. Bu raporda genel eğilim önceki özel raportörün çalışmaları paralelinde ve fazla kapsamlı olamayan değişikliklerle çalışmaların sürdürüleceğiydi.[4] 1986 ile 1990 yılları arasında özel raportör tarafından konuyla ilgili beş rapor sunulmuştur. Komisyonun 1987 yılındaki oturumunda Taslak Komitesinin 1. madde değişikliği ile "sistem" kavramıyla ilgili tavsiyelerini kabul etmiş, 1988 ve 1990 yılındaki oturumunda geçici olarak özel raportörün taslak maddelerini kabul etmiştir.[5]

1991 yılında Komisyon, konuyla ilgili çalışmalarını tamamlayarak oluşturulan bir dizi taslak maddeleri ilk oturumda

---

[1] Yearbook of International Law Commission..1985, Vol. II, part one, s. 89, par. 8-9. Ayrıca "paylaşılan doğal kaynak olarak sular" konusu aşağıda tartışılacaktır.

[2] Yearbook of International Law Commission. . . 1985, Vol. II, part one, s. 90, par. 11-13.

[3] Aynı eser, s. 92, par. 23-26.

[4] Aynı eser, s. 87, par. 1.

[5] Yearbook of International Law Commission. . . 1991, Vol. II, part two, s. 63, par. 33-34.

kabul etmiştir. 1994 yılındaki ikinci oturumda Komisyon son değişiklikler yaparak bu taslak maddeleri Genel Kurul'a sunmuştur. Genel Kurul da çok taraflı antlaşma şekline dönüştürmek üzere bu taslağı BM Çalışma Grubu'na havale etmiştir. Çalışma Grubu 1996 Ekim ayında ve 1997 Nisan ayında olmak üzere on beş günlük iki ayrı toplantı düzenlemiştir. İlk toplantıda önemli konular üzerinde devletlerin anlaşmazlıkları o kadar derindi ki taslağın sözleşme haline gelmesi zor görünmekteydi. Taslak ancak ikinci toplantıdaki tartışmalardan sonra sözleşme haline gelebilmiştir.[1] Çalışma Grubunun tartışmalarında dört ana sorun dikkati çekmekteydi. Bunlar;

1. Sözleşme ile nehirlerle ilgili mevcut ve gelecekte yapılacak antlaşmalar arasında ne gibi ilişki vardır?
2. 5. maddedeki "hakkaniyete dayalı kullanım" ilkesi ile 7. maddede geçen "önemli zarar vermeme" ilkesi arasında ne gibi bir ilişki vardır?
3. Su yolları yönetimi bağlamında düşünülürse çevrenin korunmasını sağlayacak mekanizmalar nelerdir?
4. Taraflar arasında anlaşmazlık çıktığı takdirde bu anlaşmazlık hangi mekanizmalar çerçevesinde çözülecektir?[2]

Çalışma Grubunda ele alınan ilk sorun, UHK taslağında yer almayan tartışma konusu olan sözleşme ile nehirlerle ilgili antlaşmalar arasında ne gibi ilişkilerin olacağıydı. Bazı devletler, sözleşmedeki belirli düzenlemelerin genel hukuk ilkeleri olarak kabul edilmesi gerektiğini ve diğer antlaşmalara ışık olacağını ileri sürerken, bazıları da bunların diğer antlaşma hükümlerini etkilememesi gerektiğini savunmuşlardır. Çalışma Grubunda oy çoğunluğuyla sözleşmenin 3. maddesine ek yapılarak yeniden

---

[1] Wouters, "The Legal response.. " UHK'nın Yıllığından UN Doc. A/C. 6/51/NUW/L. 4/AD1, Sixth Committee, 62, 4 April 1997. ; UN Distr. General, "report of sixth commitee convening as the Working Group of the Whole", A/51/869 11 April 1997, (çevrimiçi) http://www.un.org/law/watere.htm., 22 Ocak 2002.
Ayrıca karşılaştırma yapmak için taslak maddelerinin bulunduğu web sitesine bkz.:Water Net, "Draft convention text of 11/9/1991", (çevrimiçi) http://allserv.rug.ac.be/~sdconinc/waternet/convention.htm , 31 Aralık 2001.
[2] Wouters, "The Legal response... ", "4. 1. Evolution" başlığında.

düzenlenmiş ve buna göre mevcut su antlaşmaları geçerli kabul edilip (md3/1) ayrıca şu ibare eklenmiştir: "Taraflar, lüzumlu görüldüğü takdirde böyle antlaşmaları sözleşmenin esas prensiplerine uyumlu olmasını sağlayacaklar" (md3/2). Böylece devletlerin farklı görüşleri bağdaştırılarak sözleşmede denge unsuru sağlanmıştır.[1]

Çalışma Grubunda üzerinde en çok tartışılan diğer sorun, sözleşmenin 5. ve 7. maddelerinde geçen düzenlemelerin tanımlanması ve birbirleriyle ilişkileri konularında olmuştur. Özellikle **"hakkaniyete dayalı *eşit ve makul kullanım*"** ile ***"önemli zarara yol açmama"*** ilkeleri, kıyıdaş devletlerin ihtiyacını karşılamayacak derecede su kaynaklarının yetersiz olduğu durumlarda nasıl uygulanacaktı? Bu soruya tatmin edici bir cevap verilmiş değildir. Aslında bu iki ilkenin tanımlanması sorunu Komisyonun uzun süreli çalışmalarında da söz konusu olmuştur. UHK'nin 1991 yılındaki taslak maddelerinde ise ***"kayda değer zarar vermeme"*** ilkesi benimsenmişti.[2] Buna göre 5. ve 6. maddeler uyarınca eşit ve makul kullanım niteliğinde de olsa mevcut olan kullanıma kayda değer zarar verecek yeni kullanımlara izin verilmeyecektir. Bu yaklaşım tabiatıyla uluslararası drenaj havzası sularıyla ilgili düzenleme yapan Helsinki İlkelerini oluşturan UHD'nin benimsediği yaklaşımdan ayrılmaktadır. Helsinki İlkelerinde "her havza devleti, kendi topraklarında geçen uluslararası drenaj havzası sularını karşılıklı faydalanma ilkesine dayanarak makul ve eşit bir şekilde kullanacaklardır." hükmü getirilmiştir. Aynı yaklaşım UHD'nin daha sonraki Montreal ve Seul toplantılarında da benimsenmiştir.[3]

Bu kavrama yöneltilen ciddi eleştiriler nedeniyle UHK, kabul edilebilir zararın sınırıyla ilgili olarak 1994 yılında taslağın 7. maddesini yeniden düzenlemiştir. Bu değişiklik uyarınca devletlere "diğer kıyıdaş devletlere önemli zarar vermeyecek şekilde

---

[1] Genel Kurulun GA Res. 49/52, (1994) sayılı kararı için Bkz. Yearbook of United Nations, United Nations pr., Vol. 86, Newyork 1997, s. 2673.

[2] Komisyonun 1991'deki taslağında bu madde şöyle geçmekteydi "Kıyı devletleri, diğer devletlere kayda değer şekilde zarar vermeyecek şekilde uluslararası sulardan faydalanacaktır. " Bkz. Water net, "Draft convention text of 11/9/1991", http://allserv.rug.ac.be/~sdconinc/waternet/convention.htm 31 Aralık 2001.

[3] Bkz. Helsinki ilkelerinin 4. ve 5. maddeleri

uluslararası suları makul kullanmaları" yükümlülüğü getirilmiştir. Bu düzenleme hem kabul edilebilir zararın sınırını ('kayda değer zarar'dan 'önemli zarar'a doğru sınır genişletilmiş) hem de gözetlenecek yükümlülüğün doğasını değiştirmiştir. (devletlere "kayda değer zarar vermeme" yükümlülüğü yerine "yeterli gayret gösterme" yükümlülüğü getirilmiştir.) Bu durum, "yeterli gayret" gösterdikten sonra bir devletin sulardan faydalanması sonucunda ortaya çıkan zararın uluslararası hukuka aykırı olmayabileceği sonucunu doğurmaktadır. Zarar veren devlet, hakkaniyete dayalı makul ve eşit kullanım ölçüsünde zarar gören devletle görüşme yükümlülüğündedir. "Önemli zarar vermeme" ilkesi, esas bir yükümlülük olarak sözleşmenin nihai metninde de bu şekilde yorumlanarak yerini almıştır.[1] Bu iki ilke arasındaki ilişkiye gelince, telafi etme ihtimalinin bulunduğu durumlarda sebep olunan zarara tahammül edilebilir. Bu durumda Sözleşmenin 5, 6 ve 7. maddeleri bağlamında önemli zarar vermeme yükümlülüğü, hakkaniyete dayalı eşit ve makul ilkesinin tamamlayıcısı ve alt unsuru olarak değerlendirilmektedir. Bundan dolayı iki ilke arasında bir çelişki olduğu düşünülmemelidir.[2]

Çalışma Grubunda tartışılan üçüncü sorun ise çevre korunmasıyla ilgiliydi. Hollanda ve Portekiz gibi bazı devletler, sürdürülebilir kullanım ilkesinin, çevre korunmasına hassasiyet gösterilmesi anlamında esas bir kural olarak kabul edilmesini önermişlerdir. Az gelişmiş devletler ise kalkınmalarının sağlanmaları için gelişmiş devletlerin yardım etmeleri gerektiğini, çünkü az gelişmiş teknolojilerin kullanılmasıyla çevrenin zarar görmesinin önüne geçilemeyeceğini ileri sürmüşlerdir. Sonunda Komisyon, taslak maddelerinden 5. maddeye "sürdürülebilir kullanım" ibaresini ekleyerek sadece küçük bir değişiklik yapmakla yetinmiştir. Ayrıca

---

[1] Wouters, "The Legal response.. ", "Article 7 Obligation not to cause significant harm" başlığında. ; Dellapenna, a. g. m. , , s 282. ; International Law Commission, "Draft articles on the Law of the Non-navigational Uses of International Watercourses", adopted by the International Law Commission in 1994, s. 48-49, (çevrimiçi) http://www.un.org/law/ilc/texts/nonnav94.htm.pdf , 10 Ağustos 2003.

[2] Salman, a. g. m. , s. 286.

6. maddeye de dikkate alınacak faktörlerden birisi olarak çevresel faktörü de eklemiştir.[1]

Anlaşmazlıkların çözümü konusuna gelince, bu konuda da devletler ikiye ayrılmışladır. Bir kısım devletler taslakta belirtilen uyuşmazlığın çözümüyle ilgili mekanizmaların bağlayıcı olması gerektiğini ileri sürerken, diğer devletler ise bu yaklaşımın henüz tam oturmamış bir su hukukunun gelişimine uygun olmayacağını, bunun uyuşmazlığa taraf olan devletlerin takdir yetkilerine bırakılmasının daha uygun olacağını belirtmişlerdir. Sözleşmenin 33. maddesi birinci görüşe yakın bir şekilde az bir oy çokluğuyla kabul edilmiştir. [2]

1. 5. 2. 3. "Hakkaniyete Dayalı Eşit ve Makul Kullanım" ve "Önemli Zarar Vermeme" İlkeleri

Jerome Lipper, "Hakkaniyete dayalı eşit ve makul kullanımı" şöyle tanımlamaktadır: "Kıyıdaş devletlerin en az zararla karşılıklı ve azami fayda elde etmeleri için ekonomik ve sosyal ihtiyaçları uyarınca uluslararası nehri kendi aralarında paylaşmalarıdır." Bu kavram "faydalı kullanım"ı gerektirmektedir. Kullanım, kullanıcıya makul bir şekilde ekonomik ve sosyal ihtiyaçlarını yeterlice karşılayacak fayda sağlamalıdır. Bu ilkenin iki önemli sınırlaması vardır: a) Suları kullanım hakkı ve korunması uygulamada gerçeklerleşmeyebilir; b) Kullanım hakkının korunmasını sağlamak için bir kullanımın optimal olması teknik nedenlerden dolayı mümkün olamayabilir. [3]

Helsinki İlkelerinde değinilen ve daha sonra sözleşmenin taslak metininde geliştirilen bu ilkeler, uluslararası su hukukunun ilkeleri arasında en önemlileri sayılmaktadır. Hakkaniyete dayalı eşit

---

[1] Wouters , "The Legal response. . . ", "4. 1. Evolution" başlığında. (makul ve eşit kullanım konusunda hangi faktöre verilecek ağırlık, diğer faktörlere verilen önemin mukayesesiyle belirlenir. bkz. Sözleşme mad. 6/3)

[2] 33 lehte, 25 çekimser ve 5 aleyhte oy kullanılmıştır. Bkz. Press Release, GA/9248, "general assembly adopts convention on law of non-navigational uses of international watercourses", (çevrimiçi) www.un.org/pressrelease 29 Aralık 2001.

[3] Lipper, a. g. e. , s. 43 ve 63.

ve makul kullanım ve katılım başlığı ile geçen Sözleşmenin 5. maddesi, uluslararası su kaynaklarını paylaşımlı ve adaletli bir şekilde dağılımının sağlanması ve havzadaki her devletin bu sulardan faydalanma hakkının olduğunu belirtmektedir. Söz konusu 5. madde[1] sözleşmede şöyle geçmektedir:

Madde 5

Hakkaniyete Dayalı Eşit ve Makul Kullanım ve Katılım

1. Kıyıdaş devletler, topraklarından geçen uluslararası suyolundan hakkaniyete dayalı eşit ve makul bir şekilde faydalanacaklar. Özellikle optimal ve sürdürülebilir faydalanma amaçları doğrultusunda, kıyı devletleri tarafından uluslararası su yolu kullanılacak ve geliştirilecektir. İlgili devletler bunu yaparken, diğer kıyı devletlerinin çıkarlarını dikkate alarak suyun yeterlice korunmasını sağlayacaklar.

2. Kıyıdaş devletler, hakkaniyete dayalı eşit ve makul bir biçimde, uluslararası su yollarının kullanımı, geliştirilmesi ve korunması konularında katılımda bulunacaklardır. Böyle bir katılım, işbu sözleşmede düzenlendiği gibi hem sulardan faydalanma hakkı hem de bu suların geliştirilmesi ve korunması konularında işbirliği sorumluluğunu içermektedir.

Yukarıdaki bu madde hükmünden de anlaşılacağı gibi devletlerin bireysel olarak değil de katılımlı ve eşgüdümlü olarak sulardan faydalanmaları ilkesi getirilmiştir. Ayrıca ilgili devletlere, suları kullanırken diğer devletlerin çıkarlarına zarar vermeme ve suların muhafazasını sağlama yükümlülüğü getirilmiştir.

Hakkaniyete dayalı eşit ve makul kullanımın ne anlama geldiği sözleşmenin 6. maddesinde belirtilmiştir. 6. maddenin[2] 1.

---

[1] Helsinki İlkeleri'nin 4. maddesi bu maddenin benzeri olarak " Havzadaki her devlet topraklarından geçen uluslararası drenaj havzası sularından makul ve eşit bir şekilde faydalanacaktır." şeklinde geçmektedir.

[2] Aynı maddenin benzeri olarak, Helsinki İlkeleri'nin 5. maddesi şöyle geçmektedir:
I. 4. madde bağlamında makul ve eşit paylaşımın ne olduğu her belirli bir durumda aşağıda sıralanan tüm ilgili faktörler dikkate alınarak belirlenecektir:
II. Kapsamında olduğu fakat bunlarla sınırlı düşünülmediği ilgili faktörler şunlardır:
1. Havzadaki her devletin ülkesindeki drenaj alanının uzantılarıyla birlikte havzanın coğrafyası,
2. Her havza devletinin sulara yaptığı katkı da dahil olmak üzere havzanın hidrolojik durumu, (Yukarı kıyı devleti teorisi).

fıkrası, aşağıda açıklanan faktörler dikkate alınması durumunda 5. maddenin hükmü uyarınca uluslararası suların makul ve eşit bir şekilde kullanılmış olacağına işaret etmektedir. 6. md/1. fıkrada belirtilen bu faktörler:

(a) Coğrafik, hidrografik, hidrolojik, iklimsel, ekolojik faktörlerle birlikte doğal karakterin diğer faktörleri,
(b) Kıyıdaş devletlerin sosyal ve ekonomik ihtiyaçları,
(c) Her kıyı devletin ülkesinde geçen su yoluna bağımlı nüfusu,
(d) Bir kıyı devletinin su yollarını kullanması sonucunda diğer kıyı devleti üzerinde doğurduğu etki,
(e) Su yolları kullanımının varlığı ve potansiyeli,
(f) Su yolları kaynaklarının korunması, geliştirilmesi ve ekonomik kullanımı ile bunun için alınan tedbirlerin maliyeti,
(g) Alternatiflerin ve karşılaştırılabilir değerlerin, planlanmış veya mevcut kullanımlar için elverişliliği

şeklinde sıralanmaktadır. Bu faktörlerin nasıl ve hangi kuruluşlar tarafından belirleneceği sorusunun cevabı ise sözleşme tarafından net ve kesin bir şekilde düzenlenmemiştir. Bununla beraber, sözleşmenin genel niteliği dikkate alınırsa, ilgili devletlerin işbirliği içinde antlaşma yapmaları öngörülerek bu tür sorunları iyi niyetle ve sözleşmenin ruhuna uygun olarak kendi aralarında çözümlemeleri önerilmektedir. Nitekim 6. maddenin 2. fıkrası itibarıyla; 5. maddenin veya 6. maddenin 1. fıkrasının uygulanmasında izlenecek

---

3. Havzayı etkileyen iklim,
4. Mevcut kullanımı da dahil olmak üzere havzadaki bu suların daha önceki kullanımı, (Ön kullanım teorisi),
5. Havzadaki her devletin ekonomik ve sosyal ihtiyacı,
6. Havzadaki her devletin sulara bağımlı olan nüfus durumu,
7. Her havza devletinin ekonomik ve sosyal ihtiyacını tatmin eden alternatif araçların karşılaştırmalı maliyeti,
8. Diğer kaynakların elverişliliği,
9. Suların kullanımında gereksiz israftan kaçınılması,
10. Kullanımlar arasındaki anlaşmazlıkları denetleyecek bir araç olarak aynı havzadaki bir veya daha fazla devletin ödeyeceği tazminatın uygulanabilirliği ve
11. Havzadaki bir devletin çıkarına zarar vermeden havzadaki her devletin ihtiyacının karşılanabilecek derecenin olması.

yol, ilgili devletler gerektiği takdirde işbirliği ruhuna uygun olarak birbirleriyle dayanışma halinde olmalarının sağlanmasıdır. Yukarda sayılan faktörlerin hangisinin önemli ve öncelikli olmasına gelince; aynı maddenin 3. fıkrası şöyle bir tespitte bulunmaktadır: "Her faktöre verilecek ağırlık diğer faktörlere verilecek önem derecesine kıyasla belirlenecektir. Hangi kullanımın eşit ve makul olduğunu belirleme konusunda ise tüm faktörlerin birlikte değerlendirilmesi ve sözleşme bir bütün olarak esas alınarak bir sonuca ulaşılması gerekmektedir."[1]

Lipper'e göre hakkaniyete dayalı eşit ve makul kullanım ilkesi şu hususları içermektedir:[2]

1. Suların kullanımıyla ilgili çeşitli faktörlerin ve uyuşmazlık unsurlarının objektif olarak dikkate alınarak kıyıdaş devletlerin ekonomik ve sosyal ihtiyaçlarının araştırılması,
2. Kıyıdaş devletlerin ihtiyaçlarını karşılayacak şekilde, azami ölçüde, suların bu devletler arasında dengeli dağılımının sağlanması ve
3. Birbirlerine en az zararla her devletin sulardan maksimum fayda sağlayacak şekilde suların bu devletler arasında dağılımı.

5. maddenin 2. fıkrası "kıyı devletleri her biri kendi topraklarında uluslararası su yollarını eşit ve makul biçimde kullanacaklardır" şeklinde bir hüküm getirmektedir. Sözleşmede geçen "Equatability" kavramı hakkaniyete dayalı olarak hakların adil ve makul biçimde dağıtılması anlamında kullanılmaktadır. Bu nedenle eşitliğin eşit paylara bölüşülmüş olarak anlaşılmaması ve bunun faydalanma amaçlarına uygun olarak suyu kullanım hakkı olarak değerlendirilmesi gerekmektedir. Bu da 6. maddenin sıraladığı faktörlerle ilişkilendirilmiştir. Helsinki İlkeleri Belgesinde olduğu gibi UHK da bu belgede eşit kullanım ilkesi ile faktörleri ayrı ayrı olarak düzenlemiştir. Ne var ki ne 6. maddede ne de sözleşmedeki

---

[1] Aynı hüküm Helsinki İlkeleri'nin 5/3 maddesinde de geçmektedir. Bu faktörleri daha ayrıntılarıyla açıklayan Helsinki ilkeleri'nin 5. maddesinin 2. fıkrası daha kapsamlı niteliktedir. Helsinki ilkeleri belgesi, bu sözleşmeden farklı olarak, bunların ilgili faktör olduğunu, hakkaniyete dayalı eşit ve makul ilkesinin içinde değerlendirilmesini ve bunlarla sınırlı düşünülmemesi gerektiğini düzenlemektedir.
[2] Lipper, a. g. m. , s. 45.

diğer maddelerde hangi faktörün nasıl işlevsel yapılacağına ilişkin herhangi bir metot önerilmemektedir. Varsayılan standart, tüm faktörlerin eşit olduğu ve birbirlerine üstünlüğünün olmaması düşünülmesi noktasındadır. Bununla beraber şu iki nedenden dolayı, bir araştırmacı bu kavramı somut bir şekle sokmaya çalışırsa derin zorluklarla karşılaşmaktadır: Biri, bu kavramın anlamıyla ilgili bireysel faktörlerin belirsiz olması, diğeri ise faktörlerin artması ve her birine ne şekilde ağırlığın verileceği konusunda açık bir düzenlemenin olmaması. Bu da pratik amaçlar açısından bu faktörlerin değerini azaltmaktadır.

6. maddede belirtilen faktörlerden (a) şıkkında geçen doğal karakterle ilgili faktörler incelenirse; burada iki alt faktörle karşılaşılmaktadır: Drenaj havzası ve her kıyıdaş devletin su yoluna katkısı. Bu ikisi su yolu havzasının temel özelliğini yansıtmakta olup genellikle eşit kullanımla ilgili faktörlerin listesinde görünmektedir. Nitekim Helsinki İlkelerinin 5/2 maddesi bu konuyla ilgili daha ayrıntılı bir düzenleme getirmektedir. Burada önemli faktör olarak havzanın hidrolojik durumu ve havzadaki her devletin sulara katkısı sayılmaktadır. BM'nin taslak maddelerinde de bir faktör olarak "devletin katkısı" eklenmek istendiği halde uzlaşma sağlanamadığından genel bir düzenlemeyle yetinilmiştir. Bu durum diğer alt faktör olan arazi durumu ve su miktarının ölçülmesi sorunlarında görülmektedir. Çünkü kıyı devletleri arasında suların göreceli dağılımı genellikle aynı değildir. Örneğin Ürdün Nehri havzasına Lübnan'ın su katkısı Ürdün'den daha fazla olmakla birlikte Lübnan'ın bu nehirden aldığı pay o kadar değildir. Bu iki alt faktör uyarınca normalde Lübnan'ın su payı daha fazla olmalıydı. Sulara katkı ile bu sulardan faydalanma arasında ters bir orantı vardır. Somut durumlarla karşılaştırılırken aynı tutarsızlıklar diğer faktörlerde de ortaya çıkmaktadır.[1]

1956 yılında UHD tarafından yapılan Dubrovnik Konferansı'nda, hakkaniyete dayalı eşit ve makul kullanım ilkesinin

[1] Elmusa, Sharif S., "Harmonizing Equitable Utilization and Significant Harm: Comments On The 1997 ILC Convention", Conference on "Water, Dispute Prevention and Development: South Perspectives", Presented at the Center for the Global South, American Univ. , Washington, DC, Oct 12-13, 1998, "The Equitable Utilization Prınciple" kısmı, (çevrimiçi) http://www.american.edu/maksoud/water98/present7.htm , 11 Kasım 2002.

alt yapısının kurulmasıyla ilgili güçlüklere işaret edilmiştir. Bu konferansta bu ilkeyle ilgili şu sonuçlara varılmıştır[1]:

Nehir sularının belirli oranda kullanılmasıyla bir devletin elde ettiği faydanın diğer devlete yapılan zararla karşılaştırılması gerekir. Ulaşılan fayda ile neden olunan zarar arasında bir denge mekanizmasının kurulması, bu ilkenin belirlenmesinde önemli katkı sağlamaktadır. Bu amaçla diğer faktörler yanında şu faktörlerin dikkate alınması gerekir:

(a) Her devletin suları hakkaniyete dayalı kullanım hakkı,
(b) Her devletin nehir sularına olan bağımlılıklarının tespiti,
(c) Suları kullanmaktan kaynaklanan Ekonomik ve sosyal kazanımlarının karşılaştırılması,
(d) İlgili devletler tarafından daha önce yapılan antlaşmalar,
(e) Bir devletin daha önceki kullanımları.

UHK'nın özel raportörü olarak görev yapmış olan Stephen Schwebel, bu problemle uğraşmış ve genel olarak hakkaniyete dayalı eşit ve makul kullanım ilkesinin uygulanabilirliği sorunuyla ilgilenmiştir. UHK'ya sunduğu üçüncü raporunda Bellagio Taslak Antlaşmasında[2] hakkaniyete dayalı eşit ve makul ilkesiyle ilgili farklı yaklaşım geliştiren komite üyesi Robert Hayton ve Albert Utton'ın görüşlerini kendisine dayanak yapmıştır. Bu raporun içeriği, doğal özellikleri barındıran faktörler uyarınca suya göreceli olarak daha fazla katkısı olan devletlerin suda daha fazla pay sahibi olmalarından ibarettir.[3] 6. maddenin (e) şıkkındaki "su yolları kullanımın varlığı ve potansiyeli" faktörüne gelince, su anlaşmazlığına ilişkin potansiyel kullanım ile görüşmecilerin çözmek istediği ana sorunlar arasında dengeleme mekanizması konulmak için bunun bir faktör olarak listeye eklendiği düşünülmektedir. "Potansiyel Kullanım" kavramının

---

[1] Lipper, a. g. m. , s. 43.

[2] Bkz. Bellagio taslak antlaşma metni için Hayton, Robert and Utton, Albert, "The Bellagio Draft Treaty", 29 Nat. Resources J. 663 (1989,) (çevrimiçi) http://www.law.berkeley.edu/faculty/ddcaron/Courses/iel/ie01005.htm., 21 Ocak 2002. 1989'da çeşitli alanlardaki akademisyenlerce İtalya'nın Bellagio kentinde hazırlanmış, ikili antlaşmalarla ilgili bir dizi öneri paketini sunmakta olup hiçbir devlet tarafından onaylanmış değildir.

[3] Yearbook of International Law Commission. . . 1986, V. II, part one, s. 103 ; Yearbook of International Law Commission. . . 1991, V. II, part one, s. 58, par. 48.

konulmasının nedeni "öncelikli kullanım" ilkesini dengelemek amacıyla olduğu ileri sürülmekle berber, bunun pratikte bu anlamda önemli bir sonuç doğurmayacağı düşünülmektedir. [1]

Faktörlerin esnekliği: Bu sözleşmede göze çarpan önemli bir özellik de faktörlere belirli bir esnekliğin verilmesidir. Nitekim 6. maddenin 3. fıkrasına göre her bir faktöre verilecek ağırlık diğer faktörlere verilen önem derecesine kıyasla belirlenir. Verilecek ağırlık tercihlerinin yokluğu ise eşit kullanım ilkesini elastik hale getirmektedir. Aynı düzenleme aynen Helsinki İlkeleri'nin 5/3 maddesinde de geçmektedir. Eski UHK üyesi olan Awn Khassawneh'in belirttiği gibi bu esneklik devletlere daha geniş yorum yetkisini vermekte ve her devlete göre göreceli bir anlam ifade etmektedir. Çünkü ağırlık verilecek faktörler her devlet için aynı ağırlıkta değildir. Nitekim, Türkiye Fırat Nehri için uluslararası nehir değil de kendisinin mülkiyetinden kaynaklanan nehrin sınırı aşan suları olarak tanımlamaktadır. Nil Nehri'nin topraklarından kaynaklandığı Etiyopya da benzer iddialarda bulunmaktadır. Bu anlamda kaynak devletler, (a) şıkkının değindiği doğal faktörlerin diğerlerinden daha önemli ve öncelikli olduğunu ileri sürmektedirler. Buna karşın İsrail, Ürdün Nehri konusunda , Mısır da Nil Nehri konusunda öncelikli kullanımlarının ağırlık verilecek faktör olduğunu düşünmektedirler. Tartışma, bu karşıt fikirlerin hangisinin hukuksal olduğu noktasında değildir. Topraklarının ana besleyici kaynak olduğu devletin, suyun kullanımında kendisini öncelikli görmesi doğal olduğu kadar, öncelikli kullanımın yarattığı ekonomik, sosyal ve kültürel yapıyı da göz önünde bulundurmak da doğaldır. Örneğin binlerce yıl öncesine dayanan Nil Nehri'nin kullanımı konusunda Mısır'a getirilecek her hangi bir kısıtlama bu devletin bu şekilde düzenlenmiş sosyal ve ekonomik yapısını ciddi bir şekilde olumsuz etkileyecektir. Çünkü Mısır'ın tek ve en önemli su kaynağı bu nehir olup Mısır medeniyeti tarihsel olarak bu nehrin kullanımıyla doğup şekillenmiştir.

Bu faktörlere spesifik ağırlık veya hiyerarşi verilmemesi sonucunda anlaşmazlıkların çözümünde bu faktörler referans kaynağı olmayacağı için daha çok siyasi yollar kullanılmaya devam edilecektir. Başka bir deyişle, paylaşılan suların tahsisi konusunda

---

[1] Elmusa, a. g. m. , "Individual Factors Lack Specificity" kısmı.

hukuksal yöntemler bir tarafa bırakılır. "Hakkaniyete dayalı eşit ve makul kullanım" ilkesinin bu faktörlerle ilişkisi bu nedenle sorgulanmaktadır. (b) ve (f) şıkkında geçen sosyal, ekonomik ve çevresel ihtiyaçları içeren faktörlere öncelik verilmesi durumunda "hakkaniyete dayalı eşit ve makul kullanım" ilkesinin daha anlamlı ve faydalı bir sonuç doğuracağı düşünülmektedir. devletler, daha önce faydalanmadıkları suları kullanmak istediklerinde genellikle ekonomik ve sosyal ihtiyaçlarını gündeme getirirler. Aynı şekilde bu yeni kullanıma karşı çıkan devletler de bu yeni kullanımın ekonomik, çevresel ve sosyal yapılarını olumsuz etkilediğini iddia etmektedirler. Ekonomik ve sosyal ihtiyaçlar, değişen koşulları yansıtan su tahsisinin belirlenmesinde ve etkin kullanımında önemli fırsat alanları yaratmaktadır. Ekonomik ve sosyal ihtiyaçlar (c) şıkkındaki nüfus faktörü ve (g) şıkkındaki planlanan veya mevcut kullanımlara alternatif kaynaklar gibi faktörleri de kapsamına alabilecek mahiyettedir. Çünkü nüfus boyutu ve alternatif kaynak yaratımı esasında bu faktörle ilgilidir. Ekonomik ve sosyal ihtiyaçlar dışındaki diğer faktörler, bu ihtiyaçlar bazında bir anlaşma sağlanmadığı takdirde anlaşmazlıkların çözülmesinde yardımcı faktörler olarak düşünülmesi gerekmektedir.

7. maddede geçen "önemli zarara yol açmama" ilkesine gelince; Bu ilke başlangıçta UHK' nin taslak maddelerinde "kayda değer zarar vermeme" şeklinde olup, "kendi malını komşuna zarar vermeyecek biçiminde kullan" şeklindeki tarihsel teamül kuralına dayanmaktadır. Aynı su kaynakları paylaşan A ve B devletinin kendi topraklarındaki suyu kullanırken birbirlerine önemli zarar vermeyecek şekilde kullanmalarını prensip edineceklerdir.[1] Yukarıda da belirtildiği gibi yöneltilen eleştirilerden dolayı, 1994 yılında "önemli zarara yol açmama" şeklinde değiştirilmekle devletlere daha esnek bir kullanım hakkı verilmiştir. Buna göre bir kıyıdaş devlet, suları makul ve hakça kullandığı takdirde, bu kullanımdan dolayı diğer devlet zarar görse de bu kullanım, önemli zarar kapsamında değildir. Sözleşmenin 7. maddesi bir devlet, topraklarından geçen suları kullanırken diğer devletlere önemli zararları önleyecek tüm

1 Elmusa, a. g. m., "Elasticity of Factors" kısmı.

uygun tedbirleri alacağı hükmünü getirmiştir.[1] Bu konuda Komisyonun yaklaşımı üç çıkarıma dayanmaktaydı: a) Zararın faktör olduğu durumlarda 5. madde devletler için tek başına yeterli bir şey ifade etmemektedir; b) devletler önemli zarara neden olmamak için su yollarını dikkatli kullanacaklardır; c) Önemli zararı içeren faaliyet, onu önlemek için tek başına bir temel oluşturmamaktadır. Belirli durumlarda uluslararası su yollarının "hakkaniyete dayalı eşit ve makul kullanımı" diğer devlete önemli zarara yol açabilir. Bu durumlarda hakkaniyete dayalı eşit ve makul ilkesi, tehlikeye düşen çıkarları dengelemede yol gösterici olarak kullanılmaktadır.[2] 1994 yılındaki taslak sözleşmede geçen önemli zarara yol açmamak için "gerekli dikkat" tabiri de Sözleşmeden çıkarılmıştır.

Aslında bu ilkenin amacı zayıf aşağı kıyı devletini güçlü yukarı kıyı devletinin tek taraflı işlemlerinden kaynaklanabilecek zararından korumaktır. "Önemli zarar vermeme" ilkesi hem su miktarı hem de çevre unsuru açısından uygulanacak önemli bir ilkedir. Çevre yönünde düşünülürse nehir doğal olarak aşağıya doğru aktığı için yukarı kıyı devletinin su yolunu kirletme durumu daha fazladır. Çünkü tarımsal sulamada kullanılan sular önemli minerallerden arınmış olarak atık sularla birlikte aşağı kıyı devletinin topraklarına akması söz konusudur. Dolayısıyla aşağı doğru akan suyun kirlenmemesini garanti altına almaya yarayan "önemli zarar vermeme" ilkesi aşağı kıyı devleti için dayanılacak önemli bir ilkedir. Bu ilke bir yönüyle aşağı kıyı devletinin yukarı kıyı devletinden daha güçlü olsa da yukarı kıyı devletini hakkaniyete dayalı eşit ve makul kullanım hakkından mahrum bırakmayacağı varsayımına dayanmaktadır. Bu da güçlü aşağı kıyı devletini kendi topraklarından geçen suları kullanmak isteyen zayıf yukarı kıyı devletine karşı ön kullanım ilkesini desteklemeye yöneltecektir. (Mısır'ın Etiyopya'ya karşı yaptığı gibi).[3] Eğer su yolları makul ve hakça kullanıldığı halde

---

1 Wouters, "The Legal Response... ", "Article 7 Obligation not to Cause Significant Harm" kısmı.
2 International Law Commission, "Draft articles...", s. 47.
3 Elmusa, a. g. m., "Significant Harm Principle" başlığında ; De Chazournes, Laurence Boisson , "The UN Convention on International Watercourses: Prospects for an Unfinished Agenda for Co-Management", Conference on "Water, Dispute Prevention and Development: South Perspectives", Presented at the Center for the Global South, American Univ. , Washington, DC, Oct 12-13, 1998, (çevrimiçi)

önemli zarar ortaya çıkarsa ilgili devletlerin bunu nasıl çözecekleri konusunda 7. maddenin 2. fıkrası şöyle bir düzenleme getirmektedir:

> *"Bununla birlikte diğer bir kıyı devletine önemli zarar verilirse; kullanımı zarara yol açan devlet, bu kullanımla ilgili bir antlaşma yoksa, 5. ve 6. maddelerde geçen hususları dikkate alarak gerekli tüm tedbirleri alacak ve bu zararı azaltmak , hafifletmek ve gerekirse zararın tazmini için zarar gören devletle görüşmelerde bulunacaktır."*

Önemli zararın nasıl tespit edilip ölçüldüğüne gelince; sözleşmede bu konuda açık herhangi bir hüküm getirilmemiştir. Bunun tespiti ilgili devletlerin görüşme ve antlaşma yoluyla takdirlerine bırakılacağı durumu ortaya çıkmaktadır. Bunun tespiti nasıl yapılacaktır? B devletinin su kullanımı, A devletinin sosyo-ekonomik ve çevresel gereksinimleri üzerindeki potansiyel etkisinin olup olmadığının ölçülmesiyle ortaya çıkmaktadır. Trail Smelter davasıyla ilgili Hakem Mahkemesinin verdiği karara göre zararın üç unsuru vardır: Zararın varlığı, zararın nedeni ve zarar nedeniyle ortaya çıkan hasar. Bu zarar, tesisleri kullanımdan önceki ile kullanımdan sonraki süre arasında etkilenen devlet ülkesinde ortaya çıkan olumsuz değişikliklerle ortaya çıkmaktadır.[1] Benzer yaklaşım UHK'nın 9 Mayıs-29 Temmuz 1988 tarihleri arasındaki 40. Oturumundaki raporunda da benimsenmiştir. Raporda: "Zarar objektif ve somut delillerle tespit edilmesi gerekir. Olumsuz etkilenen devlet ülkesinde bu zararın kamu sağlığı, endüstriyel, tarımsal veya çevresel etkenler üzerinde somut ve ciddi sonuçları doğurması gerekir. Bunun sonucunda ortaya çıkan olumsuz durumların derecelerinin ölçülmesiyle zararın boyutu tespit edilir." denilmektedir. Bunun için de devletlerin işbirliği yapmaları gerekmektedir.[2] Sözleşmenin 8. maddesi, devletlerin bu konuda nasıl işbirliği yapacaklarıyla ilgili genel hükümler getirmiştir. Uluslararası suların optimal kullanımı ve yeterince korunması amacıyla devletler, egemen eşitlik, toprak bütünlüğü, karşılıklı çıkar ve iyi niyet ilkeleri temelinde işbirliği yapacaklardır. Bu işbirliği şeklinin mahiyeti ise, devletlerin gerekli gördükleri müşterek mekanizmaların ve

---

http://www.american.edu/maksoud/water98/present7.htm#Laurence 11Kasım 2002.

[1] Caponera, a. g. e. , s. 242.

[2] Elmusa, a. g. m. , "Significant Harm Principle" başlığında.

komisyonların oluşturulmasıyla belirlenecektir.[1] Önemli zararın mahiyeti konusunda ABD Yüksek Mahkemesinin 1907 tarihli Kansas ve Colorado Eyaletleri arasındaki su anlaşmazlığını çözümüyle ilgili kararı dikkat çekicidir. Kansas Eyaleti, Colorado'nun Arkansas Nehri sularını saptırmaktan caydırmak için Federal Yüksek Mahkemesine başvurmuştur. Mahkeme ilk olarak Colorado'nun nehir kullanımının detaylı analizini yapmış ve Colorado'nun tarımsal programını gerçekleştirmesi için bu sulara bağımlılığının yüksek olduğunu tespit etmiştir. Bu suların saptırılmasından dolayı tarımsal arazilerinin sınırlı bir zarar gördüğü Kansas Eyaletinin zararının önemli boyutta olmadığı sonucuna varılmıştır. Eyaletin geniş tarımsal tablosu, sahip olduğu su kaynakları ve etkilenen alandaki nüfusun azlığı dikkate alınarak akan sulardaki azalışın Kansas'a önemli zarara yol açmadığı tespit edilmiştir. Mahkeme sonuç olarak "ortaya çıkan zararın boyutu ile Colorado'daki kasabalara sağlanan büyük fayda ile karşılaştırılınca haklardaki eşitlik ve iki Eyaletin eşit statüsü tarımsal amaçlarla Colorado'daki suların geri çekilmesine müdahalesine imkan bırakmamaktadır." şeklinde karar vermesiyle "net zararın" ne olduğuna açıklık getirmiştir. Mahkeme, Kansas'ın bazı arazilerinin sulardan mahrum bırakıldığını belirtmekle beraber bazı arazilerin de Colorado'nun suları saptırmasından yarar gördüğüne işaret etmektedir. Saptırılan sulardan görülen yarar ise mevsimsel yağışların getirdiği taşkınlıkların dengelenmesidir.[2]

Önemli zarar vermeme ilkesi ile hakkaniyete dayalı eşit ve makul kullanım ilkesi arasındaki ilişkiye gelince, Alman Yüksek Mahkemesi'nin Donauversinkung Davasında bu konuyla ilgili

---

[1] Bkz. Sözleşmenin 8. mad: "1. Su yolu devletleri, uluslararası bir suyolunun optimum şekilde kullanılmasını ve yeterli şekilde korunmasını sağlamak amacıyla, egemen eşitlik,
toprak bütünlüğü, karşılıklı yarar ve iyi niyet temeline dayalı olarak işbirliği yapacaklardır.
2. Sözkonusu işbirliğinin yöntemini belirlerken su yolu devletleri, değişik bölgelerde mevcut olan ortak mekanizmalar ve komisyonlar vasıtasıyla edinilen tecrübeler ışığında, gerekli görüldüğü takdirde, ilgili önlemler ve prosedürler üzerinde işbirliğini kolaylaştıran, ortak mekanizmalar veya komisyonlar kurmayı düşünebilirler."

[2] Lipper, a. g. m. , s. 48-49.

verdiği bir kararda şu husus belirtilmiştir: "Önemli zarar vermeme ilkesini, sadece komşu devlete verilen mutlak zarar açısından değil de aynı zamanda komşu devlete verilen zarar sonucunda bir devletin elde ettiği avantaj ilişkisi açısından düşünmek gerekir." Bu karar itibarıyla düşünülürse önemli zarar vermeme ilkesi su kaynakları üzerinde devletin sınırlı egemenliğinin bir gereği olarak ortaya çıkmaktadır. Aynı zamanda hakkaniyete dayalı eşit ve makul kullanım ilkesinin gerçekleşmesi bu ilkenin uygulanmasına bağlıdır.[1]

Bu iki kavram arasındaki diğer önemli farklılık da şudur: Her ikisi de sosyo-ekonomik ve çevresel gereksinimlerle ilişkili olduğu düşünülse de "hakkaniyete dayalı eşit ve makul kullanım" ilkesi pozitif karakterli, "önemli zarar vermeme" ilkesi ise negatif karakterli olarak nitelendirilmektedir.[2]

1. 5. 2. 4. "Uluslararası Su Yolu Sistemi" ve "Paylaşılan Doğal Kaynaklar" Kavramı

UHKnun özel raportörü Stephen M Schwebel, 1980 yılındaki Komisyonun 32. oturumunda ulaşım dışı uluslararası nehirlerin kullanımıyla ilgili altı maddelik sözleşme tasarısını içeren bir rapor sunmuştur. Schwebel, konuyu sistem yaklaşımı açısından ele almış ve sonuç olarak su gibi doğal kaynakların bir sistem dahilinde düşünülmesi gereğine işaret etmiştir. Komisyona sunduğu sözleşme tasarısının 5. maddesi başlığıyla birlikte şöyle geçmektedir:[3]

Madde. 5 Paylaşılan doğal kaynak olarak suların kullanımı

1. Bir sistem devleti ülkesindeki uluslararası su yolu sistemine ait suların kullanımı, sistemin içindeki başka bir devletin ülkesindeki suların kullanımını etkilemektedir. Bu nedenle sular, bu maddenin amacı yönünden, paylaşılan bir doğal kaynaktır.

---

[1] Dellapenna, a. g. m. , s. 281.

[2] Elmusa, a. g. m. , "significant harm principle" başlığında. ; De Chazournes, a. g. m. ;

[3] Yearbook of International Law Commission. . . 1980, Vol. II, part one, s. 159.

2. Paylaşılan bir doğal kaynak oluşturan uluslararası su yolu sisteminin suları işbu maddeye uygun olarak kullanılacaktır.

Bu kavram esasında, kullanılan uluslararası su yolu sistemi kavramı ile yakın ilişkili olup, su yolu sisteminin farklı devlet ülkesi içinde olması durumunda önemli sonuçlar doğurmaktadır. Çünkü bir devletin kendi topraklarındaki sulara müdahalesi, sistemdeki diğer öğeleri etkilediğinden sistemin yapısını bozmaktadır. 1980 yılındaki oturumunda Komisyon üyeleri bu kavram üzerinde tartışmışlar ve sonuç itibarıyla bu tanımın lehinde ve aleyhinde olanlar kavramla ilgili kesin bir fikir birliğine varmamışlardır. Nitekim bu maddeyle ilgili Komisyon yorumunda "*özellikle paylaşılan doğal kaynak kavramının belirsiz olması nedeniyle bir kısım üye kararsız olurken, bir kısmı da bu kavramın doğal kaynaklar üzerinde sürekli egemenlik ilkeleriyle ilişkili olduğunu vurgulamışlardır.*" denilmektedir. Nasıl hukuki bir sonuç doğuracağı bilinemediğinden bu kavramla ilgili maddenin değiştirilmesi düşüncesi yaygınlık kazanmıştır.[1] Bu itirazlar üzerinde Özel Raportör Evenson, 1984 yılında ilgili taslak maddesinde "*Uluslararası Su Yolu Sistemi*" yerine "*Uluslararası Su Yolu*" şeklinde değişiklik yapmış ve söz konusu değişikliği 6. madde olarak "ilgili su yolu devletleri, uluslararası su yollarını kullanmada hakkaniyete dayalı ve makul bir şekilde paylaşacaklardır" şeklinde düzenlemiştir.[2] Özetle, yapılan değişiklik "paylaşılan doğal kaynaklar" yerinde "doğal kaynakların makul ve hakkaniyete dayalı paylaşımı" şeklinde olmuştur. Bu değişiklik Helsinki İlkelerinin 4. maddesinin getirdiğinden farklı değildir.[3] Ne var ki bu değişiklik de itirazlara konu olmuştur. Özellikle "paylaşım" kavramının halen belirsizliğini koruduğu iddia edilmiştir. Bu kavramın metinden çıkarılması taslağın diğer hükümleri üzerinde ne gibi etkinin doğuracağının belirlenmesi gerektiğini belirten Özel Raportör, "paylaşma" kavramının metinde kalmasını uygun bulmuştur. Çünkü

---

[1] Yearbook of International Law Commission. . . 1986, vol. II, part one, s. 102, par, 74.

[2] Aynı eser, s. 91, par. 14. ve s. 102, par. 73-74.

[3] Helsinki İlkelerinin 4. maddesi "Havzadaki her devlet topraklarındaki uluslararası drenaj havzası sularından faydalanmalarında bu suları hakkaniyete dayalı ve makul bir şekilde paylaşacaklardır" şeklinde geçmektedir.

taslak antlaşmanın ana fikri, devletlerin çıkarlarının birleştirilmesi ve karşılıklı bağımlılığın oluşturulmasıdır. Yapılacak değişiklik, işbirliği ve iyi komşuluk ilişkileri temelinde yapılması gerekir.[1] Bu değişiklik desteklenmesine rağmen "iyi niyet", "iyi komşuluk ilişkileri" ve "optimal kullanım" kavramlarının tanımlanması istenmekle beraber Özel Raportör, bu değişikliğe desteğin önemli olduğunu ve "iyi komşuluk ilişkileri" kavramının uluslararası hukukun temel ilkesi olarak çoğu uluslararası antlaşmalarda geçtiğini belirtmiştir.[2] Daha sonra 1985 yılında Komisyona Özel Raportör olarak atanan S. McCaffrey, daha önceki itirazları dikkate alarak 1987 yılında Komisyona sunduğu raporda genel kabul görecek bir düzenleme sunmuştur. Bu raporda "paylaşım" kavramı metinden çıkarılıp, doğal kaynakların faydasında katılım ilkesi getirilmiştir. 1991 yılında Komisyona sunulan taslak metinde de aynı kavramlar geçmektedir. Buna göre "paylaşım-sharing" kavramı yerinde "faydalanma-utilize" kavramı, "iyi komşuluk ilişkileri-good neighboring relations" yerine "katılım-participation" kavramı kullanılmıştır.[3] Taslak sözleşmenin 5. maddesinde yer alan bu değişiklik 1994 yılında aynen kabul edilmiş ve 1997 yılında bu şekilde BM Genel Kurulunda kabul edilmiştir.[4] Uygulamada her su yolu devleti eşit ve makul bir şekilde uluslararası suları kullanmaları halinde ise bu değişiklik önemli bir sonuç doğurmamaktadır. Çünkü, nehrin kullanımında diğer kıyı devletine esaslı zarar verilmemesi, kullanımla ilgili plan ve projelerde öncelikli bilgi alış verişi ile dayanışma koşullarının sağlanması çerçevesinde paylaşım ilkesi uygulanabilecektir.[5] Buna göre paylaşım

---

[1] Bu değişiklik 2. raporda sunulan taslak antlaşmanın 7. maddesi olarak şöyle düzenlenmiştir :
"uluslararası su yolu ve unsurlarının yeterince korunması ve kontrol edilmesi bağlamında optimal faydalanmaya erişmek için iyi niyet ve iyi komşuluk ilişkileri temelinde su yolu devletleri tarafından uluslararası su yolllari eşit ve makul bir şekilde geliştirilecek, kullanılacak ve paylaşılacaktır." Bkz. Yearbook of International Law Commission...1985, vol. II, part one, s. 92, par. 26.

[2] Yearbook of International Law Commission. . . 1985, vol. II, part one, s. 93, par. 27.

[3] Yearbook of International Law Commission. . . 1991, vol.II, part two, s. 67, par. 59.

[4] Bu madde metni için bkz. supra, "1.5.2.3. "Hakkaniyete Dayalı Eşit ve Makul Kullanım" ve "Önemli Zarar Vermeme" İlkeleri" başlığı.

[5] Caponera, a. g. e. , s. 13.

yapılırken özellikle Helsinki İlkelerinin 5. maddesi ile söz konusu BM Sözleşmesinin 6. maddesi hükümlerini dikkate almak gerekir.

Bu bağlamda, 1977 yılında Arjantin'in Mar del kentinde BM Su Konferansı tarafından kabul edilen "Mar del Faaliyet Planı" belgesi, su kaynaklarının kullanım ve yönetimiyle ilgili bir dizi tavsiye ve kararlar içermektedir. 90 ve 91 nolu tavsiye maddelerinde: "Devletler, birbirlerine ekonomik, çevresel ve fiziksel bağımlılıkları gereği paylaşılan su kaynakları konusunda işbirliği yapmak zorundadırlar. Böyle bir işbirliği, BM kurucu antlaşması ve uluslararası hukuk ilkeleri temelinde tüm devletlerin egemenlik, eşitlik ve ülkesel bütünlük temelinde gerçekleşmesi gerekir. Paylaşılan su kaynaklarının geliştirilmesi ve yönetimi konusunda ise tüm ulusal politikalar işbirliği sağlamanın bir aracı olarak eşit bir şekilde faydalanılan su kaynaklarıyla ilgili her devletin suya olan hakkını da dikkate alması gerekir."[1] denilmektedir.

Buna göre nehir sisteminin paylaşılması iki şekilde ortaya çıkmaktadır: Bazı antlaşmalarda nehir suları miktar olarak paylaşılırken bazılarında ise nehir sistemi coğrafi bir esasa bölünerek taraflardan her birine nehrin veya sistemin belirli bir kesimi tahsis edilmektedir. Suları miktar olarak paylaşıma örnek olarak 1944 tarihli ABD-Meksika Antlaşması ile 1959 tarihli Nil Nehri Antlaşması gösterilebilir. Nehir veya nehir sistemini belirli kesimlere ayırarak bunları taraflara tahsis eden antlaşmaya örnek olarak İspanya ve Portekiz arasında 1927 tarihinde yapılan Douro Nehri'nın kullanımıyla ilgili Sözleşmedir. Bu Sözleşmenin 2. maddesi, söz konusu nehri belirli kısımlara ayırmakta ve bunları hidroelektrik enerjisi üretmek amacıyla taraflara tahsis etmekteydi. Aynı durumu Sovyetler Birliği ile Norveç arasında yapılan 1957 tarihli Pasvik Nehrinin güçlendirilmesi antlaşması ile getirilen düzenlemelerde görmek mümkün. Bu antlaşma Pasvik Nehrini yukarı, aşağı ve orta olmak üzere üç kısma ayırmaktadır. Sovyetler Birliği, nehrin yukarı

---

[1] Yearbook of International Law Commission. . . 1986, vol. II, part one, s. 123, par, 139.

kısım ile aşağı kısım arasındaki su gücünü, Norveç ise orta kısımdaki su gücünü kullanabilecektir.[1]

1. 5. 2. 5. AB Devletleri Tarafından onaylanan Helsinki Sözleşmesi Açısından Ulaşım Dışı Su Yollarıyla İlgili BM Sözleşmesinin Değerlendirilmesi

Sınırı Aşan Suyollarının ve Uluslararası Göllerin Kullanılması ve Korunmasına dair Sözleşme Helsinki'de BM Avrupa Ekonomik Komisyonu tarafından hazırlandıktan sonra taslak metin 17 Mart 1992 tarihinde görüşülmüş ve AB devletlerinin imza ve onaylarına sunulmuştur. Sözleşmenin yürürlüğe girmesi için 26. maddesi gereğince en az 16 devletin onaylaması gerekiyordu. Bu koşulun yerine gelmesiyle 1996 yılında yürürlüğe giren bu sözleşmeyi 2000 yılının ocak ayı itibarıyla 22 AB devleti onaylamıştır. Sözleşmenin 1. maddesi itibarıyla hem sınır kesen hem de sınır oluşturan sular "transboundary-sınır aşan sular" niteliğindedir. Bu sözleşmenin amacı 2. maddede belirtildiği gibi yüzey ve yer altı sularını da kapsayan sınır aşan ve sınır oluşturan suların korunması, kirliliğin önlenmesi çevresel dengenin sağlanması ve suyun hakkaniyet ve makul ölçülerde kullanılması olarak özetlenebilir. Sözleşmenin 4. ve 11. maddesi devletlere sınır aşan suların durumunun gözetlenmesi için programlar oluşturulması yükümlülüğünü getirmektedir. 17. maddeye göre taraflar sözleşmenin yürürlüğe girdiği yıl içinde bir araya gelecekler. Bundan sonraki olağan toplantılar üç yılda bir yapılacaktır.

1992 Tarihli Helsinki Sözleşmesi ile yukarıda incelediğimiz BM Sözleşmesi hükümlerinin farklı ve benzer yönleriyle karşılaştırılmasına gelince;[2]

Genel mahiyeti itibarıyla bölgesel olan Helsinki Sözleşmesi, AB'nin uluslar üstü organlar tarafından uygulanması denetlenmekte ve bu organların çıkardığı direktif ve kararlarla kapsamı

---

[1] Sar, a. g. e. , s. 157-158.

[2] Bosnjakovic, Branko, "Regulation of International Watercourses Under The UN/ECE Regional Agreements", Water International, International Water Resources Association, V. 25, No 4, (December 2000), s. 550-551.

güçlendirilmektedir. Bu sözleşmeyi söz konusu BM Sözleşmesinden ayıran en önemli fark budur. Sınırı Aşan Su Yollarının ve Uluslararası Göllerin Kullanılması ve Korunmasına ilişkin BM'nin Avrupa Komisyonu tarafından 17 Mart 1992 tarihinde hazırlanan Helsinki Sözleşmesi ile 1997 tarihli BM'nin ulaşım dışı su yollarının kullanımına ilişkin Sözleşmesi arasında şu bakımdan farklar vardır:

1. **Yaklaşım Farklılığı**: BM Sözleşmesi esas olarak su kaynaklarının paylaşımı ve kullanımı üzerinde dururken; Helsinki Sözleşmesi bunların yanında, sınır aşan çevresel etkenlerden kaynaklanan olumsuzlukların da önlenmesi, kontrol altına alınması ve asgariye düşürmeyi hedeflemektedir. Helsinki Sözleşmesi'nin "kirleten öder" ile "önleyici tedbirler" ilkelerini ancak BM Sözleşmesi'nin geniş yorumunda bulmak mümkündür. Diğer taraftan BM Sözleşmesi'ndeki hakkaniyete dayalı eşit ve makul kullanım ilkesi, Helsinki Sözleşmesi'ndeki "zarar vermeme" ilkesini de kapsamına alacak genişliktedir. Her iki sözleşme de su sistemini bir bütün olarak alırken Helsinki Sözleşmesi belirgin bir şekilde yer altı suları ve eko sistemi yaklaşımını içermektedir.
2. **Tanımlama Farklılığı**: Helsinki Sözleşmesi, havzayla ilgili tanımlanmaya toprak unsuru da kattığından, "genel sınırlar içinde akan sular" tanımlaması yaklaşımını getiren BM Sözleşmesinden daha geniştir.
3. **Kirlenme Konusu**: Her iki sözleşme de "önemli zarar" ile "kirlenme" terimleri hakkında belirgin olarak bir tanımlama getirmemektedir. Bununla birlikte Helsinki Sözleşmesi, kaynağa ilişkin önlemler, en iyi tekniklerin kullanılması ve atık suların değerlendirilmesiyle ilgili hükümler getirmiştir.
4. **Mevcut ve Gelecekteki Antlaşmalarla İlgili Olarak**: BM Sözleşmesi, sözleşme hükümlerinin uluslararası suların kullanımıyla ilgili antlaşmaların getirdiği hak ve yükümlülükleri etkilemediğini ve Sözleşme hükümlerinin bunlardan etkilenmediğini (md. 3/1) belirtmektedir. Bununla birlikte böyle antlaşmalara taraf olan devletler, gerektiğinde, söz konusu antlaşmaları Sözleşmenin temel prensipleriyle uyumlu hale getirebilirler (md. 3/2). Bu anlamda devletlere sözleşmeye aykırı olarak yaptıkları veya yapacakları antlaşmaları sözleşme hükümlerine uydurma mecburiyeti getirilmemiştir. Helsinki

Sözleşmesi ise bu konuda daha zorunlu kurallar getirmiştir. devletler, Helsinki Sözleşmesi hükümlerine aykırı antlaşma yapamazlar ve daha önce yaptıkları antlaşmalarda bu sözleşmeye aykırı hükümler varsa bunları sözleşme hükümlerine uydurmalıdırlar. (md. 2 ve md. 9/1).

5. **Kamusal Katılım ve Bilgi Paylaşımı**: Helsinki Sözleşmesi kıyıdaş devletlere spesifik olarak birbirlerine suların kullanımı ve su kaynaklarıyla ilgili konularda bilgi verme yükümlülüğünü getirmektedir. (md. 13., 16. ve 6.) BM Sözleşmesinin 9. maddesi de bu konulara değinmekle birlikte spesifik anlamda geniş bir yükümlülük getirmemektedir. Helsinki Sözleşmesi, bilgi paylaşımı dışında teknolojilerin de paylaşımını gerektirmektedir.
6. **Sorumluluk ve Tazminat**: BM Sözleşmesinde tazminat olayı zararın otomatik olarak ortaya çıkması sonucundaki yükümlülüğün doğrudan konusu olmamaktadır. Daha ziyade ilgili devletlerin çıkarlarının dengelenmesinde bir araç olarak düşünülmektedir. Helsinki Sözleşmesi ise ilgili devletlere sorumluluk ve tazminat alanındaki prosedür, kriter ve kuralları ayrıntılarıyla belirleyen uluslararası çabaların desteklenmesi yükümlülüğünü getirmektedir. (md. 7)
7. Uyuşmazlıkların çözülmesine ilişkin düzenleme ve mekanizmalar ve hakemlik konuları her iki sözleşmede de benzer şekilde geçmektedir.

1. 6. Yargı kararları

Bilindiği gibi uluslararası su hukuku kaynaklarından önemli bir kaynak da yargı kararlarıdır. devletlerin uluslararası nehirlerden faydalanma haklarına ilişkin uluslararası mahkemeler ve hakem mahkemeleri, teamül kurallarının ve uluslararası antlaşmaların uygulanmalarına dair önemli karar ve yorumlarda bulunmuşlardır. Bu mahkemelerin kararları ilgili devletler bakımından bağlayıcı olmakla birlikte, yorumları da dikkate alınırsa hukuksal yol gösterici anlamında uluslararası çapta su hukukunun oluşması ve gelişmesi noktasında önemli sonuçlar doğurabilen mahiyettedir.

Mahkeme kararlarında dikkati çeken husus, sulardan faydalanma konusunda devletlerin egemenliğine dayalı bir karakterden, toplumların ortak faydası doktrinine doğru bir karaktere tedrici bir gelişim arz etmesidir. Aşağıda inceleyeceğimiz kararlarda bu durum açıkça hissedilmektedir.

Uluslararası Daimi Adalet Divanı'nın Oder Nehri'nin Daimi Komisyonunun yetkisiyle ilgili şu görüşü konumuz açısından önemlidir:

"Devlet topraklarından geçen veya devletler için sınır niteliğinde olan su yolları ile ilgili sorunların çözümü, bu suların topraklarından geçtiği yukarı devletlerin hakları lehindeki düşünce yönünde değil, diğer tüm kıyıdaş devletlerin *ortak çıkarları* ilkesi yönünde mümkündür. Ulaşıma elverişli nehirler konusundaki bu *ortak çıkarlar*, genel yasal hakların ve kıyıdaş devletlerin imtiyazsız olarak eşit bir şekilde bu sulardan faydalanma düşüncesinin temelini oluşturmaktadır."[1]

1.6. 1. Uluslararası Hakem Mahkemeleri Kararları

Burada sınır aşan suların anlaşmazlığının yargısal yollardan çözümüne örnek niteliğinde Lanoux Gölü ile Gut Barajı Davalarıyla ilgili iki önemli hakem mahkemesinin kararı incelenecektir.

1. 6. 1. 1. Lanoux Gölü Davası

Fransa Hükümeti hidro elektrik enerjisini üretmek amacıyla 1950 yılında Lanoux Gölü sularını saptırarak Ariège Nehri'ne aktarılması kararını almıştır. Fransa'dan İspanya'ya akan ve Lanoux Gölü tarafından beslenen Carol Nehri sularını azaltacağı düşüncesiyle İspanya bu projeye itiraz etmiştir. Fransa, saptırılan suların telafisi için tazminat ödeme önerisi kabul edilmeyince projede değişiklik yapmaya yönelmiştir. Bu değişiklik uyarınca, Ariège Nehri'ne saptırılan su miktarı kadar suyun yer altı tünellerle Ariège Nehrinden Carol Nehrine aktarılması planlanmaktaydı. İspanya, bu uygulamanın 1856 Sınır Antlaşmasına ek olarak imzalanmış olan 1866 Bayonne Antlaşması hükümlerine aykırı olduğu ve havzanın doğal hidrolojik yapısının bozulacağı iddiasıyla projedeki değişikliğe de karşı çıkmıştır. Taraflar 1929 tarihli Hakemlik Antlaşmasına istinaden sorunun Hakem Mahkemesine havale edilmesi hususunda

---

[1] Dellapenna, a. g. m. , , s. 272. ; Copenera, a. g. e. , s. 225-226.

19 Kasım 1956 tarihinde Madrid'te Compromis imzaladılar.[1] İspanya, iddiasını Pirene sınırlarının rejiminin hem genel hem de geleneksel özelliklerine dayandırarak 1866 Bayonne Antlaşmasını yorumlamaya çalışmıştır. Çünkü bu antlaşmanın 8. maddesinde "her iki Hükümetin üzerinde anlaştığı değişiklikler dışında gerek özel gerekse kamusal mülkiyete konu olan tüm akarsular topraklarından kaynaklandığı devletin egemenliğine tabidir."[2] denilmektedir. Buna göre İspanya, bu projenin gerçekleştirilmesi ancak iki devlet arasında bir ön antlaşmayla mümkün olduğunu ileri sürmüştür. Fakat Mahkeme, 16 Kasım 1957 tarihli kararında bu iddiayı reddetmiş ve nedenini şöyle açıklamıştır: "*Bir devletin ülkesinde akan uluslararası su yollarından faydalanmasının ön antlaşmaya bağlı olması bir teamül veya genel hukuk prensibi değildir. Çünkü 9 Aralık 1923 tarihli Cenevre Sözleşmesi'nin 1. maddesi, uluslararası hukuk çerçevesinde bir devletin ülkesindeki uluslararası suları geliştirmek için girişeceği tüm faaliyetlerinde Sözleşmece bir kısıtlama getirilmediğini belirtmektedir. Bayonne Antlaşması'nın 11. maddesi ise suların debisinde veya akışında yapılacak değişiklikler için taraflara iki görev yüklemektedir: Biri bu değişikliklerle ilgili karşı tarafın yetkililerinin bilgilendirilmesi, diğeri de her iki tarafın çıkarlarını korumaya ve telafi faaliyetlerine yönelik mekanizmaların işletilmesidir. Fransa bu her iki konuda da yükümlülüklerini yerine getirdiği tespit edildiğinden ve söz konusu antlaşmanın 9. ve 10. madde hükümleri çerçevesinde projeyi yürüttüğünden antlaşmayı ihlal etmediği sonucuna varılmıştır.*"[3] Sonuç itibarıyla Mahkeme, Fransa'nın aşağı kıyı devletteki sosyal yaşamı olumsuz etkilemeyecek şekilde sular üzerinde geri dönüşümle yaptığı saptırmalar Bayonne Antlaşmasına ve genel uluslararası hukuka aykırı olmadığı sonucuna varmıştır. Ayrıca Hakem Mahkemesi kararında, uluslararası sulardan devletlerin faydalanma haklarıyla ilgili olarak şu husus geçmektedir: "*Lanoux Gölü Davasında Fransa, Carol Nehrinden Ariège Nehrine saptırılan suyun tamamen dönmesini sağlayan çözüme sadık kalmıştır. Bu seçimi yaparken*

---

[1] Caponera, a. g. e. , s. 246. ; Yearbook of International Law Commission. . . .1986, vol. II, part one, s. 117.
[2] Aynı yer.
[3] Caponera, a. g. e. , s. 248.

Fransa, sadece bir hakkı kullanmaktadır. Lanoux Gölü'nün düzenlenmesine ilişkin çalışmalar Fransız ülkesinde yürütülmekte olup, bu girişimin mali yükümü ve sorumluluğu Fransa'ya aittir ve Fransız projesinin Ek Senedinin 9. ve 10. maddeleri ihlal edilmemesi kaydıyla, ülkesindeki bayındırlık işleri hakkında karar verme yetkisi Fransa'nındır."[1]

1. 6. 1. 2. Gut Barajı Davası

1874 tarihinde Kanada, ulaşımı geliştirmek amacıyla kendi ülkesindeki Adams Adası ile ABD ülkesindeki Les Galop Adası arasında St. Lawrence Nehri üzerinde bir baraj kurmaya karar vermiştir. Bu baraj, iki ada arasında geçen Gut Kanalı olarak da bilinen kanal aracılığıyla suyun akışını düzenleyecekti. Kanada Hükümeti, 1903 tarihinde bu proje için ABD'den istediği izni iki şartla almıştır:

1. *Söz konusu baraj inşa edildikten sonra Ontario Gölünün veya St. Lawrence Nehrinin su seviyesinin etkilendiği tespit edilirse Kanada projede değişiklik yaparak ek düzenleme çalışmaları yapacaktır.*
2. *Söz konusu baraj, Les Galop Adası'ndaki çiftçilere veya herhangi bir ABD vatandaşının mülküne zarar vermesi durumunda Kanada Hükümeti, miktarı taraflarca belirleneceği bir tazminat ödeyecektir.*

Bunun üzerinde Kanada tarafından Barajın yapımının tamamlanması sonrasında 1904-1951 tarihleri arasında St. Lawrence Nehrinin su akışı olumsuz etkilenmiştir. 1951-1952 tarihleri arasında Ontario Gölü'nün ve St. Lawrence Nehri'nin seviyesi oldukça yükselerek taşkınlıklara neden olmuş ve ABD vatandaşlarının arazilerine zarar vermiştir. Taraflar, 1965 yılında sorunun çözülmesi için Hakem Mahkemesi oluşturdular. Mahkeme, 1903 Antlaşması

[1] Lanoux Gölü Fransa topraklarındadır. Gölün suları bir akarsu ile boşalarak Carol Nehrine akmaktadır. Carol Nehri de daha sonra İspanya topraklarına akmaktadır. İki devlet arasındaki 1866 Antlaşması ortak suların yönetimini düzenlemektedir. Fransa Hükümetinin, Gölde bir proje için nehre su taşıyan ırmağın sularını saptırması çalışması nedeniyle çıkan uyuşmazlıkta taraflar daha önce imzaladıkları anlaşma uyarınca vardıkları mutabakat ile bu sorunu hakem mahkemesine götürmüşlerdir. Bkz.Sar, a. g. e. , s. 91. ; Caponera, a. g. e. , s. 246.

uyarınca, Gut Barajı'ndan kaynaklanan zararla ilgili Kanada'nın sorumlu olduğunu, buna göre bu devletin zarar gören ABD vatandaşlarına tazminat ödeme yükümlülüğü bulunduğuna karar vermiştir. Kanada, mahkeme kararına uyarak üzerinde anlaşılan 350, 000 ABD doları tazminatı zarar gören ABD vatandaşlarına ödemiştir.[1]

[1] Caponera, a. g. e. , s. 250-251.

1. 6. 2. Uluslararası Daimi Adalet Divanı'nın Kararları

İlk uluslararası örgüt olan Milletler Cemiyeti döneminde kurulan Uluslararası Daimi Adalet Divanı, uluslararası su hukukunun gelişmesinde önemli katkısı olmuş ve konuyla ilgili uyuşmazlıklarla ilgili verilen kararlar önemli referans kaynağı olmuştur. Aşağıda değinileceği gibi verilen kararlar daha çok ulaşıma konu olan nehirlerle ilgili olup devletlerin egemen yetkilerinin ulaşıma konu olmayan nehir kısımları üzerinde geçerli olduğu noktasında ağırlık kazanmıştır.

1. 6. 2. 1. Meuse Nehri Davası

Fransa'dan doğup Belçika topraklarına geçerek iki ayrı bölgede Hollanda ile Belçika arasında sınır oluşturan Meuse Nehrine dair Belçika ve Hollanda arasında imzalanan 1863 tarihli Antlaşması, nehrin saptırılmasıyla ilgili hükümler getirmektedir. Belçika'nın 1930 yılında bir kanal inşa etmek istemesi üzerine Hollanda 1936 yılında Milletlerarası Daimi Adalet Divanı'na başvurarak yapılan işin antlaşmaya aykırı olduğunu ileri sürmüştür. Divan konuyla ilgili 28 Haziran 1937 tarihinde verdiği kararda, devletlerden her biri kendi ülkesinde bu tür kanalları tadil etmek, genişletmek, başka forma sokmak, doldurmak ve hatta yeni kaynaklardan buralardaki suyun miktarını arttırmak özgürlüğüne sahip olduğunu belirterek bu özgürlüğün saptırmanın yapıldığı yerde normal seviye ve akışın engellenmemesi şartıyla mümkün olabileceğini hükme bağlamıştır.[1]

1. 6. 2. 2. Oder Nehri Davası

Polonya'nın ikinci büyük nehri olan Oder Nehri, Çekoslovakya'daki Oder Dağlarından kaynaklanarak Polanya topraklarına akmaktadır. İki kola ayrılarak Almanya topraklarında Baltık Denizine akmaktadır. 1919 tarihli Versailles Antlaşması'nın 331. maddesine göre bu nehir uluslararası rejime tabi olup üzerinde ulaşım serbestliği esastır. 341. madde gereğince Polonya, Almanya,

---

[1] Sar, a. g. e. , s. 90. ; Yearbook of International Law Commission. . . .1986, vol. II, part one, s. 114-115.

İngiltere, Fransa, Çekoslovakya, Danimarka ve İsveç temsilcilerinden oluşan uluslararası bir komisyon tarafından nehir yönetilecekti. Bu komisyonun görevi uluslararası rejimin uygulanacağı nehir kısımlarını ve kollarını tanımlayıp belirlemekti. Polonya temsilcisi ile diğer komisyon üyeleri arasında komisyonun yetkisiyle ilgili anlaşmazlık çıkmıştır. Polonya'ya göre Oder'in iki kolu olan Warta ve Netze'nin Polonya sınırlarına geçtiği noktadan sonra Komisyonun nehir üzerindeki yetkisi bitmekte ve ulusal yetkiye tabi olmaktadır. Dolayısıyla uluslararası rejimin hükümleri değil de ulusal düzenlemelerin egemen olacağı tezi gündeme getirilmiştir. Komisyonun görüşü ise Polonya ülkesinde olsa bile nehrin ulaşıma elverişliliğinin bittiği kısımlarına kadar komisyonun yetkili olduğu yönündeydi. Bunun üzerinde taraflar, komisyonun yetkilerinin Versailles Antlaşması uyarınca hangi konuları kapsadığı hususunda Uluslararası Daimi Adalet Divanı'na başvurmuşlardır.[1]

Divan, Versailles Antlaşması'nın "Oder, Uluslararası Komisyonunun idaresi altında olacağı"ifadesindeki 341. maddesi ile 1921 tarihli Barselona Sözleşmesine ekli Statü hükümlerine dikkat çekmiş ve Oder'in ulaşıma elverişli uluslararasılığını vurgulamıştır. Nitekim Versailles Antlaşmasının 331. maddesi uluslararası nehri "birden fazla devlet ülkesini aşarak denize akan nehrin ulaşım yapılabilir tüm kısmı" olarak tanımlamış ve bu kısımlar üzerinde uluslararası rejimin uygulanacağı hükmüne ulaşılmıştır.[2] Divan, kararını kıyıdaş devletlerin "ortak çıkar" kavramına dayandırarak açıklamıştır.[3]

Sonuç olarak Divan, Polonya'nın ülkesinde geçen Oder kollarının ulaşıma elverişli kısımları üzerinde ulusal yetkisinin olmadığını sadece ulaşım yapılamayan kısımlar üzerinde yetkisinin olduğunu hükme bağlamıştır.[4]

---

[1]Caponera a. g. e. , s. 224. ; Yearbook of the International Law Commission, 1986, Vol. II. Part one, Documents of the thirty-eight session, United Nations pr. , 1988, Newyork, s. 113-114.

[2] Aynı eser, s. 225.

[3] Divanın bu kararı için bkz. supra (Yargı kararları başlığı altında) ; Dellapenna, a. g. m. , s. 272.

[4] Caponera, a. g. e. , s. 226.

1. 6. 3. Uluslararası Adalet Divanı'nın Tuna Nehri Anlaşmazlığına Dair Kararı[1]

BM döneminde kurulan, yapı ve usul yönünden Milletler Cemiyeti dönemi divanından önemli farklılığı bulunmayan Uluslararası Adalet Divanı'nın uluslararası nehirlerle ilgili en önemli kararı Macaristan ve Slovakya arasında çıkan Tuna Nehri anlaşmazlığıyla ilgili verdiği karardır. Bu uluslararası yargı kararı, konumuz açısından önemli olup uluslararası su hukukun yorumlanmasında başvurulabilecek önemli referans kaynağı niteliğindedir. Bu karar uluslararası çevre ve su hukuku ilişkisinden sürdürülebilir kalkınma yaklaşımına kadar akademik anlamda geniş boyutlu bir tartışma zemininin oluşmasına neden olmuştur. Tuna Nehri'nin kullanımıyla ilgili anlaşmazlık sonucunda ortaya çıkan ve *Gabcikovo-Nagymaros* Davası olarak da bilinen bu dava, esasında Macaristan'ın Tuna Nehri üzerindeki inşaat çalışmalarını askıya alıp durdurmasında yetkisi olup olmadığı sorunu çerçevesinde olmakla birlikte uluslararası suların kullanımıyla ilgili önemli sonuçlar doğuran mahiyettedir.

Çekoslovakya ile Macaristan'ın 1977 tarihinde Tuna Nehri'nin kullanımıyla ilgili imzaladıkları antlaşmaya göre taraflar her biri kendi ülkesinde geçen Tuna Nehri suları üzerinde baraj ve diğer tesisatları kurarak, bunları uyumlu ve koordinasyonlu bir şekilde faaliyete geçireceklerdi.[2] Macaristan daha sonra kendi

---

[1] Daha ayrıntılı olarak Eckstein, Gabriel, "Application of International Water Law to Transboundary Groundwater Resources, and the Slovak-Hungarian Dispute Over Gabcikovo-Nagymaros" , Suffolk Transnational Law Review, (winter 1995), Vol. 19, s. 67, (çevrimiçi) http://www.internationalwaterlaw.org/Articles/TransboundaryGW.htm, 21 Ocak 2002.
Ayrıca bu kararın özeti için adlı web sitesine bakılabilir: International Court of Justice, "Case Concerning The Gabcíkovo-Nagymaros Project, (Hungary/Slovakia)", 25 September 1997, General List, No. 92, (çevrimiçi) http://www.icj-cij.org/icjwww/idocket/ihs/ihsframe.htm 29 Mart 2002.

[2] İki devlet arasında sınır oluşturan Tuna Nehri'nin 200 kilometre (km) dolayındaki kısmıyla ilgili 1977 Antlaşması, esasında su dengesini sağlamak ve "tek ve bölünmez çalışma sistemi" oluşturmak amacıyla iki devlet arasında sınır oluşturan nehirde biri Gabcíkovo diğeri Nagymaros'ta olmak üzere iki hareketli kanal seddinin

tarafındaki çalışmaları askıya alınca Slovakya[1] tek taraflı olarak 1977 Antlaşmasının hükümlerini uygulayarak kendi ülkesinde baraj inşaatlarını sürdürmüş ve suyu kendi lehine saptırmıştır. Bunun sonucunda Macaristan tarafındaki çiftçiler olumsuz etkilenmiş ve bu durum iki devlet arasında soruna yol açmıştır. Slovakya, Antlaşmanın kendisine verdiği yetkiyi kullandığını ve Macaristan'ın Antlaşma gereğince yükümlülüklerini yerine getirmediğini iddia ederken, Macaristan da, Slovakya'nın iyi komşuluk ilkesini çiğnediğini ve uluslararası hukukun "zarar vermeme" ilkesini dikkate almadığını ileri sürmüştür. Daha sonra taraflar sorunun çözümü için Uluslararası Adalet Divanı'na başvurmak üzere anlaştılar.[2]

Bu davada Macaristan'ın savunması daha çok proje çalışmalarının sürdürülmesi takdirde kaçınılmaz olarak çevresel zararlara yol açacağı gerekçesine dayalıydı. Tek taraflı olarak 1977 tarihli Antlaşmayı askıya alması "ekolojik dengenin gereği" düşüncesine dayanmış ve buna göre kendisini haklı göstermeye çalışmıştır. Adalet Divanı, Macaristan'ın "özü itibarıyla" çıkarına zarar verecek herhangi ciddi ve tehlikeli bir durumun olmadığı neticesine vararak, bu devletin Antlaşmayı askıya almasını haklı bulmamış ve söz konu gerekçelerini geçerli kabul etmemiştir. Bununla beraber Divan, Slovakya'nın tek taraflı olarak nehri saptırıp baraj inşaatıyla ilgili konuda Macaristan'ın "uluslararası kaynaklarının makul ve hakça paylaşımı" iddiasını dikkate almış ve Slovakya'yı, uluslararası kaynakları dengesiz şekilde kullandığı ve bu kullanımının başka devletin toplumuna ve bireylerine zarar vermeye yol açtığı için haksız bulmuştur. Her ne kadar 1977 Antlaşmasının tek taraflı olarak uygulanması haklı görülse de bu uygulama, genel uluslararası hukuk ilkelerine aykırı sonuçlara yol açtığı için doğru bulunmamıştır. İlgili devletin bu anlamda antlaşma hükümlerini "makul ve hakça kullanım" ilkesine zarar vermeyecek şekilde uygulama yükümlülüğü vardır. Çünkü konusu genel olan bir

---

oluşturulmasını öngörmekteydi. Bu amaçla sistemle ilgili teknik özellikler "Müşterek müteahhitlik planı" kapsamında olacaktı. Her iki devlet, çalışmaların inşaat, finansman ve yönetim faaliyetlerine eşit ölçüde katılacaktı. Bkz. International Court of Justice, a. g. m. , "*History of the dispute" başlığında.*

[1] devletin daha önceki adı Çekoslovakya iken Çek Cumhuriyeti'nin ayrılmasıyla Slovakya olmuştur.

[2] Gabriel Eckstein, a. g. m. , s. 77.

uluslararası teamül kuralı, konusu özel olan yazılı bir uluslararası antlaşmadan üstündür. devletler uygulamada bu ilkelere ters düşecek davranışlardan kaçınmalıdırlar. Divan, ayrıca şu hususa dikkat çekmiştir:

Modern uluslararası hukukun gelişimi, ulaşıma elverişli Oder Nehri Davası'nda kabul edilen "ortak çıkarlar" ilkesini güçlendirmiştir. Bu ilke, ulaşım dışı nehirler için de referans niteliğini taşımakta olup genel bir hukuk ilkesi haline gelmiştir.

Sonuç olarak Adalet Divanı, her iki tarafın da uluslararası hukuka aykırı davranışlarının olduğu sonucuna vararak 1977 Antlaşması çerçevesinde görüşmeler yoluyla anlaşmalarını ve bu Antlaşmanın hükümlerine her iki tarafın da uymasını, ayrıca uluslararası teamül ve su hukuku normlarına aykırı davranmamalarını karara bağlamıştır.[1]

Uluslararası Adalet Divanı'nın uluslararası su hukukunun gelişmesindeki katkısına gelince, yukarıdaki açıklamalardan da anlaşılacağı gibi su hukuku, statik değil uluslararası yargının yorum ve kararıyla dinamik bir görünüm sergilemektedir. Divan bu kararında 1977 Antlaşması'nın oluşmakta olan uluslararası normlara adapte edilebileceğini; çünkü Antlaşmanın yapıldığı tarihten bu yana çevresel duyarlılığın arttığını ve globalleşen Dünyada su gibi kaynakların toplumların ortak kullanımlarına açık olup bu kaynaklardan hakkaniyete dayalı olarak faydalanılması esası benimsendiğini vurgulamıştır.[2]

Divanın suların paylaşılmasıyla ilgili kararı, uluslararası su yollarının paylaşılan doğal kaynaklar olarak düşünülmesi gerektiği yönündedir. Bu yaklaşım sürdürülebilir kalkınma bağlamında geniş anlamda hakkaniyete dayalı ve makul kullanım ilkesi itibarıyla söz konusudur. Divanın işaret ettiği önemli diğer husus ise suların paylaşımının, şimdinin ve geleceğin nesillerinin hakları dikkate alınarak eko-sisteminin korunması çerçevesinde gerçekleştirilmesidir.

---

[1] Patricia Wouters, "The Legal response... ", 'The UN Convention's Response to Water Scarcity and Water Conflicts' başlığında.

[2] International Court of Justice, a. g. m. , 'Development of new norms of international environmental law' başlığında.

Divan, ayrıca sadece BM'nin ulaşım dışı su yolu sözleşmesinin benimsediği uluslararası su hukuku ilkelerini referans olarak değerlendirmemiş, bunun yanında en az onlar kadar önemli olan Çevre ve kalkınmaya ilişkin Rio Deklarasyonu gibi diğer uluslararası hukuk kaynaklarının da olduğunu ve bunların uluslararası su hukukunun gelişmesinde bir bütün olarak algılanması gerektiğine işaret etmiştir. [1]

1. 7. Uluslararası Su Hukukunun Temel İlkeleri

BM Ekonomik ve Sosyal Konseyince oluşturulan Ekonomik, Sosyal ve Kültürel Haklar Komitesi 26 Kasım 2002 tarihindeki 29. oturumunda, Ekonomik, Sosyal ve Kültürel Haklara ilişkin uluslararası sözleşmenin uygulanmasından kaynaklanan sorunlarla ilgili olarak uluslararası su hukukuyla ilgili önemli kuralları tespit ederek bunları Gündem-3'te yayınlamıştır.[2]

Buna göre su hakkı iki unsuru kapsamaktadır: Özgürlük ve kullanım hakkı. Özgürlük, su kaynaklarından faydalanmayı olumsuz etkileyecek herhangi bir kısıtlama ve müdahalenin olmamasını içermektedir. Buna karşılık kullanım hakkı ise halkların su haklarından eşit olarak faydalanmasını sağlayan su kaynaklarının yönetim sistemini kurma haklarını ifade eder (m. 10). Su hakkının oluşması için gereksinim duyulan suyun yeterliliği çeşitli koşullara göre değiştiği halde, aşağıdaki faktörler tüm durumlar için geçerlidir(m. 12):

a) **Elverişlilik**: Su kaynağı herkes için yeterli (m. 11) olmalı ve devamlı olmalıdır. Suyun kalitesi Dünya Sağlık Örgütü'nün belirlediği kriterlere uygun olmalıdır.

b) **Kalitelilik**: İçme ve diğer amaçlarla kullanılacak suyun güvenli, insan sağlığına zarar veren

---

[1] De Chazournes, a. g. m. Makalenin "The contribution of the International Court of Justice for the Promotion of Co-Management of International Watercourses adlı III. bölümü.

[2] Economic and SocialCouncil, Distr.General Unedited Version, E/C. 12/2002/11, 26 November 2002, Committee On Economic, Social and Cultural Rights, Twenty-ninth session, Geneva, 11-29 November 2002, Agenda item 3, (çevrimiçi) http://www.internationalwaterlaw.org/IntlDocs/UNCECSR-General-Comment-right_to_water.pdf 03 Nisan 2003.

mikroorganizmalardan, kimyasal maddelerden ve radyolojik unsurlardan arınmış olmalıdır. Suyun doğal olan fiziksel ve kimyasal özellikleri korunmalıdır.

c) **Kolay Elde Edilebilirlik**: Su ve su tesisleri hiçbir ayırım yapılmadan herkesin kullanımına ve hizmetine sunulmalıdır. Bu da dört unsurun olmasını gerektirmektedir: Fiziksel olarak erişilebilirlik, ekonomik yönden suyun maliyetine herkesin katılabilecek düzeyde olması, ayırım yapılmaması, suyla ilgili özelliklerin bilinmesi.

Devletlerin birbirlerine karşı legal yükümlülükleri ise üçe ayrılmaktadır (21-26. m.) :

1) **Saygı Gösterme Yükümlülüğü**: Su erişimini kısıtlayan veya suları kirleten doğrudan veya dolaylı herhangi bir faaliyetin içine girilmemesi, savaş, acil durumlar veya doğal afetlerde uluslararası insancıl hukukun gerektirdiği yükümlülüklerin yerine getirilmesi gibi konuları içermektedir.
2) **Koruma Yükümlülüğü**: Devlet, üçüncü kişinin sulara müdahalesini önlemesi gerekir. Üçüncü kişi şirket, örgüt, gerçek kişi veya devlet olabilir.
3) **Yükümlülüklerin Yerine Getirilmesi**: Bu da üçe ayrılmaktadır: Sudan yararlanmada kolaylık sağlama, su bulunmadığı takdirde tedarik etme ve su kalitesinin düşmesini önleme yükümlülükleridir.

Toplumların ihtiyacını karşılayacak yeterli miktarda kullanılabilir suyun sağlanması insan haklarının temel ilkelerinden biridir.

Bunun için şu hususların titizlikle uygulanması gerekir:

- BM'nin ulaşım dışı nehirlere ilişkin sözleşmesinin devletlerce onaylanması gerekir.
- Uluslararası Örgütlerin bu konudaki rollerinin güçlendirilmesi gerekir.
- Uluslararası fon kuruluşlarının suyla ilgili projelerinin çevresel ve toplumsal sonuçlarıyla ilgili sorumluluklarının devamı sağlanmalıdır.

- Uluslararası standartlara göre suların kullanımının sağlanması için uluslararası düzeyde bir su fonunun kurulması,
- Uyuşmazlıkların siyasal ve yargısal yollarla çözüm mekanizmalarının güçlendirilmesi.[1]

Bu hususların yanında Dünya Barajlar Komisyonu[2] tarafından 16 Kasım 2000 yılında yayınlanan raporda şu esaslar üzerinde durulmaktadır:

- Haklar ve riskler yaklaşımının geliştirilmesi,

- Su ve enerji kaynaklarıyla ilgili yedi stratejik önceliklerinin siyasal temellerinin oluşturulması. Bu öncelikler: Kamunun onayının alınması, alternatiflerin kapsamlı olarak değerlendirilmesi, mevcut barajların ve sürdürülebilir nehirlerin belirlenmesi, hakların ve çıkarların paylaşımının tanınması, uyumlaşmanın sağlanması ve barış, güvenlik ve kalkınma için nehirlerin paylaşılması.[3]

Uluslararası su hukukunu oluşturan unsurlara gelince, bunlar da genel ve idari olmak üzere iki unsurdan oluşmaktadır:[4]

---

[1] Green Cross International, a. g. e. , s. 14.

[2] Dünya Bankası ve Dünya Koruma Birliği'nin desteğiyle 1997 yılının Nisan ayında, Dünya Bankasının raporu doğrultusunda, temsilciler, büyük barajlarla ilgili sorunları tartışmak üzere İsviçre'nin Gland kentinde toplandılar. Hükümetlerden, özel sektör, uluslararası finans kuruluşları ve sivil toplum örgütlerinden 39 katılımcı tarafından konuyla ilgili çalışma başlatılmıştır. Bu çalışma sonucunda Dünya Barajlar Komisyonunun kurulması kararı verilmiştir. Bu komisyonun görevi, barajların etkinliklerinin geliştirilmesi, alternatif su ve enerji kaynaklarının değerlendirilmesi, uluslararası kabul gören kriterleri ve standartları oluşturup geliştirmesi ve uygun durumlarda barajların planlaması, tasarlanması ve gözetlenmesiyle ilgili çalışmalar yapmak ve raporlar hazırlamaktır. Komisyon 1998 yılında Kader Asmal başkanlığında çalışmalarına başlamıştır. Komisyon, konuyla ilgili 68 üyeden oluşmakta olup, danışma niteliğinde çalışma yapmaktadır.Bkz. The Report of the World Commission on Dams "Dams and Development: A New Framework for Decision-Making", report by the World Commission on Dams, An Overview , November 16, 2000, (çevrimiçi) http://www.dams. org/ , 04.Şubat 2002.

[3] Salman, Salman M.A., "Sharing Rivers for Peace, Development, and Security Analysis of the Recommendations of the World Commission on Dams", Water International, International Water Resources Association, V.26, No.2, (June 2001), s. 285. ; The Report of the World Commission, a. g. e. , "the WCD report –in Brief"başlığında.(web)

[4] Caponera, a. g. m. , "Elements of water law" başlığında. (web)

Genel Açıdan: Suların hukuksal statüsü suların kullanımıyla bağlantılı haklar üzerinde düzenleyici kontrol sağlamayı gerektirmektedir. Suları kullanma hakkı, sular üzerinde mülkiyet hakkından ayrılmaktadır. Bu kullanım hakkı yasanın tanıdığı ve yetki verdiği haklardır. İdari düzenlemelerle suların dengeli dağılımı sağlanmaktadır. Bu kullanımlar zaman içinde ve sosyo-ekonomik gelişmelerin kaydettiği aşamalar sonucunda ve bölgeden bölgeye değişmektedir. Su hukuku aynı zamanda suların kötü kullanımı ve israfı, kullanılan suların geri dönüşümünü, kirliğin kontrolü ve sağlığın korunması gibi konularda düzenleme getirmektedir.

İdari Yönden: Su yönetimi bölgesel, ulusal veya yerel olarak ayrılmaktadır. Amaç, plan ve projeler oluşturularak suların optimal bir şekilde dağılımının sağlanıp maksimum faydaya ulaşılmasıdır. Su kaynaklarının planlanması ve geliştirilmesi şu hususları içermektedir: 1) Kalite ve miktar açısından elverişli su kaynağının envanterinin çıkarılması, 2) Mevcut kullanımlar, 3) Nüfusun artışına bağlı olarak gelecekteki su ihtiyacının tespiti. Bunlar birleşik ve koordineli bir idari mekanizmanın kurulmasını gerektirmektedir.

P. Wouters ise yukarıdakileri de kapsayacak şekilde üç unsurda özetlemektedir:[1]

1. Suyu kullanma yetkisini yasal çerçevede tanımlayıp bu kullanımla ilgili hak ve yükümlülüklerin neler olduğunu belirleyerek; zamanla gelişen emredici ve düzenleyici parametreler,
2. Gözetleme, düzenleme, uyumlaştırma ve anlaşmazlıkları çözümleme gibi su rejiminin bütünlük içinde devamını sağlayan mekanizmalar,
3. Değişen ihtiyaçlar karşısında yetersiz kalan düzenlemelerin yeni gereksinimlere göre değişimlerini sağlayan mekanizmalar.

[1]Wouters, Patricia, "The Relevance and Role of Water Law in The Sustainable Development of Freshwater", s. 5, (çevrimiçi) http://www.dundee.ac.uk/cepmlp/water/assets/images/Siwiarticle.doc, 10 Ağustos 2003.

1. 8. Uluslararası Nehirler Üzerinde Gerginliğe Yol Açan Anlaşmazlıklar

1948 yılında Hind Yarımadasında Hindistan ve Pakistan'ın ayrı birer devlet olarak kurulmasıyla topraklarından geçen nehirlerin paylaşım sorunu da ortaya çıkmıştır. Taraflar arasındaki Keşmir sorunu anlaşmazlığı derinleştirmiş ve iki tarafı savaş eşiğine getirmiştir. Sonunda Dünya bankasının 12 yıllık çalışması sonucunda 1960 yılında İndus Suları Antlaşması yapılmıştır.

1951-1953 tarihleri arasında Suriye ve İsrail arasında iki devlet arasında askersizleştirilmiş bölgedeki suların İsrail tarafından Galile Gölüne aktarılması gibi faaliyetler nedeniyle ara sıra çatışmalar yaşanmıştır. Henüz bir antlaşma yapılmamıştır.

1958 tarihinde Nil Nehri üzerinde görüşmeler sürerken Mısır ile Sudan arasında gerginlik çıkmış, daha sonra Sudan'da seçimler sonucunda Mısır'a yakın bir yönetim gelmesiyle 1959 tarihinde Nil Antlaşması yapılmıştır.

1963-1964 tarihleri arasında Somali ve Etiyopya arasında göçebeler nedeniyle önemli su kaynaklarını barındıran sınır bölgelerinde çatışmalar çıkmış ve her iki taraf da önemli kayıplar vermiştir.

1975 tarihinde Suriye'nin topraklarından geçen Fırat Nehri üzerinde kurduğu Tabka Barajında su tutması sonucunda Irak, zarar gördüğünü iddia ederek barajı bombalama tehdidinde bulunmuştur. Bu önemli gerginlik Arap Birliği'nin çabaları sonucunda giderilmiştir.

1989-1991 tarihleri arasında Senegal ve Moritanya arasında sınır oluşturan Senegal Nehri bölgesinde etnik nedenlerin de etkisiyle çatışmalar çıkmış ve 1991'e kadar sürmüştür.[1]

---

[1] Wolf, Aaron T., "Conflict and Cooperation Along International Waterways", Water Policy , Vol. 1, No. 2, 1998, "history of acute international water conflict" başlığında, (çevrimiçi) http://www.transboundarywaters. orst.edu/documents/conflict_coop/paper.html , 24 Mart 2002.

1. 9. Anlaşmazlıkların Temel Nedenleri

Suyu sorun yapan nedenler çok olmakla birlikte bunları dörtlü sınıflandırmaya ayırmak mümkündür. Bunlar, a) Nüfus artışı ile su kaynakları arasındaki ters orantı, b) Tarımsal ve endüstriyel alanlarda ekonomik gelişme ile artan su gereksinimi ve arz ve talep arasındaki gittikçe artan dengesizlik, c) Tarımsal ve endüstriyel kullanımlardan kaynaklanan kirlilik sorunu ve suların kalitesinin düşmesi ve d) Suların etkin ve tasarruflu kullanımını ve korunmasını sağlayacak projelerin finansal, teknolojik, siyasal vb nedenlerle gerçekleştirilememesi[1], Helga Haftendorn da bunlardan farklı kavramlarla bu nedenleri dörtlü sınıflandırmaya tabi tutmuştur. Bunlar; kullanımdan, kirlilikten, göreceli dağılım ve mutlak dağılımdan kaynaklanan anlaşmazlıklardır. Her bir anlaşmazlığın nedeni de sırasıyla,

- Miktarı etkileyen kullanım kaynaklı anlaşmazlık,
- Suyun niteliğini etkileyen kötü kullanımdan ve kirlilikten kaynaklanan anlaşmazlık,
- Suyun dağılımını etkileyen su kaynaklarının göreceli dağıtımından kaynaklanan anlaşmazlık ve
- Suyun elverişliliğini etkileyen mutlak dağılımdan ileri gelen anlaşmazlık.

Bunları örnekleriyle beraber tablo halinde gösterirsek;

Tablo-1. Anlaşmazlıkların Nedenleri:[2]

Anlaşmazlık Tipi	Kullanım kaynaklı anlaşmazlık	Kirlilikten Kaynaklanan anlaşmazlık	Göreceli dağılımdan Kaynaklanan anlaşmazlık	Mutlak dağılımdan Kaynaklanan anlaşmazlık

[1] Biswas, a. g. m. , s. 186-187.
[2] Haftendorn, Helga, "Water and International Conflict", International Studies Association, 40th Annual Convention, Washington, D. C. , February 16–20, 1999, (çevrimiçi) www.ciao.edu., 13 Mart 2002.

Anlaşmazlık Nedenleri	Kullanılan Suyun miktarı	Suyun niteliği	Suyun dağılımı	Suyun dağılımı ve elverişliliği
Örnekleri	Parana, Donau, Oder Nehirleri	Ren Nehri	Fırat, Nil, Ganges Nehirleri	Colorado, Rio Grande, Ürdün Nehirleri

Şüphesiz ki su konulu bütün uluslararası anlaşmazlıklarda yukarıdaki nedenlerden tümü olmasa da en az biri etkindir. Örneğin Ren ve Tuna Nehri ile ilgili temel sorunlardan biri suyun miktarından çok kirlilik ve kullanımdan kaynaklanan çevresel zararlardır.

Türkiye'nin de içinde bulunduğu Ortadoğu bölgesinde su sorunu çok önemli bir unsur haline dönüşmüş ve bölgedeki devletlerarası politikada en az petrol kadar belirleyici olmaya başlamıştır. Petrolün bir gün biteceği ve yerine alternatif kaynakların ikame edileceği durumu, Ortadoğu devletlerinin suya olan ilgilerini gittikçe artırmaktadır. Üstelik petrole alternatif enerji kaynakları varken ve yenileri aranıyorken suyun yerine ikame edebilecek hiçbir kaynak yoktur. Bu nedenle genel olarak saptanan su anlaşmazlıklarının nedenlerini Ortadoğu açısından incelersek,

Riemer'e göre Ortadoğu'da su anlaşmazlığının dört ana nedeni vardır[1]:

1. Ekolojik: Mevcut su kaynakları kıt olup istenilen miktar ve kalitede değildir. Yağışlar düzensiz olup bölgenin iklimsel özelliği nedeniyle buharlaşma oranı yüksek olduğundan su kaybı fazladır.

2. Demografik: Bölgedeki nüfus artış oranı yüksek olup mevcut su kaynakları gittikçe artan nüfusun ihtiyacıyla ters orantılıdır.

3. Ekonomik: Su kaynaklarının dörtte üçü sulama gibi tarımsal üretim amacıyla kullanılmaktadır. Ayrıca endüstriyel kuruluşların vazgeçilmez bir üretim kaynağı olarak kullanılan su kaynakları hidro-elektrik gücün üretiminde de kullanılmaktadır.

---

[1] Riemer, Andrea K., "Water Issue and Extended Understanding of 'Security':The Southeast Anatolia Project As Multidimensional Potential for Crisis?", The Turkish Yearbook of International Relations, No. XXVI, 1996, s. 89.

4. Siyasal: Çoğu zaman sahip olunan su kaynakları devletler arasında çekişmelere yol açacak şekilde istenilen hedeflere ulaşmak için siyasi makamlarca pazarlık aracı olarak kullanılmıştır.

Ortadoğu'daki nüfus artışı göreceli olarak yüksek olup, % 1,58 ile % 3,94 arasında değişmektedir. Doğal artış oranının yanında bölgeden bölgeye yapılan göçler de artışta etkisi vardır. Artan nüfus paralelinde tarımsal üretimin yetersiz olması ve bu kadar nüfusun ihtiyacını giderecek su kaynaklarının sınırlı olması, bölgede ciddi olarak sularla ilgili idari program yapılmasını gerektirmektedir. Türkiye hariç tutulursa bölgede kişi başına düşen su miktarı 150 m^3/yıl altındadır. Bölgede gittikçe artan su talebinin karşılanması, suları koruyacak ve artıracak önlemlerin etkin programlarla yönetilmesine bağlıdır.[1]

David Brooks'a göre ise, bölgedeki su anlaşmazlıkları sadece su kıtlığından kaynaklanmamaktadır. Kıtlıkla birlikte anlaşmazlığın temel nedenleri şu üç kelimede özetlenebilir: "*miktar, nitelik ve eşitlik*". Bölgede suya olan talep doğanın sağladığından fazladır. Var olan kıt su kaynakları da gittikçe artan nüfusun da etkisiyle, endüstriyel ve tarımsal kirleticiler tarafından kirlenmektedir. Önemlisi de bu konuda yeterince yasal önlem alınmamaktadır. Aynı su miktarı aynı zamanda kıyıdaş devletlerin çeşitli tarımsal ve sanayi sektörlerince kullanılmak durumunda olması suyun miktarını ve niteliğini olumsuz etkilemektedir.[2]

1. 10. Uluslararası Nehirlerle İlgili Yapılan Antlaşmalar

Tarihçilerin belirttiği gibi suların devletler arasında çekişme konusu olması en az 4500 yıl öncesine kadar dayanmakta ve bu sorunla ilgili yapılan ilk antlaşma Mezopotamya'daki Lagash ve Umma site devletleri arasında savaş sonucunda yapılan antlaşmadır[3]. BM Gıda ve Tarım Örgütü FAO'nun yaptığı tespite göre M. S. 805

[1]Haddad, M. and Mizyed, N. , "Water Resources in The Middle East:Conflict and Solutions", Water, Peace and Middle East Negotiating Resources in The Jordan Basin, ed. by J. A. Allan, I. B. Tauris Publishers, London-Newyork 1996, s. 6-7. ; Haddadin, a. g. m. , s. 461.

[2] Brooks, David, "Between the Great Rivers: Water in the Heart of the Middle East", (çevrimiçi) http://www.idrc.ca/books/focus/804/chap4.html , 31Aralık 2001.

[3]Beach, Heather L. ; Hammer, Jesse ; Hewitt, J. Joseph ve diğerleri, a. g. e. , s. 46.

ile 1984 tarihleri arasında çoğunluğu ulaşım konularında olmak üzere uluslararası su kaynaklarıyla ilgili 3600 dolayında antlaşma yapılmıştır. 1814'ten itibaren su idaresi, sel kontrolü, hidroelektrik projeleri ve sulama gibi ulaşım dışı konularda devletler arasında antlaşmalar yapılmaya başlanmıştır. Ulusal devletlerin kurulmasıyla aynı nehirleri paylaşan birden fazla devletin ortaya çıkması sonucunda sınır, ulaşım ve ulaşım dışı konularda suların kullanımına ilişkin antlaşmaların sayısında artış olmuş ve bunların 145 kadar olduğu tespit edilmiştir. Bu 145 antlaşmadan 124'ü ikili (%86) ve henüz ikisi onaylanmamış 21'i ise çok taraflı (%14) mahiyettedir.[1]

Devletler, uluslararası düzeyde ekonomik ve askeri kapasitesi ne kadar çok olursa olsun, bunu diğer devletlerle meşru bir temele indirgemek için normatif yollara başvurmaktadır. Bu nedenle ulusal çıkarları gereği aynı suları paylaşan görece daha zayıf devlet/devletlerler kendi lehinde antlaşma yaparak bu devletlerin çıkarlarıyla kendilerininkini birleştirerek uluslararası sulardan faydalanmalarını meşru bir temele indirgemektedirler. Özellikle aşağı kıyı devletinin sulardan faydalanmayı sürdürmesi için yukarı kıyı devletinin suları saptırmasına getirilen kısıtlamalar, çatışma riskini azaltmak için ağırlıklı olarak daha güçlü devletlerin lehinde antlaşmalar yapılarak normatif bir şekle dönüştürülmektedir.[2]

Uluslararası su kaynaklarının kullanımıyla ilgili ilkelerin teorik ve teamülsel gelişimi sonucunda bu konuyla ilgili genel geçer yasaların tespiti için kodifikasyon çalışmaları da hızlandırılmıştır. Bu yüzyılın başlangıcından itibaren uluslararası hukuk uzmanları su hukukunu düzenleyen mekanizmalar geliştirmişlerdir. 1910 yılında Uluslararası Hukuk Enstitüsü uluslararası nehirler konusunda taslak yasa tasarıları oluşturmaya başlamış ve 1911 yılında uluslararası

---

[1]Hamner, Jesse H. and Wolf, Aaron T., "Patterns in International Water Resource Treaties:The Transboundary Freshwater Dispute Database", Colorado Journal of International Environmental Law and Policy, Yearbook of 1997, 1998, "Introduction ve Major Fındıngs" kısmı, (çevrimiçi) http://www.transboundarywaters. orst.edu/documents/patterns/ , 31 Aralık 2001.

[2] Williams, Paul, "Water Usually Flows Downhill: The Role of Power, Norms, and Domestic Politics in Resolving Transboundary Water-Sharing Conflicts", Institute on Global Conflict and Cooperation, March 1998, (çevrimiçi) www.ciao.edu., 13 Mart 2002.

nehirlere ilişkin Madrid Önergesi'ni sunmuştur.[1] 1920 yılında Milletler Cemiyeti uluslararası nehirlerin ulaşım serbestliğine ilişkin olarak sadece iki adet çok taraflı antlaşmayı kabul etmiştir. Bunlar da yukarıda belirtildiği gibi Barselona Sözleşmesi ve Statüsüdür.[2]

Aynı nehirleri paylaşan devletler arasındaki su kullanımından kaynaklanan uyuşmazlıkların hukuksal yollardan çözümü siyasal yollardan daha kalıcı ve temellidir. Uluslararası nehirlerle ilgili bir uyuşmazlıkta uluslararası hukuk açısından izlenecek en doğru yol bu nehirlerin rejimini düzenleyen antlaşmanın varlığını aramak, eğer varsa uyuşmazlığı o antlaşma çerçevesinde değerlendirmektir.

Bu konuda yapılan 54 antlaşma, uyuşmazlıkların danışma konseyine veya taraf hükümetlerin temsilcilerinden kurulu Uyuşmazlıkları Çözme Kurulu'na, 10 antlaşma üçüncü tarafa veya BM'ye havale edilmesini teklif ederken; 32 antlaşma ise bu konuda herhangi bir hüküm getirmemektedir. Uyuşmazlıkları çözüm mekanizmasıyla ilgili düzenlemeleri ya belirsiz veya yetersiz olan ayrıca 47 antlaşma bulunmaktadır. Uyuşmazlıkların çözümlenmesi için antlaşmalar, genel olarak teknik komisyonlar, havza komisyonları veya Hükümet yetkililerinin girişimde bulunmalarıyla ilgili hükümler getirmektedir. Bazı antlaşmalar ise, bunlardan sonuç alınmazsa yargısal yollara başvurulmasını hükme bağlamaktadır. Kuşkusuz ki antlaşmaların uygulanmasının tam olarak sağlanabilmesi için denetleme ve uygulama işlevine sahip olan komisyonların güçlendirilmesi gerekir. Aksi halde sadece antlaşma yapmış olmak uyuşmazlıkları çözmez. Nitekim, antlaşma yapıldıktan sonra çıkan uyuşmazlıklar genellikle antlaşma hükümlerinin kapsamlı bir şekilde uygulanmaması sonucunda çıkmaktadır.[3]

Antlaşma yapılmış olmakla iki veya daha fazla devletin anlaşmazlığını veya sorunlarını her zaman çözümlenmiş sonucunu doğurmayabileceğine göre devletlerin inisiyatifi dışında çeşitli faktörlerde ortaya çıkan değişiklikler veya devletlerin siyasal yapısının değişmesi durumunda yapılmış olan antlaşma yetersiz kalır ve yeniden düzenlemesinde her zaman anlaşma zemini

---

[1] Ilomäki, a. g. m. , 'International water law treaties' başlığında. ; Wouters, "Present Status of. . . ", s. 10.

[2] Çelik, a. g. e. , 2. kitap, s. 154.

[3] Beach, Heather L. ; Hammer, Jesse ; Hewitt, J. Joseph ve diğerleri, a. g. e. , s. 52.

sağlanmayabilir. Esasında antlaşmanın sürekliliği iyi niyetle uygulanmaya ve iyi komşuluk ilişkilerine bağlıdır. Bunlar olmadan bir antlaşmanın barışı sağlaması düşünülmez.

Bu antlaşmaların tasnifine gelince;

Uluslararası su yollarıyla ilgili özellikle ikili antlaşmaların yapılması sürecinde dört paradigma etkili olmuştur:

1. Teknik/Bilimsel: Genellikle mühendisler ve teknik uzmanlar tarafından geliştirilen projeler esas alınarak antlaşma taslakları hazırlanmıştır. Antlaşmaya taraf olan devletlerce özel yetkilerle donatılmış bir komisyon aracılığıyla suların kullanım ve gelişimi üzerinde kontrol sağlanmaktadır.[1]

2. Çevresel hakları koruyucu paradigma: Çevre hukukunun getirdiği standartları tutturma ve kirlilik etkenlerinin ortadan kaldırılmasıyla ilgili hükümler üzerinde durulmuştur. Nehirlerin aşağı kıyı devletinin halkına zarar vermeden kullanılarak akımının sağlanmasıyla ilgili hükümler hemen hemen tüm uluslararası antlaşma ve sözleşmelerde bulunmaktadır.[2]

3. Kapalı paradigma: Uluslararası antlaşmaların görüşmeleri geleneksel olarak yüksek seviyeli diplomatlarla sınırlıdır. Küresel ve sınırı aşan sorunlarda Hükümet dışı örgütler 1972 tarihli Stockholm'de yapılan insan ve çevre konulu konferanstan itibaren antlaşmaların görüşülmesinde ve taslaklarında rol üstlenmek için girişimlerde bulunmak istemişlerse de bunların ulusal çıkarları iyi gözetlemeyecekleri gerekçesiyle Hükümet yetkilileri tarafından bu öneriler kabul edilmemiştir. Suyla ilgili yapılan antlaşmaların yapılmasında ve görüşülmesi sürecinde hükümet dışı kuruluşların etkisi bulunmamaktadır.[3]

4. Üst-alt paradigma: Su konulu antlaşmalar dahil genel olarak tüm antlaşmalar üst yönetimdeki karar vericilerin girişimleriyle sonuçlanmaktadır. Bazı devletlerin anayasalarına göre bu yetkiler yasama ve yürütme organı arasında paylaşılmış olmakla beraber, bu antlaşmaların yapılması sürecinde yerel yönetimlerin

---

[1] Milich, Lenard and Robert G. Varady, "Openness, sustainability, and public participation in transboundary river-basin institutions- Part I", Arid Lands, No. 44, (Fall/Winter 1998), "The technical/scientific paradigm" kısmı, (çevrimiçi) http://ag.arizona.edu/OALS/ALN/aln44/Varady-Milich .html . 29 Aralık 2001.

[2] Aynı eser, Part-II, "The regulatory or standard-driven paradigm"kısmı.

[3] Aynı eser, Part-II, "The closed paradigm" kısmı.

katkısı bulunmamaktadır. Örneğin Federal yapılı devletteki federe Eyaletlerin ve bunların meclislerinin uluslararası antlaşma yapma ve bu antlaşma yapma sürecine katılmaları mümkün değildir. Federal veya üniter yapılı devletlerde üst yönetimindeki yetkililer, anayasa gereği tüm ulusun adına hareket ettiklerini ve bunları temsilen girişimlerde bulunduklarını belirtmektedirler.[1]

Çok taraflı su antlaşmalarına gelince, bunlar da dört sınıfta gruplandırılabilir:

a) Uluslararası su kaynaklarının genel anlamda geliştirilmesiyle ilgili antlaşmalar
b) Uluslararası su kaynaklarının veya havzanın spesifik kullanımına ilişkin antlaşmalar
c) Uluslararası su kaynaklarından faydalanmak amacıyla kurulan kurumlar çerçevesinde devletler arasında işbirliğinden kaynaklanan antlaşmalar
d) Taraflar arasında uluslararası su kaynaklarını geliştirmek için teknik ve finansal destekle ilgili antlaşmalar.[2]

Çok taraflı antlaşmalar genel veya bölgesel olup, bunlarda uluslararası teamül kurallarının kodifikasyon çalışmalarının etkisi daha ağırlıklıdır. İkili antlaşmalara göre daha uzun bir zaman sürecinde gerçekleşmektedirler. İkili antlaşmalar ise daha çok kıyıdaş devletlerin özel koşulları göz önünde bulundurularak yapılmakla birlikte genel antlaşmalara yakın oldukça örnekleyicilik özellikleri artmaktadır.

Çok taraflı olsun veya ikili olsun her antlaşma genel olarak şu konuları içermektedir: Havzanın ismi, ilkeler, imzacıların isimleri, parasal katkı, tazminat ve toprak durumu gibi doğrudan suyla ilgili olmayan hükümler, gözetleme, güçlendirme ve anlaşmazlıkları çözme mekanizmaları ve paylaşılacak su miktarını düzenlemektedir.[3]

---

[1] Aynı eser, Part-II, "The top-down paradigm" kısmı.
[2] Caponera, a. g. e. , s. 11.
[3] Beach, Heather L. ; Hammer, Jesse ; Hewitt, J. Joseph ve diğerleri, a. g. e. , s. 48-49.

1. 10. 1. Suyun Tahsisine ilişkin Antlaşmalar

Suların tahsisi ile ilgili yapılan antlaşma sayısı 54 tür. Bunun 15 tanesi taraflar arasında eşit olarak suları paylaştırırken , 39 tanesi tarafların durumlarına göre spesifik paylaşım getirmektedir. Bu konuyla ilgili antlaşmalarda tahsisin tanımlanmasıyla ilgili dört genel eğilim görülmektedir:

- Hidrografik olsun kronolojik anlamda olsun devletler arasındaki görüşmelerde "haklara dayalı kriter", sulanacak arazi ve nüfus ölçüsünde gittikçe "ihtiyaçlara dayalı kriter" lehinde bir değişim görülmektedir.
- Yukarı ve aşağı kıyıdaş devletler arasındaki mevcut ve gelecekteki kullanımlarına ilişkin anlaşmazlıklarda genellikle aşağı kıyı devletinin ihtiyaçları tanımlanmış ve korunmuştur.
- Bu tür anlaşmalarda ekonomik öncelikler ön planda olduğu halde ekonomik çıkarlar açıkça tanımlanmamıştır.
- Her havzanın kendisine göre farklılığı açık veya gizli biçimde bu antlaşmalarda belirtilmiştir.[1]

Bu son maddeyi üç ayrı antlaşmada görmek mümkündür: 1959 tarihli Nil Antlaşması, 1994 tarihli Ürdün sularının paylaşımını içeren Ürdün-İsrail Antlaşması ve 1944 tarihli ABD-Kanada Antlaşması. Her üç antlaşma da havza şartlarına ve devletlerin coğrafi ve sosyo-ekonomik koşullarına göre düzenlemeler getirmiştir. Suları tahsis eden antlaşmalar parasal ödemeyi de içerebilir. Bunlar daha çok bir tarafın tahsis edilen sulardan dolayı ortaya çıkan önemli zararını telafi etmeye yöneliktir.[2]

Tahsis ile taksim arasındaki farka gelince, esasında iki kavram da nehrin sularının paylaşımıyla ilgili olup aynı nehir suları paylaşan devletler arasında gerçekleşmektedir. Genellikle paylaşım anlamında kullanılan "taksim" ile kaynakları kimseye veya bir yere ayırma anlamına gelen "tahsis" birbirlerinin tamamlayıcısıdırlar. Çünkü paylaşım olmadan tahsisin olması mümkün değildir. Paylaşım

---

[1] Aynı eser, s. 51-52.
[2] Aynı eser, s. 52-53.

kıyıdaşlar arasında ya eşitçe gerçekleştirilmekte veya bir kıyıdaşın durumuna göre farklı oranlarla gerçekleşmektedir. İki devlet arasında sınır oluşturan nehirler (contiguous-bitişik nehir) nehrin en orta yerinden ilgili devletler arasında eşit olarak taksim edilmektedir. Sınırları aşan nehirler (successive-ardışık nehir) durumunda ise paylaşım eşit oranlarla yapılmamaktadır. Aynı su yolunu paylaşan devletler durumlarına göre ve hakkaniyet ilkeleri dikkate alınarak değişik biçimlerde ve oranlarda nehir sularını paylaşmışlardır.[1] Yukarıda değindiğimiz BM'nin ulaşım dışı su yolu sözleşmesinin 5. maddesi itibarıyla düşünülürse su miktarında değil de daha çok sulardan faydalanmada paylaşım ve katılım anlayışı yaygınlık kazanmıştır.

Tahsisin iki unsuru vardır. Biri ekonomik etkinlik diğeri de eşitliktir. Etkinlik sosyal refahı arttırmak için bir kaynağın kullanımından elde edilen marjinal faydanın tüm sektörlerdeki kullanımındaki faydaya eşit olmasına dayanmaktadır. Yani bir sektördeki birim kaynağın kullanımından edinilen fayda diğer sektörlerdeki kaynakların kullanımından edinilen faydaya eşit olmalıdır. Eşitlik ise etkinlik koşullarını dikkate almadan kaynakların özellikle ekonomik açıdan geri kalmış olan gruplara hakkaniyete dayalı dağılıma dayanmaktadır. Dolayısıyla kaynakların kullanımında marjinal faydanın en yüksek olduğu gruplarda etkinlik ilkesi gerçekleşmez. Grupların ekonomik durumlarına göre suya belirli bir değer verilerek toplumun tüm kesiminin sulardan faydalandırılması eşitlik ilkesinin gereği olmaktadır. Aynı nehri paylaşan devletler de suları kendi aralarında taksim ederken tahsisin bu iki unsurunu gözetmek durumundadırlar. Etkinlik ilkesi kalkınma projelerinin başarıyla yürütülmesi için, eşitlik ilkesi de tarımsal sulama ve diğer insani gereksinimlerinin karşılanmasında hakkaniyet usulleri çerçevesinde başvurulacak önemli referans kaynağı olduğu için önem kazanmaktadır.[2]

---

[1] Yearbook of International Law Commission . . . 1986, V. II, Part one, s. 104. ; Lipper, a. g. m. , s. 40 vd.

[2] Dinar, Ariel ; Rosegrant, Mark W. and Meinzen-Dick, Ruth, "Water Allocation Mechanisms-Principles and Examples", World Bank, Agriculture and Natural Resources Department, s. 4, (çevrimiçi) http://econ.worldbank.org/view.php?type=5&id=598/pdf , 2 Mart 2004.

1. 10. 1. 1. Suyun Tahsisine İlişkin ABD'deki Uygulamalar

Konumuzu ilgilendiren bir uygulama olarak ABD Eyalet sisteminde suların Eyaletlerarasında idari ve hukuksal olarak nasıl düzenlendiğini incelemekte yarar vardır. ABD'deki Eyaletler, kullanacakları suyun miktarıyla ilgili haklarını tanımlayacak bir düzenleme ve sistem oluşturmaktan sorumludurlar. Eyaletlerdeki kamusal ve özel alanlara hükmeden su hukuku, yasama faaliyetinden ziyade yargı kararlarının ürünü olarak oluşmuş ve gelişim göstermiştir. Legal literatürde su hukuku bir teamül hukuku olarak gelişmiştir. Tarihsel oluşumu İngiltere'ye kadar uzanan bu hukuk, yargı karalarının da etkisiyle hukuksal bir süreç içinde gelişmeye devam eden ABD'de en yaygın olarak ayakta duran ve uygulanan bir hukuktur. Mahkemeler kendilerine sunulan suyla ilgili anlaşmazlıklarda, belirli ilkeleri ve teamül yasalarını belirli durumlara uygulanacak kararlar vermişlerdir. Böylece suyun tahsisi hukukuyla ilgili içtihat geliştirilerek kurumsal bir yapı oluşturulmuştur. Son yıllarda bu şekilde gelişen teamül hukukuna itiraz edilmiştir. Bu eleştirilerin dayanağı ise örfi hukukun, nüfus artışı ve ekonomik gelişmeden kaynaklanan su sorunlarının çözülmesinde yetersiz kalmasıdır.

İdari su tahsisiyle ilgili uygulamaya gelince, Florida Eyaleti çoğunlukla teamül hukuku olarak gelişen bu hukuku uygulamaktadır. 1972 yılında çıkarılan Su Kaynakları Kanunu, Üniversitenin hukuk uzmanlarınca geliştirilen "Su kanunu modeli"ne dayanan idari bir su hukuku sistemini oluşturmuştur. Tüm Eyaleti beş ayrı su idari bölgeye ayıran bu kanun, dokuz üyeli bir yönetim kurulu öngörmektedir. Bu duruma göre bölgesel yönetimlere Eyaletin tüm sularının kullanımıyla ilgili yasal düzenleme yapmaları yükümü getirilmiştir. Kamu yararına uygun olarak ekonomik ve teknik açıdan suyun etkin kullanımının gereği üzerinde durulmuştur.[1]

---

[1] Carriker , a. g. m. , (web) "*Administrative Water Allocation Law*" başlığında..

1.10. 1. 2. Su Anlaşmazlıklarının ÇözümüyleİIgili ABD'de Geliştirilen Yöntemler

Tarihsel olarak su anlaşmazlığının çözülmesiyle ilgili üç metot geliştirilmiştir. Bunlar: Yasama organının (Kongre) tahsis işlemi, Yüksek Mahkemenin kararlarının uygulanması sonucunda ortaya çıkan makul ve adil kullanım doktrini ve ilgili Eyaletler arasında yapılan anlaşmalardır. (Compaktlar)

a) Kongre'nin Su Tahsisi

ABD Anayasasının[1] 1. maddesinin 8. bölümü itibarıyla verilen yetkiye istinaden Kongre, Eyaletler arasında ticaret ve diğer ilişkileri düzenleme yetkisi kapsamında ortak suları tahsis etme gibi yasal işlemlerde bulunmaktadır. ABD Yüksek Mahkemesi'nin 1907'de Kansas ve Colorado Eyaletleri arasındaki su anlaşmazlığıyla ilgili verdiği bir kararda Kongrenin su tahsisiyle ilgili işleminin Anayasaya aykırı olduğu belirtilirken, buna karşın1963 yılında Arizona ve Californiya arasındaki anlaşmazlıkla ilgili verdiği bir kararda ise ticari boyutta Kongrenin böyle bir yetkisinin olabileceği yorumu yapılmıştır. Kongre bu yetkisini 1990 yılında Trucke ve Carson Nehirleri ile Tahoe Gölü sularını Californiya ve Nevada Eyaletleri arasında tahsis ederek kullanmıştır. Suyun ekonomik ve ticari değer taşıması nedeniyle Kongrenin Eyaletler arası su anlaşmazlığına müdahale etmesi "her Eyalet paylaşılan suların kontrolünde eşit statüye sahiptir" ilkesine zarar verebileceği düşünülmüştür. Bunun için Eyaletlerler arası gerginliğe yol açan anlaşmazlıklarda Kongre, Anayasadan kaynaklanan yetkisini kullanmamayı yeğlemiş ve işi yargıya bırakmıştır.

b) Yüksek Mahkemenin Su Tahsisi

Anayasanın 3. maddesinin 2. bölümünün 1. fıkrasına göre "iki veya daha fazla Eyalet arasındaki anlaşmazlıkları" sonuçlandırmak Yüksek Mahkemenin yetkisindedir. Mahkeme bu

---

[1] Bu Anayasa metni için bkz. International Constitutional Law, "United States - Constitution - Amendments", (çevrimiçi) www.icl.com., 24 Eylül 2002 .

anlaşmazlıklarla ilgili davalarda konuyla ilgili Eyaletlerin yasaları aynı ise bu yasaları, farklı ise veya aynı olduğu halde mahkemece yerel yasalar uygulanırsa bir Eyaletin hak kaybı olacağı kararı verilirse hakkaniyete ve eşitliğe dayalı teamül kurallarını uygulayacaktır. Nitekim 1907 tarihli ve 206/46 sayılı Kansas ve Colorado uyuşmazlığıyla ilgili verdiği "hakkaniyete dayalı paylaşım" kararı bu mahiyettedir. Yüksek Mahkeme Kansas'ın ülkesel bütünlük teorisini reddetmiş ve her iki Eyaletin önemli zarara sebep olmadan hakkaniyete dayalı bir paylaşımla sulardan faydalanılması prensibini esas almıştır. Yüksek Mahkeme, Kansas'ın ülkesel bütünlük teorisini reddettiği gibi Colorado'nun da mutlak ülke egemenliği yaklaşımını hakkaniyete dayalı paylaşıma aykırı bulmuştur.[1]

Daha sonra Yüksek Mahkeme bu dava sonucunda "hakkaniyete dayalı paylaşım" ilkesine ulaştığı kararının, benzer nitelikli diğer Eyaletlerin su uyuşmazlıklarında da uygulanmasını önermiştir. Bununla birlikte, 1931 tarihli *Connecticut ve Massachusetts* Davasında, Yüksek Mahkemenin verdiği kararda "Her ne kadar öncelikli kullanım ilkesi hakkaniyete dayalı paylaşım için izlenecek ilke ise de kullanımı etkileyen doğal çevre, nüfus ve ekonomik faktör gibi bir çok etkeni dikkate almak gerekir" şeklinde belirtilmiştir. Bununla beraber topraklarından geçen Delaware Nehrini saptırmak isteyen New York Eyaleti ile aşağı Eyalet konumunda bulunan New Jersey davasında verilen bir karada ise Yüksek Mahkeme, New Jersey'in aşağı kıyı Eyaleti olarak daha fazla su miktarını elde etmek için yukarı taraftaki New York Eyaletinden su akışını kısıtlamamasını istediği ve hak ettiği su miktarından vazgeçemeyeceğini, bunun da hakkaniyete dayalı paylaşım ilkesinin gereği olduğunu belirtmiştir. Mahkeme, mutlak

---

[1] Davanın özü şöyledir: Kansas Eyaleti, Colorado Eyaletinin Arkansas Nehri sularını saptırmaktan caydırmak için Yüksek Mahkemeye başvurmuştur. Sözkonusu nehrin aşağı tarafında bulunan ve tarımsal arazilerini bu nehirden sulayan Kansas Eyaleti, doğal durumun bütünlüğü doktrinine dayanarak nehrin kesintisiz akışının sağlanmasını istemektedir. Buna karşın Colorado Eyaleti, yukarı kıyı Ülkesi olarak daha önceden bu suları tarımsal amaçlarla kullandığını ve öncelikli hakkının olduğunu ileri sürmüştür. Yüksek Mahkeme, "Eyaletlerarası genel hukuk" kurallarının uygulanmasına karar vermiş ve her iki eyaletin nehirden çıkarları ölçüsünce eşit pay alarak faydalanacakları hükmünü vermiştir. Bkz. Carriker, a. g. m. , *Conflict of Laws and the "Doctrine of Equitable Apportionment"* başlığında. Ayrıca Bkz. Lipper, a. g. m. , s. 48-49.

egemenlik yaklaşımını reddettikten sonra New York Eyaletinin söz konusu nehir ve kollarından saptırabileceği su miktarını tespit etmiş ve saptırmanın makul ölçüleri aşamayacağını hükme bağlamıştır.[1]

Nebraska ve Wyoming Davası ön kullanım ve suların tahsisi ile ilgili önemli düzenlemeler getirmektedir. Ön kullanım Doktrinini destekleyen ABD Eyaletlerinden Nebraska, Wyoming ve Colorado arasında Kuzey Platte Nehri sularının paylaşımıyla ilgili çıkan uyuşmazlığın çözümüyle ilgili 1953 yılında Yüksek Mahkemenin verdiği kararda:

"Öncelikli faydalanma ilkesi yönlendirici olmakla beraber fiziksel ve iklimsel şartlar, nehrin çeşitli kısımlardaki suların tüketim amacıyla kullanımı, nehir akışının karakteristik özelliği, suların depolanabilme elverişliliği ve nehrin aşağı kısmı üzerindeki atık suların etkisi gibi kullanımları etkileyici faktörleri dikkate almak gerekir. Yukarı kıyıdaki alanlara verilen zararın aşağı kıyı alanların sağladığı fayda ile karşılaştırılması gerekir. Bunlar ayrıntılı değil sadece aydınlatıcı katalog olup, tahsis probleminin doğal yönünü ve düzenlenecek çıkarların hassas ayarlanmasını belirlemektedir." demektedir.

Yüksek Mahkeme, bu faktörleri dikkate aldıktan sonra, Nebraska ve Wyoming Eyaletlerine kitlesel su tahsisi yapan su uzmanlarınca önerilen "yüzdelik tahsis" yaklaşımını bu dava için kabul etmiştir. Colorado'nun mevcut kullanımı tanınmış ve korunduktan sonra Kuzey Platte Nehri suları Nebraska ve Wyoming arasında yüzdeler temelinde tahsis edilmiştir.[2]

1936 tarihli *Washington v. Oregon* uyuşmazlığında ise Yüksek Mahkeme, bazı Eyaletlerin "hakkaniyete dayalı paylaşım" ilkesinin uygulanmasından zarar gördüklerini iddia etmeleri üzerine, bu ilkenin uygulanması sonucunda böyle bir zarar görüldüğü takdirde bu ilkenin kapsamının sınırlanabileceğini belirtmiştir. Ne var ki Washington Eyaleti bu ilkeden zarar gördüğüne ilişkin ciddi ve açık deliller sunamamıştır. Kansas ve Colorado davasında olduğu gibi

---

[1] Sar, a. g. e. , s. 171. ; ayrıca bkz. Carriker a. g. m. , *"Expanded Applicability of the Doctrine of Equitable Apportionment" başlığı altında.*

[2] Sherk, George William, "Interstate Water Conflicts and Individual Rights Perspectives from the United States Supreme Court", Water International, International Water Resources Association, Vol. 25, No. 4, (December 2000), s. 521-522.

mahkeme, zararın açık ve net delillerle ispatlanması hakkaniyete dayalı bir paylaşım için şart koşmuştur. Aksi halde Eyaletlerin durumuna yakın doktrinin uygulanmasına devam edilecektir.[1]

c) Eyaletlerarası Anlaşmalar (Kompaktlar)[2]

ABD Anayasasının 1. madde 10. kısmın 3. fıkrasına göre Kongrenin müsaadesi olamadan hiçbir Eyalet diğer bir Eyaletle anlaşma ve benzeri faaliyetler içine girmeyecektir. Buna göre Eyaletlerin kendi aralarındaki uyuşmazlıkları çözmek için ya Kongrenin girişimine müracaat edecek veya kongreden izin alacak veyahut bundan sonuç almazsa Yüksek Mahkeme nezdinde dava açabilecektir. Kongrenin ilk olarak su sorunuyla ilgili onayladığı anlaşma 1922 yılında Colorado Nehriyle ilgili yapılan su anlaşmasıdır. Bu tarihten şimdiye kadar konuyla ilgili onayladığı anlaşma sayısı otuzu geçmektedir.[3] Bu kompaktların yapılması üç aşamadan geçmektedir: a) Kongre'nin Eyaletlerarası görüşmeler için yetki vermesi, b) Görüşmelerin başlatılması ve b) Görüşme sonucunda yapılan düzenlemelerin Kongre'nin onayına sunulması.[4] Alabama, Florida ve Georgia Eyaletleri arasında Colorado ve Delaware Nehirlerinin paylaşımıyla ilgili yapılan üç kompakt Colorado Nehri sularının Eyaletlerarasında hakkaniyete dayalı eşit taksim ve tahsis ilkelerinin uygulanmasını öngörmekteydi. bu

---

[1] Carriker, a. g. m., "Limiting the Applicability of the Doctrine"kısmı.

[2] Bu kompaktların iki özelliği vardır: biri idari organların faaliyetleri ile kaynakların kullanım kontrolünü sağlamak ve düzenlemelerin kapsamını sınırlandırmak veya genişletmek için Eyalet yetkililerine yol gösterici ve anlaşmayı güçlendirici mekanizmalar sağlamaktadır. İkinci özellik ise Eyaletlerarası Komisyon oluşturma sistemini getirmesidir. Bu komisyonlar genelde ilgili Eyaletlerin uzman kişilerinden kurulu olup anlaşmanın uygulanması, veri alışverişi ve veri toplama gibi sürekli görevleri vardır. Bkz. Carriker, a. g. m., *"Characteristics of Interstate Compacts"* kısmı.

[3] Aynı eser, *"Interstate Compacts and the Compact Clause"* kısmı.

[4] Anderson, "Water Law", s. 22.

kompaktlarda görülen genel yaklaşım ön kullanım teorisi ile ihtiyaca dayalı teorinin uygulanmasına yer verilmesidir. [1]

1. 10. 2. Önemli Uluslararası Antlaşmalar

Uluslararası su yollarının kullanımıyla ilgili 145 antlaşma bulunmasına rağmen bu konuda uluslararası hukukun gelişmesine istenen ölçüde katkı sağlanmış değildir. Bu antlaşmaların yarıdan çoğu denetimle ilgili mekanizmaları içermemekte, üçte ikisi tahsisle ilgili spesifik hatlar sunmamakta ve önemlisi de beşte dördü zorlayıcı mekanizmalar getirmemektedirler.[2] Bu da uluslararası su hukukunun gelişimini henüz tamamlamadığının göstergesidir. Burada sınır aşan nehirleri paylaşan devletler arasında uygulamada hangi temellerde anlaşma zemininin sağlandığını, suların paylaşımında ne gibi yöntem ve kuralların oluşturulduğu incelenerek, uluslararası su hukukunun gelişimine sağladıkları katkı bakımından bu antlaşmaların uyuşmazlığa konu olan diğer sınır aşan nehirler üzerinde ne kadar örneklik teşkil ettikleri belirlenmeye çelışılacaktır.

1. 10. 2. 1. Ganges Nehri Antlaşması

300 milyondan fazla nüfus ve çeşitli nehir sistemlerini içinde barındıran Ganges Nehri havzası, Dünyanın nüfus yoğunluğu açısından en kalabalık havzalarından biridir. Bu nehir Hindistan, Bangladeş, Nepal, Çin, Bhutan ve Myanmar arasında paylaşılmakla beraber başlangıçta anlaşmazlık Hindistan ve Bangladeş arasında çıkmıştır. 1951 yılında Bangladeş daha bağımsızlığını kazanmadan önce Hindistan Hükümeti, sınırdan 10 mil kadar önce kendi tarafında Ganges Nehri üzerinde baraj kurma kararı almıştır. Esas amaç bu baraj aracılığıyla Ganges Nehrinden suyu saptırarak kurak mevsimlerde suyu azalan Hooghly Nehrini güçlendirerek ulaşıma elverişli hale getirip Calcutta Limanının işlevini arttırmak ve

---

[1] Carriker, a. g. m. , "*Regional Approaches to Water Compacts*" kısmı.
[2]Wolf, Aaron T. and Hamner, Jesse H., "Trends in Transboundary Water Disputes and Dispute Resolution", Water for Peace in the Middle East and Southern Africa, Green Cross International, The Hague 2000, s. 66, (çevrimiçi) http://www.greencrossinternational.net/pdf, 31Mart 2002.

bölgedeki tarımsal alanları sulandırmaktı. Diğer taraftan Bangladeş kurak mevsimlerde Ganges Nehri sayesinde tarımsal sulama ve içme gibi temel ihtiyaçlarını karşıladığını yukarı kıyıda suların tutulmasıyla ortaya çıkacak su kıtlığı ülkesini ciddi bir biçimde etkileyeceğini ileri sürerek Hindistan'ın bu kararına itiraz etmiştir. Taraflar arasında yapılan çeşitli görüşmelerden sonra 1975 Nisanında yapılan süresi aynı yılın Mayıs ayı sonuna kadar geçerli geçici bir antlaşma imzalandıktan sonra Hindistan tarafındaki Farraka Barajında su tutulmaya başlanmıştır. Bakanlar düzeyinde dört toplantı yapılmasına rağmen sonuca ulaşılamadığından Bangladeş bu sorunu BM'nin 1976 yılındaki 31. Genel Kurulu gündemine taşıyarak Hindistan'ı şikayet etmiştir.[1] 16 Aralık 1976 tarihinde BM Genel Kurulu, tarafların acilen bir araya gelerek sorunlarını çözmelerini ve bir antlaşmaya varmalarını tavsiye etmiştir[2]

Bu gelişmeler üzerinde 1977 yılında, ocak ayından mayıs ayına kadarki süreyi kapsayan kurak mevsimle sınırlı olmak üzere beş yıl süreli Ganges Nehrinin paylaşımına ilişkin bir antlaşma[3] yapılmıştır. Bu antlaşama esas olarak iki prensibin gerçekleşmesini öngörmektedir:

- Ganges Nehrinin Farakka'dan itibaren iki devlet arasında paylaşımı,
- Bu nehrin kurak mevsimlerde akımının artırılması için uzun dönemli çözümlerin üretilmesi,

Antlaşma, Müşterek Nehir Komisyonuna Antlaşma hükümlerini uygulayıp gözetlemesi, uzun dönemli çözümler üretmek amacıyla fizibilite raporlarını hazırlaması ve tarafların planlarını incelemesi gibi görevler yüklemiştir (m. 7). Beş yıl sonra taraflar Antlaşmanın süresini anlaşarak uzatabilirler.

Ne var ki bu Antlaşma daha yürürlüğe girmediğinden tatmin edici bir sonuca ulaşılamamış ve tarafların anlaşmazlığı devam etmiştir. 1982 yılında Müşterek Komisyon, Antlaşmanın süresinin

---

[1]Green Cross International, a. g. e. , s. 78.
[2]Beach, Heather L. ; Hammer, Jesse ; Hewitt, J. Joseph ve diğerleri, a. g. e. , s. 99.
[3] Bu antlaşma 15 madde ve bir programdan oluşmaktadır. Bkz NACSE, "Agreement between [Bangladesh] and [India] on sharing of the GangesÆ waters at Farakka and on augmenting its flows Parties: Bangladesh, India Basin: Ganges Date: 11/5/1977 Dakka", (çevrimiçi) http://mgd.nacse.org/cgi-bin/qml2.0 , 31 Aralık 2001.

uzatılmamasında anlaşmış olmakla birlikte 18 ay içinde yeni çözümlerin bulunması için girişimlerin tekrar başlatılmasını öngörmüştür. Fakat bu da gerçekleşmemiştir. 22 Kasım 1985 tarihinde taraflarca gene geçici mahiyette Indo-Bangladeş Memorandumu imzalanmıştır.

Daha sonra gene geçici mahiyette antlaşmalar yapılmış olmakla birlikte bu antlaşmalardaki hukuksal boşluklardan dolayı sorun çözülemediğinden 1977 ve 1985 Antlaşmaları temelinde 12 Aralık 1996 tarihinde daha kapsamlı mahiyette Ganges Nehri Antlaşması imzalanmıştır.[1]

Bu Antlaşma, kurak mevsimlerde Ganges Nehrinin paylaşımıyla ilgili bir dizi düzenlemeler getirmiştir. Buna göre kurak mevsime tekabül eden 01 Ocaktan 31 Mayısa kadar on günlük sürelerle her tarafın payına düşen su miktarı belirlenerek belli bir programa bağlanacaktır.[2] Bu antlaşmanın getirdiği düzenleme şu şekilde özetlenebilir: a) Farraka'daki nehir akımı, 1948 yılından 1988 yılına kadarki ortalama akım temelinde hesaplanacaktır. b) Bangladeş ve Hindistan arasındaki paylaşım orantılaması 45:55 ve bazı durumlarda 30:70 temelinde olacaktır. c) Mart ayının 1'inden Mayıs ayının 31'ne kadarki dönemde paylaşım hidrolik devrelere bağlı olarak değişecektir. Bir tarafa 10668 m^3/sn. düşerse, geri kalan da diğer tarafa düşecektir. Akımın 15240 m^3/sn olduğu durumlarda Hindistan'ın payı 10668 m^3/sn., Bangladeş'in payı ise 4572 m^3/sn olacaktır. d) Akım 15240 m^3/sn altında olduğu zaman Bangladeş ve Hindistan hakkaniyete dayalı paylaşım için görüşmelerde bulunacaklardır.[3] Otuz yıllık bir sürede yürürlükte kalacak bu Antlaşma, Antlaşma hükümlerinin uygulanmasını gözetleyecek müşterek bir komisyonun kurulmasını öngörmektedir. Antlaşmanın imzalanmasından sonraki ilk yılda (1997), nehrin kurak mevsimde her iki tarafın su ihtiyacını karşılayacak yeterlilikte olmadığı için tarafları memnun etmediğine rağmen müşterek Komisyonun program dahilindeki çalışması ve daha sonraki 1998 ve 1999 yılı kurak

---

[1] Bu antlaşma da 12 madde ve iki ekten oluşmakta olup özü itibarıyla 1977 anlaşmasına benzemektedir.
[2] Green Cross International, a. g. e. , s. 79.
[3] Ilomäki, a. g. m. , "6.2 Agreements and treaties over the South Asian transboundary waters" başlığında.

mevsimlerinde Antlaşmanın öngördüğünden daha çok su miktarı tarafların paylarına düşmesi gerginliği azaltmıştır. Bu Antlaşmanın en önemli ürünü iki devlet arasında gittikçe çekişmelere yol açan su kaynaklı sorunların çözülmesinde yakınlaştırıcı bir atmosferin oluşmasını sağlamasıdır.[1]

1. 10. 2. 2. İndus Nehri Antlaşması

Bu antlaşmanın kilometre taşları:

- 1951-61 tarihleri arasında Pakistan ve Hindistan arasında görüşmeler başlamıştır.
- Sorunun başlangıç noktası Hindistan'ın 1 Nisan 1948 tarihinde Pakistan' a akan nehir kollarını kesmesi ile başlar.
- Belirlenen hedefler: İki devlet arasında nehir ve kollarının hakça paylaşılması, nehrin geçtiği arazilere ilişkin entegre kalkınma planlarının geliştirilmesi.
- Suyun tahsisindeki kriter: Pakistan'ın tarihi ve planlanmış kullanımı(ön kullanım doktrini) ve coğrafi gereksinimler

Güney Asya'daki Himalaya sıradağlarını aşan bu büyük nehrin yıllık akımı Nil Nehrinin iki katıdır. Bu havzada 4500 yıldan beri medeniyetler kanallar inşa ederek bu nehirden tarımsal amaçlarla faydalanmışlardır. 1947 yılında İngiltere, manda yönetimini kaldırdıktan sonra Hint Yarımadasında Hindistan ve Pakistan iki ayrı devlet olarak bağımsızlıklarını kazanmalarıyla bu nehir iki devlet arasında fiilen paylaşılmış oldu. Bu durumda nehrin kaynak kısmı Hindistan topraklarında kalmış, Pakistan ise aşağı devlet konumuna düşmüştür. Bu tarihten sonra iki devlet arasında çeşitli sorunlar alevlenerek savaşa da dönüşmüştür. [2]

İki devlet arasında su sorunu, Hindistan'ın Pakistan'a giden bazı kanalları saptırmasıyla ortaya çıkmış ve gerginliğe yol açmıştır. Dünya Bankası'nın girişimiyle iki taraf arasında 1960 yılında antlaşma yapılmış ve "hakça paylaşım ilkesi" bu antlaşmanın ana unsurudur. Bu Antlaşmanın uygulanmasıyla ilgili problemler olmasına rağmen taraflardan hiçbiri henüz anlaşmazlığı çözme

---

[1] Green Cross International, a. g. e. , s. 79.

[2] Beach, Heather L. ; Hammer, Jesse ; Hewitt, J. Joseph ve diğerleri, a. g. e. , s. 103.

hükümlerini uygulamaya koymayıp sadece diplomatik kanallarla sorunları gidermeye çalışmışlardır. [1]

Sorunun tarihi gelişimi kısaca şöyledir: 1942 yılında İngiltere Hükümeti tarafından Pencab Bölgesinin kalkınmasıyla ilgili Sind'in[2] planlarını araştırmak için hukukçulardan kurulu bir komisyon oluşturulmuştur. Komisyon Sind'in iddialarını kabul etmiş ve havzanın entegre idaresinin kurulmasını istemiştir. Ne var ki Komisyonun kararı her iki tarafça kabul edilmemiş ve tarafların yaptıkları görüşmelerden sonuç çıkmadığından anlaşmazlığın çözümü için 1947 yılında Londra'ya başvurulmuştur.

Bu konuda daha karar verilmeden Hint Yarımadasına bağımsızlık kazandıran İngiliz Hükümetinin 15 Ağustos 1947 tarihinde çıkardığı yasa sonucunda Pakistan ve Hindistan olmak üzere iki ayrı devlet oluştuğundan sorun uluslararasılaşmıştır. İki devlet arasında diğer sorunlar yanında su yollarının paylaşımı da sorun haline gelmiş ve gerginliğe yol açmıştır.[3]

Taraflar arasında uzun süren görüşmelerden sonra sonunda uzlaşma sağlanmış ve 19 Eylül 1960 tarihinde Karaçi'de İndus Nehri Antlaşması imzalanmıştır. 1961 Ocağında iki devlet Hükümetinin Delhi'de Antlaşmayı onayladıklarına ilişkin belgeleri birbirlerine sunmakla Antlaşma yürürlüğe girmiştir. Antlaşmanın getirdiği önemli düzenlemeler şunlardır:

Pakistan herhangi bir kısıtlama olmadan topraklarında akan nehirden faydalanacaktır. Hindistan ise nehrin akışını engellemeyecektir.

Üç baraj, sekiz sulama kanalı ve 2500 kaynak kuyuları Pakistan'da inşa edilecektir.

1 Nisan 1960 tarihinden 31 Mart 1970 tarihine kadar on yıllık geçiş süresi öngörülmüştür. Bu surede uygulanacak program dahilinde Pakistan'a su akışı sağlanacaktır.

---

[1] Ilomäki, a. g. m. , 'South Asia and Transboundary Water Resources' başlığında.

[2] Pakistan'ın Güneydoğusunda İndus Nehrinin aşağı tarafında kalan bölge ve eyalet yönetimidir.

[3] Beach, Heather L. ; Hammer, Jesse ; Hewitt, J. Joseph ve diğerleri, a. g. e. , s. 103.

Programa göre Hindistan 62 milyon dolarlık[1] sabit finansal katkı sağlayacak ve bu para on yıllık geçiş süresince on taksitte ödenecektir.

Antlaşma aynı zamanda her iki devletin birer temsilcisinden oluşan Daimi İndus Komisyonunun kurulmasını öngörmektedir. Komisyon yılda bir kez şu konuları görüşmek üzere bir araya gelecektir:

Antlaşmanın uygulanması için koordinasyon düzenlemeleri yapma ve geliştirme, İndus sularının geliştirilmesi için iki devlet arasında işbirliği ve koordinasyonu sağlama ve sürdürme, Antlaşmanın uygulanması ve yorumlanmasıyla ilgili ortaya çıkacak sorunları inceleme ve çözüme kavuşturma, Hükümetlere yıllık raporlar sunma.[2]

Bir anlaşmazlık durumunda tarafsız bir uzman tayin edilecektir. Eğer anlaşmazlık bu uzman tarafından çözülemezse, üzerinde anlaşılan arabulucularla toplanmak üzere iki tarafça görüşmeciler atanabilir. Anlaşmazlık bu şekilde de çözülemezse taraflar hakem mahkemesine gidecekler.

Antlaşmaya göre ayrıca tarafların nehir sularına ilişkin yapacakları proje ve planlarıyla ilgili diğer tarafı bilgilendirecek ve talep üzerine birbirlerine teknik verilerle ilgili bilgileri sunacaklardır.

1960 yılından itibaren "gelecek işbirliği" düzenlemeleri uyarınca herhangi bir proje sunulmamış olmakla birlikte Antlaşma savaşı ve gerginliği önlemesi açısından başarılıdır. 1965-1966 yıllarında Hindistan'ın bazı nehir kollarının akışını önlemesiyle ortaya çıkan ilk sorunda, Komisyon kararlarının yasallığı ve bağlayıcılığı tartışılmış ve her iki tarafça atanan uzman katılımcıların "Komisyon üyeleri Hükümetleri temsilen karar vermekte olup Antlaşma hükümlerini gözetlediklerini ve bu kararların Antlaşma uyarınca bağlayıcı olduğunu" belirtmeleri üzerinde sorun çözülmüş ve taraflar anlaşmışlardır.

Salal Barajının inşaatıyla ilgili anlaşmazlık da tarafların ikili görüşmeleri sonucunda çözülmüştür. Bununla beraber yeni hidro-

---

[1] Bu çalışmada geçen "dolar", ABD Doları olarak dikkate alınmalıdır.

[2] Beach, Heather L. ; Hammer, Jesse ; Hewitt, J. Joseph ve diğerleri, a. g. e., s. 105.

elektrik projeleri ve nehrin Jhelum kolu üzerinde Wuller Barajı inşaatıyla ilgili sorunlar henüz çözülememiştir.[1]

1. 10. 2. 3. Tuna Nehri Antlaşmaları

Tuna Nehriyle ilgili yapılan ilk antlaşma Osmanlı Devleti ile Rusya arasında yapılmıştır. 1812 Bükreş ve 1829 Edirne Antlaşmaları bu nehre ilişkin serbest geçiş hükümleri de içermektedir.[2] İlk çok taraflı antlaşma ise 1856'da Paris'te yapılmıştır. Antlaşma iki komisyonun kurulmasını öngörmekteydi. Birinci komisyon Osmanlı Devleti, Rusya, Avusturya, Fransa, İngiltere ve Prusya temsilcilerinden oluşmaktaydı. "Avrupa Komisyonu" da denilen bu Komisyonun görevi Tuna ağzını kapatan kum ve diğer engelleri temizlemek ve ulaşıma elverişli bölümlerinde güvenliği sağlamaktı. İkinci komisyon Tuna'ya kıyısı olan Osmanlı Devleti, Avusturya, Bavyera ve Würtemberg temsilcilerinden oluşmaktaydı. Bu komisyonun da dört görevi vardı: 1. Tuna için ulaşım ve güvenlik mevzuatını hazırlamak, 2. Viyana Nihai Senedinin esaslarını Tuna'ya uygulamak , 3. Bu nehrin bütün boyuna yapılması gereken işleri yaptırmak , 4. "Avrupa Komisyonu" nun iki yıllık görev süresi sona erdiğinde bu Komisyonun görevini yerine getirmek ve özellikle nehir ulaştırmasının güvenlik ve kolaylığını korumak ve denetlemek. I. Dünya Savaşı'na kadar Tuna rejiminde esaslı bir değişiklik olmamıştır.[3]

I. Dünya Savaşına son veren Versailles ve Trianon Antlaşmaları, Tuna Nehri'nin ulaşım dışı kullanımıyla ilgili geniş çaplı düzenlemeler getirmiştir. Trianon Antlaşmasının 293. maddesi, Tuna Nehri havzasının çoğunluğunu kapsayan ulaşım dışı kullanımıyla ilgili olarak Hidrolik Sistem Komisyonunun kurulmasını öngörmektedir. Uyuşmazlıkların çözülmesi sorununa ise Trianon Antlaşması yargısal yolları önermektedir. Antlaşmanın 282. maddesi itibarıyla sulama, elektrik üretimi, balıkçılık ve diğer ulusal amaçlarla Nehirden faydalanma haklarıyla ilgili verilen kararların uygulanmasında, bir sorun çıktığı takdirde Komisyona dahil olan tüm

---

[1] Aynı eser, s. 106.
[2] Meray, a. g. e. , s. 476.
[3] Çelik, a. g. e. , II. Kitap, s. 157.

kıyıdaş devletlerin rızasıyla ulaşımla ilgili kullanımlara öncelik tanınacaktır. Böylece nehirlerden ulaşım dışı faydalanmayla ilgili önemli bir hususa işaret edilmiş bulunmaktadır.[1] Bu hususlar çerçevesinde Paris'te 1921 yılında Tuna Statüsü imzalandı. II. Dünya Savaşı'ndan sonra yapılan Paris Antlaşmasının 38. maddesi "Tuna Nehri üzerindeki uluslararası trafik serbest ve tüm devletlere açık olacaktır" hükmünü getirmektedir. Bu antlaşma Tuna Nehrinin ulaşım dışı kullanımıyla ilgili yeni bir düzenleme getirmemektedir. Bununla birlikte , savaş sonrasında bu nehre ilişkin ulaşım dışı kullanım amaçlı antlaşmalar imzalanmıştır. Bunlardan Romanya, Yugoslavya ve Sovyetler Birliği tarafından 1958 yılında imzalanan ve 1961 yılında Macaristan'ın da taraf olduğu "Tuna Nehri'nin Balıkçılık Kaynaklarının Korunması Antlaşması", çevresel anlamda Tuna kaynaklarının korunmasını amaçlayarak nehrin balık kaynaklarının korunması, nehirden balıkçılık yönünden faydalanma ve kirliliğin engellenmesi gibi konularda getirdiği düzenlemelerle taraf devletlere yükümlülükler getirmektedir.[2]

1994 yılında Tuna Nehrine kıyısı olan devletler, "Tuna Nehri'nin Sürdürülebilir Kullanımı ve Korunması İçin İşbirliği Sözleşmesi"ni imzalamışlardır. Bu sözleşmenin amacı, 1846 yılına kadar dayanan bu nehrin çeşitli kullanımını belirli bir bütünlük içinde bir sisteme kavuşturmak ve doğal dengenin korunmasına yönelik bir çerçeve oluşturmaktır. Bu tarihe kadarki Komisyonun görevi esas olarak suyun kalitesini gözetlemekle sınırlıydı. 1998 yılında Sözleşmenin yürürlüğe geçirilmesiyle ilgili karşılaşılan sorunlardan en önemlisi de Yugoslavya'nın 1991 yılından beri antlaşmanın getirdiği müşterek sistemden hariç tutulması sonucunda Balkan Bölgesinde nehrin gözetlenmesi imkanının olmamasıdır. Bu bölgedeki anlaşmazlıklar Tuna Nehrinin akışını tehlikeye soktuğu için nehrin korunmasına dair acil önlemlerin alınmasını geciktirmektedir. Yukarı ve aşağı kıyı devletlerinin farklı önceliklerinin ve ekonomik imkanlarının olması ise sorunun diğer bir parçasıdır. Kıyıdaş devletler bu nehrin kirlenmesinin kendi

---

[1] Schwabach, Aaron, "The Tisza Cyanide Disaster and International Law", ELR News&Analysis, 7-2000, s. 10510, (çevrimiçi) www.home.san.rr.com/cgls/Faculty/article.pdf. 03 Nisan 2002.
[2] Aynı eser, s. 10511.

gelecekleri açısından büyük tehlike oluşturacağı bilinciyle hareket ederek bu konuda işbirliği yapmak zorundadırlar.[1] Bu sözleşmenin önemli özelliği sürdürülebilir kalkınma anlamında ekolojik çevre dengesinin sağlanması mekanizmalarını getirmesidir. Tuna Nehrinin korunmasıyla ilgili oluşturulan uluslararası komisyon, sözleşmenin uygulanması gözetlemesi ve bağlayıcı kararlar vermesi açısından tam yetkiye sahiptir. Diğer önemli özellik ise anlaşmazlıkların siyasal yollarla çözümlenmemesi durumunda zorunlu yargı sisteminin getirilmesidir.[2]

1. 10. 2. 4. Ürdün Nehri Antlaşması

Yaklaşık altı milyon nüfusu olan İsrail, Dünyanın en az su kaynaklarına sahip olan devletlerden biridir. Tatlı su kaynaklarının %35'i Galile Gölünden, % 50'si yer altı ve yer üstü kaynaklarından ve %15'i de ticari ve diğer kaynaklardan sağlamaktadır. Denizden ürettiği tatlı suların maliyeti yüksektir. İleri tarım üretim tekniklerini kullanan bu devletin yıllık tarımsal su tüketimi maliyetiyle sınırlı 1, 2 milyar m^3 dolayındadır.

Yaklaşık 4, 5 milyon nüfusu olan Ürdün'ün ise sahip olduğu su kaynakları şöyledir: Yıllık ortalama 430 milyon m^3 Yarmuk Nehri'nden, 370 milyon m^3/yıl mevsimsel yağışlardan, 560 m^3/yıl yer altı ve diğer kaynaklardan sağlanmaktadır. Bu kaynaklardan 600 milyon m^3 lük kısmı tarımsal alanda olmak üzere yıllık olarak 850 milyon m^3 lük su tüketilmektedir.

Filistin özerk yönetiminin idaresi altında bulunan bölgedeki sular ise çoğunluğu yerel depolarda saklanılan yer altı su kaynaklarıdır. Batı bölgesinde daha çok sulama için kullanılan 120 milyon m^3 dolayında su tüketilmektedir. Gazze Bölgesi'nin su kaynakları ise oldukça az olup genellikle pompalama metoduyla içme suyu temin edilmektedir.[3]

---

[1] Green Cross International, a. g. e. , s. 39.ve s. 85.
[2] Schwabach, a. g. m. , s. 10512.
[3] Pohoryles, Samuel, "Program for Efficient Water Use in Middle East Agriculture", Water for Peace in the Middle East and Southern Africa, ed. by Green Cross International, The Hague 2000, s. 21, (çevrimiçi) http://www.greencrossinternational.net/pff , 31 Mart 2002.

Bununla birlikte bölgedeki suların kullanımı arasında dengesizlikler görülmektedir. Su kaynakları en az olan İsrail'in endüstriyel ağırlıklı su tüketimi bölgedeki diğer devletlerin tüketiminden çok fazladır. Endüstriyel büyüme ile su tüketimindeki artış arasında doğru orantılı bir ilişki vardır. Nitekim İsrail'de yıllık kişi başına düşen su tüketimi 344 m^3 iken Filistin'de 93 m^3/yıl , Ürdün'de ise 240 m^3/yıl olarak tespit edilmiştir.[1] Başka bir kaynağa[2] göre Ürdün'de 2001 yılı itibarıyla kişi başına düşen su miktarı 150 m^3/yıl aşmamaktadır. Tarımsal sulamada ise su açığı daha fazladır. Bunun nedeni bir kısmı Suriye tarafında akan Yarmuk Nehri'nin Suriye tarafından saptırılmasından ve hızlı nüfus artışından kaynaklanmaktadır.

Ürdün ve Yarmuk Nehirleri Ürdün havzasını oluşturmaktadır. Kuzeyden güneye doğru akan Ürdün Nehri'nin üç ana besleyici ırmakları vardır: Hasbani Deresi Lübnan'dan aldığı küçük bir kolla beraber Suriye topraklarından kaynaklanmaktadır. Dan deresi İsrail'den ve Banyas Deresi Suriye'den kaynaklanmaktadır. Bu üç kol İsrail'in Huleh Vadisinde birleştikten sonra Galilee Gölüne dökülen Ürdün Nehrini beslemektedir. Şu anda Banyas ve Hasbani Dereleri İsrail'in 1967 tarihinde işgal ettiği toprakların içinde olup halen bu devletin kontrolü altındadır.

Yarmuk Nehri Suriye topraklarından kaynaklanmakta, Suriye ve Ürdün arasında sekiz millik bir sınır oluşturduktan sonra Ürdün ve İsrail arasında sınır oluşturarak Ürdün nehri ile Galilee Gölü'nün güney tarafında birleşmektedir. Aşağı Ürdün Nehri olarak adlandırılan bu kısım Ürdün Vadisinde 70 mil dolayında aktıktan

---

[1] Rabi, a. g. m. , s. 35.

[2] Haddadin, Munther J. , "Water Scarcity Impacts and Potential Conflicts in the MENA Region", Water International, International Water Resources Association, V. 26, No. 4, (December 2001), s. 461.

sonra Ölü Denizi (Lut Gölü) ne akmaktadır. Yarmuk Nehri, yaklaşık olarak Ürdün nehrinin % 40 ını oluşturmaktadır.[1]

Deniz düzeyinin 400 m. altındaki Lut Gölüne dökülen ve Şeria Nehri olarak adlandırılan Ürdün Nehri, dünyanın en alçak nehri olup, geniş ve hafif eğimli deltalar oluşturarak akmaktadır. Taberiye Gölünün yukarısında taşıdığı yıllık ortalama su miktarı 600 milyon m^3 tür. Buharlaşma ve sızıntılardan kaynaklanan kayıplar nedeniyle aşağı çığırında bu miktar azalır. Bu nehrin geçtiği arazinin ortalam eğimi görece fazla olduğundan akış hızı da oldukça yüksektir. Suların alçak olduğu dönemlerde Lut Gölünün hemen kuzeyindeki Allenby Köprüsü çevresinde akış hızı 137 cm/sn civarındadır. Ayrıca tuzluluk oranı yüksek olduğundan nehrin sulama amacıyla kullanımını güçleştirmektedir.[2]

Ürdün Nehri sularının kullanımına ilişkin olarak, Arap devletleri ve İsrail, su kaynaklarının kullanımıyla ilgili hazırladıkları projelerini 1951 yılından itibaren açıklamaya başlamışlardır. Projelerine göre Arap devletleri, Ürdün Nehri'nin Hasbani ve Banyas kolları ile Yarmuk Nehri üzerinde ortak çalışma başlatırken, İsrail, Ulusal Kanal Projesi ile Galile Gölü'nden aldığı suyu havza dışında Akdeniz kıyılarına ve Necef Çölü'ne taşıyacağını açıklamıştır. Yarmuk Nehri üzerinde Maqarin (Birlik veya Unity) Barajı'nın ve Ürdün Nehri'nin doğu yakasının sulanmasını sağlayacak kanalın inşasını öngören antlaşma Ürdün ile BM Mültecilere Yardım Ajansı arasında, 1953 yılında imzalanmıştır. Bu antlaşmayla, geliştirilecek yeni tarım alanlarında, 100, 000 dolayında Arap mültecinin yerleştirilmesi düşünülmüştür. İsrail, Ulusal Kanal Projesi'ni gerçekleştirmek için 1953 yılında çalışmalara girişmesinden sonra, su alma noktasının yeri konusunda anlaşmazlık çıkmıştır. Bu anlaşmazlık, BM'ye kadar gitmiş ve ateşkes hattı üzerinde silahlı çatışmalar meydana gelmiştir.

---

[1] Hudes, Karen, "Shared Water Resources in the Jordan River Basin", Across borders, Gonzaga Univrsity, "Geography Surface Water" kısmı, (çevrimiçi) Http://Law.Gonzaga.Edu/Borders/Water.Htm 13 Eylül 2003.

[2] AnaBritannica, c.29, Hürriyet y., İstanbul, 1994, s.94.

Galilee Gölü'nün kuzeyinde bulunan ve 1948 Ateşkes Anlaşmasına göre askerden arındırılmış bölge içinde yer alan; Gesher B'not Ya'akov Nehri'nden su alınmasına Suriye itiraz ederek BM Güvenlik Konseyine başvurmuştur. Bu itirazı reddeden Kararın Sovyetler Birliği'nce 1954 yılında veto edilmesi üzerine, İsrail su alma noktasını Galile Gölü'nün kuzeybatı sahilinde bulunan bugünkü yerine almak mecburiyetinde kalmıştır.

Bununla birlikte anlaşmazlık bazen ufak çaplı sıcak çatışmaları da beraberinde getirerek devam etmiştir. Bu gelişmeler üzerine, ABD Başkanı Eisenhower tarafından 1953 yılında bölgeye gönderilen özel temsilci Johnston, Ürdün Nehri sularının kullanılmasına ilişkin olarak daha önce yapılan çeşitli teklif ve incelemeleri, yeni bir öneri içinde değerlendirerek, Johnston Planı olarak anılan çalışmayı yapmıştır.[1]

Bu çalışmada devlet sınırları bir an için yok kabul edilerek, havza bir bütün olarak ele alınmış, su kaynaklarının kullanılmasında en uygun çözümler araştırılmış ve her devlete tahsis edilecek su miktarı tespit edilmiştir. Bu plana göre Lübnan'a Hasbani Irmağı'ndan 35 milyon m^3Suriye'ye Banyas Irmağı'ndan 20 milyon m^3, Ürdün Nehri'nden 22 milyon m^3 ve Yarmuk Nehri'nden 90 milyon m^3, Ürdün'e 377 milyon m^3 ü Yarmuk Nehrinden, 100 milyon m^3 yukarı Ürdün Nehri'nden ve 243 milyon m^3 vadi ve kuyu sularından olmak üzere 720 milyon m^3, İsrail'e Ürdün Nehri'nden geri kalan 361 milyon m^3 ve Yarmuk Nehri'nden 25 milyon m^3 su tahsis edilecekti.[2]

Johnston Planı, tarafların isteklerini bir ölçüde uzlaştırmakta başarılı olmuştur. Örneğin; İsrail Lübnan'daki Litani Nehri'nin, Ürdün Nehri ile birlikte düşünülmesi tezinden vazgeçmiş, Araplar ise Galile Gölü'nden Akdeniz kıyısındaki bölgelere ve Necef Çölü'ne su götürülmesi için hazırlanan İsrail Projesi'ne itirazlarından vazgeçmişlerdir. Tarafların teknik komitelerince kabul edilen plan,

---

[1] Beach, Heather L. ; Hammer, Jesse ; Hewitt, J. Joseph ve diğerleri, a.g.e, s. 93.
[2] Hudes, a. g. m. , "Distribution" kısmı.

İsrail Hükümeti'nce Temmuz 1955 tarihinde onaylanmıştır.[1] Ne var ki siyasi nedenlerle bu plan uygulanmamıştır.

Taraflar arasında Ortadoğu barışının sağlanması anlamında ABD öncülüğünde 1994 yılında İsrail-Ürdün Barış Antlaşması imzalanmıştır.[2] Bu Antlaşmanın suya ilişkin konular başlığındaki Ek-II bölümünde, hakim olan ana tema Johnston Planının öngördüğü su tahsisidir. Bu tahsiste ise ilgili devletlerin "ihtiyaçlarına dayalı kriter" esas alınmıştır. Bununla birlikte Johnston Planı, Antlaşmanın öngördüğünden daha dengeli ve makul bir tahsis içermekteydi Buna göre İsrail'in tarımsal ve sanayi yönünden daha fazla ihtiyacı olması nedeniyle egemenliği dışındaki topraklardan akan sulardan en yüksek paya sahip devlettir. Bu Antlaşmanın suyla ilgili 6. maddesinin 3. paragrafı uyarınca her iki tarafça suyun kıt olduğu kabul edilmekte ve bu kıt sulardan tarafların ihtiyacına göre tahsis edilmesi gereğine işaret edilmektedir. Bu ihtiyacın karşılanması için daha fazla su sağlayacak bölgesel ve uluslararası projelerin geliştirilmesinde işbirliği yapılacaktır. (pa. 4) Antlaşmanın ek II nin 1. maddesine göre Yarmuk Nehri'nden yaz aylarında (15 mayıstan 15 ekime kadar) İsrail 12 milyon m^3 su alacak geri kalanı da Ürdün'e düşecektir. Kış aylarında (16 ekimden 14 mayısa kadar) ise İsrail bu nehirden 13 milyon m^3 su alacak geri kalanı Ürdün'e ait olacaktır. Ürdün Nehri'nden de taraflar Yarmuk Nehrinden faydalanma oranında dönüşümlü olarak yaralanacaklardır.

---

[1]Bu konuyla ilgili ayrıntılı bilgi için bkz. Shuval, Hillel I. , "The Water Issues on the Jordan River Basin between Israel, Syria and Lebanon can be a Motivation for Peace and Regional Cooperation", Water for Peace in the Middle East and Southern Africa, ed. by Green Cross International, The Hague 2000, s. 39-52, (çevrimiçi) http://www.greencrossinternational.net/pdf , 31 Mart 2002.

[2] Bu Antlaşmanın bu konuyla ilgili metni için bkz. The Avalon Project at Yale Law School, "Israel-Jordan Peace Treaty Annex II Water Related Matters ; October 26, 1994"
, (çevrimiçi)
http://www.yale.edu/lawweb/avalon/mideast/jordan_treaty_annex2.htm#art7.10 Kasım 2002.

1. 10. 2. 5. Nil Nehri Antlaşması[1]

Nil Nehrinin su kaynakları havzadaki on egemen devlet topraklarından geçmektedir. Şimdiye kadar bu nehrin sularıyla ilgili geniş kapsamlı bir antlaşma yapılmış değildir. Antlaşma, her ikisi de aşağı kıyı devleti olan Mısır ve Sudan arasında yapılmıştır. Nehre esas katkısı olan yukarı kıyı devletleri (Nil'in %86'sı Etiyopya'dan kaynaklanmaktadır) ise kayda değer biçimde bu nehirden faydalanamamaktadırlar. İki aşağı kıyı devleti, diğer yukarı kıyı devletlerin ihtiyaçlarını dikkate almadan kendi aralarında bu nehrin sularını paylaşmışlardır.[2]

1920 yılında kurulan Nil Projesi Komisyonunun 1925 tarihindeki tavsiyesi üzerinde, Mısır ile Sudan arasında Nil Nehrine ilişkin ilk antlaşma 7 Mayıs 1929 tarihinde yapılmıştır. Bu antlaşmaya göre yıllık 4 milyar m^3 dolayında su Sudan'a tahsis edilirken, Mısır'a yıllık 48 milyar m^3 su tahsis edilmesinin yanı sıra aşağı kıyı devleti olarak bu devlete şu teminatlar da verilmiştir: [3]

- Nehrin yıl boyunca kısıtlama olmadan akımının sağlanması ve sadece kış aylarında Sudan'ın pamuk ekimini yapması,
- Mısır'ın çıkarlarını olumsuz etkileyecek nehir üzerinde herhangi bir çalışma veya projenin gerçekleştirilmemesi,
- Mısır'ın toprakları dışındaki barajları da denetleme hakkının olması ve bu çalışmalar için Mısır'ın onayının olması.

Bu Antlaşma yukarıdaki hususlar gibi uluslararası hukuka aykırı olan hükümlerinden dolayı çok eleştirilmiş olmakla birlikte daha sonra yapılan 1959 Antlaşması da bu hükümlere yakın olarak düzenlenmiştir.

---

[1] Nil Nehriyle ilgili bu başlık altındaki bilgilerin bir kısmı Mehmet Dalar, "Mısır: İç ve Dış Çatışma Dinamikleri" adlı çalışmasından alınmıştır.

[2]Hirzalla , Hazem Bader S. , "Water Resources Agreements and Practices in Selected Shared Water Resources in The Escwa Region", Congress International, Liban, June 1998, s. 4, (çevrimiçi) http://funredes. org/agua/files/droit/HIRZALLA.rtf , 10 Kasım 2002. ve İlomaki, a. g. m. , 'Nile' başlığında.

[3] Mekonnen, Kefyalew , "The Defects and Effects of Past Treaties and Agreements on the Nile River Waters: Whose Faults Were They?" , ViTrade , Global Financial Risk Analysis, Addis Tribune, November 28, 1998, s. 178.

Yıllık 156 milyar m^3 lük kapasiteli olarak tasarlanan Asvan Barajının inşası 1952 yılında yeni Mısır Hükümeti tarafından önerilmiştir. Bunun Mısır'ın tek taraflı projesi olarak mı veya Sudan ile işbirliği halinde mi gerçekleştirileceği tartışma konusu olmuştur. Sonunda projenin Sudan ile anlaşılarak gerçekleştirilmesi düşüncesi uygun bulunarak bu devletle 1954 yılında görüşmeler başlatılmıştır. 1956 yılında bağımsızlığına kavuşan Sudan ile bazı gerginlikler de yaşandıktan sonra, Mısır'a yakın bir hükümetin Sudan'da iktidara geçmesi üzerinde, sonunda 8 Kasım1959 tarihinde Kahire'de antlaşma[1] yapılabilmiştir. Bu antlaşmanın da ana hatları şöyledir:

- Nehrin ortalama yıllık akımının 84 milyar m^3 olarak kabul edilmiş olup, bunun da 10 milyar m^3 ü buharlaştığı için kalan 74 milyar m^3 üzerinde paylaşım yapılacaktır (m. 2).
- Müktesep hakların öncelikli olduğu ilkesi dikkate alınarak suların % 75'i Mısır'a, %25'i Sudan'a tahsis edilmiştir (md. 2).
- Ortalama akım öngörülen akımın üzerine çıkarsa bunun fazlası iki devlet arasında eşitçe paylaşılır. Öngörülen akımın altında bir azalış olursa bu azalış teknik komite tarafından belirlenecektir (m d. 3/1).
- Sudd el Aali Barajında su tutulması nedeniyle suyun miktarındaki azalmadan veya su taşkınlıklarından kaynaklanan Sudan'ın karşılaşabileceği zararların telafisi için, Mısır, Sudan'a 1963 yılına kadar dört taksit halinde kuru 2, 87156 dolar olan 15 milyon Mısır Lirası ödeyecektir (md, 2/6 ve ek-2-A).
- Asvan Barajının yapımından sonra suları artıracak projelerin finansmanı düzenli biçimde sağlanacaktır (md. 3/2).
- Antlaşmanın uygulanmasını denetlemek, anlaşmazlıkları çözmek, ve iddiaları incelemek üzere her iki devlet üyelerinin eşit olarak temsil edileceği Müşterek Daimi Komite oluşturulacaktır. Bu komitenin masraflarına her iki devlet eşit biçimde katılacaktır (md. 4).

---

[1] Bu antlaşma metni için Bkz. NACSE, "Agreement between the Government of the United Arab Republic and the government of Sudan", (çevrimiçi) http://mgd.nacse.org/cgi-bin/qml2.0/watertreaty/intl_treaties. qml?qml_screen=full&TN=78 , 4 Nisan 2002.

Mısır ve Sudan aynı zamanda diğer kıyı devletlerin ihtiyacının yıllık 1000-2000 milyar m^3'ü aşmaması gereği konusunda da anlaşmışlardır.[1]

Bu antlaşmanın hükümlerinden de anlaşıldığı gibi müktesep haklar tezine dayanan ön kullanım doktrini ile mutlak ülkesel bütünlük doktrini ağırlıklı olarak görülmektedir. Suyun sağlanmasında katkıları olan yukarı devletlerin talep ve ihtiyaçları dikkate alınmadığından ileride bu durum önemli sorunlara yol açabilecektir.

Mısır, Nil havzası ülkelerinin ilerde Nil sularının kullanımı konusunda pazarlık yapmalarını istememektedir. Bu ülkelerin siyasal ve ekonomik istikrarsızlık içinde bulunmaları nedeniyle Mısır ile pazarlık yapma fırsatlarını sınırlandırmaktadır. Etiyopya, Sudan ve Somali'deki iç savaşlar ve çekişmelerde Mısır'ın isyancı grupları desteklediği onlara askeri istihbarat, eğitim araç ve gereç gibi imkânları sağladığı şeklinde iddialar bulunmaktadır. Nil sularının % 86 oranında Etiyopya'dan kaynaklandığı halde bu ülkenin bu sulardan faydalanmaması, Mısır'a %87, Sudan'a %13 oranında suların kullanım hakkını veren 1959 tarihli sudanla yapılan antlaşmaya aşağı devletlerinin dahil edilmemesi, keza küçük orana sahip olmasına rağmen Mısır'ın izni almadan Sudan'ın proje geliştirememesi, Mısır'ın havza devletleri üzerinde kontrolünün sürdüreceğinin işaretini vermektedir.

Bununla birlikte Mısır'ın ekonomik görünümü, daha farklı dış politika izlemesine yol açmıştır. Güney Afrika'nın kıtanın dünyaya açılan ekonomik kapısı olması için önemli dönüşüm gerçekleşmiştir. 1997 yılında Afrika kıtasının tüm dış yatırımlarının %40'ını almıştır ki bunun % 90'ı portfolyo yatırımları oluşturmaktadır. Afrika'nın dış yatırımlarında önemli pay almak isteyen Mısır Güney Afrika ile ticaret antlaşmalarını imzalamıştır. Ekonomik kalkınmasını sağlamak için, Kahire ilk olarak bölgesel istikrarsızlığı ve anlaşmazlıkları gidermesi gerekmektedir. Bu çerçevede Cumhurbaşkanı H. Mübarek, Sudan ile isyancılar arasındaki barış görüşmelerini başlatmış ve Somali barış

---

[1] Beach, Heather L. ; Hammer, Jesse ; Hewitt, J. Joseph ve diğerleri, a. g. e. , s. 114. ; Mekonnen a. g. e. , s. 179.

konferansına delegeler göndererek bölge ülkeleri arasındaki ilişkilerin düzelmesine katkıda bulunmak istemiş ve Nil nehrinin kullanımıyla ilgili kurulun Nil Havzası İnisiyatifine katılmıştır.[1]

Nil'in aşağı ülkesi olan Etiyopya, doğal kaynaklarına ve potansiyel tarımsal arazilerine rağmen gıda kıtlığı çeken dünyanın en yoksul ülkelerinden biridir. Nil sisteminde sadece % 0,04-2 arasında sulama ve hidroelektrik potansiyelini geliştirebilmiştir. Ülkenin geniş sulanabilir arazileri sulamak için proje çalışmalarını Mısır'ın tepkisinden dolayı yürütememektedir. Bu nehir üzerinde sadece yıllık 0,5 milyar metreküplük küçük bir baraj inşası çalışmaları bile Mısır'ı harekete geçirmiş ve bu ülkeye Afrika Kalkınma Bankasından verilecek krediyi bloke etmiştir. Havzadaki devletlerarasındaki siyasal ilişkiler büyük ölçüde su müzakerelerini etkilemektedir. Sudan'daki iç çekişmelerin Nil havzası sularının kullanımına zarar vereceğini düşünen Mısır, bu ülkedeki siyasi istikrara önem vermektedir. Bu arada Mavi Nil Mısır-Etiyopya ihtilafının kaynağını oluşturmaktadır. Etiyopya, ülkesinden geçen ve tüm kontrolünün Mısır tarafından yapıldığı bu nehir üzerinde doğal haklarını talep etmektedir.[2]

Etiyopya, Mısır'a karşı çıkarlarını korumak için İsrail'e yakınlaşmakla birlikte Sudan'daki rejim konusunda Mısırla aynı stratejiyi izlemektedir. Nil nehri projeleri konusunda Etiyopya'nın İsrail'in desteğini aldığı bilinmektedir. İsrail'in Etiyopya'yı desteklemesi hem Mısır karşısında önemli bir pozisyon yakalamak hem de bu nehirden İsrail'in de faydalanabileceği bir zemin hazırlama amacına yöneliktir. Aslında bazı analistlere göre Nil nehrinden bir kanal aracılığıyla İsrail'e su aktarılması fikri 1978 Camp David antlaşmasıyla gündeme gelmiştir. 1993 yılında Ortadoğu'da ekonomik işbirliği üzerinde Mısır-İsrail arasındaki

---

[1] Nile River Politics: Who Receives Water?,10 Aug 2000, online, http://www.somaliawatch.org/archivejuly/000810605.htm, E.T:19.05.2008.

[2] M. El-Fadel, Y. El-Sayegh, K. El-Fadl, and D. Khorbotly, "The Nile River Basin: A Case Study in Surface Water Conflict Resolution", J. Nat. Resour. Life Sci. Educ.,Vol. 32, 2003, s. 111

görüşmelerde de kanal konusu üzerinde tartışılmıştır.[1] Aslında bu yeni bir fikir değilidir. Nil sularının % 1'nin bir kanalla İsrail'in Negev Çölüne aktarılması ve İsrail'in hem aldığı suyun parasını alacağı hem de istihdama katkı sağlayacağı düşüncesi Enver Sedat'a cazip gelmiştir. Hatta boru hattının daha da uzatılarak Ürdün ve Lübnan'ın da bölgesel su ağı içine alınarak Mısır'ın bölge üzerinde ağırlığını arttırmak istemiştir. Bu düşünce içte özellikle askeri çevrelerde hoşnutluk uyandırmamış ve kimine göre 1981 yılında Sedat öldürülmeseydi bu düşüncesinden dolayı kendisine karşı darbe girişimi yapılacaktı.[2]

Bu gelişmeler karşısında işbirliğine yönelik çalışmalar gündeme gelmiştir. 1993 yılında Nil Havzasının Çevresel Korunması ve Kalkınmanın Sağlanması Teknik İşbirliği Komitesi (TECCONILE) kurulmuştur. TECCONILE çerçevesinde Nil Havzası eylem Planı 1995 yılında hazırlanmış ve 1997 yılında kıyıdaş devletler arasında daha fazla diyalog sağlanması için dünya Bankası, Kanada ve uluslararası kalkınma ajansı gibi kuruluşlar işbirliği ortağı olarak çalışmalara başladılar. [3]

Nil sularının yönetimi ve sürdürülebilir kalkınmanın sağlanması için 1998 yılında havza devletleri arasında bölgesel işbirliği için Eritre dışında tüm havza devletleri diyalog konusunda anlaşmışlar. Daimi işbirliği çerçevesi oluşturuluncaya kadar geçici mekanizmaların yürütülmesi benimsenmiştir. 1999 yılının Mayısında yürütülen tüm çalışmalar resmi olarak Nil Havzası İnisiyatifi olarak nitelendirilmiştir. Bu İnisiyatif tarafından Nil sularının kullanımı ve yönetimiyle ilgili işbirliği alanı, faaliyetler ve yatırımları konu eden projeler yürütülmektedir.[4]

2002 Kasımında Uganda'nın Entebbe kentinde Dünya Bankasının finanse etmesiyle Nil Havzası inisiyatifinin sekreterliği kurulmuştur. Sudan ve Mısır'ın da dahil olduğu 10 havza devletinin benzer yoksulluk, nüfus artışı, çevresel bozulmalar ile istikrarsız

---

[1] Dr. Kinfe Abraham, "The Nile Issue: Psycho-Political Hurdles To An Agreement and The Way Forward Toward A Rapprochement", http://www.addis-eiipd.org/Occasional, E.T: 21.05.2008.
[2] John Bulloch ve Adel Darwish, a.g.e., s. 72.
[3] The Nile: water conflicts, May 2003, http://www.scienceinafrica.co.za/2003/may/nile.htm, E.T: 18.01.2008.
[4] M. El-Fadel, Y. El-Sayegh, K. El-Fadl, and D. Khorbotly, s.112.

ekonomik özelliklerini paylaşmaları bu İnisiyatif çerçevesinde oluşturulan işbirliği mekanizmalarının başarıya ulaşmasını da sağlayacaktır. Bu İnisiyatife yöneltilen en önemli eleştiri, devletlerarasındaki ilişkilere daha çok ağırlık verilmesi nedeniyle Nil sularına bağımlı olan insanların taleplerinin göz ardı edilmesidir.[1]

Bununla birlikte İnisiyatifin çalışmaları sonuç vermeye başlamıştır. Nil havzasındaki sulanabilir arazi miktarının 2,2 milyon ha olduğu Etiyopya'nın Nil sularını kullanarak 20 bin ha civarındaki tarımsal sulama projesine başlaması için hem kredi hem de yeşil ışık alabilmiştir. 13 Temmuz 2007 tarihinde Dünya Bankası ile 100 milyon dolarlık bir kredi antlaşması imzalanması ve Sudan'ın bunu desteklemesi[2] gelecek işbirliği için önemli ipuçlar vermektedir.

Bu konuda havza devletlerinin ortak anlayış ve diyalog bağlamında karşılıklı bilgi iletişimi ve projelerini yürütme bakımından müzakereleri arttırmalarına bağlı olacaktır. Buradaki ana sorun memba devletlerinin özellikle Mısır başta olmak üzere mansap devletlerine suyun düzenli akışını önleyecek bir girişimde bulunmamalarıdır.

---

[1] The Nile: water conflicts, May 2003, http://www.scienceinafrica.co.za/2003/may/nile.htm, E.T:18.01.2008.

[2] Andualem Sisay, "Ethiopia gets green light for irrigation on Nile",17 july, 2007, http://www.ethiopiainsight.com

1. 10. 2. 6. ABD-Meksika Antlaşması [1]

Tarihsel olarak ABD-Meksika su ilişkileri, sınır sularıyla ilgili düzenlemeyi de kapsayan 1848 yılında yapılan Barış ve Dostluk Antlaşmasına kadar dayanmaktadır.

ABD ile Meksika, Rio Grande Nehri sularının paylaşımından kaynaklanan sorunu çözmek için 1889 yılında Uluslararası Sınır ve Su Komisyonu oluşturdular. Üyeleri her iki devletin mühendislerinden kurulu ve su kaynaklı bütün problemleri çözmede münhasır yetki verilen bu komisyon, uyum mekanizmaları oluşturmada önemli rol üstlenmiştir.[2] Komisyonun çalışmaları, 1906 yılında imzalanan "Rio Grande Sularının Sulama Amaçlı Hakça Paylaşımı Sözleşmesi"nin yapılmasıyla sonuçlandı.

1906 yılında Rio Grande Nehrine ilişkin yapılan antlaşmanın önemli özelliği yukarı kıyı devleti olan ABD'ye bu suların kullanımı konusunda önemli yetkilerin verilmesidir. Bu yönüyle ulusal egemenlik doktrini uyarınca ABD sular üzerinde daha fazla hak sahibi olduğunu düşünmektedir. Aslında bu nehir suları üzerinde anlaşmazlık daha 19. Yüzyılda başlamış ve bu dönemde ABD'nin kendi tarafında kalan suları saptırmasının uluslararası hukuka aykırı olduğu yönündeki Meksika'nın görüşleri üzerinde, ABD'li hukukçu Harmon'a başvurulmuştur. Bu hukukçu, mutlak ulusal egemenlik doktrini olarak bilinen görüşünü yayınlaması üzerinde ABD bu görüş doğrultusunda hareket etmiştir.

ABD daha sonra bu görüşüne esneklik getirerek Meksika ile Rio Grande Nehri Antlaşmasını yapmıştır. 1944 yılında bu nehirle birlikte Colorado ve Tijuana Nehirlerinden Meksika'ya belli miktarlarda su tahsis etme antlaşması imzalanmıştır.[3]

---

[1] Colorado, Tijuana ve Rio Grande Nehirleriyle ilgili yapılan antlaşma metni için bkz. NACSE, "Treaty between the United States of America and Mexico relating to the waters of the Colorado and Tijuana Rivers, and of the Rio Grande ", (çevrimiçi) http://mgd.nacse.org/qml/watertreaty/textdocs/international/98.html, 31Aralık 2001.

[2] Jones, Patricia A., "Compliance Mechanism of International Water Agreements A Case of U. S. -Mexico Boundary Waters", Water International, International Water Resources Association, V. 25, No. 4, (December 2000), s. 556.

[3] Bu antlaşmanın 4-9, 18, 19, 21 ve 26. maddeleri Rio Grande Nehri, 10-15 ve 27 maddeleri Colorado Nehri ve 16. maddesi Tijuana Nehri ile ilgili hükümler getirmektedir. Jones, a. g. m., s. 556.; T. C. Dışişleri Bakanlığı, a. g. e., s. 50.

ABD ile Meksika arasında yapılan Colorado, Tijuana, ve Rio Grande Nehirlerinin kullanımına ilişkin 1944 Antlaşması, Meksika'ya bu su kaynaklarından yıllık olarak belirli bir miktar tahsis edileceği teminatını getirmişti. Bu antlaşmanın 4. maddesinin B/c fıkrası, ABD'ye Rio Grande sularından yıllık ortalama miktar olarak minimum 431, 721, 000 m^3 tahsis ederken, 10. maddenin b fıkrası gereğince Colorado nehri üzerinden ABD, Meksika'ya yıllık ortalama miktar olarak asgari 1, 850, 234, 000 m^3 suyun akımını garanti etmekteydi.[1] Suyun kalitesiyle ilgili garanti getirmemekle beraber bu Antlaşma 1950 yılına kadar bir soruna yol açmamıştır. Bu antlaşmanın diğer antlaşmalardan ayıran önemli özelliği, işlevsel uyum mekanizması sistemini getirmesidir. Bu mekanizmaları uygulayacak ve denetleyecek tek merci, 1889 yılında kurulan Uluslararası Sınır Suları Komisyonu olacaktı. Antlaşmanın 24. maddesi, Komisyona uyuşmazlıkları çözme, antlaşma hükümlerinin uygulanmasını gözetleme ve ulusal mahkemelere başvurma yetkisini vermekteydi. Daha sonra Dakika 289 no ile Komisyona görevi dahilindeki her konuda istediği zamanda iki Hükümete yıllık raporlar sunma yetkisi de verilmektedir. 25. madde uyarınca bu antlaşma ve 1889 tarihli antlaşmanın hükümlerine uygun olarak Komisyon normatif kurallar oluşturabilir ve karar verebilir. Bunlar da her iki hükümetin onayına bağlıdır. Komisyonca verilen kararlar 30 gün içinde ilgili hükümetlerce kabul veya reddedilmezse geçerlilik kazanmaktadır. Taraflardan biri reddederse her iki Hükümet konunun tanımlanması ve belirlenmesiyle ilgili görüşmeler yapacaktır. Bir anlaşmaya varıldığı takdirde Komisyona bilgi vereceklerdi. Antlaşmanın Komisyonun yetkisinin genişliğiyle ilgili getirdiği bu esneklik, antlaşmanın zamanın koşullarına ve ihtiyaca göre değişik uygulanmasını sağlamıştır.[2] Ne var ki hızlı ekonomik kalkınma ve tarımsal üretimde gittikçe artan su tüketimi ve hızlı nüfus artışı sonucunda ABD'den Meksika'ya akan suyun kalitesinde önemli düşüşler olmuştur. Bu durum karşısında Meksika, ABD'den antlaşmayı gözden geçirmek için ikili görüşmeler talebinde bulunmuştur. Bu görüşmeler ancak 1974 tarihinde sonuçlanmış ve

---

[1] Antlaşma metni için bkz. T. C. Dışişleri Bakanlığı, a. g. e. , s. 83-106. ; Sar, a. g. e. , s. 158.
[2] Jones, a. g. m. , s. 556-557.

1944 Antlaşması bağlamında suyun miktarında olduğu gibi kalitesinde de bir değişmeye gidilmeksizin ABD'den Meksika'ya suların akıtılmasının sağlanmasına ilişkin anlaşma sağlanmıştır.[1] İki devlet arasında benzer bir soruna yol açan Colorado Nehri'ni de kapsayan 1933 tarihli Sınır Düzenleme Antlaşması, 1944 tarihli Colorado, Tijuana, ve Rio Grande Nehirlerinin kullanımına dair Antlaşma bağlamında 1970 tarihli Sınır Antlaşması imzalandı. Eski rejim olarak adlandırılan bu antlaşmalar sözü edilen nehirlerin paylaşımını sağladı ve Komisyonun su üzerinde tek merci olmasını pekiştirdi. 1979 yılında yapılan "Dakika 261", 1983 yılında yapılan "ABD-Meksika Sınırı Çevresel İşbirliği Antlaşması" ve 1991 yılında yapılan "Bütünleştirilmiş Sınır Çevre Planı" ise eski rejimden Kuzey Amerika Serbest Ticaret Antlaşması (NAFTA) çerçevesinde oluşan yeni rejime geçişi belirlemektedir. Bu geçiş antlaşmaları yalnız su paylaşımı değil atık su toplanması, kirliliğin önlenmesi gibi konuları da içermektedir.[2]

ABD ve Kanada arasında paylaşılan Columbia Nehri sularının kullanım sorunu ise, 1961 yılında Columbia Nehir Havzası Antlaşması ile çözüme kavuşturuldu. Antlaşmaya göre, ABD'nin enerji üretimi ve sel önleme faaliyetleri için inşa edeceği barajların rezervuarları Kanada topraklarına taşabilecek, bunun karşılığında Kanada üretilecek enerjinin yarısını almanın yanı sıra ve sular altında kalacak toprakları için de tazminat alacaktı. Kurulacak Uluslararası Ortak Komisyon, Antlaşma maddelerinin hayata geçirilmesini sağlayacaktı.[3] Kurulan Komisyon bu görevini yerine getirmeyi başararak diğer havza yönetimlerine örnek olacak biçimde işlevini yerine getirmektedir.[4]

---

[1] The Trade Environment Database (TED), "Colorado River Water Dispute (COLORADO Case)", (çevrimiçi) www.american.edu/ted/COLORADO.HTM ., 9 Kasım 2002.

[2] Aynı yer. ; Pamukçu, Konuralp, Su Poilitikası , bağlam y. , 1. b. , İstanbul 2000, s. 112.

[3] Bkz. NACSE, "Treaty Between The Unıted States of America and Canada Relating to Cooperative Development of The Water Resources of The Columbia River Basin", (çevrimiçi) http://mgd.nacse.org/cgi-bin/qml2.0/watertreaty/intl_treaties. qml?qml_screen=full&TN=84 , 4 Ocak 2002.

[4] Pamukçu, a. g. e. , s. 113.

İKİNCİ BÖLÜM

TÜRKİYE'DEKİ ULUSLARARASI NEHİRLERİN HUKUKSAL STATÜSÜ

Bu bölümde, bir kısmı Türkiye topraklarında akan ve uluslararası hukukun konusu olan nehirlerin statüsü üzerinde durulduktan sonra, bu nehirler üzerinde yapılan antlaşmaların getirdiği düzenlemelerin neler içerdiği incelenecektir.

Türkiye, bir çok uluslararası nehrin belirli kesimlerini egemenliği altında bulundurmakta ve buraları hidroelektrik enerji üretimi ve büyük çapta sulama projelerini gerçekleştirmek için kullanmaktadır. Bununla birlikte bu uluslararası nehirlerin sınırları içindeki kısmını egemenlikleri altında bulunduran komşu devletler de yararlanma projelerini gerçekleştirmekte veya tasarlamaktadırlar. Bu nedenle Türkiye, bu nehirlerin kullanımıyla ilgili kıyıdaş olduğu devletlerle antlaşma yapmak durumundadır.

Türkiye suların akış yönüne göre Fırat ve Dicle gibi bazı nehirlerde yukarı kıyı devleti konumunda bulunurken, Meriç ve Asi gibi nehirlerde ise aşağı kıyı devleti durumundadır. Bu bölümde Fırat ve Dicle Nehirleri dışında Türkiye'nin henüz üzerinde bir antlaşma yapmadığı Asi Nehri ile Türkiye'nin komşularıyla antlaşma sağladığı diğer uluslararası nehirler incelenecektir.

2. 1. Asi Nehri[1]

Türkiye'nin Fırat ve Dicle dışında antlaşma yapmadığı uluslararası nehirlerden biri de Asi Nehridir. Bu nehir, Suriye'nin denetimi altında bulunan Lübnan sınırları içindeki Bekaa Vadisi'nden doğmakta ve yaklaşık 35 km aktıktan sonra Suriye topraklarına geçmekte ve buradaki Hama Gölünü beslemektedir. Suriye'nin Asi Nehri ve bu nehre katılan yan kollar üzerinde baraj inşaatları devam etmektedir. Toplam yıllık kapasitesi 2,5 milyar m^3

---

[1] Asi Nehriyle ilgili bu başlık altındaki bilgilerin bir kısmı Mehmet Dalar, "Asi Nehri'nin Türkiye-Suriye İlişkileri Üzerindeki Etkisi ve Geleceği" adlı çalışmasından alınmıştır.

olan bu nehrin sularının tamamına yakın bölümü yapılan projelerle tüketilmektedir. Türkiye ve Suriye arasında 22 km sınırı oluşturan bu nehir, yaklaşık 100 km Türkiye topraklarında aktıktan sonra Akdeniz'e boşalmaktadır. Suriye'nin kullanımları nedeniyle yaz aylarında debisi 3 m^3/sn.ye kadar düşen bu nehirde kirlenme sorunları mevcuttur.[1] Suriye, Ghab Vadisi boyunca yaptığı tarımsal sulama ile Asi sularının çok azının Türkiye'ye geçmesine izin veriyor. Bu yüzden, Hatay'daki Amik Ovası susuz kalıyor. Kurak mevsimlerde, nehir suları denize bile ulaşamıyor. Suriye'nin Fırat ve Asi'ye yönelik su politikası birbiriyle çelişiyor. Ayrıca Hatay üzerindeki Türk egemenliğini tanımadığı için, Asi Nehri'ni Türkiye ile görüşmekten kaçınıyor.[2]

Suriye'nin Fransız mandasında olduğu 1930'lu yıllarda ilk kez bu nehrin potansiyelinin değerlendirilmesiyle ilgili çalışmalar yapılmaya başlanmıştır. Asi nehri boyunca Hama'dan Humus'a kadar ki alan, Ghab bölgesi ve Amuk Ovası olmak üzere üç bölgedeki tarımsal arazinin sulamasını kapsayan kalkınma planıyla ilgili çalışmalar başlatılmıştır. 30-32 bin ha bataklık alanından drenaj sularını çekerek Asi nehri sularıyla desteklenecek Ghab Projesini gerçekleştirmek için Suriye 1950 yılında dünya bankasından kredi talep etmiştir. Banka projeyi kredilendirilebilir bulmakla birlikte projenin Lübnan'dan daha fazla suyu çekmemesi ve Türkiye'yle antlaşma yapılması gerektiğini öngörmüştür. Diğer taraftan Afrin suyunun da saptırılması planlanan projeye Türkiye'nin itirazları olmuştur. Türkiye'nin itirazı, projeyle ilgili inşaat çalışmaları sırasında Türk toprakları taşkınlıklara uğrayacağı ve projenin tamamlanmasıyla sulama döneminde Türkiye'ye fazla su bırakmayacağı yönündeydi. Şam'da iki ülke heyeti arasında yapılan

---

[1] Bilen, Özden, Ortadoğu Su Sorunu ve Türkiye, TESAV y. , Ankara 1996, s. 103. Başka bir kaynağa göre bu nehrin yıllık kapasitesi 1.2 milyar m^3 olup bunun % 6'sı Lübnan, % 92'si Suriye ve % 2'si Türkiye topraklarından geçmektedir. Bkz. Akmandor, Neşet, "Su Sorununun Fiziksel Boyutları", Ortadoğu devletlerinde Su Sorunu, TESAV y., No.4, Ankara 1994, s. 27.

[2] Özkan, Naki, "Türkiye su zengini değil", Milliyet Gazetesi , 24 Mart 2000, (çevrimiçi) www.milliyet.com.tr , 21 Ocak 2002.

görüşmeler başarısızlıkla sonuçlanmıştır.[1] Bazı kaynaklara göre görüşmelerin başarısız olmasının nedeni Suriye'nin Türk toprağı olarak kabul etmediği nehrin denize döküldüğü Hatay iliyle ilgili iddialarından kaynaklanmıştır. Bu yöndeki anlaşmazlık giderilemediği için Suriye, Dünya Bankasından kredi alamamıştır.[2] O dönemdeki siyasal konjonktürün de etkisiyle Türkiye, Asi nehri üzerinde yapılacak projelere karşı etkin bir şekilde tavrını sürdürmemesi, Suriye'yi bu projeler üzerinde çalışmalarını sürdürmesini beraberinde getirmiştir.[3] Bu nedenle projeyle ilgili çalışmalar 1951 yılında yeniden değerlendirmeye alınmıştır. Hollanda firması Nedeco'nun oluşturduğu proje planı doğrultusunda Bulgaristan, Yugoslavya ve İtalyan şirketleri ile Sovyetler Birliği'nin malzeme desteğiyle 1955'ten 1967 yılına kadar 2 baraj, iki büyük drenaj kanalı ve diğer tarımsal kanalları içeren proje tamamlanmıştır.[4] Bu nehir üzerinde Rustan, Hifaya-Mehadeh, Ziezoun ve Kastoun olmak üzere dört önemli baraj kurulmuştur.[5] Suriye tarafından bu nehir geniş ölçekte kullanılması beraberinde önemli kirlilik sorununu getirmekte içme suyu niteliğini kaybettiğinden ülkede nehir sularını içen halkta tifo, kolera gibi çeşitli salgın hastalıklar baş göstermiştir. Ghab projesi azami kapasitesine ulaşmış bulunmakta ve Suriye halkının % 12,5 oranındaki 1,5 milyonluk nüfus Ghab Vadisinde yaşamaktadır.[6] Bu nedenle Suriye, Ghab Vadisi boyunca yaptığı tarımsal sulama ile Asi sularının çok azının Türkiye'ye geçmesine izin verdiğinden Hatay'daki Amik Ovası susuz kalmakta ve kurak mevsimlerde, nehir suları denize bile ulaşamamaktadır.[7]

---

[1] İbrahim Mazlum, Water in the Middle East: The Scarce Resource of Region, Marmara University, unpublished Master Thesis, 1996, s. 88.

[2] Greg Shapland, *Rivers of Discord International Water Disputes in the Middle East,* published by C.Hurst&Co., London, 1997, s. 146;

[3] Shapland, a. g. e. , s. 147.

[4] Mazlum, age, s. 89.

[5] Salha, a. g. e. , s. 11.

[6] Arnon Soffer, *Rivers of Fire,* pub. by Rowman and Littlefield, 1999, Maryland, s. 208.

[7] Özkan, Naki, "Türkiye su zengini değil" , 24 Mart 2000, www.milliyet.com.tr .

Fırat ve Dicle Nehirlerinin aksine Asi Nehrinde aşağı kıyı devleti konumunda olan Türkiye'ye karşı bu nehir konusunda Suriye'nin politikası ise, sözde, nehrin aktığı Hatay ilinin kendisine ait olması nedeniyle bu nehrin uluslararası nehir değil, ulusal nehir olduğu yönündedir.[1] Bu nedenle Suriye, Asi Nehri konusunda Türkiye ile bir müzakereye girmek istememektedir. Nitekim 20 Eylül 1994 tarihinde Lübnan ile yaptığı "Asi sularının paylaşılması" antlaşmasında Türkiye ile ilgili bir düzenleme yapılmamış ve bu antlaşmadan da Türkiye haberdar edilmemiştir.[2]

Türkiye'nin aşağı devlet, Suriye'nin ise ara havza devleti durumunda olduğu Asi Nehriyle ilgili politikaya Türkiye şu nedenlerden dolayı önem vermektedir:

a. Türkiye, Fırat ve Dicle Nehirleriyle ilgili yapılacak herhangi bir antlaşmaya bu nehri de dahil etmek istemektedir.
b. Türkiye, Fırat sularının paylaşılmasını isterken Asi Nehri'nin kullanımı ve paylaşımı konusunda aynı politikayı izlemek istemeyen Suriye'yi, uluslararası alanda sorunun kaynağı olarak göstermektedir.
c. Suriye, Türkiye'ye yetmeyecek kadar bu nehrin sularını aşırı kullanması nedeniyle Hatay bölgesinin tarımsal arazilerinin zarar görmesine ve bölgede önemli kuraklığa yol açmaktadır.
d. Değişik amaçlarla Suriye tarafından kurulan sanayi tesislerinin zehirli atıkları Hatay bölgesinde önemli çevresel zararlara neden olmaktadır.[3]

Su potansiyeli açısından Fırat'tan çok küçük olmakla birlikte, Türkiye'nin aşağı-kıyıdaş konumda olduğu Asi Havzasının durumu yukarıdaki hususlar açısından özel önem taşımakta ve Suriye ile su görüşmelerinde tartışılacak birçok yönü bulunmaktadır. Kaldı ki Türkiye, Asi Havzasında 165 000 hektar (ha) arazinin sulanmasını öngörmekte [devlet Su İşleri (DSİ)-1995] olduğundan, bunun tamamının Türkiye'den kaynaklanan sularla sulanması pek mümkün

---

[1] Salha, Samir , Türkiye, Suriye ve Lübnan İlişkilerinde Asi Nehri Sorunu, Dış Politika Enstitüsü y. , Ankara 1995, s. 22.ve 23.
[2] Aynı eser, s. 21.
[3] Aynı eser, s. 23-24.

değildir. Türkiye'den Ortadoğu'ya hangi kaynaktan ne kadar suyun aktarılacağı konusunda yapılacak antlaşmalarda, Türkiye'ye ek yük getirilmeden, Asi Havzasının durumu da kesinliğe kavuşturulması mümkündür.[1]

Suriye'nin Asi Nehri konusunda Fırat ve Dicle Nehirleriyle ilgili izlediği politikadan ayrılması, sular konusunda Türkiye ile antlaşma zemininin oluşmasını zorlayan önemli nedenlerden bir tanedir. Bununla beraber son yıllarda Türkiye ile Suriye ilişkilerinde bir yakınlaşma gözlemlenmiş, bu devletin Cumhurbaşkanı'nın, 6 Ocak 2004 tarihinde Türkiye'yi ziyareti, iki devlet arasındaki sorunların giderilmesinde önemli aşama olarak değerlendirilmiştir. Ayrıca uluslararası hukuk doğrultusunda ülke tanımlarının yer aldığı çifte vergilendirmenin önlenmesi ve yatırımların karşılıklı teşviki ve korunması anlaşmalarının imzalanmasıyla, Suriye'nin Hatay konusundaki iddiasından geri adım atacağı[2] sonucunu doğurabilecektir. Bu, aynı zamanda su konusunda da daha rahat anlaşma sağlanabileceğinin işareti olarak değerlendirilebilir.

2. 2. Türkiye'nin Komşu devletlerle Yaptığı Antlaşmalar

Üzerinde antlaşma yapılan nehirler özellikle ortak sınır oluşturan nehirler olup nehrin en derin noktası olan thaveg hattı esas olmak üzere paylaşılma yoluna gidilmiştir.

2. 2. 1. Sovyetler Birliği ile Yapılan Antlaşmalar

Türkiye'nin ilk kez bu nitelikte yaptığı uluslararası hukuk işlemi, 8 Ocak 1927 tarihinde Sovyetler Birliği ile Kars'ta imzaladığı "Sular İtilafnamesi ile Serdarabat Barajı'nın İnşasına Dair Müzeyyel

---

[1] Öziş, Ünal ; Baran, Türkay ; Özdemir, Yalçın ; Fıstıkoğlu , Okan ; Türkman, Ferhat ve Dalkılıç, Yıldırım, "Türkiye'nin Sınır - Aşan Sularının Su Hukuku ve Su Siyaseti Açısından Durumu", s. 6, (çevrimiçi) www.suvakfi.org.tr/sinirasan.DOC, 03.Aralık 2002.

[2] NTV, "Ankara-Şam ilişkilerinde yeni dönem", (çevrimiçi) http://www.ntvmsnbc.com/news/251405.asp, 31 Ocak 2004.

Protokol" dür.[1] Bu Protokolün 1. maddesinde ortak sınır oluşturan nehir, çay ve dere suları taraflar arsında eşit paylaşılacağı belirtilmekteydi. Protokolün 4. maddesi uyarınca tarafların kullanacakları suyun tespiti için bir komisyon görevlendirilmektedir. 5. maddeye göre su seviyesi yükseldiği takdirde taraflardan biri kendi kesiminde baraj yapma hakkına sahiptir. Bu durumda diğer tarafa ait su miktarıyla birlikte balıklar da serbestçe geçebilecekti. Baraj inşasından dolayı bir taraf zarar görmüşse diğer taraf bu zararı telafi etmekle yükümlü olacaktır (5/c fıkrası). 7. madde ise sınır oluşturan nehirler için ortak sınır hattının nehrin en derin noktası olan Thalveg hattının değiştirilemeyeceğini hükme bağlamıştır.

Antlaşmanın 6. ve 8. maddelerine taşkınlardan korunmak ve kıyıların aşınmasını önlemek amacıyla hükümler konulmuştur. Nehir sahillerinin sular tarafından tahrip edilmemesi için tarafların mahmuzlar yapması, ayrıca bu mahmuzlar yapılırken inşaat çalışmaları yapan devletin zararlı sonuçlardan kaçınması ve diğer devleti koruması görevi hükmü getirilmiştir (6. m.). İki tarafın da hidroelektrik istasyonları ve değirmenler inşa edebilecekleri, bunları yaparken diğer tarafı rahatsız etmeyecek ve zarar vermeyecek tedbirleri alacakları hükme bağlanmıştır (8. m.). 11. madde, sulama amacıyla yararlanmayı düzenlemektedir. Buna göre, tarafların vatandaşları sınır çizgisine yakın olan çay ve derelerde gündüz özel bir izin almaksızın su alma ve verme ile hayvan sulama haklarına sahiptir. Bu hakların kullanımı güvenlik nedeniyle geceleri yasaklanmıştır.

Aras Nehri'nin en büyük kollarından biri olan ve Türkiye ile şimdiki Ermenistan arasındaki sınırın bir bölümünü oluşturan Arpaçay Nehri, Ermenistan sınırları içinde kalan doğu yamaçlarından doğmakta, bir süre doğuya doğru aktıktan sonra keskin bir dirsek çizerek güneye yönelmektedir. 174 km uzunluğu olan Arpaçay karma rejimli bir nehir olup, taşkın dönemi karların eridiği ve yağışların en üst noktasına eriştiği ilkbahar sonu ile yaz başına rastlar. Sonbahar ve kış mevsimlerinde suyu azalmakla beraber su seviyesi gene

---

[1] T. C. Resmi Gazete, "8 Kânunusani 1927 Tarihli Kars'da İmza Edilen Sular İtilafnamesi ile Serdarabat Barajının İnşasına Dair Müzeyyel Protokol ", 3, 4 Ağustos 1927, Sayı 649-650, III. Tertip, C. 8, s. 1008, (çevrimiçi) www.mfa.gov.tr , 04 Ocak 2002.

oldukça fazladır.[1] Bu nehrin hukuki statüsüyle ilgili Sovyetler Birliği ile yapılan Protokol hükümleri halen yürürlüktedir.

23 Nisan 1963 tarihli Türk-Sovyet Karma Komisyonunun Arpaçay üzerinde ortak bir baraj kurulmasıyla ilgili Protokolün 14. maddesine göre, Arpaçay Nehri üzerinde baraj yapıldıktan sonra, her iki taraf barajda toplanan ve Aras'tan geçen sulardan kendilerine düşen suyu doğrudan doğruya rezervuardan çekebilecekleri gibi, Arpaçay ve Aras Nehirlerinin sınır oluşturan herhangi bir yerinden de su çekebileceklerdir. [2]

Türkiye Cumhuriyeti ile Sovyetler Birliği arasında sularla ilgili yapılan diğer bir uluslararası hukuk işlemi de 26 Ekim 1973 tarihinde imzalanan "Arpaçay Nehrinde Baraj İnşası ve Baraj Gölünün Teşekkülü Konusunda İşbirliğine Dair Antlaşma"dır[3]. Bu antlaşmanın önsözünde 1927 tarihli Kars Antlaşmasının hükümleri göz önünde bulundurulduğu belirtilmekte ve Arpaçay Nehri üzerinde yapılacak ortak baraj ve diğer inşaat tesislerinin yapımında her iki devletin eşit olarak harcamalara katılacağını hükme bağlanmaktadır (md. 4-5). Sınır oluşturan suların taraflar arasında eşit olarak paylaşımıyla ilgili ayrıntılı açıklamalar getiren bu antlaşma, Türkiye'nin uluslararası sulardan faydalanmayla ilgili önemli hükümler getirmektedir. Bu antlaşmaya ek-III nolu talimatnamenin 22. maddesi uyarınca taraflar gerek rezervuarda düzenlenen sudan ve gerekse Aras Nehrinden akan sudan kendilerine düşen yarı hisseyi sınırı oluşturan Arpaçay ve Aras Nehirlerinin herhangi bir sınır bölgesinden alabilirler. 24. madde ise taraflar, paylarına düşen suyu su alma grafiğine göre kullanacaklardır. Her iki tarafça alınan su miktarının tespiti için otomatik kayıt aletleriyle donanmış su ölçme tesislerinin kurulması hükmü getirilmektedir. Önceden hazırlanmış olan su kullanma programları, yılın fiili iklim şartlarına ve nehirlerin hidrolojik rejimdeki değişimlerine göre düzeltilecektir (m. 25). Bu yıllık programlar ise tarafların alacağı yıllık toplam su hacmi birbirine eşit olacak şekilde düzenlenmelidir. Daimi Çalışma Komisyonunun aylık toplantılarında tarafların bir sonraki ay zarfında

---

[1] AnaBritannica, c.3, Hürriyet y., İstanbul, 1994, s.103.
[2] T. C. Resmi Gazete, 31 Ağustos 1964, sayı 11794, s. 2.
[3] T. C. Resmi Gazete, 10 Aralık 1975, sayı 15438, s. 3.

alacakları suyun miktarı su alma yerleri belirtilmek suretiyle tespit edilir(m. 26/1). Taraflardan birinin isteği üzerinde su kullanma konusunda çıkan sorunları halletmek ve aylık su kullanma grafiklerinde değişiklik yapmak için olağanüstü toplantı yapılır (m. 26/2)

2. 2. 2. Türk-İran Antlaşması

İran ile 18 Kasım 1955 tarihinde Ankara'da "Sarısu ve Karasu Sularından Müştereken İstifade Olunması Hakkındaki Protokol" imzalanmıştır. Bu Protokole göre taraflar Karasu yatağı boyunca her noktadaki suyun yarısından yararlanma hakkı olduğunu, bu suları kendi sulama projelerinin gerektiği durumda ve ihtiyaca binaen anlaşmak ve mevcut sınır rejimine uymak üzere kullanacaklardır. İran Hükümeti ile imzalanan bu Protokolde, Sarısuyun miktar olarak paylaşımı konusunda ise kurak senelerde ve su seviyesinin asgari hale düştüğü durumlarda İran'a akacak suyun debisi en az 1,8 m^3/sn.den düşük olmayacağı hükmü getirilmiştir.[1]

2. 2. 3. Yunanistan ile Yapılan Antlaşmalar

Yunanistan ile 20 Haziran 1934 tarihinde imzalanan "Meriç Nehrinin Her İki Sahilinde Su Tesisatının Tanzimine Dair Türk-Elen İtilafnamesi", sınır oluşturan nehrin ortak kullanımı ve balıkçılığın düzenlenmesiyle ilgili olup bunun için bir nizamname hazırlanması önerilmektedir.[2] 19 Ocak 1963 tarihinde imzalanan "Türk-Yunan Trakya Hududunun Mühim Kısmını Tayin Eden Meriç Nehri Mecrasının Islahı Dolayısıyla Hudut Tashihine İlişkin Protokol", sulama ve su alma tesislerine ilişkin etüt ve proje çalışmalarının sürdürülmesi, tarafların kendi aralarında anlaşmaları ve karşı tarafa zarar vermeden hareket etmeleri esası kabul edilmiştir.[3] Türkiye ile Yunanistan arasında sınır oluşturan Meriç Nehri sularının paylaşımıyla ilgili 1950'li yıllardan sonra iki Hükümet arasında yapılan bu antlaşmalar uyarınca, Türk tarafında 16900 ha, Yunan

---

[1] Sar, a. g. e., s. 157.
[2] T. C. Resmi Gazete, 25 Mayıs 1935, sayı 3011, s. 5210 vd.
[3] T. C. Resmi Gazete, 9 Ocak 1967, sayı 12499, s. 4.

tarafında 11600 ha toprağın sulanması, taşkınlık kontrolü ile drenaj çalışmalarının yapılması ve su seviyesinin korunmasıyla ilgili Master Planı hazırlanmıştır. Ne var ki bu plan nehrin kaynaklandığı yukarı devlet olan Bulgaristan tarafındaki kısmını dikkate almadığı için istendiği şekilde etkin uygulanamamıştır.[1]

2. 2. 4. Bulgaristan ile Yapılan Antlaşmalar

23 Ekim 1968 tarihinde imzalanan "Türkiye İle Bulgaristan Halk Cumhuriyeti Arasında İki devletin Topraklarından Akan Nehirlerin Sularından Faydalanmada İşbirliği Yapılması Konusunda Antlaşma" da sulama ve su alma konusu açıkça düzenlenmemekle beraber antlaşmanın giriş bölümünde iki devlet topraklarında akan ve su taşkınlarına yol açabilecek nehir suları için önlem alınabileceği belirtilmektedir Bunun dışında sularla ilgili herhangi bir miktar paylaşımıyla ilgili bir hususa rastlanmamıştır.[2] Sınır olaylarının önlenmesiyle ilgili 28 Aralık 1967 tarihinde imzalanan antlaşmada ise balık avlanmasının güvenlik gerekçesiyle ancak gündüzleri yapılabileceğini hükme bağlanmıştır.[3]

---

[1] Kolars, John, "Proplems of International River Management:The case of the Euphrates", International Waters of the Middle East From Euphrates-Tigris to Nile, Edited by Asit K.Biswas, Oxford Univ.pr., Oxford, Newyork, Bombay 1994, s. 64.
[2] T. C. Resmi Gazete, 27 Haziran 1970, sayı 13531, s. 3 vd.
[3] T. C. Resmi Gazete, 18 Ekim 1969, sayı 13330, s. 1 vd.

ÜÇÜNCÜ BÖLÜM

FIRAT-DİCLE NEHİRLERİNİN COĞRAFİ ÖZELLİKLERİ, KIYIDAŞ DEVLETLERİN SU DURUMU, FAYDALANMA ŞEKİLLERİ VE ETKİLERİ

Bu bölümde Türkiye'den kaynaklanarak Suriye ve Irak'ın topraklarında akan Fırat ve Dicle Nehirlerinin fiziksel ve coğrafi özellikleri açıklandıktan sonra bu nehirleri fiilen paylaşan üç kıyı devletinin su durumu, su tüketimi ve bu nehirlerin kullanımıyla ilgili proje ve faaliyetlerinin neler olduğu incelenerek, bunların beraberinde getirdikleri sorunlar ve etkiler üzerinde durulacaktır.

3. 1. Fırat ve Dicle Nehirleri

Her iki nehir de Türkiye'nin doğu dağlarından kaynaklanmakta ve Irak'ın güneyinde birleşerek Basra Körfezine dökülmektedir. Binlerce yıl önce bu iki nehir çevresinde medeniyetler oluşmuş ve yine bu nehir sularının paylaşımından dolayı tarihte ilk su savaşı çıkmıştır. (Umma ve Lagaş arasında)[1]. Mezopotamya'nın en eski medeniyetleri olarak bilinen Sümerler, Babiller, Akkadlar ve Asurlular, 20 milyon kişinin su ihtiyacını karşılayan o dönemin en ileri teknolojisine sahip etkili bir hidrolik sistem kurmuşlardır. Bu medeniyetler en iyi bakımlı sulama ve taşkınlığı kontrol sistemine dayanmaktaydı. Tarihin kaydettiği en önemli yapı, milattan sonra 6. y. y.'da kurulan Nahrawan Kanalıdır. Uzunluğu 300 metre, genişliği 30 metreden fazla olan bu kanal, Samarra yakınındaki Dicle Nehrinden güneybatıdaki daha alçak olan ve tarımsal sulamada kullanılan Diyalah Nehrine su aktarmaktaydı. Bu nehirler sayesinde Ortadoğu topraklarında ortaya çıkan medeniyetlerden dolayı bu topraklara "verimli hilal" adı da verilmektedir. Eski Mezopotamya medeniyetleri döneminde

---

[1] Meray, a. g. e., s., 5. ; Kaçmaz, Safa, "Eski Sümer Savaşları ve Hakem Kurumu" Aleviyol, (çevrimiçi) http://www.aleviyol.com/eskisumer.htm , 1 Mayıs 2003.

gerçekleştirilen Fırat ve Dicle Havzasıyla ilgili entegre sulama projeleri belki de bir bütün olarak havza için son tarihi örnekti.[1]

Tarihin en eski dönemlerinden beri sularından faydalanılan bu iki nehir, Mezopotamya'da büyük bir kanal şebekesiyle birbirine bağlanarak daha geniş bir şekilde yararlanacak hale getirilmiştir. Dicle ile Fırat'tan ayrılan ve karışık bir şebeke oluşturan kanallar sayesinde, bu şebekenin yukarı kısmında Fırat'ın sularını Dicle'ye, aşağı kısmında ise bunun aksine Dicle'nin sularını Fırat'ta aktarılmıştır. İki nehir arasındaki bu kanallar yüzyıllar içerisinde bazı değişikliklerle varlığını sürdürmüştür. Aynı zamanda bu nehirlerden ulaşım amacıyla da yararlanılmıştır.[2] Osmanlı İmparatorluğu'nun çöküşünden sonra bu nehirler Türkiye, Suriye ve Irak olmak üzere yeni kurulan üç ulusal devlet arasında fiilen paylaşılmış oldu. Bununla birlikte bu nehirlerin kullanımı ve paylaşımıyla ilgili bu devletler arasında ortak bir politika ve hukuksal yapı oluşturulmamıştır. Bölgedeki tüm su kaynakları envanteriyle ilgili olarak güvenilir veya üzerinde anlaşılabilir verilerin olmaması, bölgedeki ortak bir politikanın oluşturulmasını güçleştirmektedir. Ortadoğu nehirleriyle ilgili istatistikler genel olarak eksik olup birbirini tutmamaktadır. Bu belirsizliğin nedenleri şunlardır:[3]

1. Su kaynaklarıyla ilgili güvenilir sonuçların elde edilmesi için yeterince uzun süreli çalışmalar yapılmamıştır;

2. Ortalama akımı bulmak için farklı yıllarda yapılan çalışmalar nedeniyle aynı nehirle ilgili tespit edilen veriler değişiklik göstermektedir;

---

[1] Kliot, Nurit, Water Resources and Conflict in The Middle East, Routldge pr., London-Newyork 1994, s. 117.

[2] Uçarol, Rifat ; "Tarihte ; Dicle-Fırat Nehirleri Basra Körfezi ve Çevresinde Önemli Gelişmeler", Su Sorunu, Türkiye ve Ortadoğu, yay.haz.Sabahattin Şen, bağlam y., İstanbul 1993, s. 362.

[3] Elver, Hilal, "Emerging Water conflict in the Middle East?The Case of the Euphrates and the Tigris Rivers Basin", " Uncertain Databases " kısmı, (çevrimiçi) http://www.american.edu/maksoud/water98/present8.htm#Elver, 11 Mart 2002.

3. Farklı siyasal ve ekonomik yapıları olan havza devletlerinin nehirlerle ilgili ileri sürdükleri ilgili verileri kendi konumlarına göre tespit edip yorumladıklarından resmi istatistikler arasında tutarsızlık görülmektedir. Örneğin yukarı kıyı devleti, kendi projelerini yürütmek için aşağı devletlerinin ihtiyacını karşılayacak biçimde nehirlerin su kapasitesiyle ilgili veriler ileri sürerken, aşağı devletler de aynı nehir sularının ihtiyaçlarını ve projelerinin sürdürülmesini karşılamayacak derecede yetersiz olduğunu iddia etmektedirler.

Yukarıdakilerin dışında bölgenin sahip olduğu iklimsel farklılık ve kuraklık ile her yılın yağış verileri arasındaki farklılık su yollarıyla ilgili kesin ve güvenilir verilerin elde edilmesini zorlaştırmaktadır. Bu çalışmada bölgedeki su kaynaklarıyla ilgili uzun süreli çalışmalar yapan yazar ve kuruluşların verilerine dayanılarak bu suların hakkaniyete ve akla dayalı paylaşımla ilgili özellikleri tespit edilecektir.

3. 1. 1. Fırat ve Dicle Havzasının Hidro-Coğrafyası ve Kıyıdaş Devletlerin Bu Nehirlere Katkıları

Bu başlıkta Fırat ve Dicle nehirlerinin kaynaklandıkları havzalar incelenerek, bu nehirlerin kapasiteleri, tarihsel süreç içinde kullanımları, kıyı devletlerin bu sulara olan katkıları ve bu sulardan ne kadarını kullandıkları araştırılacaktır.

3. 1. 1. 1. Fırat Nehri

Tarihsel olarak ismi Sümerli Buranun'dan türetilen, Latince ve Grekçe'de *Euphrates* , Arapça'da *Furat* ve Türkçe'de *Fırat* olan bu nehir Dicle Nehriyle birlikte Mezopotamya medeniyetinin oluşmasında etkili rol oynamıştır. Bu nehir havzası üzerinde kurulan Babil ve Sümer medeniyetleri tarafından toprakların tarımsal amaçlı sulanması için kanallar yapılarak o dönemin şartları açısından ileri düzeyde sulama tesisleri oluşturulmuştur. Hammurabi dönemiyle ilgili belgeler sulama sisteminin sürdürülmesiyle ilgili kurallar da içermektedir. Benzer çalışmalar Abbasiler döneminde de sürdürülmüştür.[1] Tarımsal gelişme 10. yy.'dan itibaren merkezi idarenin etkinliğinin de düşmesiyle giderek gerilemeye başlamıştır. Sulama şebekelerinin gerekli bakımı ve yenilenmesinin yapılamayışı alüvyon dolan kanalların temizlenmemesi sonucunda, sular tarımsal alanlara aktarılamamış ve ekilebilir önemli alanlar çölleşmeye başlamıştır.[2] XII.Yüzyılda Moğolların istilası sonucu bu kanalların çoğunun yıkılmasıyla sulama çalışmalarının geliştirilmemesi, daha çok verimli alanların çölleşmesinde etkili olmuş ve genel sulama çalışmalarında ilerleme kaydedilmemiştir. Yetersiz yapılan drenaj çalışmaları sonucunda topraklar tuz miktarı fazla ve zengin minerallerden yoksun sularla sulanmaya başlanmıştır. Bu da toprağın yapısını olumsuz etkilediğinden tarımsal verimi azaltmıştır. 19. yüzyıldan başlamak üzere bu toprakların çoğu aşamalı olarak tuzlardan temizlenmeye başlanılmış, eski kanallar yeniden oluşturulmuş ve yeni tesisler kurulmuştur.[3] Her ne kadar eski tarihlere kadar dayanan Irak'taki Habbaniya ve Abu Dibbis Gölleri taşkınlıkları kontrol amacıyla kullanılmışsa da bu yeterli olmamış, ilk olarak 1911-14 yılları arasında Irak'ta modern mühendislik yöntemleriyle Fırat Nehrinin her iki tarafına set çekilerek Hindiya Barajı oluşturulmuştur. Bu sistemle suların tali besleyicilere aktarılması sağlanmış ve yıl boyunca düzenli bir biçimde tarımsal araziler sulandırılmıştır. Özellikle Habbaniya ve Abu Dibbis Göllerinin kullanımı gibi, geleneksel kullanımının etkisiyle havzada sularla ilgili modern anlamda proje gerçekleştiren ilk devletin Irak olması bu proje sayesindedir. Irak'ın su yönetim sistemi eski ve yenisinin bileşimini yansıtmaktadır. Bu sistemle Habbaniya ve Abu Dibbis'te toplam 46 milyar m^3 dolayında su tutulmakla birlikte bu suların bir kısmı salinaya (tuzlanmaya) uğradığından tarımsal sulama için elverişli değildir.[4]

Fırat Nehri'nin hidrografik özelliğine gelince, bu nehir Türkiye'nin Doğu Bölgesindeki Karasu ve Murat adlı iki büyük nehir kolunun birleşmesinden oluşmuştur. 3000 km uzunluğunda

---

[1] Kolars, John F. and Mitchell, William A. , The Euphrates River and The Southeast Anatolia Development Project, Southern Illinois Univ. pr. , Carbondale and Edwardsuille 1991, s. 5.

[2] Kliot, a. g. e. , s. 117.

[3] Kolars and Mitchell, a. g. e. , s. 6.

[4] Kliot, a. g. e. , s. 117.

olan bu nehir, Türkiye'de 1230 km aktıktan sonra ve küçük ölçekli yüzey sularını da bünyesine kattıktan sonra[1]Şanlıurfa'ya bağlı Birecik ilçesinin Karkamış Nahiyesinde Suriye topraklarına geçmektedir. Türkiye'den kaynaklanan ana besleyicileri olan Balık ve Habur Irmaklarıyla Suriye topraklarında birleştikten sonra 710 km akarak Irak topraklarına geçmektedir.[2] Yıllık akımı ortalama 30.777 milyar m^3 olup bu miktar, bölge su ihtiyacının üstünde olmakla birlikte bölgenin iklimsel koşulları nedeniyle buharlaşma oranı yüksek olduğu için bu miktarda önemli azalışlar olmaktadır. Su kapasitesi yıldan yıla değişmekte olup yağış seviyesine bağlı olarak değişmektedir[3] Kolars ise Irak'ın Hit kentinde yıllık ortalama maksimum akımının 35,9 milyar m^3 olarak ölçüldüğünü belirtmekte ve her ne kadar Bağdat'ta 70,4 milyar m^3 olarak ölçülen Dicle Nehrinin yıllık akımından daha az olsa da nehrin büyüklüğü yönünden çelişki yaratmamaktadır. Çünkü bu nehir kış aylarında (Eylül-Ocak) sularını aldığı havzanın şiddetli soğuk geçmesi nedeniyle debisi oldukça düşmekte olup, daha çok Nisan/Mayıs aylarında eriyen karların da etkisiyle en yüksek debisine ulaşmaktadır.[4] Bu nehrin Türkiye'nin kalkınma projelerinden önce

---

[1] Aynı eser, s. 101. ; Değişik kaynaklar sadece ana nehir uzunluğunu dikkate alarak, bunun 2700 km olduğunu tespit etmişlerdir. Bkz. Cullen, Heidi M. And De Menocal, Peter B., "North Atlantic Influence on Tigris–Euphrates Streamflow", International Journal of Climatology , No.20, 2000, s. 856, (çevrimiçi) www.ldeo.columbia.edu/~peter/Resources/ Cullen.deMenocal.2000.pdf, 3 Aralık 2002.

[2] Kolars and Mitchell, a. g. e. , s. 4. ; Kliot, a. g. e. , s. 101-102. ; Kaya, İbrahim, "The Euphrates-Tigris basin: An overview and opportunities for cooperation under international law", Arid Lands, No. 44, (Fall/Winter 1998), 'Geography and hydrology of the Euphrates-Tigris basin' başlığında, (çevrimiçi) http://ag.arizona.edu/OALS/ALN/aln44/Kaya .html , 29 Aralık 2001.

[3] Bağış, Ali İhsan, "Turkey's South Anatolia Project (GAP) and the Water Conflict in the Middle East", (çevrimiçi) http://www.hidropolitik.hacettepe.edu.tr/turkce/kupur04.htm. 13 Mart 2002. Ayrıca bkz. ICE Case Studies, "Case Number: Case Identifier: TIGRIS Tigris-Euphrates River Dispute" , (çevrimiçi) http://www.american.edu/ted/ice/tigris. htm#r1 , 29 Mart 2002. ; Bir de Kolars, John, "Defining The Political/Ecological Threshold For The Euphrates And Tigris Rivers", Arab Studies Quarterly, Vol. 22, No.2, (Spring, 2000), (çevrimiçi) http://web.macam.ac.il/~arnon/Int-ME/water/EUPHRATES%20AND%20TIGRIS. htm , 18 Kasım 2002.

[4] Kolars and Mitchell, a. g. e. , s. 3-4..

Suriye sınırında ölçülen yıllık doğal akımı 31,5 miyar m^3 iken, projelerden sonra 29,8 miyar m^3' e düşmüştür.[1]

3. 1. 1. 2. Dicle Nehri

Tarihsel olarak ismi Sümerli *Idigna*'dan kaynaklanan bu nehri Akkadlılar *Idiglat*, İranlılar *Tigra*, Türkler ve Araplar ise *Dicle* olarak adlandırmışlardır. Latincede nehrin adı *Tigris* olarak geçmektedir. Fırat ile birlikte Dicle Nehri eski tarihlerden beri insan ilişkilerinde önemli rol oynamıştır. Nimrud, Ninevah gibi önemli Asur kentlerinin üzerinde kurulduğu bu nehir, milattan sonra 197 yılından 237 yılına kadar Musul'un kuzeyinde Roma Devleti ile Mezopotamya medeniyetleri arasında sınır görevini görmüştür. Abbasiler, Bağdat ve Samarra gibi kentleri bu nehir üzerinde kurmuşlardır. Bu kentlerin Dicle Nehri üzerinde ulaşım yoluyla ticari etkinliklerde bulunmaları sayesinde nehrin tarımsal amaçlar dışında ticari anlamda da önemi artmıştır. Tarih boyunca Irak için vazgeçilmez su kaynağı olan bu nehrin her iki yanı boyunca ihraç amaçlı yoğun tarımsal faaliyetler yapılmıştır. Musul yakınlarında bu nehir üzerinde 1 milyar dolar değerindeki hidroelektrik ve sulama amaçlı proje tamamlanmak üzeredir. Türkiye sınırları yakınında Darich, Aski Musul Barajı, nehrin orta kesiminde Ba'ji Barajı ve aşağı kısımlarında Samarra ve Kut gibi barajlar mevcuttur. Ayrıca Dicle'nin kolu olan büyük Zap Suları üzerinde Bekme Barajı ve Diyala Irmağı üzerinde Himrin Barajı projeleri yürütülmektedir. Dicle Nehri'nin Türkiye tarafındaki kısmında ise Güneydoğu Anadolu Kalkınma Projesi (GAP)'ın entegre bir parçası olarak Kralkızı, Ilısu ve Cizre Barajları projeleri gerçekleştirilmektedir.[2]

Dicle Nehri'nin hidrografik özelliğine gelince, bu nehir Muş'un güneyindeki dağların yamaçlarından doğan Kulp ve Sason Çaylarının daha sonra Kozluk'tan gelen Yanar Çayı ile birleşerek meydana getirdiği Batman Çayının diğer kollarla birleşmesi sonucunda oluşmuştur.[3] Bu nehrin Elazığ ilindeki Hazar Gölü

---

[1] Kolars, "Problems of. . . " , s. 51.

[2] Kolars and Mitchell, a. g. e. , s. 7-8.

[3] Shapland, Greg, Rivers of Discord International Water Disputes in the Middle East, published by C.Hurst&Co., London 1997, s. 105. ; Akmandor, a. g. m. , s. 20.

(Gölcük) ayağı ile bu gölün yakınındaki Hazarbaba Dağından çıktığı ileri sürülmekle beraber, Hazar Gölü sularının yakın zamana kadar ancak çok yağışlı yıllarda ve kısa bir süre bu nehre ulaştığı tespit edilmiştir. Bundan anlaşılacağı gibi Hazar Gölü Dicle havzasına bağlı bulunmakta ama gölün gelir ve gider dengesi elverişli olmadığı için suları devamlı olarak Dicle'ye akmamaktadır. Cumhuriyet döneminde Hazar Gölü'nün kuzey kıyısındaki dağlar arasından bir tünel açılarak suyu kuzeydeki Uluova'ya indirme ve aradaki yükseklik farkından yararlanılarak hidroelektirik santralı kurma tasarısı gerçekleşince, Hazar Gölü'nün suları Dicle'ye değil, Fırat'ın bir kolu olan Murat Nehri'ne inmeye başlamıştır.[1] Türkiye'de sınırları aşmadan önce Cizre ilçesinde bu nehrin akımı 19,7 milyar m^3/yıl olarak ölçülmüştür. Cizre ilçesi yakınlarında Suriye ile Türkiye arasında 32 km lik sınır oluşturarak Irak topraklarına dökülmektedir. Bu bölgede Samarra ve Tikrit arasında deltaya dönüşerek buradan devamla Mezopotamya'nın alçak topraklarını sulayan Fırat-Dicle sistemi kompleksinin doğu kısmını oluşturmaktadır. Zagros dağlarından kaynaklanan Büyük Zap, Küçük Zap, Adhaim ve Diyala Irmaklarıyla beslenerek Irak'ta ana su kaynağını oluşturmaktadır. Ana Nehrin Musul'da ölçülen yıllık akımı 23,2 milyar m^3 olarak ölçülürken, bu besleyici ırmakların Irak topraklarında Dicle Nehrine yıllık yaklaşık 28,7 milyar m^3 dolayında su katkısı yapmaktadır. Bu da Kurna'da ölçülen doğal akımın % 58'ini oluşturmaktadır.[2] Irak'ın güneyindeki Kurna kenti yakınlarında

---

Kolars'a göre Dicle Nehri, Güneydoğu'daki Hazar Gölü yakınlarından kaynaklanmaktadır. Bkz. Kolars, "Problems of. . . " , s. 52. Kliot da aynı düşüncededir. Bkz. Kliot, a. g. e. , s. 102. Büyük Zap Türkiye'den, Küçük Zap ve Diyala İran'dan kaynaklanmakla birlikte bu nehirlerin kaynaklandıkları devletlerin sınırları içinde çok az bir alanda akarak hemen Irak'ın topraklarına geçmesi, söz konusu devletlerin bu nehirlerden faydalanmalarını elverişsiz kılmaktadır. Bkz. Shapland, a. g. e. , s. 106. ; Beaumont, Peter , "Restructuring of Water Usage in the Tigris-Euphrates Basin:The Impact of Modern Water Management Policies", Middle Eastern Natural Environments, Bulletin 103, s. 176.(çevrimiçi) www.yale.edu/environment/publications/ bulletin/103pdfs/103beaumont.pdf. 3 Aralık 2002.

[1] AnaBritannica, c.10,Hürriyet y., İstanbul, 1994, s.126.

[2] Kolars, "Problems of. . . ", s. 52. ; Kolars and Mitchell, a. g. e. , s. 6. ; Kaya , a. g. m. , 'Geography' başlığında. ; Kliot, a. g. e. , s. 104 ve 138. ; Beaumont, a. g. m. , s. 170. Suriye kaynaklarına göre ise nehir, Türkiye ile Suriye arasında 39 km,

Fırat Nehri ile birleşerek uzunluğu 179 km olan Şattül Arap Nehri[1] olarak Basra Körfezine dökülmektedir. Nehrin akışını yıllık ve mevsimsel olarak önemli oranda dalgalanan değişkenlikler karakterize etmektedir. Türkiye-Suriye sınırında yıllık ortalama akış 520 m^3/s (16,2 milyar m^3/yıl) olarak tespit edilirken en düşük akış 9.6 milyar m^3/yıl ile 1973 yılında, en yüksek akış ise 34.3 milyar m^3/yıl ile 1969 yılında gerçekleşmiştir. Nisan ayı ortalama akışı 1433 m^3/s iken, en kurak Eylül ayında akış 113 m^3/s olabilmektedir. Aşağı havzada, Bağdat'ta ortalama akış 1236 m^3/s'dir.[2] Gerçekten de Zagros Dağlarından gelen besleyici kollar ilkbaharda eriyen kar sularını da alarak Dicle Nehri'nin debisinin yükselmesine ve taşkınlıklara yol açmaktadır. Bu taşkınlıkları önlemek için Hilla ve Gharraf kanalları aracılığıyla taşkın sular Hammar ile Tartar Gölüne buradan da yapay Tartar Kanalı aracılığıyla Fırat Nehrine aktarılabilmektedir. Bu nedenle Nehrin debisi yıl boyunca önemli değişikliler göstermektedir. Nehrin Diyala Irmağıyla birleştiği yere yakın bir yerde ölçülen akımı 14 bin m^3/sn.ye ulaşırken, aşağı taraftaki Kurna yakınlarında akımı 179 m^3/sn. olarak ölçülmüştür. Nehrin Bağdat'ta ölçülen minimum akımı 158 m^3/sn.iken, maksimum akımı ise 13 bin m^3/sn.dir.Bu da ortalama 1236 m^3/sn. etmektedir. Yaz mevsimindeki aşırı kuraklıktan, kış ve ilkbahar mevsimindeki yıkıcı taşkınlıklardan kaynaklanan nehrin debisindeki bu dengesizlikler, yıl boyunca dengeli bir akım sağlamak amacıyla

---

Suriye ile Irak arasında 5 km sınır oluşturarak Irak'a geçmektedir. Suriye'de yapılan ölçüme göre doğal akımı 16 milyar m^3 olarak çıkarılmıştır. Bkz. Daoudy, Marwa, "Water, Institutions and Development in Syria: a Downstream Perspective from the Euphrates and Tigris", Copyright 1999, 2000, The World Commission on Dams, "2.2.The Khabur-Tigris"kısmı, (çevrimiçi)http://www.dams. org/kbase/submissions/showsub.php?rec=env108, 11 Mart 2002.

[1] İran'dan gelen Karun Nehriyle beslenen ve yaklaşık 1 km genişliğine ulaşan bu kısım Irak ve İran arasında paylaşılmış halde, her iki devlet arasında sınır oluşturmaktadır. Bkz. Kliot, a. g. e., s. 111.

[2] Suriye ve Irak'ta İncelemeler Yapan Gerçekleri Araştırma Heyeti'nin Raporu "Türkiye'de Baraj Yapımının Alt-Havza Etkileri", , çev. Emin Soğancı, (Mayıs 2002), s. 17, (çevrimiçi) www.khrp.org/documents/turkish/baraj.doc , 13 Ekim 2003.

Türklerin GAP'ı gerçekleştirme gerekçelerinin bir dayanağı olmaktadır.[1]

3. 1. 1. 3. Fırat-Dicle Nehirlerine Devletlerin Katkısı

Fırat Havzasının % 28'i Türkiye'de, % 17'si Suriye'de, % 40'ı Irak'ta ve % 15'i Suudi Arabistan'dadır. Nehir 3000 km uzunluğunda olup bunun 1230 km'si Türkiye'de, 710 km'si Suriye'de ve 1060 km'si Irak'ta bulunmaktadır. Bu dağılıma rağmen bu nehri besleyen alanın % 62' si Türkiye'de, % 38'i Suriye'de bulunmaktadır. Yıllık su akımına Türkiye'nin % 89, Suriye'nin % 11 katkısı olduğu tahmin edilmektedir. (Şekil-1)

Dicle Havzasının % 12'si Türkiye'de, % 0,2'si Suriye'de, % 54'ü Irak'ta ve % 34'ü İran'dadır. Bu nehri besleyen alanın % 21'i Türkiye'de, % 0,3'ü Suriye'de % 31' i Irak'ta ve % 48'i İran'da bulunmaktadır. Nehir 1850 km uzunluğunda olup bunun 400 km'si Türkiye'de, 32 km'si Suriye ile Türkiye sınırı arasında ve 1418 km'si Irak'tadır. Yıllık su hacminin % 51'i Türkiye, % 39'u Irak ve % 10'u İran sağlamaktadır.[2]

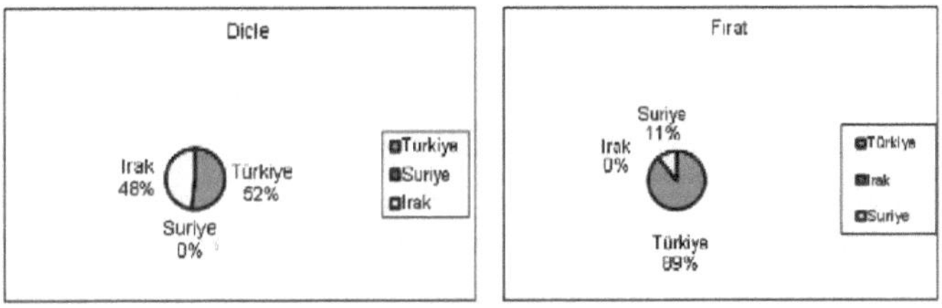

Şekil-1. Üç devletin nehirlere katkılarının şema halinde görünümü

[1] Kolars, "Problems of. . . ", s. 52. ; Kolars and Mitchell, a. g. e. , s. 7.

[2] Kolars'a göre Türkiye'nin katkısı %52, Irak'ın %48 ve Suriye'nin %0'dır. Bkz. Kolars, "Problems of. . . ", s. 46 ve 52. Bkz. Kliot, a. g. e. , s. 113-114.nehir uzunlukları için s. 101. ; Topkaya, a. g. m. , 'Hydrological Background' başlığında. ; Kaya, a. g. m. , 'Geography and Hydrology of the Euphrates-Tigris Basin' kısmı.

Şekil-1'deki şema halindeki verilerin Özden Bilen tarafından değişik şekilde incelendiği tablo ile gösterilirse;

Tablo-2. Ortalama Yıllık Akımlar ve Kıyıdaş-Devletlerin Katkıları:

Nehir	Ortalama yıllık akım (milyar m^3)	Devletlerin Akıma Katkıları (milyar m^3)		
		Türkiye	Suriye	Irak
Fırat	35	31.6 (%90)[3]	3.4 (%10)	0
Dicle	52.7[1] (49.2)[2]	21.3 (%40)[3]	0	31.4 (%60)
Toplam	87.7	52.9(%60)	3.4 (%4)	31.4(%36)

Kaynak: Bilen, a. g. m. , II. Bölüm, "Fırat-Dicle Havzasının Hidrolojik Özellikleri" başlığında. [1] Beaumont, P., Ortadoğu'da Sınır Değiştiren Su Sorunları, Bilkent Üniversitesi, 2-3Eylül,1991,s.12.
[2] Kolars , J., Ortadoğu'da Su Kaynakları, Canadian Journal of Devolopment Studies, Special Issue, 1992, s. 108 . [3]DSİ.

Bu tablo incelendiğinde Fırat Nehri'ne Türkiye'nin katkısı % 90, Suriye'nin % 10, Irak'ınki ise % 0 olarak görülmekle birlikte, Kolars'a göre ise Türkiye'nin Fırat Nehrine katkısı tahmin edilen % 88'den fazla olup, % 98 civarındadır. Çünkü Suriye'nin topraklarında Fırat Nehrini besleyen ırmak ve dereler de Türkiye'den kaynaklanmaktadır.[1] Dicle Nehrine Türkiye'nin katkısının % 40, Irak'ın katkısının % 60 ve Suriye'nin katkısı ise % 0 olduğu görülmektedir. Fırat ve Dicle'nin toplamı ele alındığı takdirde , Suriye'nin katkısı sadece %4'tür.[2] Türk kaynaklarına[3] göre ise Dicle Nehrine Türkiye'nin katkısı 25.24 milyar m^3 ile % 51.8, Irak'ın 23.48 milyar m^3 ile % 48.1 iken Fırat Nehrine Türkiye'nin katkısı 31.58 milyar m^3 ile % 88.7, Suriye'nin katkısı 4 milyar m^3 ile % 11 dir. Buna göre her iki nehrin toplam su potansiyeli 84.25 milyar m^3 olup bunun 56.82 milyar m^3 (% 67.44) Türkiye sağlamaktadır.

[1] Kolars, "Proplems of. . . ", s. 51.
[2] Bilen, a. g. m. , II.bölüm, "Fırat-Dicle Havzasının Hidrolojik Özellikleri" başlığında.
[3]T. C. Dışişleri Bakanlığı, a. g. e. , s. 7-8. ; Akmandor, a. g. m. , s. 22.

Bu nehirlerin akımlarının devletlere göre dağılımları ve oranlarını yukarıdaki tablodan biraz farklı olarak Kliot aşağıdaki tablo ile özetlemektedir:[1]

Tablo-3. Devletlere Göre Fırat-Dicle Nehirlerinin Akımı (milyar m^3 ve % olarak)

		Türkiye	Suriye	Irak	İran	Toplam
Fırat-Dicle akımı toplamı ve yüzdesi		56.5-59.5 (%70-74)	2.0 (% 2.4)	2.8-6.8 (%3-8)	10.7-11.2 (%13-16)	80.0-84.0
Fırat akımı	Ana nehir	26.5-28.5 (%88-98)	-	-	-	28.7-30.5
	Kolları	-	1.7-2.0 (%2.0)			1.7-2.0
Dicle akımı	Ana nehir	21.0-23.8	-	-	-	21.0-23.8
	Kolları	7-10.5 (%24-38)	-	2,8-6.8 (%11-24)	9.7-11.2 (%34-44)	26.7-29.7
	Dicle ve kollarının toplamı					48.7-52.2

Kaynaklar: Beaumont 1978, Ionides 1937, Cressey 1960, Brawer and Karmon 1968, US Army Corps of Engineers 1991, Shahin 1989, Al-Khashab 1958

Fırat ve Dicle arasındaki esas fark ise bu iki nehrin sularını aldıkları kaynaklardan kaynaklanmaktadır. Dicle Nehri, sularının çoğunu nehrin orta kesimindeki besleyici kollarından almaktadır. Buna karşılık Fırat Nehri, havzanın oldukça yukarı kesiminde önemli bileşenlerinden beslenmektedir. Bu durum nehirleri kontrol etme yönteminde önemli farklılıklar getirmektedir. Fırat üzerinde kurulan barajlar, Dicle üzerinde kurulanlardan yukarı devlete daha fazla kontrol yetkisini vermektedir.[2] Dicle Nehrini besleyen kolların önemli kısmı Türkiye'nin dışından kaynaklanırken, Fırat Nehrini besleyen kollar Türkiye'den kaynaklanmaktadır. Bu nedenle

[1] Kliot, a. g. e. , s. 114.
[2] Beaumont, a. g. m. , s. 170.

Türkiye'nin Fırat'a nazaran Dicle Nehri üzerinde kontrol yeteneği daha azdır.[1] Bölgedeki yağışların düzensizliği ve bazı mevsimlerin kurak geçmesi nedeniyle bu nehirlerin debileri konusunda sadece kıyıdaş devletler değil teknik uzmanlar da aynı fikirde değildirler. Fırat Nehrinin toplam yıllık akışı 28,7-30,5 milyar m^3, Dicle'nin ise 43-52,6 milyar m^3 dolaylarında olduğu tahmin edilmektedir.[2] Başka bir kaynağa[3] göre yaz aylarında bu nehirlerin ortalama akışı 150-200 m^3/sn arasında değişmektedir.Yağışların bol olduğu kış ve ilkbahar mevsimlerinde ise 5000 m^3/sn'ye ulaşmaktadır. Bölge ikliminden kaynaklanan bu dengesizliğin havzadaki devletlerin işbirliği anlayışı içinde suların kullanımıyla ilgili projeleri geliştirmekle giderilebileceği düşünülmektedir.

Suriye, Fırat sularından yılda yaklaşık 3 milyar m^3, Irak da 9 milyar m^3 kullanmaktadır. Geriye kalan 20 yaklaşık 20 milyar m^3 her yıl Basra Körfezine dökülmektedir. Suriye'nin pek faydalanamdığı Dicle sularından Irak 12 milyar m^3 kadarını kullanmakta geride kalan yaklaşık 28 milyar m^3 Basra Körfezine akmaktadır [4] Bu da kıyı devletleri tarafından bu suların etkin ve sürdürülebilir şekilde kullanılmadığını göstermektedir.

Fırat-Dicle Nehirleriyle besleyicilerinin toplam yıllık akımları 68 ila 84,4 milyar m^3 arasında olduğu tahmin edilmektedir. Hidrografik değişkenler, nehirlerin bileşik akımıyla ilgili değişik verilerin oluşturulmasına neden olmaktadır. Bu durumda kıyıdaş devletler arasında ne kadar suyun tahsis edileceğini tespit etmede sıkıntıların oluşmasının önemli nedenlerinden biri de budur.[5]

Buna karşın, Türkiye'nin bu nehirler üzerinde inşa ettiği barajlar olmaması durumunda, Suriye ve Irak'ın yaz aylarında su alamamaları, ilkbahar ve kış mevsimlerinde ise su taşkınlıklarına uğrama sonucunu doğurabileceği tehlikesine dikkat çekilmektedir.

---

[1] Aynı eser, s. 174.
[2] Kaya, a. g. m., 'Geography. . . ' başlığında.
[3] Topkaya a. g. m., 'Hydrological background' başlığında..
[4] İnan, 1994, a. g. e., s. 252.
[5] Kliot, a. g. e. , s. 110.

Çünkü 1989-1991 yıllarında kuraklık yaşanmasına rağmen bu barajlar sayesinde Suriye ve Irak bu nehirlerden düzenli bir şekilde su almayı sürdürmüşlerdir.[1] Bununla ilgili olarak kurak bir yıl olan 1989 yılının kısa bir incelemesi yapılacak olursa; Fırat Nehri'nin Türkiye'deki su toplama havzasının yaklaşık % 70'i Keban Barajı tarafından kontrol edilmektedir. Normal de en çok yağış alan Nisan, Mayıs ve Haziran aylarında kuraklık nedeniyle, aylık ortalama akımları düşmekle birlikte, sırasıyla % 43, % 22 ve % 28'i Keban Barajı'nda tutulmuştur. Keban Barajı'na normal yıllarda belirtilen aylarda gelen su miktarı 9 milyar m^3 iken, 1989 yılında 4 milyar m^3'e düşmüştür. Eğer Keban Barajı olmasaydı, yani doğal şartlarda, sınırdan ancak 20.8 milyar m^3 su geçebilecekti. Halbuki Keban Barajı o şekilde işletilmiştir ki, sınırdan geçen su miktarı bir yıl içinde 25.7 milyar m^3'e yükselmiştir. Belirtilen yıllık bazdaki rakamlar yerine, aylık dağılım gözden geçirilirse, sulama suyu ihtiyacının en yoğun olduğu Temmuz ve Ağustos aylarında, doğal şartlarda sınırdan saniyede 160 m^3 (ayda 414 milyon m^3) su Suriye'ye intikal edecekti. Halbuki Keban-Karakaya sisteminden sonra saniyede 180 m^3 (ayda 467 milyon m^3) ilave su verilerek, bu iki ayda sınırdan geçen su miktarı, saniyede 340 m^3'e çıkarılmış ve bu şekilde aşağı kıyı devletlerinin kuraklıktan etkilenmemesi sağlanmıştır.[2]

3. 2. Kıyıdaş Devletlerin Su durumu ve Projeleri

Burada Fırat ve Dicle nehirlerini paylaşan Irak, Suriye ve Türkiye'nin su potansiyelleri, tüketimleri ve bu nehirler üzerinde kurdukları projeler ele alınacaktır.

---

[1] Alacakaptan, Aydın G., "Sınır Aşan Akarsularımız Dicle-Fırat'ın, Arap Komşularımızla Büyük Sürtüşmelere Neden Olmaları Abartılıdır", Su Sorunu, Türkiye ve Ortadoğu, yay.haz.Sabahattin Şen, bağlam y., İstanbul 1993, s. 459.
[2] Bilen, a. g. m., "Türkiye'deki Barajların Etkileri " başlığında.

3. 2. 1. Irak'ın Su Durumu ve Projeleri

Irak'ın, Fırat Nehrinin etkili olduğu % 40 kadar toprağa sahip olmasına rağmen bu nehre katkısı sıfırdır. Irak'ın en önemli su kaynağı Dicle Nehri olup, bu nehrin % 54 dolayında drenaj alanına sahiptir.[1] Irak'ın toplam sahip olduğu su rezervi, 76,0 ila 84,4 milyar m^3 arasında değişmektedir. Bu miktarda Fırat-Dicle ve kollarının oranı % 98 dir.[2] Kolars'a göre Irak'ın yüzey su kaynakları bu nehirler dışında sadece 15,6 milyar m^3 kadardır. Ayrıca 1,2 milyar m^3 dolayında yer altı suları bulunmaktadır. Bu devlet'in, Türkiye ve Suriye'nin kalkınma projelerinin henüz tamamlanmadığı 1975 yılındaki toplam elverişli su kaynağı 81,2 milyar m^3 idi. Söz konusu projelerden sonra 1990 yılına doğru toplam su mevcudu 73,7-75,7 milyar m^3 arasında ölçülmüştür. 1960'lı yılların başlangıcında Irak'ta ekilebilen arazi 6,0 milyon ha iken 1970'li yılların ilk döneminde 7,6 milyon ha'ya yükselmiştir.[3] 1960'lı yılların ortalarında Irak'ta sulanan tarımsal topraklar, Suriye'dekinden beş kat, Türkiye'dekinden de yaklaşık on kat daha fazla olduğu tespit edilmiştir.[4] Chalabi ve Majzoub'a göre Irak'ta 1980'li yıllarda Fırat sularıyla sulanan arazi miktarı 1.2 milyon ha dır. 2000 yılından sonra bu miktar 1.8 milyon ha'ya ulaşacağı tasarlanmıştır.[5] 1988 yılında tarıma elverişli topraklar toplam 11,5 milyon ha olarak tahmin edilmiştir. Irak'ta doğal yağışlarla beslenen tarımsal arazi toplam ekilebilir alanın % 25' inin oluşturmaktadır.[6] Sulu arazi miktarı 1985 yılındaki BM verilerine göre 1,75 milyon ha iken Holt ve

---

[1] Kliot, a. g. e., s. 150.
[2] Aynı eser, s. 143.(Beaumont'ın 1978 yılındaki verilerine dayanmıştır.)
[3] Kolars, "Problems of. . . ", s. 86-87. ; Kliot, a. g. m., s. 143. (ABD Ordusu Mühendisler Kurulu ile Kolars'ın verilerine dayanmıştır.)
[4] Shapland, a. g. e., s. 107.(Kienle'nin verilerine dayanmıştır.)
[5] Kolars, "Problems of. . . ", s. 85.
[6] FAO'nun yaptığı tespitler bu tahmine yakındır. Buna göre ekilmeye elverişli topraklar 11, 48 milyon ha dır. Bu da ülkenin % 26 sını oluşturmaktadır. Tarımsal faaliyet için elverişli topraklar ise ekilebilir alanların %93 ünü oluşturan 8 milyon ha dır. Tuzlanma ve siyasal istikrarsızlıktan dolayı 3-5 milyon ha dolayında arazinin ekilebilir olduğu tahmin edilmektedir. 1993 yılında yapılan tespite göre çoğunluğu tahıl üretimine ayrılan 3.73 milyon ha toprağın ekildiği belirlenmiştir. Bkz. FAO, "Iraq", "Geography and population" başlığında, (çevrimiçi) http://www.fao.org/ag/AGL/aglw/aquastat/countries/iraq/index.stm, 22 Aralık 2003.

Adams'göre 5,9 milyon ha'dır. Son tahminler ise Fırat Havzasında sulanan arazi 1,0-1,29 milyon ha, Dicle Havzasında ise 2,0 milyon ha civarında olduğu yönündedir.[1] Nitekim FAO tarafından yapılan araştırmada, 1990 yılı tahminlerine göre Irak'ın tam veya kısmi kontrollü sulama ile sulanabilir toprakları 3.5 milyon ha dır. Bunun % 3 ü (105 000 ha) Şattülarap havzasında, %67' si(2 200 000 ha) Dicle Havzasında ve % 30 u (1 000 000 ha) Fırat Havzasındadır. Bununla birlikte sulardaki tuzluluk ve su taşkınlıklarından dolayı bu alanların tümü sulanamamaktadır. 1993 yılı itibarıyla sadece 1 936 000 ha'nın sulandığı tahmin edilmektedir.[2] İran-Irak savaşı döneminde tarımsal etkinlikler azaldığından en makul tahmin budur.

Tablo-4. Fırat-Dicle Sisteminde Irak'ın Su Mevcudu ve Su Talebi, 1990 ile 2000 Sonrası (milyar m^3 olarak)[3]

Su mevcudu			1990	2000 yılı sonrası (2030-2040)
Su mevcudu	Fırat		27.9-29.0[a]	6.9
	Fırat toplamı		27.9-29.0	3.7[b]
	Dicle		21.8-23.2	11.8
	Dicle kolları		26.4-29.4	28.7
	Dicle toplamı		48.2-52.6	40.5
	Fırat ve Dicle toplamı		75.2-81.6	51.1
Su talebi	Tarımsal Sulama[c]	Fırat	13.0-15.0	16.0
		Dicle	28.0-32.0	40.0
	Buharlaşma (her iki nehirden)		1.2	9.6

[1] Kliot, a. g. e. , s. 144.(ABD Ordusu Mühendisler kurulu ile Kolars (1992)'dan naklen)

[2] FAO, "Iraq", "Irrigated areas" başlığında. Irak'ın resmi kaynakları ise Dicle sularından 2 178 milyon ha, Fırat sularından 1 370 ha değerinde toprağın sulandığını belirtmektedirler. Bkz. Iraqi Foreign ministry, a. g. m. , 1999, (web), "4. Future Water Resources of Iraq" başlığında.

[3] Kliot, a. g. e. , s. 144.

	Kentsel kullanım	1.5	2.5
	Endüstriyel kullanım	3.0	3.6
	Toplam talep	46.7-51.7	61.7
Denge		+28.5-29.9	-10.6

Kaynaklar: Shahin 1989, ABD Ordusu Mühendisler Kurulu 1991, Blake ve Wagstaff 1988." verilerine dayanılarak oluşturulmuştur.

[a] Suriye'den Irak'a akan Fırat'ın suları, Suriye'nin kullanımının olmadığı dikkate alınarak hesaplanmıştır.

[b] nehrin doğal akımın yanında Suriye'den geri gelen 3.7 milyar m^3 miktar da içindedir.

[c] Shahin'e göre Irak'ın 2030 yılında sulama suyu talebi 68 milyar m^3 olup, Dicle'den 32, Fırat 'tan 17-28 milyar m^3 olmak üzere bunun ancak 60 milyar m^3 kadar sağlanmış olacaktır. Bununla beraber bu miktarlar Fırat için mümkün görülmemektedir. ABD Ordusu Mühendisler Kurulu'na göre Irak'ın tarımda kullanacağı su miktarı Fırat Havzasında 17.6 milyar m^3, Dicle Havzasında 32 milyar m^3 dolayında olacaktır. Bu da 49.6 milyar m^3 kadar toplam su talebi oluşturmaktadır.

Yukarıdaki tabloda görüldüğü gibi 1990 yılı itibarıyla 75.2-81.6 milyar m^3 olan toplam su arzı, 46.7-51.7 milyar m^3 olarak gerçekleşen toplam tüketimi fazlasıyla karşıladığı görülmektedir. 2030-2040'lı yıllarda ise Dicle Nehri'nin toplam talebi karşılayabileceği halde Fırat Nehri'nin karşılayamayacağı hesaplanmıştır. Dolayısıyla bu açığın Dicle Nehri'nden telafi edilebilmesi Türkiye'nin üzerinde durduğu konulardan biridir.

Irak'ın su tüketimiyle ilgili verilerde de değişim görülmektedir. 1970 yılında Irak'ın Fırat Nehrinden toplam su tüketiminin 16,3 milyar m^3 tespit edilirken, Tablo-4'te görüldüğü gibi 1990 yılında 13,0-15,0 milyar m^3 olduğu tespit edilmiştir. Aynı yılda Dicle Nehrinden ise yıllık su tüketiminin 28,-32,0 milyar m^3 olarak ölçülmüştür.[1] Irak'ın her iki nehirden toplam yıllık su tüketimi 1970 yılında 49 milyar m^3 olarak tespit edilmiştir. Bu da her iki nehrin % 60' ını kapsar. Tablo-4'teki verilerden biraz farklı olarak 1990'lı yıllarda Irak'ın her iki nehirden su tüketimi 34,0-50,7 milyar m^3 arasında değiştiği belirlenmiştir.[2] DSİ ise Irak'ın Fırat Nehrinden 23 milyar m^3,Dicle Nehri'nden de 45 milyar m^3 olmak üzere toplam 68 milyar m^3 su talebinin olduğunu belirtmektedir.[3] Tablo-4'teki

---

[1] Kliot, a. g. e. , s. 144.(Kolars, Ubel, Ockerman ve Samano ile 12 Mart 1990 tarihli Qabas Gazetesinden naklen), Ayrıca Kolars, "Problems of. . . ", s. 86.

[2] Kliot, a. g. e. , s. 146.

[3] T. C. Dışişleri Bakanlığı, a. g. e. , s. 7. ; Akmandor, a. g. m. , s. 22.

verilerden biraz farklı olarak FAO, 1990 yılı itibarıyla Irak'ın toplam su tüketiminin 42.8 milyar m^3 olduğunu bunun % 92'si tarımda, %5'i sanayide ve % 3'ü içme sularında kullanıldığını, son yıllarda ise tarımsal amaçlı su kullanımının % 85'e düştüğünü belirtmektedir.[1] Kolars, 2040 yılına doğru Türkiye'nin kalkınma projelerini tamamladığı takdirde Irak'ın su kaynağı Dicle Nehrinden sadece 42,0-44,0 milyar m^3 dolayında olacağı, muhtemelen Fırat Nehrinden su alamayacağını tahmin etmektedir. Irak'ın, Türkiye'nin bırakmayı taahhüt ettiği 16,0 milyar m^3 yerine 21,9 milyar m^3 su talep etmesinin önemli nedeni budur.[2] 1984 yılındaki Hükümet kaynaklarına göre Irak'ın su tüketimi 48,3 milyar m^3/yıl olup bunun % 95'i tarımsal sulama amacıyla kullanılmıştır. Irak'ta tarımsal faaliyet yapılan sulu arazilerin 2/3'si-bu da yaklaşık 2,2 milyon ha tutmaktadır- Dicle ve kollarından sularını alırken, 1 milyon ha tutan geride kalan 1/3'lik kısmı ise sularını Fırat'tan almaktadır.[3]

Ha başına kullanılan ortalama su miktarı ise yıllık 13300-15900 m^3 civarında olduğu tespit edilmiştir. Fırat'ın drenaj havzasındaki bütün sulanabilir arazileri-bu da 1,833 000 ha tutmaktadır- sulayabilmek için Irak'ın yaklaşık 24-27 milyar m^3 kadar Fırat ve Dicle Nehrinden suya ihtiyacı vardır. 2000 yılına doğru Türkiye taahhüt ettiği gibi Fırat Nehrinden sadece 15-16 milyar m^3 su bırakırsa Suriye'nin kullanımından sonra Irak'a 6,5 milyar m^3 sudan fazla kalır. Bu şu demektir ki gelecek yıllarda Irak'ın Fırat Nehrinden su kaybı yaklaşık % 80-90 arasında olacaktır. Irak kaynaklarına göre sulardaki bu denli azalış ile Fırat Havzasındaki 1,0-1,8 milyon ha tarımsal araziyi olumsuz etkileyeceği için 5,5 milyon çiftçiyi zor duruma sokacağı tahmin edilmektedir. Dicle Nehri konusunda ise Irak daha avantajlıdır. Fırat Nehri, Suriye'den Irak'a akarken besleyici yan kolları bulunmazken, Irak'taki besleyici ırmaklar ve dereler Dicle Nehri sularının %60 ını oluşturmaktadır.[4] Dicle ve onu besleyen kollarının önemli bir kısmı Irak içinde olduğu için Nil Nehri'nin Mısır için önemi neyse Dicle'nin Irak için önemi odur. Ayrıca Türkiye'nin Fırat Nehrine

[1] FAO, "Iraq", "Water withdrawal" kısmı.
[2] Kolars, "Problems of. . . ", s. 86. ; Kliot, a. g. e. , s. 146.
[3] Shapland, a. g. e. , s. 108-109.
[4] Kliot, a. g. e. , s. 145-146. ; Shapland, a. g. e. , s. 106.

nazaran Dicle Nehri üzerinde daha az kontrol kapasitesinin olması Irak'a büyük avantaj sağlamaktadır.[1] Irak'ın, Dicle ve kollarından tarımsal sulama için yaptığı su tüketiminin ABD Ordusu Mühendisler Kurulu tarafından 25,0-32,0 milyar m^3 olarak tahmin edilirken, Kolars ise ancak 18,5-22,9 milyar m^3 dolayında olduğunu belirtmektedir. Irak, Dicle Nehri suları ile 2,8-4,0 milyon ha'lık tarımsal araziyi sulayabilmesinin yanı sıra Tartar Kanalı vasıtasıyla Dicle sularını Fırat Nehrine de aktarabilmektedir. Bu yöntemle Türkiye ile Suriye'nin kullanımından dolayı özellikle yaz aylarında debisi çok düşen Fırat'ın bu şekilde güçlendirilmesi sonucunda Fırat suları ile sulanan araziler kuraklıktan kurtarılabilir.[2] 1990'lı yıllarda yapılan ölçümlerde Tartar Gölü ve Kanalı aracılığıyla Dicle'den Fırat'a aktarılan su miktarı 150-500 m^3/sn arasında değişmektedir.[3] Hem Fırat'tan Dicle'ye hem de Dicle'den Fırat'a suları aktaracak biçimde inşa edilen Tartar Kanalının Fırat kısmı 1977 yılında, Dicle kısmı ise 1981 yılında tamamlanmıştır.[4] 1990 yılında Irak Petrol Bakanı Issam Abdurrahim, Tartar Barajının tuz oranının fazla olduğunu eğer bu suların Fırat Havzasını sulamada kullanılırsa 325 bin ha değerindeki toprağın tarıma elverişsiz hale dönüşeceğini belirtmekle beraber uzmanlara göre bu kanaldaki su akışının ne kadar fazla sürede akışı sağlanırsa suların tuzlardan arındırılması o kadar fazla olacak ve tarımsal araziler olumsuz etkilenmeyecektir. Al-Hadithi tarafından yapılan bir araştırmaya göre bu kanal vasıtasıyla Tartar Gölünden Fırat'a yıllık 7.3 milyar m^3 su akışı sağlanabilmektedir. Dolayısıyla 2000 yılında Fırat Havzasında Irak'ın kullanacağı ve ihtiyacını karşılayabileceği su miktarı 18 milyar m^3'e ulaşabileceği düşünülmektedir. Irak 10.5 milyon ha araziyi sulayabilmek için 16 milyar m^3, endüstriyel ve kentsel

---

[1] Türkiye, bu Nehrin toplam 52, 6 milyar m^3/yıl suyunun ancak 16, 8 milyar m^3/yıl kısmını kontrol edebilmektedir. Bu da ortalama akımın % 31, 9 una karşılık gelmektedir. Her ne kadar önemli besleyici olan Büyük Zap'ın yukarı kısmını kontrol edebilse de topografik koşullar buna el vermemektedir. Türkiye , Dicle'nin toplam su kapasitesinin ancak 5, 5 milyar m^3/yıl kısmı üzerinde sulama projelerinin yapılmasını planlamaktadır. Bkz. Beaumont, a. g. m. , s. 176.

[2] Kliot, a. g. e. , s. 146.(Kolars'dan naklen)

[3] Shapland, a. g. e. , s. 108.

[4] Iraqi Dam Assessments, Report by The United States Army Corps of Engineers, Iraq, May-June 2003, s. 94, (çevrimiçi) http://www.cpa-iraq.org/ministries/dam_assessment_report.pdf , 20.Ağustos 2003.

kullanım için 1.2 milyar m^3 olmak üzere yıllık toplam 17.2 milyar m^3 suya ihtiyaç duymaktadır. Al-Hadithi'nin belirttiğine göre sulama kanallarında yaklaşık 5 milyar m^3/yıl su kaybı gerçekleşen sulama metotlarında bir iyileşme olması durumunda tarımsal kullanım için 9.3 milyar m^3/yıl, endüstriyel ve kentsel kullanım için 1.2 milyar m^3/yıl tutarındaki su miktarı Irak'ın ihtiyacını karşılayabilecektir.[1]

Kullanılan sulama metotları, yüksek buharlaşma, uygun sızdırma ve drenaj sisteminin olmaması nedeniyle Irak'ın % 40'a kadar varan büyük su kaybı mevcuttur.[2] Bu nedenle Irak, sulama projelerine ve toprak ıslahına harcadığı milyarlarca dolara rağmen istenilen sonucu elde edememektedir. Bu sonuçta tarımsal üretimin artan nüfusla paralel bir artış göstermemesi, Körfez Savaşı sonrası konulan ambargo ile Saddam'ın izlediği politikaların da etkisi olduğu kadar aynı zamanda topraktaki tuzlanma oranındaki artış da önemli bir etkendir. Aslında çok eski tarihlere kadar dayanan ve Mezopotamya medeniyetlerinin çöküşünde önemli etkisi olan ve üretimi azaltan topraktaki tuzluluk sorunu halen Irak'ın ana problemi olmaya devam etmektedir. Nitekim 1951 yılındaki Haigh Raporuna göre Irak'ın sulu arazilerinin % 60'ı çeşitli ölçülerde tuzluluktan etkilenmektedir. 1992 yılında ise bu oran % 65'e çıkmıştır. Esasen etkili drenaj sisteminin uygulanamaması ve ileri teknolojilerin kullanılamaması sonucu ile birlikte kuraklığın ve Irak'ın içinde bulunduğu mevcut siyasal ve ekonomik koşullar bu sonucu doğurmaktadır.[3] Nitekim FAO'nun verilerine göre Irak'ta tarımsal sulamada kullanılan suların % 4'ü tam, %50'si orta seviyede ve %20'si hafif seviyede tuzludur. Bu rakamlar dikkate alınırsa sulu arazilerin % 74 'ü tuzluluktan etkilenmektedir. 1978 yılında beton sulama kanalları ve drenaj tesislerini içeren toprak ıslahı programı

---

[1] Medzini, Arnon, "The possibility of shortage of water among members of the Euphrates drainage basin", Middle East technical University, s. 14, (çevrimiçi) http://www.ir.metu.edu.tr/conf/papers/medzini.pdf , 7 Aralık 2003. (yazar, bu görüşlerini "Al-Hadithi, A.H. (1979) *Optimal utilization of the water resources of the Euphrates river in Iraq,* A dissertation submitted to the faculty of the Department of Civil Engineering and Engineering Mechanics, University of Arizona Graduate College."e dayandırmıştır.)

[2] Kliot, a. g. e. , s. 146.

[3] Shapland, a. g. e. , s. 109.

uygulanması sonucunda 1989 yılı itibarıyla 700 bin ha değerinde toprak ıslah edilmiş olmakla beraber 1995 yılı itibarıyla 17 milyon ton tuzun Saddam Nehri aracılığıyla körfeze aktarıldığını ileri süren Irak'ın resmi verileri dikkate alınırsa tuzluluğun giderilmesi için etkili drenaj sisteminin yetersiz olduğu ortaya çıkmaktadır.[1]

Irak'ın projelerine gelince, yukarıda da değindiğimiz gibi Fırat ve Dicle Nehirleri üzerinde projeler gerçekleştiren ilk devlet olması, bu devletin tarihsel haklar iddiasına dayanak teşkil etmektedir. 1917-1932 yılları arasında İngiliz Manda yönetimi tarafından Fırat Nehri üzerinde çalışmalar yapılmıştır. Fırat üzerinde ilk olarak 1909-1913 yılları arasında inşa edilen Hindiya Barajı 1922 yılında tadil edilerek güçlendirilmiştir. 1928 yılında Dicle Nehrinin bir kolu olan Diyala Irmağından kanallarla su aktarılarak daha fazla tarımsal alanın sulanması sağlanmıştır. 1934-1943 yılları arasında Dicle üzerinde sulama kanallarına su aktarmak için Kut Barajı kurulmuştur. Takip eden yıllarda Tarım Reformu Bakanlığı ile Kalkınma Bakanlığı kurulmuştur.[2] Dicle Nehri üzerinde ise yapımı 1950 yılında tamamlanan ve 30 milyar m^3 su kapasiteli Tartar Gölü, Dicle'nin taşkınlıklarını önlemek ve Tartar Depresyonuna suyu aktarmada kullanılmıştır. 1958 yılında Tartar Gölüne suları saptırmak için ayrıca Samarra Barajı yapılmıştır.[3] Daha sonra Fırat kısmı 1977 yılında, Dicle kısmı ise 1981 yılında tamamlanan Tartar Kanalı vasıtasıyla Tartar Gölü, Dicle'den Fırat'a aktarma yapmak amacıyla kullanılmaktadır.[4] Bu kanalın özellikle drenaj işlevinde etkisi önemli olup sulama suyunun tuzluluk oranının düşürülmesinde etkisi vardır.[5] 1950 yılında Fırat Nehri üzerinde ikinci önemli mahiyette Ramadi Barajı yapılmıştır. 1954 yılına doğru sulanabilen tarımsal arazi bu projelerden sonra 1 milyon 400 bin ha'ya çıkmıştır.[6]

1958 yılında gerçekleşen devrim, geçici olarak bu çalışmaları durdurmuştur. Petrol endüstrisinin millileştirilmesinden sonra 1972 yılında devlet Başkanlığına bağlı Tarım Yüksek Konseyi ile Toprak

---

[1]FAO, "Iraq" , "Salinity" başlığında.
[2] Kolars, "Problems of. . . ", s. 83.
[3] Kliot, a. g. e. , s. 118 ve 120.
[4] Iraqi Dams assesment, s. 94.
[5] Medzini, a. g. m. , s. 14.
[6] Kolars, "Problems of. . . ", s. 83.

Islahı Örgütü ve Sulama Bakanlığı kurulmuştur. Ülkedeki tüm su ve toprak kaynaklarının kullanımını kapsayan "Irak'ın su ve toprak kaynakları planlamasıyla ilgili genel proje" adıyla Master Planı oluşturulmuştur. Sovyetler Birliği'nin yardımıyla geliştirilen bu plan kapsamında 1970-1984 yılları arasında sulanabilen arazi alanı yaklaşık 2,875 milyon ha'ya çıkmıştır. Ne var ki 2000 yılına kadarki kullanım şeklini içeren bu plan kısa ömürlü olmuş ve 1979 yılında Tarım Reformu Bakanlığı kaldırılmış yerine % 30 personel indirimiyle Tarım ve Sulama Bakanlığı kurulmuştur.[1] Fırat Nehri üzerinde, daha sonra Kadisiye Barajı olarak adlandırılan Hadisa Barajı 1985 yılında tamamlanmıştır. Hidroelektrik üretecek 660 megavat (MW) gücündeki santraliyle ve tahminen 1 milyon ha'lık toprağı sulayacak 7 milyar m^3 su kapasitesiyle bu barajın ayrıca tamamlanmamış projelere de su sağlamada kullanılacağı planlanmaktadır. Ayrıca bu baraj sayesinde 40 km güneyinde bulunan Bağdadi Barajı suyunun dengeli akışı da sağlanmış olacaktır.[2] 1990 yılında önemli projeler üzerinde çalışmalar başlatılmış olup, Dibban Kanalı vasıtasıyla Habbaniya rezervine suların saptırılmasında ve aynı kanal ile suların Abu Dibbis Rezervinden aktarılmasında Ramadi Barajı kullanılmıştır. Fırat'ın daha da güneyinde kalan Hindiya Barajı suları ise alçak topraklara suların ulaştırılması için saptırma faaliyetlerinde kullanılmıştır. Saptırma amaçlı Fallouja Barajı ile düzenleme amaçlı Hammourabi Barajı, Fırat'ın dengeli akışında işlev görmektedirler.[3]

Elektrik üretimi, sulama ve sel kontrolü amacıyla Dicle Nehri'ni besleyen Küçük Zap Nehri üzerinde 0.63-075 milyar m^3 kapasiteli Dukan Barajı 1959 yılında tamamlanmıştır.[4] İran'dan kaynaklanan ve Dicle'yi besleyen Diyala Nehri üzerinde 1961 yılında Darbandikhan Barajı kurulmuştur. Kurulu gücü 249 MW, alanı 120

---

[1] Kolars, "Problems of. . . ", s. 83 ; Kolars, John, "Managing the Impact of Development:The Euphrates and Tigris Rivers and Ecology of the Arabian Gulf-A link in Forging Tri-Riparian Cooperation", Water as an Element of Cooperation and Development in the Middle East , ed.by Ali İhsan Bağış, Ayna y., İstanbul 1994, s. 133-134.

[2] Kolars, "Problems of. . . ", s. 83-84. ; Shapland, a. g. e. , s. 107.Kolars'a göre baraj 1987 yılında tamamlanmıştır.

[3] Kolars, "Problems of. . . ", s. 83-84.

[4] Kliot, a. g. e. , s. 121.

km^2 olan bu barajın su kapasitesi 3,0-5,0 milyar m^3 arasındadır. Sel taşkınlıklarını önleme, su depolama elektrik üretimi ve tarımsal sulama amaçlı olarak kullanılmaktadır.[1] Dicle Nehri üzerinde daha sonra kurulan en önemli proje Musul Barajıdır. Daha önce Saddam Barajı olarak adlandırılan, yapımına 1980 yılında başlanan ve 10.7 milyar m^3 kapasiteli olarak tasarlanan bu baraj 250 bin ha alanın sulanması yanı sıra elektrik enerjisi üretimi için planlanmış[2] ve 1990 yılında bitirilebilmiştir. Musul'un 50 km kuzeyinde kurulu bu baraj mevcut su kapasitesi 8.1 milyar m^3 olup maksimum 11.1 milyar m^3 su alabilmektedir. Dört türbini ve 750 MW kapasiteli hidroelektrik santrali (HES) ile 3.42 milyar kilovat/h elektrik enerjisi üretebilmektedir.[3] Bu barajın hemen aşağısında Musul Barajının zarar görmesi durumunda bu zararı telafi etmek için Badush Barajı kurulmuştur.[4]

Ne var ki İran-Irak savaşı ve Körfez Krizi ve Savaşı nedeniyle kalkınma projeleri gerilemiş ve sulanabilen tarımsal alanlar düşmeye başlamıştır. Nitekim Kadisiye Barajından 40 km daha aşağıda bulunan Khan al-Baghdadi'de Fırat üzerinde hidroelektrik amaçlı başka bir baraj kurulması planlanmış ise de Irak'ın Kuveyt'i işgali yüzünden bu proje gerçekleşmemiştir.[5] Bu kötü duruma rağmen çalışmalar yavaş da olsa ilerleme kaydetmiş ve Irak'ın sulama projelerine yeni özellikler katılmıştır. Fırat ve Dicle Nehirleri arasındaki tarımsal arazilerden bataklık sularını almaya yönelik su biriktiren kanallar oluşturulmakla suların tuzlardan arındırılması sağlanacağı planlanmıştır. Main Outfall Drain (Su Ana Çıkış Kanalı) olarak bilinen ve Saddam Nehri olarak adlandırılmış olan, uzunluğu 500 km, ortalama derinliği 4 metre ve genişliği 180 metre dolayında olan ve 3. nehir niteliğinde olacak bu kanal ile Şattülarap'a kadarki 4,5-6,0 milyon dönüm civarında sulanabilir arazilerin miktarının artırılması tasarlanmaktadır.[6] Bu kanalın ana işlevi bataklıklardaki

---

[1] Iraqi Dam Assessments, s. 53.
[2] Kliot, a. g. e. , s. 121.
[3] Iraqi Dam Assessments, s. 44.
[4] Kolars, "Problems of. . . ", s. 84.
[5] Shapland, a. g. e. , s. 107.
[6] Kolars, "Managing. . . ", s. 134. ; "Main Outfall Drain" (Su Ana Çıkış Kanalı) olarak anılan, debisi 210 m^3/sn, uzunluğu 565 km olarak gerçekleşen ve Bağdat'tan

suları çekerek bataklıkları tarıma elverişli hale getirmek, topraklardan drenaj sularını çekerek tuz miktarını azaltmak ve su arzını arttırmaktır. Ayrıca Dicle Nehri'ni besleyen Adhaim Irmağı ile Aksu Irmağının birleştiği yerde 3500 metre uzunluğunda ve 76,5 metre yüksekliğindeki toprak setten yapılmış 0,79 milyar m^3 su depolayacağı planlanan Adhaim Barajı henüz tamamlanmamıştır.[1]

Irak'ın hidro enerji durumuna gelince, zengin petrol kaynaklarına sahip olması nedeniyle Türkiye ve Suriye kadar su kaynaklı elektrik enerjisi üretimine ağırlık vermemekle birlikte hidroelektrik enerji kaynaklarını geliştirmeyi düşünmektedir. Sulardan enerji üretiminden ziyade tarımsal sulama yönünde faydalanılmaktadır. Bu nedenle 1989 yılı verilerine göre hidroelektrik enerjisi ülkenin toplam enerji kaynakları içinde % 2.5 düzeyindedir.[2] 2000 yılı itibarıyla elektrik üretimi 27.3 milyar kWh (kilovat saat) olarak tespit edilmiş, buna göre kişi başına 1137.41 kWh düştüğü hesaplanmıştır. 2000 yılında toplam enerji üretiminin % 98'i petrol ve fosil ürünlerinden, % 2'si ise su kaynaklarından elde edilmiştir.[3] Hidroelektrik enerjisinin yenilebilir olması ve çevreye zarar vermemesi açısından daha iyi olması ve petrolün bir gün tükeneceği durumu, Irak'ı hidro enerji üretmek için sahip olduğu su kapasitesini kullanmaya yöneltecektir.

Yukarıda da değinildiği gibi, Irak'ın esas problemi suyun miktarından çok suyun kalitesindedir. Tüm nehirlerde olduğu gibi, aşağıya doğru akan Fırat ve Dicle Nehirleri de alüvyonlarla birlikte beraberinde tuz aktarmaktadır. Ayrıca bu devletin arazi yapısının alçak olması tuzlardan arındırma faaliyetlerini olumsuz etkilediğinin yanı sıra ortaya çıkan taşkınlıklar da tarımsal arazileri kötü

Basra'ya kadar uzayacak üçüncü nehir olarak da adlandırılan kanalın inşaat çalışmaları 1950 li yıllarda başlamış olmakla beraber 1992 yılında bitirilebilmiştir. Bu kanal ile ulaşılmak istenen hedefler arasında Fırat ve Dicle arasındaki toprakları sulamak, yüksek tuzluluktan etkilenen topraklardan drenaj suyunu çekerek bu toprakları tarımsal faaliyetlere kazandırmak ve tarımsal üretimi artırmak gibi konular vardı. Bkz. Shapland, a. g. e., s. 107.

[1] Iraqi Dam Assessments, s. 28 ve30. ; FAO, "Iraq", "Surfacewater resources" başlığında.
[2] Kliot, a. g. e., s. 147.
[3] Nation Master, "Middle East: Iraq: energy", (çevrimiçi), http://www.nationmaster.com/country/iz/Energy , 14.Şubat 2004.

etkilemektedir. Irak'ta yapılan barajların çoğu esasında bu olumsuz durumların üstesinden gelmek amacıyla yapılmıştır. Arazi yapısının düz ve alçak olması barajların yapısını ve işlevselliğiyle birlikte drenaj çalışmalarını da olumsuz etkilemektedir.[1]

3. 2. 2. Suriye'nin Su Durumu ve Projeleri

Güvenilir verilerin olmaması dolayısıyla Suriye'nin su konusunda kesin, tutarlı ve sürekli bir politikası bulunmamaktadır. Su hukukuyla ilgili kurumsal düzenlemeler çeşitli zamanlarda değişiklikler göstermiştir. Sular uzun süreden beri herhangi bir fiyat uygulanmadan kamusal mal olarak değerlendirilmiştir. 1925 yılından 1982 yılına kadar çıkarılan kanunlar çeşitli su sektöründe uygulanmıştır. 1958 tarihinde çıkarılan 163 sayılı su kanunu yer altı sularını lisansa bağlı kullanımını izne bağlarken, kamusal suların esas olarak tarımsal amaca dayalı olarak kullanımını düzenlemektedir. 1972 yılında çıkarılan kanun ise yüzey sularını depolamak için barajların kurulmasını düzenlemektedir.[2] Bu yönüyle Suriye bölgede kurumsal düzenlemeleri geliştirmek amacıyla su otoritelerini birleştiren ve merkezileştiren devletlerden biridir. Suyla ilgili tüm kanunlar 1982 yılında çıkarılan 16 sayılı kanunla birleştirilmiştir. Bu kanun gereğince 1983 yılında su kullanımıyla ilgili tüm faaliyetleri yöneten ve koordine eden Sulama Bakanlığı kurulmuştur.[3]

Suriye'nin iç suları ve topraklarına akan uluslararası sularla ilgili veriler konusunda değişik rakamlar ileri sürülmekle birlikte çeşitli yazarların belirttikleri miktarlar birbirine yakındır. Özden Bilen tarafından tespit edilen rakamlar aşağıdaki tabloda gösterilmiştir:

---

[1]Allrefer, "Iraq: Water Resources", Water Resources" kısmı, (çevrimiçi) www.reference.allrefer.com/iraq54[2].html , 4.Şubat 2004.

[2] Daoudy, M., a. g. m. , (web) "3.Institution and Legislation, a Framework for Water Development" kısmı.

[3] Aynı eser, "3.1.Water-related Institutional Frameworks" başlığında.

Tablo-5. Suriye'nin Su Kaynakları (milyon m^3/yıl)[1]

Havza	Yüzey suları ve kaynaklar	Yer altı suları	Toplam
Habur	1695	500	2195
Asi	2509	356	2865
Sahil bölgeleri	2386	236	2622
Şam	833	193	1026
Halep	497	303	800
Yukarı Ürdün	530	50	580
Çöl	125	100	225
Fırat[1]	6720	300	7020
Dicle[2]	2500	--	2500
Toplam	17795	2038	19833

Kaynak: M. Wakil, IWRA,Vol. 18,No. 1,1993.
1 / M. Wakil tarafından verilen tabloda Suriye'nin Fırat'tan aldığı su miktarı 13 milyar m^3 olarak gösterilmişse de, 1987 protokolüne göre bu rakam , yazar tarafından, 6.72 milyar olarak alınmıştır. 2 / Dicle Nehri Bilen tarafından eklenmiştir. Bu tahminde , Suriye'nin Dicle'den sulamayı düşündüğü 200.000 ha alan ve Türk-Suriye sınırındaki doğal akım şartları esas alınmıştır.

Kliot ise Suriye'deki su durumunu yukarıdaki tablodan farklı olarak aşağıdaki tabloda şöyle özetlemektedir:

Tablo-6. Suriye'nin Ana Nehirleri: Ortalama Akımlar (milyon m^3 olarak)[2]

Nehirler	toplam uzunluğu (Km)	Suriye'deki uzunluk (Km)	Suriye'deki yıllık akımı (milyon m^3)
Fırat	3000	710	28000-29000
Habur	300	260	1500-1780
Balık	160	80	0.200
Asi	571	325	2280
Afrin	129	85	-

[1] .Bilen, a. g. m. , (web) II.Bölüm, 'Suriye'nin Su Kaynakları' başlığında.
[2] Kliot, a. g. e. , s. 138.

Barada	71	71	0.400 (0.350)
Awaj	66	66	0.100
Yarmuk	57	47	0.450
Diğer nehirler			1191
Toplam yüzey suları			34121-35121

Kaynak: Khader 1984, Gischler 1979, Kolars 1992, Naff and Matson 1984 .

Suriye'de akan nehirlerin önemli özelliği de Ürdün Nehri'nin bir kolu niteliğindeki ve Ürdün ile Suriye arasında ortak sınır oluşturan Yarmuk Nehri dışında bu devletin egemenliği altında bulunan diğer nehirlerin ana kaynağının komşu devletlerden kaynaklanmasıdır.[1] Yukarıdaki tabloda da görüldüğü gibi iklimsel koşullardan dolayı akımı yıldan yıla değişen Fırat Nehri 28-29 milyar m^3 akımıyla 35 milyar m^3'e yaklaşan Suriye'nin toplam su kaynağı içinde yaklaşık % 80-90 gibi önemli yer tutmaktadır. Suriye'nin Fırat ve Dicle Nehirleri ve kollarının dışında sahip olduğu yüzey su kaynakları 3,9-6,6 milyar m^3 dolayındadır. Yer altı su kaynakları ise 1,78-2,67 milyar m^3 arasında değişmektedir.[2] Ne var ki Kolars, Fırat Nehrini Suriye'nin yüzey su kaynakları arasında saymadığından bu devletin toplam 8.175 milyar m^3 dolayında su kaynağının olduğunu belirtmektedir.[3] FAO'ya göre uluslararası nehirlerden Suriye'ye akan doğal su miktarı 37.73 milyar m^3/yıl iken buharlaşma gibi etkenler sonucunda 27.11 milyar m^3/yıl olarak gerçekleşmektedir. Yağmur sularından kaynaklanan su miktarı ise yıllık 7 milyar m^3 dolayındadır.[4] Barajlarda tutulan su rezervuarına gelince, Tabka Barajında 11,7 milyar m^3, 1986 yılında tamamlanan Baas Barajında 90 milyon m^3, Tişrin Barajında 1,3 milyar m^3, Habur

---

[1] FAO, "Syria", "Water resources" başlığında, (çevrimiçi) http://www.fao.org/ag/AGL/aglw/aquastat/countries/syria/index.stm , 22 Aralık 2003.

[2] Kliot, a. g. e. , s. 137-138.

[3] Aynı yer.(Kolars 1992'den naklen)

[4] FAO, "Syria", 'water resources' başlığında.

üzerinde kurulan Martyr Basel Al-Assad Barajı'nda ise 605 milyon m^3 su kapasitesi bulunmaktadır.[1]

Yukarıdaki verilerden biraz farklı olarak 1999 yılı itibarıyla Suriye Sulama Bakanlığı'nın ülkenin toplam su kaynaklarıyla ilgili resmi verileri ise aşağıdaki tabloda gösterilmektedir:[2]

Tablo-7. Suriye'nin Su Kaynakları (1995-2000) (milyar m^3 olarak)

Yağışlar	49.705
Yer altı suları	6.865
Yüzey suları	22.149 (Irak'ın payı dahil)
Toplam su hacmi	29.014
Toplam sulanan alan (tahmini)	1,260,000 ha

Tablodaki veriler daha çok gerçekleşen miktarlar olarak değerlendirilmektedir. Toplam sulanan alanlar barajlardan, nehirlerden ve derelerden sulanmaktadır. Bunun 560 bin ha'sı yüzey sularından, 700 bin ha'sı ise yer altı sularıyla sulanmaktadır.[3]

Mevcut su kaynaklarının ne kadarının kullanıldığına gelince, yedi ayrı havzaya ayrılmış olan Suriye'nin Barada-Awaj havzası gibi havzaları 1995 yılı itibarıyla maksimum su seviyesine ulaşmıştır. Sahil ve Habur-Dicle havzalarında alınan su miktarı istenilen seviyeyi aşmıştır. Yedi havzada alınan toplam su miktarı o yılda 18.272 milyar m^3 olarak ölçülmüş, sulama, içme suyu ve endüstri için kullanılan su miktarı 13.728 milyar m^3 olmuştur. 4.611 milyar m^3 pozitif bir artış gözlenmiştir. Ne var ki, 1999-2000 yıllarında ise elverişli su kaynağı 16.134 milyar m^3 olarak tespit edilmiş ve çeşitli amaçlarla gerçekleşen su tüketimi 19.614 milyar m^3 olmuştur.

---

[1] Kolars, "Managing... ", s. 137. ; Kolars, "Defining... ", (web), "table 1" tablosu.

[2] Daoudy, M., a. g. m. , "2) Syria's Water Tables: The Euphrates/Khabur-Tigris Basins" başlığında.

[3] Aynı yer.

Önceki yılların kurak geçmesi ve nüfus büyümesi sonucunda ortaya çıkan 3.481 milyar m^3 dolayındaki su açığı Habur havzasındaki yer altı su kaynaklarından karşılanmıştır.[1] Buna karşılık FAO'nun verilerine göre %94.4'ü tarımsal alanlarda %3.7'si içme suyu ve %1.9'u sanayide olmak üzere 1993 yılı itibarıyla bu devletin toplam su tüketimi 14.41 milyar m^3tür. Tarımsal su kullanımının tahmini, bu devletin azami su ihtiyacının ha başına yıllık 13 450 m^3 olarak tahmin edilmesine dayanmaktadır. Atık sularının iyileştirilmesi işlemi sonucunda elde edilen elverişli su miktarı ise 0.37 milyar m^3/yıl dır.[2] Bununla beraber 1999 yılı itibarıyla Suriye Sulama Bakanlığı'nın verilerine göre ülkenin tüm su kaynaklarından kullanılan toplam 12.175 milyar m^3 suyun % 91'i (11.136 milyar m^3) tarımsal sulama amaçlı, % 7.5'u (844.4 milyon m^3) kentsel amaçlı ve %1.5 'u (194.7 milyon m^3) endüstriyel amaçlı kullanılmıştır[3]

Bu devletin Fırat Nehri ve kollarının kullanımıyla ilgili verileri ayrıntılı olarak aşağıdaki tabloda gösterilmektedir:

Tablo-8. Fırat–Dicle Sisteminde Suriye'nin Su Mevcudu ve Su Talebi. 1990 ve 2000 Yılı Sonrası Verileri (milyar m^3 olarak)[4]

Su mevcudu ve talebi	1990	2000 yılı sonrası (2040)

[1] Daoudy, Riad, "Facing water resources challenges in Syria", Presented at the Syria : New dawn for Business, Trade and Investment Conference, London , July 3-4, 2001, (çevrimiçi) http://www.mafhoum.com/press2/water76.htm , 11Mart 2002.

[2] FAO, "Syria", 'Water withdrawal' başlığında.

[3] Daoudy, M. , a. g. m. , "5.2. The Definition of Water Stress" kısmı.

[4] Kliot, a. g. e. , s. 141. DSİ ise, Suriye'nin Fırat Nehrinden 11.5 milyar m^3, Dicle Nehrinden 2.6 milyar m^3 olmak üzere toplam 14.10 milyar m^3 su talep ettiğini belirtmektedir. Bkz. T. C. Dışişleri Bakanlığı, a. g. e. , s. 7. ; Akmandor, a. g. m. , s. 22.

Su mevcudu	Fırat	28.0-29.0	6.7-9.2 doğal akış 4.6 geri dönüşüm akışı
	Habur	1.5	1.78
	Balık	0.2	0.2
	Yer altı	0.4	0.4
	Toplam su mevcudu	30.1-31.1	13.6-16.1
Su talebi	Tarımsal sulama[a]	3.0-5.0	10.2[b]
	Depolama buharlaşması	0.63-0.83	1.7
	Kentsel ve endüstriyel	0.1[c] 0.01	1.5
	Toplam talep	3.74-5.94	13.4[d, e,]
Denge		+25.2-26.4	+0.0-2.7

Kaynaklar: Shahin 1989, ABD Ordusu Mühendisler Kurulu 1991, Kolars 1990

[a] Fırat ve Habur havzasındaki sulandığı tahmin edilen 300-500 bin ha alana istinaden hesaplanmıştır.

[b] Projelerde kullanım sonrası geri dönen sular Suriye'nin su mevcudunun yaklaşık % 50'sini oluşturmaktadır.

[c] Halep'e aktarılan 80 milyon m^3 dahildir.

[d] 3.7 milyar m^3 tutarındaki geri dönen sular, Irak'a akan suların (6.9 milyar m^3) dışındadır.

[e] Waterbury (1990)'e göre 2005 yılında toplam su talebi 13.0 milyar m^3 olacaktır.

Yukarıdaki tablodan da anlaşılacağı gibi Suriye'nin 1990 yılı itibarıyla toplam tüketimi toplam arzın altında olduğundan su fazlası gerçekleşmiştir. Esas sıkıntı GAP'ın tamamlanmasından sonra ortaya çıkacak muhtemel azalmanın toplam tüketimi olumsuz etkileyeceği noktasında görülmektedir. 1970'li yılların ortalarında Suriye 400 milyon m^3 lük suyu kentsel kullanım ve içme suyu olarak tüketmiştir. Tablo-8'de de görüldüğü gibi 2000 li yıllarda bu anlamdaki su talebi 1,5 miyar m^3 olacağı tahmin edilmektedir. Hızlı nüfus artışı, kuraklık ve suları artıracak tekniklerin geliştirilmemesi kent nüfusunu su kıtlığına maruz bırakmaktadır.[1] Nitekim 1980 yılı itibarıyla yer altı kanallarla yaklaşık 220 bin m^3/gün dolayında Fırat Nehrinden Halep

[1] Kliot, a. g. e. , s. 142-143.

kentine içme suyu aktarılmıştır. Suriye'nin kentsel nüfusunun hızla artmasıyla beraber Fırat sularına bağımlılık yetkililerin önemli problem kaynağı olmuştur.[1] Suriye, 1970 li yıllarda Fırat Nehrinden ortalama 2.7-3.0 milyar m^3/yıl dolayında su tükettiği hesaplanmıştır. 1980'li yıllarda da bu miktarda değişiklik olmamıştır. Şimdilik tarımsal amaçlı su tüketimi çeşitli kaynaklara göre 3.0 ile 5.0 milyar m^3/yıl arasında değişmektedir. Bu miktarla 300-500 bin ha dolayında arazinin sulandığı belirlenmiştir.[2] Suriye'nin resmi verilerine göre ise 1999 yılı itibarıyla Fırat Havzasında yüzey suları 18.669 milyar m^3/yıl olarak ölçülmüş, 341 003 ha alanda sulama yapılmıştır. Aynı yıl itibarıyla Fırat sularından 84 milyon m^3 endüstriyel amaçlı, 4.1 milyar m^3 tarımsal amaçlı, 270 milyon m^3 kentsel amaçlı olmak üzere toplam 4.454 milyar m^3 su kullanılmıştır.[3] Bu miktar tablo-8'deki verilere yakın görülmektedir. Suriye şu anda yakın gelecekte tarımsal gelişme için Asad Gölünde yeterinden daha fazla suya sahiptir. Bununla birlikte tüm kalkınma projeleri gerçekleştiği takdirde Fırat sularından 5-10 milyar m^3/yıl daha ihtiyacı olacaktır.[4] 2000 li yıllarda Suriye Fırat Havzasında 10.3 milyar m^3 su gerektiren 795, 000 ha toprağı sulamayı planlamaktadır. Bunun için Fırat ve Habur Nehri üzerindeki su depolama kapasitesini 2.8 milyar m^3 kadar arttırmak amacıyla bu Nehirler üzerinde beş on yıl içinde baraj inşaatlarını tamamlamayı planlamaktadır. Bu su depolama kapasitesi Suriye'yi sulama suyu kıtlığından kurtarabilmekle berber yukarı kıyıdaki Türkiye'nin GAP için suları kısıtlaması, aşağı kıyıda ise Irak'ın su kısıntına karşı tepkisi dolayısıyla rezervuarları doldurmak sanıldığı gibi kolay değildir.[5] Kolars'a göre 2040 yılına doğru GAP planları tamamen uygulanırsa Suriye ancak 13.4-15.9 milyar m^3 kadar suya sahip olacaktır. Bu su miktarının içindeki 4.6 milyar m^3 lük kısmı GAP'ın sulama projelerinden gelecektir.[6] Tablo-8'deki verilere bakılırsa, Suriye'nin 1990 yılı itibarıyla Fırat Nehri ve kollarından aldığı sular toplam talebini karşılamakla birlikte gelecekte GAP'ın

---

[1] Kolars, "Problems of. . . " , s. 80.
[2] Kliot, a. g. e. , s. 141.(Clawson, Naff ve Matson'a dayanmıştır.)
[3] Daoudy, M., a. g. m. , "The Euphrates Basin in Syria"başlığında. (Suriye Sulama Bakanlığının verilerine dayanmıştır.)
[4] Beaumont, a. g. m. , s. 175.
[5] Kliot, a. g. e. , s. 141-142.
[6] Kolars, "Problems of. . . ", s. 75. ; Kolars and Mitchell, a. g. e. , s. 208.

getirebileceği kısıtlamalar bu devlet için endişe kaynağı olamaya devam edecektir. 2040 yılına doğru toplam arzın toplam talebin biraz altında olacağı düşüncesi GAP'ın getireceği kısıtlamalara dayanmaktadır.

Türkiye'den kaynaklanıp Suriye'de Fırat Nehrini besleyen kollardan yıllık akımının 410 milyon m^3 olan Habur Nehrinden[1] küçük çaplı sulama yapılmaktadır. Suriye'nin bu nehrin tüm sularının Türkiye'de tüketildiği iddiasına rağmen 1.3 milyar m^3 kapasiteli Tişrin Barajı bu nehir üzerinde kurulmuştur. Türkiye'den kaynaklanıp Tabka barajının aşağısında Fırat'ı besleyen Balık deresinin yıllık akımı ise 190 milyon m^3 kadar olmakla beraber Türkiye tarafından tamamen kullanılmakta olduğundan Suriye bundan faydalanamamaktadır. Önemli besleyici olan Habur Nehri dahi yaz aylarında Türkiye'nin de kullanımın etkisiyle debisi 6-10 m^3/sn düzeyine düştüğünden kullanım alanı oldukça daralmaktadır. Bu nedenle Habur sularının geleceğini değerlendirmek zordur. Çünkü Urfa Kanalı vasıtasıyla Atatürk Barajı sularının geri dönüşüm yoluyla Habur sularına aktarılması sonucunda bu nehrin bir kaç milyar m^3/yıl dolayında artması mümkündür. Diğer taraftan Türklerin sınır boylarındaki artezyen suları aşırı kullanması sonucunda bu nehrin sularında azalma olmuştur.[2]

Dicle Nehri sularının kullanımına gelince, Dicle'nin Türkiye ile Suriye arasında sınır oluşturduğu kesimde, Suriye'nin bu nehirden de faydalanma imkanı bulunmaktadır. Dicle; bu bölgede sınır aşan sulardan farklı olarak, iki ülke arasında sınır teşkil etmektedir. Bu nedenle, Suriye'nin yapacağı tesisler ve alabileceği su miktarları konusunda öncelikle Türkiye ile uzlaşma sağlaması gerekmektedir. Sınır oluşturan bölgede mevcut doğal akımlar göz önüne alındığında Suriye'nin yaklaşık 2.5 milyar m^3 sudan faydalanabileceği tahmin edilmektedir. Ayrıca Suriye, Dicle Nehri'ni kullanarak 200.000 ha'lık bir alanda sulama yapmayı planladığını açıklamıştır. Bu nedenle, Suriye'nin su potansiyeli içinde Dicle'den kullanmayı düşündüğü su miktarının da gösterilmesi gerekmektedir.[3] Kliot'a

---

[1] Bu nehrin Türk kaynaklarına göre yıllık akımı 138 milyon m^3 iken, FAO' ya göre 80, 8 milyon m^3 tür. (Kolars, "Problems. ..", s. 80.)
[2]Kolars, "Problems. . . ", s. 80-81.
[3] Bilen, a. g. m. , (web) "Suriye'nin Su Kaynakları" başlığında.

göre Dicle'nin Suriye tarafındaki batı yakasındaki akımı 23 milyar m^3/yıl dır. Suriye'nin 1989 yılındaki planına göre bu sularla 150,000 ha toprağı sulamayı amaçlamaktadır.[1] Suriye'nin resmi verilerine göre Habur ve Dicle Havzasında kullanılan sulardan 5 milyon m^3'ü endüstride, 3.15 milyar m^3'ü tarımsal sulamada, 50 milyon m^3'ü ise kentsel içme şebekelerinde kullanılmıştır. Bu havzada kullanılan toplam su miktarı 4.45 milyar m^3 olmuştur.[2]

Suriye'nin Fırat sularını kullanımı Irak'tan farklı olarak fazla eskilere dayanmamaktadır. Bu devletin Fırat Nehrinden tarımsal amaçlarla faydalanması daha çok pamuk eken çiftçilerin bireysel çalışmalarıyla 1950'li yıllarından itibaren başlamıştır. 1960'lı yıllarda Fırat Nehri üzerinde Tabka Barajının inşa edilmesiyle ilgili projeler geliştirilmiştir. Sovyetler Birliği'nin teknik ve finanssal desteğiyle inşaat çalışmalarına başlanılmış ve 1973 yılında tamamlanmıştır. 1974 yılından 1975 yılına kadar Asad Baraj gölünde su tutularak hizmete giren "Tabka Barajı", 8 türbini 625 km^2'lik alanı kaplayan 11.6 milyar m^3 su kapasitesi ile Suriye'nin en büyük barajı niteliğindedir. Barajın stratejik önemi, "Türkiye'den gelecek" su ile beslenmesi ve Irak'a akan suyu azaltabilecek durumda olmasından kaynaklanmaktadır. Barajda su tutulması nedeniyle 1975 yılında Irak'a akan Fırat Nehrinin akımını azalttığı için Irak ile gerginlik yaşanmıştır.[3] Aynı dönemde Türkiye de Keban Barajında su tuttuğundan Fırat Nehrinin akışında yılın da kurak geçmesinin etkisiyle önemli azalmalar olmuş ve bu durumdan en çok olumsuz etkilenen Irak olmuştur.[4] Eş zamanlı iki barajın faaliyete geçmesi sonucunda Irak, daha önce 920 m^3/sn olan Fırat Nehrinin akımı barajlardan sonra 197 m^3/sn.'ye düştüğünü ve tarımsal alanların önemli zarara uğradığını belirtmiştir.[5] Hidroelektrik üretimi ve sulama amacıyla yapılan Tabka Barajı, bu her iki amaçta da Suriye'nin beklentilerine cevap vermemiştir. Buharlaşmanın da

---

[1]Kliot, a. g. e. , s. 138.
[2]Daoudy, M., "2.2 the Khabur-Tigris Basin" başlığında.
[3] Shapland a. g. e. , s. 109. ; Kolars, "Problems of. . . " , s. 80.
[4] Kolars, "Problems of. . . " , s. 49 ve 65.
[5] Cohen, Jonathan E., "International Law and the Water Politics of Euphrates", Newyork University of International Law and Politics, Vol.24, No.1, (Fall, 1991), , s. 511.

etkisiyle barajda beklenenden daha az su tutulması ve bakımda ileri teknolojinin kullanılamaması nedeniyle elektrik üretim kapasitesi 150 megavata düşmüştür.[1] Çünkü bu barajının sekiz türbininin çalışabilmesi için su seviyesinin yüksek olarak sürdürülmesi gerekir. 1979 yılı itibarıyla bu baraj Suriye'nin elektriğinin % 60'ı olan 2.5 milyar kWh elektrik ürettiği tespit edilmiştir. Ne var ki su seviyesinde ortaya çıkan düşmeler türbinleri atıl durumda bırakmıştır.[2] Bu da Suriye'yi petrol gibi alternatif enerji kaynaklarını araştırmaya yöneltmiştir.

Tarımın, ekonomisi için çok önemli olduğu Suriye'nin ekilebilir arazi miktarı 6 milyon ha olduğu tahmin edilmektedir. Bunun 5,5 milyon ha'lık kısmı ekilebilmektedir.[3] Suriye'nin ülkesinde geçen uluslararası suların paylaşımıyla ilgili komşu devletlerle yapacağı antlaşmalardan sonra sulama potansiyelinin belirlenebileceğini söylemekle beraber; tarım yapılabilecek 5.9 milyon ha araziden su kaynaklarının elverişli olduğu dikkate alındığında sulanacak topraklar potansiyeli 1 milyon 250 bin ha civarındadır. 1993 yılı itibarıyla % 81'i sulama potansiyelinin üzerinde olmak üzere sulamaya elverişli topraklar 1 013 273 ha olarak tahmin edilmiştir. Sulama daha çok ülkenin kuzey doğu kesiminde olup bunun da 1/3 ten fazlası Haseke vilayetinde gerçekleşmektedir. Yüzey sulaması 981 273 ha toprak üzerinde yapılmaktadır. Uygulanan sulama tekniği geleneksel yöntemlere dayanmaktadır. Serpilerek yapılan sulama uygulanması 30 000 ha dolayında toprak üzerinde yapılmaktadır. 1993 yılında sulanan toprakların % 60.2'si yer altı sularından ve % 39.8'si yüzey sularından (nehir veya göllerden yer çekimi veya pompalama yöntemiyle)sulandığı tahmin edilmiştir. Nehirlerden yerçekimli sulama yönteminden daha ucuz olduğu için, yer altı sularıyla sulama yöntemi son beş yıl içinde gittikçe yaygınlaşmaktadır. Ayrıca ülkede

---

[1] Shapland, a. g. e. , s. 110.
[2] Kolars, "Problems of. . . " , s. 80.
[3]Kliot, a. g. e. , s. 139. ayrıca FAO'nun 1993 yılı itibarıyla yaptığı araştırmada ise Suriye'nin ekilebilir toprağı ülkenin % 32 sini oluşturan 5.94 milyon ha dır. Bunun 4.94 milyon ha kadar ekildiği tahmin edilmektedir. Bkz. FAO, "Syria", http://www.fao.org/ag/AGL/aglw/aquastat/countries/syria/index.stm 3.paragraf.

büyük çapta bulunan küçük çiftçilerin yer altı sularını kullanarak sulama yapmaları bu yöntemin daha ekonomik olduğunu göstermektedir. 1994 yılı itibarıyla ülkede tahmin edilen 122 276 tane kuyunun mevcut olması bu yöntemin yaygınlaştığının açık göstergesidir. Sulamaya elverişli 1 013 273 ha alanın 349 820 ha'sı Hükümetin sulama projesi kapsamındadır. Bu miktarın da 105 000 ha kadarının ıslah edilmesi gerekir.[1] Kliot'a göre ise doğal yağışlarla sulanabilen alanlar 3,3 milyon ha olduğu halde bunun ancak 531-620 bin dolayında toprak sulanabilmektedir. Suriye kaynaklarına göre bu miktar 671 bin ha'dır. Aynı kaynağa göre 1960'lı yıllardan beri taşkınlık, sel ve tuzlanmadan dolayı sulu alanlar verimsizleştiğinden kullanılamamaktadır. 1960-1986 yılları arasında sulu alanlarda yaklaşık % 20 dolayında bir kaybın olması bunun sonucudur.[2]

Tabka Barajı ve Fırat üzerinde kurulacak diğer projelerle 640 000 ha toprağın sulanması planlanmakla[3] beraber Kolars ve Mitchell tarafından yapılan araştırmaya göre sulama için planlanan bu kadar arazinin alçılı (cipsli) ve kireçli toprak yapısından dolayı sulamanın etkili olamayacağı sonucuna varılmıştır.[4] Çünkü Tabka Barajının yapımından sonra geliştirilen topraklar, 1983 yılı itibarıyla 345 bin ha'ya ve daha sonra 240 bin ha'ya düşmüştür.[5] Gerçekten de 1983 yılı verilerine göre Fırat Nehrinden 350 milyon m^3 su kullanılarak bu ıslah edilmiş topraklardan sadece 35 bin ha sulama için elverişli hale getirilmiştir Buradaki ana problem, toprak ıslahını sağlayacak projelerin maliyetinin yüksek olmasından kaynaklanmaktadır. Bu da 1971-1975 yıllarında Suriye'nin tüm kamusal yatımlarının maliyetinin çeyreğini geçmektedir. Tuzlanma ve alçı taşlarının fazlalığı nedeniyle özellikle Habur Bölgesinde toprak ıslahının mali yükü ağırdır. Kolars'a göre Tabka Barajı sularıyla ancak 300 bin ha toprak sulanıp ıslah edilebilir. Bu tahmin ABD Ordusu Mühendisler

---

[1] Aynı yer, 'Irrigation and drainage development'kısmı.
[2]Kliot, a. g. e. s. 139.
[3] Daoudy, M., a. g. m. , "water and soil quality" kısmı ile "The construction of dams" kısmı. ; Sadece Tabka Barajı ile 420, 000 ha toprağın sulanması amaçlanmaktaydı. Bkz. Shapland a. g. e. , s. 110.
[4] Kolars and Mitchell, a. g. e. , s. 282.
[5] Kolars, "Problems of. . . ", s. 50.

Kurulu tarafından da teyit edilmiştir.[1] Alman firmaları tarafından yapılan hatalı toprak analizleri Suriye'nin hem kanallar üzerinde hem de sulama alanlarındaki cipsli toprağın etkisi konusunda yanlış kararlar almasına yol açmıştır. 150 bin ha alanı sulamayı kapsayan ve Ruslar tarafından tasarlanan Rasafah Projesinden bu nedenle vazgeçilmiştir.[2] Dikkati çeken önemli nokta da Tabka Barajının yapımından sonra verimli torakların çok önemli kısımları sular altında kalmasıdır. İyi yapılamayan drenaj işlemi ve tuzlanmadan dolayı sulamaya elverişli topraklarda azalmalar ortaya çıkmaktadır. Örneğin 1985-1986 yıllarında Fırat vadisinde 12 bin ha kamunun ve 196 bin ha özel mülkiyetin olmak üzere ancak 208 bin ha topraktan fazla sulanamamıştır. Suriye'nin tarımsal planlarının revize edilmesi kuru tarımın üzerinde ve Habur Nehri üzerinde yürütülen yan projeler üzerinde büyük etkisi olacaktır.[3] Habur üzerinde iki barajın yapımı gerçekleşmiş ve Haseke kenti yakınlarındaki yukarı Fırat ovasının topraklarını sulayacak üçüncü barajın yapımı henüz bitmemiştir. Yapılan bu barajlar sayesinde 1980'li yılların sonlarına doğru özel ve kamusal olmak üzere 240 bin ha alanın sulanması programı yürürlüğe girmiştir. Habur nehrinden ayrıca 138 bin ha alanın sulanması planlanmaktadır. Kolars tarafından yapılan tahmine göre nihai olarak 397 bin ha alan sulanacak ve bunun sonucunda nehirlerin akımında yıllık olarak 4.7 milyar m^3 dolayında azalma olacaktır. Bununla beraber bu tahmin Asad Gölünden sulanacak Halep yakınlarındaki 200 bin ha dolayındaki toprağı kapsamamaktadır. Sulanan topraklardaki kalan suyun geri dönüşüm yoluyla ana nehre pompalanması durumunda Fırat sularından yaklaşık 2.5 milyar m^3/yıl dolayında azaltabilecektir. Aksi halde buharlaşmanın da etkisiyle bu azalış 3.9 milyar m^3'e çıkacaktır. Habur Nehri üzerinde Türkiye'den kaynaklanabilecek açıklık veya

[1]Kliot, a. g. e. , s. 139. (Kolars, Beaumont, Naff ve Matson ile ABD Ordusu Mühendisler Kurulu verilerine dayanmıştır. Ayrıca bkz. Kolars, "problem of. . . ", s. 81.

[2] Kolars, "Problems of. . . ", s. 50.

[3] Kolars and Mitchell, a. g. e. , s. 276.

fazlalığın nasıl hesaplanacağı ise belirsizdir.[1] Fırat Havzasındaki bölgelerde sulamaya elverişli arazilerle ilgili son veriler ise şöyledir:

Deyruzzor'da 178 bin ha, Haseke'de 130 000 ha, Rakka'da 65 bin ha olmak üzere toplam olarak 373 bin ha'lık sulamaya elverişli toprak bulunmaktadır. Diğer kaynaklar[2] ise bu bölgelerde sulamaya elverişli topraklar 136 bin ile 250 bin ha arasında değiştiğini bu da 2,7 ile 4,7 milyar m^3 su gerektirdiğini tespit etmişlerdir.

Suriye'nin hidroelektrik enerji üretimine gelince, 1980'li yılların başlarında hidroelektrik enerjisi ülkenin toplam enerji kaynağının % 30.5'i oluştururken 1990'lı yılların başında ise bu oran % 25'e düşmüştür. 1990 yılı itibarıyla Tabka Barajı 800, Baas Barajı 64 ve Tişrin Barajı 1,6 MW değerinde kapasiteyle elektrik enerjisi üretmektedir. Suriye'nin ana enerji kaynakları 2589 MW güç değerinde petrol ve gaz esaslı enerji tesisleridir. Bu da Diğer enerji kaynakları karşısında hidro enerjinin ne kadar yetersiz olduğunu göstermektedir. Suların akışlarının düzenli olmaması nedeniyle hidroelektrik enerji kaynakları Suriye için güvenli değerlendirilmemektedir. 1987 yılındaki enerji tüketimi 1975 yılındakine göre % 17.7 düzeyinde artmıştır. 1989 yılında Fırat Nehrinin akımının düşmesi sonucunda Tabka Barajının normal nominal kapasitesinin ancak % 10'u düzeyinde çalıştırıldığı belirlenmiştir. Bu da ülkede enerji sıkıntısına yol açmış ve günde 7 saat elektrik kesintisine gidilmek zorunda kalınmıştır.[3] Aynı zamanda, 800 MW kapasiteli Tabka Barajı'nın su seviyesi düştüğü zamanlarda elektrik üretimi150 MW'ye kadar düşmüştür.[4] Suların istikrarlı aktığı 2000 yılındaki veriler incelenirse, % 64'ü fosil ve petrol ürünlerinden, %36'sı su kaynaklarından olmak toplam elektrik enerjisi üretimi 19.7 milyar kWh olarak gerçekleşmiş, kişi başına

---

[1] Kolars, "Problems of. . . ", s. 82.
[2] Syria Statistical Abstracts 1990 ile Chalabi ve Mazjoub'ın bulguları. Bkz. Kliot, a. g. e., s. 139.
[3] Aynı yer, s. 142.
[4] Shapland, a. g. e., s. 110.

1,148.3 kWh kadar enerji düşmüştür.[1] Buna göre enerji üretimi için sularda düzenli akış oldukça petrol yerine daha çok su kaynaklarından yararlanılmaktadır. Dolayısıyla Suriye, sınır aşan sulardaki istikrarsızlık nedeniyle, her zaman istendiği düzeyde dengeli hidro enerji üretimi yapamamaktadır.

Sonuç olarak Suriye, Fırat Nehri üzerindeki konumu itibarıyla avantajlı değildir. Uzmanlara göre 2000 yılına doğru Suriye'nin su açığı 1 milyar m^3 olacaktır. Türkiye, GAP'ı tamamladığı takdirde Suriye'nin Fırat Nehri sularından % 40 kaybı olacaktır. Bu da, Türkiye'nin Suriye ve Irak üzerinde önemli inisiyatif gücü olacağı bu süreçteki jeopolitik anlamını ifade etmektedir.[2] Bu duruma göre Suriye'nin nehirlerle ilgilenen yetkilileri iki ana problemle karşı karşıya oldukları görülmektedir: Türkiye'nin nehrin yukarı kısmındaki kullanıma cevap vermek ve ülke içinde kendi önceliklerini dengelemek. Türkiye, Fırat Nehri'nin en az 500 cm^3/sn sınırdan akımını garanti etmekle beraber –ki bu yıllık 15.8 milyar m^3/yıl etmektedir-Suriye, gelecekte bu miktarın ihtiyacını karşılayamayacağını en az 700 cm^3/sn sınırdan akması gerektiğini vurgulamaktadırlar.[3]

3. 2. 3. Türkiye'nin Su Durumu ve Projeleri

Türkiye toprakları 26 drenaj havzasına ayrılmış durumdadır. Ancak Türkiye'nin sahip olduğu nehirlerin rejimi düzensizdir. Doğal akışlar genel olarak kullanılabilir kaynak olarak düşünülmemektedir. Drenaj yoğunluğunun en fazla görüldüğü bölge Karadeniz Bölgesi iken en az olduğu bölge de Orta ve Güneydoğu Anadolu Bölgesidir. Her ne kadar Türkiye, komşularının sahip olduğundan daha fazla su kaynağına sahip olsa da bu kaynaklar yakın gelecekte kendi ihtiyacını karşılayabilecek yeterlikte değildir.

---

[1]Nation Master, "Middle East: Syria: Energy", (çevrimiçi) http://www.nationmaster.com/country/sy/Energy, 14 Şubat 2004.
[2]Kliot, a. g. e., s. 143.(Hindley ve Jansen'den faydalanılmıştır.)
[3] Kolars, "Problems of. . . ", s. 82.

Türkiye'nin yarı kurak bir iklimi olduğu halde yağış grafiği ülke çapında büyük değişiklikler göstermektedir. Ortalama alınan yağış 643 mm olup, ülkenin Güneydoğu kesiminde 250 mm'den Karadeniz kesiminde 3000 mm'ye varan değişiklikler göstermektedir. Bu ortalama yağış grafiği yıllık 501 milyar m^3 e karşılık gelmektedir. Toplam yağışın yaklaşık % 70'i Ekim ve Nisan ayları arasındaki sürede gerçekleşmektedir. Türkiye'nin yıllık olarak aldığı ortalama yüzeysel yağış miktarı ise 186 milyar m^3'tür. 12 milyar m^3'lük yer suları da dahil olmak üzere bu miktarın 110 milyar m^3'ü tüketim için elverişlidir. Nüfusun 68 milyon olduğu dikkate alınırsa Türkiye'de kişi başına düşen su miktarı 1700 m^3 olarak tespit edilmiştir. Su kaynakları yönünden zengin olan devletlerdeki kişi başına düşen su miktarı 8-10 bin m^3 dolayındadır.[1] Gelişmiş devletlerdeki iklimsel yapı ile suların etkin kullanım teknolojisi dikkate alınırsa Türkiye'nin su zengini olmadığı yönündeki karşılaştırmalar isabetli olmayabilir. Teknik ve ekonomik yetersizlikten dolayı Türkiye sahip olduğu su potansiyelinden çoğunu kullanamıyor. Bölgeler arası iklimlerin farklı olması ve yağışların düzensiz olması su kaynaklarını muhafaza eden barajların ve rezervuarların arttırılmasını gerekmektedir. Gelişmiş devletlerin sahip olduğu su kapasitesine ulaşmak ancak bu şekilde mümkün olabilir.

Kliot'un da belirttiği gibi Türkiye'nin sahip olduğu kullanılabilir yüzey suları 95 milyar m^3/yıl olarak tahmin edilmektedir. Bunun, ancak 25 milyar m^3'ü kullanılmaktadır. Fırat-Dicle sistemi toplam su kaynağının % 50'sini oluşturduğunu ileri süren Kliot, yer altı sularıyla birlikte Türkiye'nin toplam su kaynağının 100-104 milyar m^3 olduğunu bunun da ancak 1982 yılı itibarıyla 14 milyar m^3'ünün kullanıldığını şimdilik (1992 yılında) ise bu miktarın 26 m^3'e çıktığını belirtmektedir.[2] FAO kaynakları da Türkiye'nin toplam sahip olduğu yıllık 192.8 milyar m^3'ten

[1] Republic of Turkey, Turkey Country Report, prepared by for 3rd World Water Forum, Published by: World Water Council, 2003, s. 8., (çevrimiçi) www.worldwatercouncil.org/WAU-about.shtlm 22 Temmuz 2003.(Turkey Country Report olarak geçecektir.)

[2] Kliot, a. g. e. , s. 134.

ekonomik olarak 95 milyar m^3/yıl kadarının kullanıldığını, yıllık toplam su tüketimi ise 31.6 milyar m^3 olduğunu belirlemiştir.[1] Kolars, yukarıdaki verilere yakın olarak, Türkiye'nin toplam su rezervinin 184.9 milyar m^3 olduğunu bunun 94.9 milyar m^3ününün kullanıldığını tespit etmesinin yanında, yazarın DSİ'nin tahminlerine dayanarak 1994 yılındaki değerlendirmesinde 185 milyar m^3/yıl tutarındaki toplam yağışın ancak 62 milyar m^3/yıl kadar kısmı 2000 yılından sonra kullanılabilecektir. Geride kalan 123 milyar m^3 ün az kısmından ise hidroelektrik enerjisi üretimi için faydalanılacaktır. Büyük çoğunluğu ise buharlaşma ve diğer sebeplerle kullanılamayacaktır.[2] Sahip olunan 31.6 milyar m^3'lük su potansiyelinin % 72.5'i tarımda, %11.1'i sanayide ve %16.4 ise içme sularında kullanılmıştır.[3] Buna karşılık, 2000 yılı itibarıyla Türkiye'nin kullanılabilir su potansiyeli 39.3 milyar m^3 bulunmuş, bunun 29.3 milyar m^3'ü tarımda (%75), 5.8 milyar m^3'ü endüstride (%15) ve 4.2 milyar m^3'ü içme sularında (%4.2) kullanılmıştır.[4]

Türkiye'nin Fırat ve Dicle Nehirlerini kullanımına gelince; topraklarından kaynaklandığı halde Türkiye, bu nehirlerden en son faydalanan devlet olmuştur. Türkiye kısmındaki bölgenin iki büyük su havzasını oluşturan bu nehirlerin kapsadığı alan, tarımsal ve endüstriyel projelere elverişli olup ülkenin kalkınması için önemli potansiyele sahiptir. Fırat Havzası 127 bin km^2, Dicle Havzası 58 bin km^2 olup, her iki nehrin havzaları Bölgenin dışına taşar. [5] Türkiye'nin her iki nehrin havzasında sahip olduğu su mevcudu ile bu suların kullanımı şöyledir:

---

[1] FAO, "Turkey", "Water withdrawal"başlığında, (çevrimiçi) http://www.fao.org/ag/AGL/aglw/aquastat/countries/turkey/index.stm,
[2] Kolars, "Problems of. . . ", s. 63.
[3]FAO, "Turkey", "Water withdrawal"başlığında.
[4] Doğan Altınbilek, "The Role of Dams in Development", Water Resources Develeopment, Vol. 18, No. 1, 2002, s. 21, (çevrimiçi) http://titania.ingentaselect.com/pdf , 29 Ocak 2004.
[5]GAP Ana Raporu, T. C. Başbakanlık GAP İdaresi Başkanlığı, GAP Ana Raporu, Güneydoğu Anadolu Bölgesi Kalkınma Planı, , cilt.2, Ankara, 2002 s. 128, (çevrimiçi) http://www.GAP.gov.tr/Turkish/Bolgekpl/anarap.pdf , 07 Eylül 2003. (Dipnotlarda 'GAP Ana Raporu' olarak geçecektir.)

Tablo-9. Fırat-Dicle sisteminde Türkiye'nin Su Mevcudu ve Su Talebi, 1990 ile 2000 Yılı Sonrası (milyar m^3 olarak)[1]

Su mevcudu			1990	2000 yılı sonrası (2030-2040)
Su mevcudu[a]	Fırat		28.2	28.2[b]
	Dicle		18.5	18.5[b]
	Toplam		46.7	46.7
Su talebi	Fırat	Sulama	1.62	21.5[c]
		Buharlaşma	0.8	
	Dicle	Sulama	0	6.7
		Buharlaşma	0	
	Kentsel/endüstriyel kullanım		0.2	0.5
	Toplam talep		2.8	28.7
Denge			+43.9	+18.0

Kaynaklar: Beaumont 1985, Bilen ve Uskay 1991, ABD Ordusu Mühendisler Kurulu 1991, Shahin 1989.
[a] Fırat-Dicle tarafından sağlanan su miktarına diğer yüzey sularını (48.3 milyar m^3) ve yer altı sularını (5 Milyar m^3) da eklemek gerekir.
[b] Fırat-Dicle sularının bir kısmı sulama kanallarından ana nehir yatağına geri döndüğünden dolayı iki kez kullanılmaktadır.
[c] Waterbury'e göre 2005 yılına doğru Türkiye sadece 14 milyar m^3 kullanacaktır.

GAP raporunda ise bu tablodaki verilerden biraz farklı miktarlar belirtilmiştir. Buna göre, Türkiye'nin sahip olduğu ortalama yıllık akış 186.05 milyar m^3olduğu dikkate alınırsa, Fırat Havzası'nda ortalama yıllık akış 31.61 milyar m^3 (Türkiye'nin % 17'si), Dicle Havzasında ise 21.33 milyar m^3 (Türkiye'nin yüzde11.5'i) dir. Ana kol yıllık akışı Fırat Nehri için Türkiye'nin sınırlarında yaklaşık yılda 30 milyar m^3, Dicle için 16.7 milyar m^3'tür.[2]

Yukarıdaki tabloda da görüleceği gibi 1990 yılı itibarıyla tarımsal sulama için Türkiye'nin ihtiyaç duyduğu su miktarı 1.62 milyar m^3 tür. Bu da Fırat bölgesinde 150 bin ha arazinin sulanmasında söz konusu 1.62 milyar m^3 su kullanıldığı anlamına

---

1 Kliot, a. g. e. , s. 135.
2 GAP Ana Raporu, s. 128.

gelmektedir. GAP bölgesinde özellikle Atatürk Barajını çevreleyen arazilerde tarımsal sulama faaliyetinde gittikçe bir artış gözlemlenmektedir. 1990 yılı kayıtlarına göre Türkiye'de tarıma elverişli alan 27 milyon ha olarak ölçülmüştür. Bunun 8.5 milyon ha'sı sulamaya elverişlidir. FAO kaynaklarına göre, 1994 yılı itibarıyla Türkiye'de kamusal sektör olan DSİ ile Köy Hizmetleri Genel Müdürlüğü tarafından 3 105 910 ha, özel işletmeler ve çiftçiler tarafından 1 080 000 ha olmak üzere toplam 4 185 910 ha kadar arazi üzerinde tarımsal sulama yapılmıştır. Bu da sulama potansiyelinin % 49'nun geliştirildiğini göstermektedir.[1] GAP bölgesinde ise 2000 yılından sonra Fırat Nehrinden yaklaşık 13.7 milyar m^3 su kullanılarak 1 milyon 250 bin ha arazinin sulanması planlandığının[2] yanı sıra 2000 yılını takip eden yıllarda Türkiye'nin Fırat-Dicle Havzasında tarımsal amaçla kullanacağı su miktarı buharlaşma kaybı da dahil olmak üzere 21.5 milyar m^3 dolayında olacağı tahmin edilmektedir.[3] Ayrıca Tablo-9'da 1990 yılına kadar Dicle Nehri'nden Türkiye'nin neredeyse faydalanmadığı görülmektedir. Dicle üzerinde kurulacak projelerle gelecekte bu nehir sularının kullanımında bir artış olacaktır. Bununla beraber Türkiye'nin Dicle Nehri'nden ancak 2000'li yıllarda 6.7 milyar m^3 kadar faydalanacağı tahmini dikkate alınırsa, Beaumont'ın da belirttiği gibi bu nehrin coğrafi konumu itibarıyla nehrin üzerinde yapılacak projeler, Fırat Nehri üzerinde yapılanlarda olduğu gibi aşağı devletleri etkilemeyecektir. Bu nedenle Türkiye, Fırat Nehrindeki azalmanın Dicle ile telafi edilmesi üzerinde durmaktadır.[4] Bununla birlikte yukarıdaki miktarlardan farklı veriler de belirtilmiştir. DSİ tarafından yapılan araştırmaya göre Türkiye'nin Fırat Nehrinden 18.42 milyar m^3, Dicle Nehri'nden de 6.87 milyar m^3 olmak üzere toplam talebinin 25.29 milyar m^3 olacağı tespit edilmiştir.[5]

Kentsel kullanıma gelince, Türkiye'nin 1985-1990 yılları arası kent nüfusu % 3.59 oranında artış gösterdiği dikkate alınırsa

---

[1] Kliot, a. g. e. , s. 134. ; GAP Ana Raporu, s. 4 ; FAO, "Turkey", "Irrigation and drainage development" başlığında.

[2] Kliot, a. g. e. , s. 134.

[3] Kolars, "Problems of. . . ", s. 86.

[4] Beaumont, a. g. m. , s. 176. ; Shapland, a. g. e. , s. 106.

[5] T. C. Dışişleri Bakanlığı, a. g. e. , s. 7-8. ; Akmandor, a. g. m. , s. 22.

içme suyu talebinde de artış göstermiştir. Kırsal alanda günlük 50 litre su tüketilirken kentsel yerleşimlerde günlük su tüketimi 200 litreyi aşmaktadır. Kentsel alanlarda toplam su talebi 1990 yılında 5.9 milyar m^3 olarak ölçülmüş, 2000 yılında 9 milyar m^3'e ulaşacağı beklenmektedir.[1] Ayrıca Ceylanpınar, Diyarbakır, Harran, Süruç ve Gaziantep ovalarında 1.616 milyon m^3'lük yer altı su kaynağı saptanmıştır.[2]

1985 yılı itibarıyla Türkiye, su taşkınlığını önleme, sulama, hidroelektrik enerjisi, içme suyu ve endüstri gibi çeşitli alanlarda hizmet etmek üzere 100 barajın kurulması girişimlerini başlatmıştır. Nihai olarak 430 u HES olmak üzere ayrıca 500 barajın kurulmasını planlamaktadır.[3]

Yukarıdaki veriler dikkate alınırsa Kolars'ın da belirttiği gibi, Büyük şehirlerdeki su sıkıntısına ve bazı resmi makamların itirazına rağmen DSİ tarafından sunulan veriler, uygun planlama, yeterli finansman ve kullanılan kredilerin makul geri ödeme planı ile gerçekleştirildiği takdirde, Türkiye'nin hem kendi arazilerini sulayabilecek hem de Büyükşehirlerin içme sularını temin etmenin yanı sıra güneyindeki komşularına yardım edebilecek yeterlikte su kaynağına sahip olduğunu göstermektedir.[4]

3.2.3.1.Türkiye'nin sahip olduğu su kaynaklarını kullanmaya yönelten başlangıçtaki nedenler

Türkiye başlangıçta su kaynaklarından enerji ihtiyacını karşılamak için girişimlerde bulunmuştur. Gerçekten de 1974 yılındaki petrol krizinin etkisiyle enerji açığı gittikçe büyümüştür. Bu açığı kapatmak amacıyla Türkiye, sahip olduğu su potansiyelini kullanmak suretiyle hidroelektrik enerjisini üretmeye yönelmiştir. 1975 yılından 1982 yılına kadar enerji üretimi % 24 arttığı halde Türkiye'nin toplam enerji tüketimi %30 artış göstermiştir. 1983 yılında Türkiye'de kullanılan enerjinin %39 u ithal edilen petrolden

---

[1]Kliot, a. g. e. , s. 137.
[2] AnaBritannica, c.14, Hürriyet y., İstanbul, 1994, s. 231.
[3] Kolars and Mitchell, a. g. e. , s. 16.
[4] Kolars, "Problems of. . . ", s. 63.

sağlanmıştır. Elektrik ve kömür ithalatı da bu hesaba eklenirse devletin bütün enerji kaynaklarının %40'ı yurt dışından sağlanmaktadır. Dünyada petrol fiyatının düşüşünden önce Türkiye ithal edilen petrol ürünleri için yılda 4 milyar doların üstünde ödemede bulunmaktaydı. Ödeme miktarı fiyat indiriminden sonra 2 milyar dolara kadar düşmekle beraber ekonomi önceki artışın getirdiği yükü telafi edememiştir. Bu nedenle enerjide kendi kendine yeterlilik için su kaynaklarının kullanımına yöneliş gittikçe artmıştır. 1985 yılına gelindiğinde Türkiye'nin enerji kaynaklarının 1/10' i su gücü tarafından sağlanmıştır.[1]

Gittikçe artan enerji açıklarını kapatacak önemli enerji kaynakları olarak değerlendirilen nehirler üzerinde kurulan 7052 MW kapasiteli 61 projenin 1991 yılında ürettiği toplam elektrik enerjisi 25 410 Gigavat saat (GWh)' tır. Türkiye'deki nehirlerin toplam potansiyeli 35 618 MW gücünde olup, ortalama hidrolojik şartlar çerçevesinde 126 650 GWh enerji üretebilecek kapasitededir. Diğer kaynaklar içinde hidroelektrik enerjisinin payı başlangıçta küçük olmakla birlikte gittikçe artış göstermektedir. Türkiye'de 1982 yılı itibarıyla üretilen toplam elektrik enerjisinin % 42.6 sı hidro santrallerden, %57.4 si termik santrallerden sağlanmıştır. Bu oranda 1988 yılında da önemli bir değişiklik olmamış sırasıyla % 42.8 ve % 57.2 olmuştur.[2] 1989 yılı itibarıyla Türkiye'nin hangi kaynaktan ne kadar enerji ürettiği ve tükettiğini aşağıdaki tabloda gösterilmiştir:

Tablo-10. Kaynaklarına Göre Türkiye'nin Tükettiği ve Ürettiği Enerji Miktarı (1989) (1000 ton petrol eşdeğerinde)[3]

	Üretim	Tüketim	Tüketilen enerjideki oranı

[1] Kolars and Mitchell, a. g. e. , s. 2. 1982 yılından 1988 yılına kadar tüm kaynaklardan sağlanan enerji üretimi % 33 artarken enerji tüketimi % 172 ye çıkmıştır. Kömür üretimi %18.8 e düşmüş onun yerine ikame edilen linyit üretimi ise % 85.7 çıkmış olduğu halde bu sadece tüketilen toplam enerjinin % 16 sını oluşturmaktadır. 1989 yılında 1.97 milyon ton kömür çıkartıldığı halde 4.6 milyon ton kömür tüketilmiştir. Aradaki fark ithalatla karşılanmıştır. 1990 lı yıllarda artan ölçüde Rusya'dan doğal gaz ithal edilmiştir. Bkz. Kolars, "Problems of. . . .", s. 55.

[2] Kolars, "Problems of. . . ", s. 59.

[3] Aynı eser, s. 56.

			(%)
Kömür	1973	4687	9.00
Linyit	10478	10041	19.30
Asfalt	175	175	0.30
D. Gaz	158	2878	5.50
Petrol	3020	22522	43.20
Jeotermal	35	35	+
Odun vb	5345	5345	10.20
Hayvansal yakıt	2580	2580	4.90
Hidro-elektrik	4005	4005	7.00

(İthal edilen elektrik=48=%0.1) Kaynak: Turkey 1991, table 114, s. 145.

Tablo-10'da görüldüğü gibi 1989 yılında üretilen hidroelektrik enerjisi (ithal yakıt dahil) sadece % 7.7 dolayında olduğu görülmektedir. Bu da Türkiye'nin sahip olduğu nehirlerinin potansiyel gücü kullanmasının ne kadar önemli olduğunu göstermektedir. Türkiye, bu nedenle Hidro enerji kaynaklarının artışında önemli paya sahip olacak GAP'a umut bağlamaktadır.[1] Çünkü GAP'ın tamamlanmasından sonra Fırat Nehrinden 35 119, Dicle Nehrinden 12 644 olmak üzere toplam 47 763 GWh enerji üretileceği planlanmaktadır.[2]

Gerçekten de TÜBİTAK (Türkiye Bilimsel ve Teknik Araştırma Kurumu)'ın yaptığı araştırmaya göre, ekonomi hızla büyürken enerji üretiminin dengeye varması, enerji ithalatının hızla artmasına yol açmıştır. Net enerji ithalatı 1973-95 yılları arasında yıllık yaklaşık %7, 1990-2000 yılları arasında da % 6 artmış; 1990 yılında 30.94 milyon ton petrol eşdeğerinde (mtpe) iken, 2000 yılında 56.28 mtpe'ye ulaşmıştır. İthalat 1973 yılında toplam birincil enerji arzı (TBEA)'nın %36'sını oluştururken, 1990 yılında %57.6'sını, 2000 yılında ise % 68.11'ini oluşturmuştur. Daha önceki öngörüler, linyit üretimini arttırmak suretiyle bu oranı koruyabilmek yönünde

[1] Aynı eser, s. 57.
[2] Kolars and Mitchell, a. g. e. , s. 23.

iken, son 20 yıldaki siyasi iradelerin izlediği doğal gaz ağırlıklı enerji politikalarının linyite yönelik yatırımları frenlemesi sonucu, bu üretimin geçen on yılda kararlı bir seyre ulaşmış olması nedeniyle, ileriye yönelik üretim tahminleri de geri çekilmiştir. Enerji ithalatının bileşimine bakıldığında, 2000 yılında; ham petrol ve petrol ürünleri ithalatı 33.22 mtpe ile toplam enerji ithalatının %59.1'ini, doğal gaz 13.49 mtpe ile %24'ünü, kömür ve kömür ürünleri ithalatı 9.25 mtpe ile %16.4'ünü ve elektrik 0.33 mtpe ile %0.6'sını oluşturmuştur. Bu itibarla, Türkiye, enerji kaynakları açısından net ithalatçı bir ülkedir. 2000 yılı itibarıyla yılda tükettiği yaklaşık 76 milyon ton kömürün %90'ını kendi üretirken, 30 milyon ton ham petrolün %91'ini, 12.6 milyar metreküp doğal gazın %93'ünü ithal etmiştir. Keza, tükettiği 120 Teravatsaat (TWS=milyar kilovatsaat)'lık elektriğin 5 TWS'ını Bulgaristan ve Gürcistan gibi komşularından sağlamıştır.[1] 2001 yılındaki ekonomik kriz sonucunda % 1,1 gerileyerek 126,9 TWS'e düşen elektrik enerjisi tüketimi müteakip yıllarda hızla artmış ve 2004 yılında % 6,3'lük artışla 150 TWS olmuş, kişi başına elektrik enerjisi tüketimi ise 2.109 kWh olarak gerçekleşmiştir.[2] Bu nedenle hidroelektrik üretimine daha fazla ağırlık verilmesi ihtiyacı giderek artmıştır. Nitekim 1990-2000 arasında yılda %2.9 artarak, 1990 yılında 23.148 TWS (1.99 mtpe) düzeyinden, iyi bir üretim yılı olan 2000'de 30.942 TWS (2.66 mtpe) düzeyine ulaşmıştır. [3] 2004 yılı sonu itibarıyla elektrik santralleri toplam kurulu gücü 36.824 MW'a, ortalama üretim kapasitesi ise 204 milyar kWh'a ulaşmış bulunmaktadır. 2004 yılında ülke düzeyinde artan yağışlar sonucunda barajların doluluk seviyesi yüksek düzeylere ulaşmış ve hidrolik santraller 44,9 TWS'lık ortalama üretim kapasitelerinin üzerine çıkmışlardır. Hidrolik santrallerin toplam enerji üretimi 2004 yılında bir önceki yıla göre % 30 artmış ve 46,1 TWS'ye yükselmiştir.[4] 2010

---

[1] Tübitak, "Vizyon 2023 Teknoloji Öngörü Projesi Enerji ve Doğal Kaynaklar Paneli Raporu", Ankara, 24 Temmuz 2003, s. 13, (çevrimiçi) http://vizyon2023.tubitak.gov.tr/teknolojiongorusu/paneller/enerjivedogalkaynaklar/raporlar/enerji_surum1.pdf, 4.Ekim 2003.

[2] DPT, *Ekonomik ve Sosyal Sektörlerdeki Gelişmeler*, Sekizinci Beş Yıllık Kalkınma Planı (2001-2005), 2005 yılı Program Destek Çalışmaları, Ankara, 2006, s. 145.

[3] Tübitak, "Vizyon 2023…", s. 12.

[4] DPT, *Ekonomik ve Sosyal Sektörlerdeki Gelişmeler..*, s. 145.

yılında hidroelektriğin 6.7 mtpe'ye ulaşması beklenirken, jeotermal ısı enerjisi için 5.7 mtpe hedefleniyor.[1]

Bu verilerden de anlaşılacağı gibi BM Ulaşım Dışı Su Yolları Sözleşmesinin 6. maddesinde değinilen "alternatiflerin varlığı" ilkesi dikkate alınırsa, yıllık yağışların istikrarsız olduğu Türkiye'nin enerji üretecek su dışında kaynakları çok sınırlı olduğundan kıyıdaş devletler ile yapılacak antlaşmada bu ilke önemli referans olarak ileri sürülebilecektir.

DSİ başta olmak üzere kamusal ve özel kuruluşların çalışmaları, Türkiye'nin potansiyel su kaynaklarını maksimum düzeyde kullanacağını göstermektedir. Bundan da anlaşılabileceği gibi, Türkiye'nin tarımsal, enerji ve diğer alanlarda kendi kendine yetecek bir konuma gelmesi için bu projelerin hayata geçirilmesi hedeflenerek içte istikrarı sağlama dışta ise önemli ticaret potansiyelini pazarlama durumuna gelebilecektir.[2]

3. 2. 3. 2. Güneydoğu Anadolu Projesi (GAP)

GAP'ı Türkiye için önemli kılan özellikleri ile bu projeyle gerçekleştirilmek istenen hedeflerin neler olduğu, yürütülen projelerin durumu ve gerçekleşme düzeyleri incelendikten sonra GAP'ın temel sorunları ile aşağı kıyı devletlerinde yol açabileceği zararlarının olup olmadığı araştırılacaktır.

3. 2. 3. 2. 1. Tarihçesi

1936 yılında kurulan Elektrik İşleri Etüt İdaresi tarafından ilk olarak önerilen proje Fırat Nehri üzerinde elektrik enerjisini üretmek amacıyla Keban Barajının inşasıdır. 1948 yılında yapılan araştırmalar ile 1953 yılında çıkarılan kanunla DSİ'nin[3] kurulması sonucunda

---

[1] Tübitak, "Vizyon 2023…", s. 12.
[2] Kolars and Mitchell, a. g. e. , s. 16.
[3] 18.12.1953 tarih ve 6200 sayılı DSİ kanununun 2.maddesi: Vazife ve selahiyetler başlığı altında şöyle geçmektedir: DSİ Umum Müdürlüğü'nün vazife ve salahiyetleri şunlardır: a) Taşkın sular ve sellere karşı koruyucu tesisler meydana getirmek ; b)

geniş ölçekli havza planlanması oluşturulması için çalışmalar başlatılmıştır. Türkiye'de su geliştirme programı DSİ tarafından yürütülüp idare edilmektedir. Bu kuruluşun kanununda da belirtildiği gibi yer altı ve yerüstü sularının çok yönlü değerlendirilmesi ile toprak erozyonu ve sel zararlarını önleme gibi sorumlulukları bulunmaktadır. Bu sorumluluk kapsamında ise taşkınlıkları önleyecek yapıları oluşturma, bataklıkları kurutma, sulama ve drenaj sistemlerini, hidroelektrik tesislerini kurma ile su kaynaklarını geliştirme ve artırma gibi görevler vardır.[1] DSİ su ve toprak kaynaklarının geliştirilmesi için dört aşamalı programı uygulamaktadır. Bunlar keşif, toprak sınıflandırması, ön drenaj çalışmaları ve ayrıntılı toprak ile drenaj analizinden oluşmaktadır.[2]

Bu gelişmelerden sonra Türkiye'de havza çalışmaları yapılması fikri oluşmuş ve Türkiye 26 havzaya ayrılarak, DSİ Genel Müdürlüğünce etüt ve planlama çalışmalarına başlanmıştır. 1950 - 1960 yılları arasında Fırat ve Dicle nehirleri üzerinde Elektrik İşleri Etüt İdaresi tarafından sondaj çalışmalarına ağırlık verilmiştir. 1961 yılında Diyarbakır'da kurulan Fırat Nehri Planlama Amirliği tarafından yapılan çalışmalar sonunda 1964 yılında Fırat Havzası'nın sulama ve enerji potansiyelini belirleyen "Fırat Havzası İnkişaf Raporu" hazırlanmıştır. Bu rapora ilaveten 1966 yılında "Aşağı Fırat İnkişaf Raporu" geliştirilmiştir. Dicle Havzası için de, aynı paralelde çalışmalar DSİ Diyarbakır Bölge Müdürlüğü'nce sürdürülmüştür. Böylece Aşağı Fırat Havzası ile Dicle Havzası'ndan ne şekilde

---

Sulama tesislerini kurmak, sulama sahalarında mevcut parsellerin tamamını veya aksamını gösterir harita ve planları yapmak veya yaptırmak ve icabı halinde kadastrosunu yaptırmak ; c)Bataklıkları kurutmak ; d) a, b, c fıkralarındaki faaliyetlerle ilgili olmak şartıyla sudan ve zaruret halinde yardımcı diğer kaynaklardan enerji istihsal etmek ; e) Şehir ve kasabaların içme su ve kanalizasyon projelerini tetkik, tasdik ve murakabe etmek ; Köy içme suları için teknik organizasyon ve murakabeyi sağlamak ve bu iş için Bayındırlık Müdürlükleri emrinde çalışacak lüzumlu bilgiye sahip elemanları yetiştirmek ; f) Akar sularda ıslahat yapmak ve icabedenleri seyrüsefere elverişli hale getirmek ; g) Yukarıdaki fıkralarda yazılı tesislerin (Çalıştırma, bakım ve onarım dahil) işletmelerini sağlamak ve yukarıdaki hususlarla ilgili gerekli etüt, araştırma ve proje geliştirmek. Kaynak:http://www.geocad.com.tr/yasa/6200.htm .yayımlandığı R.Gazete: Tarih: 25.12.1953, Sayı: 8592.

[1] Kolars and Mitchell, a. g. e. , s. 9.

[2] Aynı eser., s. 13.

faydalanılacağı açıklık kazanmış ve 1977 yılında bu iki havza projesinin "Güneydoğu Anadolu Kalkınma Projesi" şeklinde adlandırılması benimsenmiştir. Güneydoğu Anadolu Bölgesi'nin entegre bölgesel planlama çerçevesinde ele alınması, yürütülmekte olan faaliyetlerin koordinasyonunun sağlanması ve yönlendirilmesi görevi 1986 yılında Devlet Planlama Teşkilatına (DPT) verilmiştir.[1]

Kuruluş amacı GAP kapsamına giren yörelerin süratle kalkındırılması, yatırımların gerçekleştirilmesi için; plan, altyapı, ruhsat, konut, sanayi, maden, tarım, enerji, ulaştırma ve diğer hizmetleri yapmak veya yaptırmak, yöre halkının eğitim düzeyini yükseltmek için gerekli tedbirleri almak veya aldırmak, kurum ve kuruluşlar arasındaki koordinasyonu sağlamak olan GAP Bölge Kalkınma İdaresi Teşkilatı, 6 Kasım 1986 tarih ve 20334 sayılı Resmi Gazetede yayınlanan 388 sayılı Kanun Hükmünde Kararname ile kurulmuştur. GAP Yüksek Kurulu, Teşkilatın en yüksek karar organı olup her türlü plan, proje ve programları inceleyerek karara bağlar. Bu kurul, Başbakan veya görevlendireceği bir Devlet Bakanı'nın başkanlığında, GAP'tan Sorumlu Devlet Bakanı, DPT Müsteşarlığı'nın bağlı olduğu devlet Bakanı ile Bayındırlık ve İskan Bakanından oluşur.[2]

GAP, esas olarak, Fırat ve Dicle Havzası'nın bir bölümünü kapsayan Yukarı Mezopotamya Ovaları'ndaki su ve toprak kaynaklarını; ekonomik, sosyal, kültürel ve çevresel gelişmeyi içeren sürdürülebilir insani kalkınmaya yönelik olarak geliştirmeyi hedefleyen, entegre bir bölgesel kalkınma projesidir. Güneydoğu

---

[1] Kolars, "Problems of. . . ", s. 59 ve 61. ; ayrıca başlangıçta su ve toprak kaynaklarını geliştirme amaçlı olarak tasarlanan GAP, 1989 yılında tamamlanan GAP Master Planı ile çok sektörlü entegre bölgesel kalkınma projesine dönüştürülmüştür. Baraj, hidroelektrik santraller ve sulama yapılarının inşasına koşut olarak, tarımsal ve sınai kalkınma, kırsal-kentsel altyapı, ulaşım, eğitim, sağlık vb. alanlardaki gelişme birbirleriyle ilişkili projeler demeti olarak ele alınmıştır. Bu faaliyetler arasındaki eşgüdümü sağlamak üzere, 1986'da Başbakanlığa bağlı GAP Bölge Kalkınma İdaresi Teşkilatı kurulmuştur. Bkz. GAP, "Güneydoğu Anadolu Projesi'nin Tarihçesi", (çevrimiçi) , http://www.GAP.gov.tr/Turkish/Ggbilgi/gtarihce.html, 31Ocak 2003.

[2] Aynı yer.

Anadolu Bölgesi, Adıyaman, Batman, Diyarbakır, Gaziantep, Kilis, Mardin, Siirt, Şanlıurfa ve Şırnak illerini kapsar. Bölgenin yüzölçümü 75 308 km^2 olup Türkiye yüzölçümünün % 9.7'sini oluşturur. Türkiye'de ekonomik olarak sulanabilir 8.5 milyon ha arazinin 2.1 milyon ha'ı (% 25'i), Aşağı Fırat ve Dicle Havzası'ndan oluşan bu bölgededir.[1] Fırat ve Dicle nehirlerinin Türkiye sınırları dahilindeki ortalama su potansiyeli yılda 53 milyar m^3 olup, Bölgenin yıllık toplam 46.7 milyar m^3 düzeyindeki ana kol akarsu potansiyeli, ülke toplam potansiyelinin % 28.5'ini oluşturur. Sulama modülünün 1.002 ve 1.035 l/s/ha olarak varsayılması ile maksimum sulama koşullarında, yıllık toplam 17.7 milyar m^3 ile 19.0 milyar m^3 düzeyinde su miktarına ihtiyaç duyulacaktır. Bölgenin yeraltı suyu potansiyeli, toplam 1.5 milyar m^3 olarak tahmin edilmektedir. Tarımsal faaliyetlere elverişli I., II. ve III. sınıf arazi miktarı 2 476.5 bin ha olup, toplam arazinin % 33'ü kadardır. Kısıtlı işlemeye uygun arazi 694.3 bin ha (IV. sınıf) hesaba katıldığında, Bölge topraklarının % 42.2'si tarıma elverişli görülmektedir.[2]

GAP'ın oluşturduğu potansiyele gelince, bu proje ile, Çukurova'nın 4.5 katı olan 1.7 milyon ha'nın üzerinde arazinin sulanması ve yaklaşık 7500 megavatlık kurulu güç kapasitesiyle yılda 27 milyar kWh'lik hidroelektrik enerjisi üretilmesi sağlanacaktır. Planlanan toplam sulama alanı, Türkiye'de ekonomik olarak sulanabilir toplam alanın % 20'sine ve toplam yıllık elektrik üretimi, Türkiye'de ekonomik olarak gerçekleştirilebilir elektrik enerjisi potansiyelinin % 22'sine eşdeğerdir.[3]

Bölgenin zengin su kaynaklarını (Fırat ve Dicle nehirleri) sulama ve enerji üretimi amacıyla değerlendirmek üzere 13 büyük proje oluşturulmuştur. Bu projelerin 7'si Fırat, 6'sı ise Dicle Havzası'nda yer almaktadır. Projeler tamamlandığında, 22 baraj ve 19 HES inşa edilmiş olacak, 7,485 MW kurulu güç ile yılda 27 milyar kWh enerji üretilecek ve DSİ tarafından yaklaşık 1.7 milyon ha brüt alanda sulama yapılacaktır. Su ve toprak kaynaklarının geliştirilmesine koşut ya da bunun bir sonucu olarak tarım, sanayi,

---

[1] GAP Ana Raporu, s. 4.
[2] Aynı eser, s. 67.
[3] GAP, " GAP Bölgesi'nin Sosyo-Ekonomik Özellikleri", (çevrimiçi) http://www.GAP.gov.tr/Turkish/Ggbilgi/gozel.html, 31Ocak 2003.

kırsal ve kentsel altyapı ile eğitim ve sağlık hizmetleri ve diğer hizmetler gelişecek ya da geliştirilecektir.[1] Enerji ve tarımsal üretimde meydana gelecek artıştan başka, projenin bölgedeki sosyal yapı üzerinde önemli etkileri olacağı beklenmektedir. GAP'ın uygulama alanlarının doğal kaynakları aşağıda verilmiştir. Tablo-11'de bölgenin doğal kaynaklar potansiyelinin büyüklüğü açıkça görülmektedir. Bölgenin nüfus artış hızı, ülke ortalamasının çok üzerinde, okuma yazma bilmeyenlerin oranı ise Türkiye ortalamasının çok altındadır. Bölgedeki toplam köy sayısı 4110 dur. Güneydoğu Anadolu ovalarında tarımın gelişmesini olumsuz yönde etkileyen ana etmen, özellikle yaz ayları boyunca görülen yağış yetersizliğidir. Sulamayla tarımsal ürün artışının yanında, iş olanakları da gelişecektir. Örneğin, Harran Ovasında sulamaya açılan 30 bin ha'lık bir alanda kişi başına tarımsal üretim değeri 4350 dolar/yıl olarak gerçekleşmiştir.[2]

Tablo-11-GAP'ın Doğal Kaynaklar Potansiyeli[3]

Doğal kaynak çeşidi	Türkiye potansiyeline oranı (%)
Proje alanı	10
Nüfus	9
Sulanabilir alan	25
Yüzey suları	25
Yer altı suları	25
Hidroelektrik enerjisi	25
Petrol	100
Fosfat	100

Ülkenin sahip olduğu tahminen 193 milyar m^3 su kapasitesinin % 25'ni oluşturan Fırat ve Dicle Nehirlerinin özelde Bölgenin genelde de ülkenin kalkınması için büyük ekonomik bir potansiyel olarak görülmektedir. Bölgedeki sıcaklık

[1] GAP Ana Raporu, s. 4.

[2] Tekinel, Osman ; Kanber, Rıza ; Çetin, Mahmut , "Su Kaynaklarını Geliştirme ve Kullanım", s. 252-253. (GAP Bölge Kalkınma Dairesi Başkanlığı, 1998 verilerine dayanmıştır.) (çevrimiçi) http://www.zmo.org.tr/etkinlikler/5tk02/09.pdf , 22 Temmuz 2003.

[3] Aynı yer. (Tablo, Balaban, A., 1990. GAP Irrigation. Turkish Agricultural Engineering, 3rd
Congress, Ankara.'dan alınmıştır.)

etkeninden dolayı buharlaşma yüksek olduğundan ve sulanabilir arazinin Türkiye ortalamasının % 25'i olduğundan yaygın kanaatin aksine Türkiye su kaynakları açısından o kadar zengin olmadığı ileri sürülmektedir. Türkiye'de kişi başına düşen yıllık su miktarı Dünya ölçülerinin altındadır. 2025 yılına doğru kişi başına düşen su miktarı 1000 m^3 altında olacağı tahmin edilmektedir. Türkiye'nin su ihtiyacı her geçen gün artmaktadır. Tarımsal sulama alanında 30 milyar m^3 su kullanılırken 2030 yılına doğru bu miktar 70 milyar m^3ü aşacağı tahmin edilmektedir.[1]

3. 2. 3. 2. 2. GAP'ın Amacı ve Önemi

Büyük barajlar ve HES'ler kurularak Türkiye'nin geri kalmış bölgesinin kaderini değiştirmek, enerji açığını kapatmak ve sulanabilir arazi miktarını ve tarımsal üretimi arttırmak ve diğer kalkınma amaçlarını gerçekleştirmeye yönelik bu proje Türkiye'nin ana sosyoekonomik sorunlarının çözümünde başlıca bir etken olarak değerlendirilmektedir. Bu amaçları gerçekleştirmek için Japon firması Nippon Şirketi ile Türk firması Yüksel Proje Şirketinin işbirliği ile oluşturulan *Master Planı* çerçevesinde GAP'ın gelişme hedefleri bu konsorsiyum tarafından şöyle tanımlanmıştır:

1. Bu bölgenin diğer bölgelerle gelir dengesizliğini gidermek amacıyla; iyi bir ekonomik alt yapı oluşturularak GAP Bölgesindeki gelir düzeyini yükseltmek,
2. Kırsal alanlardaki istihdam imkanlarını ve verimliliği arttırmak,
3. Bölgedeki büyük şehirlerin kaynaşma kapasitelerini arttırmak,
4. Bölgedeki kaynakların etkin kullanımıyla sürdürülebilir ekonomik gelişme, ihracatı arttırma, sosyal dengeyi sağlama gibi ulusal hedeflerin geçekleşmesine katkıda bulunmak.

Bu hedefler de aşağıdaki gelişme stratejilerinin uygulanmasıyla gerçekleştirilebilecektir:

---

[1] Turkey Country Report, s. 11.

- Su ve arazi kaynaklarını hem sulama, hem kentsel ve endüstriyel kullanım amaçları için geliştirmek ve yönetmek,
- Daha iyi tarımsal işletme yönetimi, tarımsal pratikler ve bitki desenleri uygulayarak arazi kullanımını geliştirmek,
- Tarımla ilişkili ve yerel kaynaklara dayalı üretime özel ağırlık vererek imalat sanayilerini teşvik etmek,
- Yöre halkının ihtiyaçlarını daha iyi karşılamak, nitelikli personeli Bölgeye çekmek ve bölgede kalmasını temin etmek için sosyal hizmetleri ve kentsel altyapıyı iyileştirmek.[1]

GAP Bölgesi alanında toplam 3.2 milyon ha ekilebilir arazi bulunmaktadır. Bu alanın yaklaşık 1.7 milyon ha'sı DSİ, KHGM (Köy Hizmetleri Genel Müdürlüğü) ve halk sulamalarıyla sulanabilecek iken, 1.2 milyon ha alan ise teknik olarak sulanması mümkün olmayan kuru bitkisel üretim alanı olarak kalacaktır.[2] Master Plan'da, Bölge için sosyo-ekonomik kalkınma projeksiyonları üç ayrı alternatife göre yapılmıştır. Alternatif A'ya göre 2005 hedef yılına kadar başlangıçta planlanmış olan alanın tümü sulanacaktır. Alternatif B'ye göre öncelikli sulama projeleri bitirilecek, ancak tüm enerji potansiyeli değerlendirilecektir. Alternatif C'de ise bütçe kısıtlarından ötürü yalnızca öncelikli sulama ve enerji yatırımları tamamlanacaktır. Kalkınma alternatifleri, ekonomik büyüme, kamu yatırımları, dış finansman ve sosyal hizmetlerdeki gelişmelere bakılarak değerlendirilmiştir. Bu bağlamda Master Plan'da ülkenin kamu finansmanı kısıtları gözetilerek C Alternatifi'nin uygulanması tavsiye edilmiştir.[3]

GAP'ın başlangıçtaki programına göre 2002 yılına kadar Fırat Nehri sularından 1 milyon, Dicle Nehri sularından da 625 bin ha toprağın sulanması planlanmaktaydı. Bu amaca ulaşmak için, 1993 yılından başlamak üzere her yıl Fırat Havzasında 100 bin ha, Dicle Havzasında 60 bin ha dolayında toprağın üretim için elverişli

---

[1] Kolars, "Problems of. . . ", s. 66.

[2]GAP , "GAP Toprak ve Su Kaynakları Geliştirme Programı", (çevrimiçi) http://www.GAP.gov.tr/Turkish/Ggbilgi/gbilesen.html#tarim , 13 haziran 2003.

[3] Kolars, "Problems of. . . ", s. 67. ; GAP Ana Raporu, s. 5.

yapılması gerekir. Köy hizmetleri Genel Müdürlüğü tarafından geliştirilen tarımsal arazi miktarı 1993 yılı verilerine göre 1000 ila 3000 ha/yıl arasındadır. Bölgedeki toprak dağılımının dengeli olmaması ile tarımsal faaliyetlerdeki yavaşlama nedeniyle bu artış istenilen seviyede olmamaktadır. Pazar olanaklarının geniş olmaması, tarımsal alanlarda çalışanların sulama ve üretim teknikleriyle ilgili bilgi eksiklikleri ve yeterli eğitim görmemeleri bunun diğer nedenleri arasında sayılmaktadır.[1]

Tablo-12. 1992 Yılı İtibarıyla GAP'ın Gelişim Statüsü (Keba Barajı Dahil)

	Fırat Havzası			Dicle Havzası	
	Faaliyette	Yapım aşamasında	Toplam planlanan	Faaliyette	Yapım Aşamasında
Kurulu Hidro elk.sntrl	3040 MW[1]	2825 MW	8716 MW	---	402 MW
Üretilen Enerji	13254 GWh[2]	2450 GWh	33245 GWh	---	927 GWh
Ha. Olarak Sulama Alanları	7330 ha	162051 ha	1623027 ha	---	52000 ha
Baraj sayısı	3	3	22+1 baraj	---	3
Hidro elk sntrl sayısı	2	2	19+1 santral	---	3

Kaynak: Kolars , "Problems of...", s.69.; Kolars ve Mitchell, a.g.e., s.37.
1 Keban Barajının kurulu kapasitesi 1240 MW dir.
2 Keban Barajının elektrik üretimi yıllık 5900 GWh olarak tahmin edilmiştir.

---

[1] Kolars, "Problems of. . . ", s. 67.

Yukarıdaki tablodan da anlaşıldığı gibi GAP süreci devam etmektedir. GAP'ın sadece Fırat kısmı dikkate alındığında Atatürk Barajı ve HES'i 1994 yılında, Birecik Barajı ve HES'i 1997 yılında faaliyete geçeceği düşünülerek hesaplanmıştır. Azami hidroelektrik üretimiyle ilgili çalışmalar, GAP Bölgesinin sosyal ve ekonomik koşullarının geliştirilmesine verilen öncelik dolayısıyla Master Planı tarafından geri plana atılmıştır. Tarım aleyhine elektrik gücü üretimine ağırlık vermek ülkenin faydasına olmakla beraber Bölgenin geri kalmışlığını önlemede yetersiz olmaktadır. Bu da ekonomik kapasitenin de sınırlı olması nedeniyle birine ağırlık verilmesi durumunda diğerinden vazgeçilmek zorunluluğundan kaynaklanmaktadır. [1]

3. 2. 3. 2. 3. GAP ve Finanssal sorunlar

2013 yılına kadar tamamen bitirilmesi planlanan GAP'ın maliyeti, 1981 yılı verilerine göre 30.26 milyar dolar olacağı tahmin edilmiştir. Bununla birlikte 1981 yılı fiyat endeksi kullanılırsa proje bitirildiği tarihe kadar Türk ekonomisine yıllık 933 milyon dolar ek maliyet getirecektir.[2] GAP'a 1998 sonu itibarıyla 13.7 milyar dolar düzeyinde bir harcama yapılmıştır. Yatırımların gerçekleşme oranı 1998 yılı sonu itibarıyla % 42.8'dir. Bu harcamanın büyük bir bölümü ulusal kaynaklardan karşılanmıştır.[3] GAP kaynaklarına göre GAP'ın toplam proje maliyeti 32 milyar dolar olup, bunun yaklaşık 13.9 milyar dolarlık bölümü fiilen gerçekleştirilmiş durumdadır. Bölgesel kalkınma sürecinin çok yönlü bir süreç olduğu dikkate alındığında, çoğunlukla iç finansman kaynaklarıyla desteklenen GAP, tarım, sosyal , sanayi, ulaştırma, konut, kentsel ve kırsal altyapı, sağlık, eğitim, turizm, kültürel miras ve çevre gibi çeşitli sektörleri kapsamaktadır. Dış krediler, genelde teknik destek ve tarımsal mekanizasyon alanında (baraj ve enerji santrallerinin inşası, içme suyu şebekeleri, tarımsal araştırma ve yayım etkinlikleri) Fransa, İsveç, Avusturya, Almanya ve İtalya gibi bazı Avrupa

---

[1] Aynı eser, s. 68.
[2] Kolars and Mitchell, a. g. e. , s. 24.
[3] DPT , " Güneydoğu Anadolu Projesi", (çevrimiçi) http://www.dpt.gov.tr/bgyu/GAP.html , 13 Haziran 2003.

devletlerinin yanı sıra, AB Avrupa Sosyal Kalkınma Fonu ve Dünya Bankası gibi uluslararası kuruluşlardan sağlanmaktadır. (Tablo-13). Dünya Bankası ve Dünya Sağlık Örgütü (WHO) gibi dış kuruluş ve yardım vericilerden ve ABD Ticaret Kalkınma Ajansı (TDA), Kanada Uluslararası Kalkınma Ajansı (CIDA), ABD Ulusal Sağlık Enstitüsü (NIH) gibi kalkınma kuruluşlarından sağlanan dış hibeler farklı kalkınma projelerinin özellikle proje hazırlık ve fizibilite çalışmalarında kullanılmaktadır. (Tablo-14)[1] Bu tablolardan da anlaşılacağı gibi verilen krediler ve hibe yardımı projelerin finansmanında destek sağlamakla beraber insani ve sosyal boyutu ekonomik boyutundan daha büyük olduğundan yetersiz kalmaktadır.

Tablo-13. GAP'ta Dış Kredi Kullanılan Projeler (Toplam 2.1 Milyar Dolar)

Kredi Veren Kuruluş - Hükümet	**Proje Adı**	**Kullanılan Kredi**
ABD Eximbank	Atatürk Barajı ve HES	111 Milyon $
İsviçre Bankası	Karakaya Barajı ve HES	468 Milyon $
Dünya Bankası	Karakaya Barajı ve HES	120 Milyon $
Avrupa Yatırım Bankası	Karakaya Barajı ve HES	104 Milyon $
İtalyan Hükümeti	Karakaya Barajı ve HES	85 Milyon $
Avrupa Konseyi Sosyal Kalkınma Fonu (ESDF)	Kralkızı - Dicle Projesi	69 Milyon $
	Batman Projesi Çınar-Göksu Projesi	76 Milyon $ 17.75 Milyon $
	Çamgazi Barajı Birecik Barajı ve HES	22 Milyon $

[1] GAP , "Proje ve Faaliyetler", (çevrimiçi) http://www.GAP.gov.tr/Turkish/Frames/fr2.html , 13 Haziran 2003.

	Şanlıurfa-Havi Kırsal Alan Su Temini Projesi	31 Milyon $
	Gaziantep Üniversitesi Hastanesi İnşaatı	6 Milyon $
	Gaziantep Organize Sanayi Bölgesi	6.7 Milyon $
	Toplam	184 Milyon $
Türk-Alman Mali Protokolü	Gaziantep İçme Suyu Projesi	25 Milyon Dm
	Atatürk Baraj Geçiş Hatları Projesi	* 705 Milyon Dm (* 2.1 $ Dahil Değil)
Türk-Fransız Finansman Protokolü	Gaziantep Atık Su Arıtma Tesisi Projesi	120 Milyon Fransız Frangı
	Diyarbakır Arınma Tesisi	60 Milyon Fransız Frangı
Avusturya Hükümeti	Karkamış Barajı ve HES	200 Milyon $
İsviçre-Almanya Ticari İşbirliği	Atatürk Barajı ve HES	782 Milyon $

Tablo-14. GAP'ta dış kaynaklı hibe kullanılan projeler

Kurum - Kuruluş	**Proje Adı**	**Hibe Miktarı**
ABD Ticaret ve Kalkınma Ajansı - TDA	GAP Uluslararası Havaalanı	720,000 $

TDA	GAP Coğrafi Enfromasyon Sistemi	377,000 $
Kanada Uluslararası Kalkınma Ajansı - CIDA CIDA	GAP Bölgesi Hasat Sonrası Teknolojileri Atatürk Baraj Gölü Alt Bölge Geliştirme Planı	284,000 $ = 399,000 Kanada Doları 249,000 $ = 349,000 Kanada Doları
ABD Ulusal Sağlık Enstitüsü	GAP'ta Paraziter Hastalıklar	150,000 $
Fransız Hükümeti	Kanal Düzenlemeleri ve Sulama Teknolojileri	187,266 $ = 1 Milyon Ffr
WHO	Sıtma Mücadele	200,000 $
Musevi - Amerikan Ortak Yardım Komitesi - JDC	Diyarbakır'da Sokakta Çalışan Çocuklar	45,000 $
Dünya Bankası - Avustralya Hükümeti	Şanlıurfa - Harran Ovaları Tarla İçi Geliştirme Projesi GAP Kentsel Sanitasyon ve Planlama	300,000 $ (Proje Hazırlık Çalışmaları) 664,000 $
FAO	GAP-FAO Sürdürülebilir Kırsal Kalkınma, Planlama	158,000 Milyon $

	& Yatırım Teşvik Konularında Kapasite Geliştirme	
AB	GAP Bölgesel Kalkınma Programı	47 Milyon Euro
BM Kalkınma Programı – (UNDP)	GAP-UNDP Sürdürülebilir Kalkınma Programı - 29 Alt Proje	Program Bütçesi 5.2 Milyon $- 1.3 Milyon $Kullanılmıştır.
İsrail	Sulama Teknolojileri	70,000 $
İsrail	Atık suların Yeniden Kullanımı	50,000 $
İsviçre Hükümeti - UNDP	Gençler, Dezavantajlı Grup ve Kentsel Yoksulluk (Mardin'de Katılımcı Kentsel Rehabilitasyon Projesi)	2.2 Milyon $ (350,000 $)
Fransız Hükümeti	Küçük Yerleşimlerde Atık suların Yeniden Kullanımı	540,000 $ = 3.3 Milyon Ffr

Dünya Bankasının, tartışmalı uluslararası nehirlerle ilgili finansman desteğine gelince; bu Banka paylaşılan nehirler üzerinde yapılan projelerin finansmanında bir dizi standart uygulamaktadır. Daha önce olduğu gibi 1990'lı yılların başlarından itibaren, gelişmekte olan devletlerdeki barajlara önemli fon kaynağı sağlayan Dünya Bankası, finanse ettiği projelerin "zarar verici olmamasını" sağlamak için politikalar geliştirip, yürütmektedir. Bunların içinde yer alan Çalışma Politikası (Operational Policy-OP) 7.50:[1] olarak bilinen politika "Uluslararası Nehirler üzerindeki Projeler"le ilgili finanssal destek koşullarını düzenlemektedir. Buna göre Dünya Bankası'ndan ortak nehirler üzerindeki bir proje için kredi talep eden devletin isteğinin karşılanabilmesi için aynı nehri paylaşan devletlerin bu taleple ilgili görüş bildirmeleri gerekmektedir. Nehir üzerinde proje planlayan devlet, diğer kıyı devletlerin görüşlerini almaktan çekinecek olursa veya Dünya Bankası'nın onun adına bunu yapmasına izin vermeyecek olursa, Banka, projeyle ilgili çalışmaların yürütülmesini durdurmaktadır.[2] Projenin kredilendirilmesi öncesinde, Banka, normalde, uygun bir anlaşma veya düzenleme yapılması için krediden yararlanacak olan devletin, diğer kıyıdaş devlet veya devletlerle iyi niyet temelinde görüşmelerde bulunmasını önermektedir. Eğer diğer ortak kıyı devleti veya devletleri, zarar vereceği iddiasıyla söz konusu projenin finanse edilmesine karşı çıkarsa Banka, sorunun bağımsızca incelenmesi için uzman kişilerden kurulu bir heyet gönderir. Ortak kıyı devletlerinin buna da karşı çıkması halinde Banka, projenin "diğer ortak kıyı devletlerine belirli bir zarar vermeyeceği" konusunda sadece kendi uzmanlarının tatmin olduğu durumlarda çalışmaları başlatabilmektedir.[3] Bu bağlamda düşünülürse, Keban Barajının inşaatıyla ilgili ortaya çıkan ilk görüş ayrılıkları esnasında Irak ve Suriye, Türkiye'nin Keban Barajı inşaatı için yaptığı kredi antlaşmalarının öteki tarafların nezdinde de bu yönde girişimlerde bulundukları ve Türkiye'ye sağlanacak kredinin, suyun aşağıya bırakılması konusunda elde edilecek bir program karşılığında gerçekleşmesini istedikleri anlaşılmaktadır. Nitekim, Türkiye ile ABD'nin yardım kuruluşu

---

[1] OP 7.50 2001 olarak bilinen bu politika şu tipteki uluslararası su yollarını kapsamaktadır:Banka üyesi olsun veya olmasın devletler arasında sınır oluşturan veya sınır aşan nehir, göl, kanal gibi tüm sular ile bunları besleyen ve bunların bir parçası olan besleyici kollar.Bu politika hidroelektrik, sulama, sel kontrolü, drenaj, ulaşım, endüstriyel vb amaçlı tüm projelere uygulanmaktadır. Bkz. Worl Bank, " World Bank Operational Policies" , 'Projects in Disputed Areas' ve 'Applicability of policy"başlığında. (çevrimiçi) http://wbln0018.worldbank.org/Institutional/Manuals/OpManual.nsf/toc2/72CC6840FC533D508525672C007D076B?OpenDocument , 22 Temmuz 2003.

[2] Aynı web, Bank Procedure başlığında'notification'başlığı altında.

[3]Aynı web, operational policies başlığında, 'Presentation of Loans to the Executive Directors' başlığı altında.

Uluslararası Kalkınma Örgütü (AID) arasında 1966 yılında imzalanan 40 milyon dolarlık kredi antlaşmasının girişi böyle bir koşulu içermektedir.[1] Bu nedenle, Fırat ve Dicle Nehirlerinin yukarısında yapılacak projelerle ilgili devamlı şekilde suyun azalacağı endişesiyle hassasiyetlerini belirten Suriye ve Irak tarafından ileri sürülen itirazlar nedeniyle Dünya Bankası ve diğer uluslararası finans kuruluşları suları değerlendirecek kalkınma projelerini desteklemekten çekinmektedirler. 1975 yılında Türkiye, Karakaya Barajı projesinin finansmanı için Dünya Bankasına müracaat etmesi üzerine Banka uzmanları teknik bir araştırma yaptıktan sonra şu koşulun yerine getirilmesini istemişlerdir: Türkiye, Fırat Nehrinin Suriye'ye aylık ortalama 500 m^3/sn. akıtılmasını sağlayacaktır. "500 kuralı" olarak adlandırılan bu formül üzerinde Türkiye ve Banka arasında anlaşma sağlandıktan sonra Türkiye, Suriye ve Irak'a bu yükümlülüğe uygun davranıldığını gözetleyecek üçlü anlaşma yapılmasını önermekle beraber sonuç alamamıştır. Bunun üzerinde Banka krediyi ertelemiştir.[2] Nitekim Karakaya Barajının inşaatıyla ilgili ihale İtalyan firmasına verildiği halde ciddi döviz sıkıntısı yaşandığı için gerekli dış fon sağlanamadığından zamanında bitirilememiştir. Ayrıca Türkiye, çeşitli uluslararası finans kuruluşlarından Atatürk Barajı için 1.5 milyar dolar, tünel projeleri için 150 milyon dolar ve donanım için 200 milyon dolar resmen istediği halde Irak ve Suriye'nin çekinceleri ve itirazları yüzünden Dünya Bankası ve diğer finans kuruluşları yeterince destek vermekten çekinmişlerdir. Bu nedenlerle çoğunlukla ulusal mali imkanlarla yürütülen GAP'ın zamanında tamamlanması ihtimali düşüktür.[3] Yukarıdaki Tablo-13 ve 14'ten de anlaşılabileceği gibi sağlanan dış krediler toplamı 2.2 milyar dolar dolayında olup, 32 milyar doları aşan GAP'ın finansmanında çok az payı bulunmaktadır. Sağlanan dış hibe yardımları ise daha çok insani ve bölgesel kalkınma amaçlı olup yarım milyar dolar dolayındadır.

---

[1] Pazarcı, Uluslararası Hukuk Dersleri, s. 243. (15.10.1966 tarih ve 12427 sayılı Resmi Gazetede yayınlanmıştır.)
[2] Gruen, G.E., "Turkish Waters:Source of Regional Conflict or Catalyst for Peace?", water, Air &soil Pollution, an international journal of environmental pollution, Vol.123, Kluwer Academic Publishers, 2000, s. 567.
[3] Kolars and Mitchell, a. g. e. , s. 31-32.

GAP'ın 2005 yılı itibarıyla finanssal durumuna gelince, GAP Master Planı'nın 1990 - 2005 dönemi sonu itibariyle belirlediği hedef ve büyüklüklere ulaşabilmek için yapılması öngörülen kamu yatırımlarının finansman ihtiyacı 2004 yılı fiyatlarıyla toplam 31 katrilyon 902 trilyon 54 milyar TL'dir. GAP kapsamında 2003 sonuna kadar, tahmini olarak 16 katrilyon 612 trilyon 374 milyar TL harcama yapılmış ve nakdi gerçekleşme % 52.1 düzeyine ulaşmış bulunmaktadır.[1]

Bu da projelerin ön görülen süreden daha uzun süreceğini ve dış finansman kaynağı olmadan zamanında bitirilemeyeceğini göstermektedir. Finanssal destek de anlaşma sağlanmasına bağlı olduğuna göre her üç kıyı devletinin, bu nehirler üzerindeki hak ve yükümlülüklerini hakkaniyete dayalı ve makul kullanım ilkesi çerçevesinde kapsamlı bir antlaşma ile belirleyip hukuksal bir alt yapı oluşturmaları gerekmektedir. GAP'ın tamamlanması için Türkiye'nin komşularıyla anlaşma sağlanmasının ne kadar hayati bir mesele olduğu bundan kaynaklanmaktadır.

3. 2. 3. 2. 4. GAP Bölgesindeki Projeler

GAP Bölgesinde Fırat ve Dicle havzalarında önemli projeler yürütülmektedir. Fırat Havzasındaki projeler, Dicle Havzasındakilere daha fazla ve daha büyük boyutludur. Bunun nedeni sulanabilir topraklar açısından Türkiye'de Fırat Havzasının, Dicle Havzasından daha geniş olmasından ve Fırat Nehrinin topografik koşullarının Dicle'ninkine göre daha elverişli olmasından kaynaklanmaktadır.

A. Fırat Havzası Projeleri

GAP Bölgesinde Fırat Nehrinden sulanacak topraklar toplam 1 076 386 ha olarak tespit edilmiştir. Üretilecek hidroelektrik enerjisi ise 6 538 MW kapasiteli olacağı tahmin edilmektedir. Aşağıda da inceleyeceğimiz gibi, projeler tamamlandığı durumda Fırat Nehrinin,

---

[1]GAP, Gap'ın Finansman Boyutu, çevrimiçi, http://www.gap.gov.tr 11.11.2005.

Suriye'ye akışını % 17.5-34 dolayında azaltacağı[1] beklentisine karşın Türkiye tarafından bu projeler suların muhafaza edilerek dengeli akışının sağlanacağı projeler olarak değerlendirilmektedir. Burada Fırat Havzasındaki ana projelere değineceğiz.[2]

Keban Barajı: Keban Barajının inşaatıyla ilgili ana müteahhitlik sözleşmesi 19 Şubat 1964 tarihinde Türkiye ile Fransa-İtalya konsorsiyumu olan SCI-Impreglio firması arasında imzalanmıştır. Proje, Avrupa Yatırım Bankası, Fransa, Almanya ve İtalya tarafından desteklenmiş ve finanssal yardım sağlanmıştır. Yapımına 12 haziran 1966 yılında başlanan bu Barajın tamamlandığı ve rezervuarının doldurulduğu 1974 yılındaki maliyeti 85 milyon dolar olmuştur.[3] 211 metre yüksekliğindeki setiyle 30 milyar m^3 su kapasitesine sahip olan bu baraj Ankara ve İstanbul için elektrik enerjisini üretmektedir.[4] Sahip olduğu 1360 MW güçle yılda yaklaşık 6 milyar kilovat/saat elektrik enerjisi üretmeyi tasarlanan ve sulamadan ziyade elektrik üretme amacıyla planlanan Keban Barajı, daha sonra GAP kapsamına alınmıştır. Bu baraj, Türkiye'nin özellikle su kaynaklarından hidroelektrik enerjisini üretmede önemli role sahiptir. Çünkü 1970 li yılların başlarında önemli ölçüde ithal enerjiye bağımlı olan Türkiye, bu yıllarda (1974 petrol krizinin etkisiyle) petrol fiyatında ortaya çıkan artışlarla birlikte gittikçe büyüyen enerji açığını kapatmak için hidro enerji üretmeye daha çok ağırlık vermiştir. Bu çabalar sonucunda Türkiye'nin enerji kaynakları içinde hidroelektrik enerjisinin oranı 1970 yılında % 30 iken 1990 yılında % 40 a yükselmiştir.[5]

---

[1] Kliot, a. g. e. , s. 129.(İstanbul Ticaret Odasının 1989 yılı verilerine dayanmıştır.) Kolars, DSİ kaynaklarına dayanarak sulanacak alanların 1 506 867 ha olacağını tahmin etmiştir. Kurulacak enerji kapasitesi ise 8752 MW olarak planlanmıştır. Bkz. Kolars and Mitchell, a. g. e. , s. 23. Bölgenin coğrafi koşulları dikkate alınırsa Kliot'ın yukarıdaki tahmini kanaatimizce daha isabetlidir.

[2] İller ve ilçeler itibarıyla alt sulama ve pompalama projeleri için bkz. DPT, " Güneydoğu Anadolu Projeleri", (çevrimiçi)http://www.dpt.gov.tr/bgyu/gap1.html , 13 Haziran 2003.

[3] Kolars and Mitchell, a. g. e. , s. 26-27. ; Kliot, a. g. e. , s. 131.

[4] Kliot, a. g. e. , 126.

[5] Shapland, a. g. e. , s. 111.

Karakaya Barajı: Keban Barajının 165 km güneyinde olan bu baraj, yapımına 1967 yılında başlanmış ve 1988 yılında tamamlanmıştır. GAP kapsamına alınan ilk proje niteliğinde olan bu baraj 1800 MW güçle yıllık 7,5 milyar kilovat/saat enerji üretmektedir. 1981 yılında tahmin edilen toplam maliyeti 500 milyon dolar olup, bunun önemli bir kısmı Dünya Bankası tarafından finanse edilmiştir. Baraj seti 187 metre yükseklikte ve 462 metre genişlikte olup rezervuarında 9.5 milyar m^3 dolayında su tutulmuştur. Bu barajın yapımının esas amacı Keban Barajında olduğu gibi elektrik enerjisi üretimi ile nehir akımını düzenlemektir.[1]

Atatürk Barajı: Bu baraj, Bozova yakınlarında Karakaya Barajının 181 km güneyinde ve Şanlıurfa'nın 70 km kuzey batısında kurulmuştur. Türkiye'de en büyük, Dünyada ise beşinci[2] sırada bulunan barajın inşaatına 1983 yılında başlanmış ve 1989 yılında set duvarı tamamlandıktan sonra 1990 yılında barajda su tutulmaya başlanmıştır. 48,7 milyar m^3 su kapasitesi, 180 metre yüksekliğindeki seti ve kapladığı 817 km^2 lik alanıyla bu baraj GAP'ın en büyük projesi olup Suriye'nin Tabka Barajından (Asad Gölü) dört kat büyüktür.[3] Su tutulmaya başlandığı tarihten dört yıl sonra istenen su kapasitesine ulaşacağı beklenen ve 1992 yılı itibarıyla rezervuarında 18 milyar m^3 su ölçülen baraj, Keban ve Karakaya Barajlarından farklı olarak elektrik enerjisi üretimi dışında geniş çaplı sulama suyunu rezerve etmek için kullanılmaktadır. 1992 yılında yapılan büyük tünellerle bu barajdan Harran Ovasının sulanması dahil 730 000 ha dolayında toprağın sulanması planlanmaktaydı. Bu proje gerçekleşirse, bu kadar büyük genişlikteki toprağın sulanması Dünyada tek bir kaynaktan sağlanan ilk veya ikinci baraj durumunda olacağı düşünülmektedir Bu barajdaki 2400 MW gücündeki jeneratörler 1992 yılı temmuzunda elektrik üretmeye başlamıştır. Yıllık 8100 Gigavat elektrik üretimi için tasarlanan bu jeneratörler,

---

[1] Kolars and Mitchell, a. g. e., s. 35 ve 39. ; Shapland, a. g. e., s. 113. ; Kliot, a. g. e., s. 126.

[2] Kanada'daki Daniel Johnson 141.8, Mısır'daki Aswan 115, Kanada'daki Bennet WAC 70.3, Mozambik'teki Cabora Bassa 63 milyar m^3 su kapsamaktadır.Bunlardan sonra 48.7 milyar m^3 su kapasitesiyle Atatürk Barajı gelmektedir. Bkz. Kolars ve Mitchell, a. g. e., s. 40.

[3] Shapland, a. g. e., s. 113.

baraja bağlı tüm projeler bitmesi durumunda ortalama enerji üretimi 5300 Gigavat/yıl kapasitesinde olacaktır.[1] Başka kaynaklara[2] göre GAP projeleri yılda 8.9 milyar kWh elektrik enerjisi ile Türkiye elektrik enerjisinin yaklaşık 1/4'ünü karşılamaktadır.

Projesinin tamamının 2 ila 4 milyar dolara mal olan[3] Atatürk Barajının elektrik üretecek 8 türbini bulunmaktadır. Tam kapasitede çalıştığı zaman bu türbinlerden her biri 225 m^3/sn su akımını gerektirmektedir. Bu, bütün türbinlerin çalışabilmesi için barajdan 1800 m^3/sn kadar su akımının gerçekleşmesi gerektiği anlamına gelmektedir. Dolayısıyla maksimum elektrik akımının üretilebilmesi ancak yağışın çok olduğu kış mevsiminde mümkün olabilmektedir.[4] Bu da toplam kapasitenin ne kadar çalışacağı Bölgedeki yağış durumuyla ilişkili olduğunu göstermektedir.

Bu barajın yapımıyla ilgili komşu devletlerle olan anlaşmazlığa gelince; Türkiye 1990 yılının Ocak ayında bu barajda su tutmadan önce Irak ve Suriye'ye bu konuda bildirimde bulunduktan sonra, bu devletlerin su kayıplarını telafi etmek için 23 Kasım 1989 tarihinden 13 Ocak 1990 tarihine kadar Fırat Nehrinin akımını 500 m^3/sn den 750 m^3/sn'ye kadar arttırmıştır. Türkiye'ye göre Suriye bu durumdan faydalanarak Tabka Barajında 3.438 milyar m^3 su depolayabilirdi. Barajda su tutulduğu bir aylık sürede Fırat Nehrinden akan su miktarı sadece 0.321 milyar m^3 olmuştur. Suyun bırakılmasından sonra önceki eksiklikleri telafi etmek için 3.759 milyar m^3/ay dolayında arttırılmıştır. Bir aylık su tutulması sonucunda Atatürk Baraj gölünde 1.5 milyar m^3 su toplanmıştır. 1990 yılı ilkbaharında bu miktar 5 milyar m^3'e kadar ulaşmıştır. Barajın elektrik üretecek ilk türbinin çalışması için göl seviyesinin 256 metre

---

[1] Kolars and Mitchell, a. g. e. , s. 38. ; Kliot, a. g. e. , s. 129. ; Shapland, a. g. e. , s. 113-114.
[2] GAİB (Güneydoğu Anadolu İhracatçı Birlikleri Genel Sekreterliği), "GAP Projeleri", (çevrimiçi) http://www.gaib.org.tr/GAP_projesi.htm , 13 Haziran 2003.
[3] Kolars and Mitchell, a. g. e. , s. 40. (Kliot, barajın 3 milyar dolara mal olduğunu 1992 yılı itibarıyla baraja 1.9 milyar dolar harcandığını belirtmektedir. Bkz. Kliot, a. g. e. , s. 131.)
[4] Beaumont, a. g. m. , s. 173.

ve depo kapasitesinin 36.5 milyar m^3 olması gerekir. Mevsimlerin çok kurak geçmemesi durumunda bu koşulun sağlanması için dört yıllık bir sürenin geçmesi gerekeceği tahmin edilmektedir. Bununla birlikte 1992 yılının çok yağışlı geçmesi nedeniyle barajın su seviyesi artmış ve elektrik üretecek seviyeye ulaşabilmiştir.[1] Türk kaynaklarına[2] göre 1990 yılı Ocağı ile 1991 yılı Eylülü arasındaki sürede barajda 15 milyar m^3 su toplanmış ve saniyede 500 m^3 sınırdan akış esasına bağlı olarak aynı sürede aşağı devletlere 27 milyar m^3 su bırakılmıştır. Barajda su tutulmasının Irak ve Suriye üzerindeki etkisine gelince bu sürede Fırat Nehrinin Suriye'ye akışı saniyede 120 m^3 e düşmüştür. Tabka Barajının elektrik üretim kapasitesi % 12 'ye düşmüş, şehir içme sularında kesintiler yapılmak zorunda kalınmıştır. Irak'ın kaybı ise elektrik üretiminden ziyade tarımsal sulamada olmuştur.[3] Nitekim Irak Sulama Bakanlığı, su akışındaki her bir milyar m^3'lük azalmayla Irak'ta 62.500 ha'lık sulama alanının kaybedileceğini hesaplamasına bağlı olarak bir aylık su kesintisinin önemli tarımsal alanları olumsuz etkilediğini belirtmiştir.[4]

Şanlıurfa Tünelleri: Atatürk Barajının bir parçası olarak, yarıçapları 7.62 m , uzunlukları 26.4 km toplam iletim debisi 328 m^3/s olan iki tünel vasıtasıyla baraj gölünün suları tarımsal alanlara ulaştırılmaktadır. Tünelden akan sulardan Şanlıurfa elektrik santralinde elektrik enerjisi de üretilebilmektedir. Burada sular iki ana kanala ayrılmaktadır. Dünyanın en büyük sulama sistemini oluşturan kanallardan biri 48 000 ha, diğeri 99 866 ha dolayında

---

[1] Kliot, a. g. e. , s. 128.
[2] MFA , "Water Disputes in the Euphrates-Tigris Basin" , "Objections Directed Towards the Impounding of the Atatürk Dam"kısmı, (çevrimiçi).http://www.mfa.gov.tr/grupa/ad/adg/adgb/Chap1c.HTM , 31 Mayıs 2003.
[3] Kliot, a. g. e. , s. 128.

[4] Bkz. Iraqi Ministry of Foreign, a. g. m. , (web), 1999, "4. Future Water Resources of Iraq"başlığında.

toprak sulayabilecektir.[1] Bununla beraber, yapılan iki büyük tünelden ancak biri faaliyete geçirilmiş ve ovaya su akıtılması 1994 yılında mümkün olabilmiştir. 1995 yılında sulama işlemine başlanan Şanlıurfa-Harran Ovası'nda, 1999 yılı sonu itibarıyla sulanan alan 103 000 ha alana ulaşmıştır. Bu alanda sulama faydası 98 262 000 ABD dolarına ulaşmıştır. GAP genelinde hedeflenen toplam sulama faydası ise 3 milyar ABD doları olarak öngörülmektedir.[2]

Birecik Barajı: Özellikle su seviyesinin yüksek olduğu dönemlerde Atatürk ve Karakaya Barajları HES'lerinin çalışması sonucunda bırakılan suların düzenlenmeye ihtiyacı vardır. Bu arta kalan suların boşuna gitmemesi, su taşkınlıklarının önlenmesi ve aşağı devletlere akan su dengesinin bozulmaması amacıyla [3] Fırat Nehri üzerinde kurulan dördüncü büyük baraj niteliğindeki bu proje, 1987 yılında Philipp Holzman A.G. Frankfurt liderliğindeki uluslararası konsorsiyuma ihale edilmiş, 4 Nisan 1996 tarihinde işyeri teslimi yapılmış ve inşaata fiilen başlanmıştır. Beton ağırlıklı ve kil çekirdekli kum-çakıl dolgu tipinde ve enerji-sulama amaçlı olarak inşa edilen Birecik Barajının temelden yüksekliği 62,5 metre ve toplam kret uzunluğu 2,5 kilometredir. Bu proje için kamulaştırma bedeli dışındaki tüm finansman, %30 oranında Türk Elektrik Anonim Şirketi (TEAŞ), % 20 oranında GAMA Grubu ve bakiye %50 oranında Philipp Holzman, Alstom, Strabag, Verbundplan GmbH, Va Tech Escher WYSS GmbH'in ortak olduğu şirket tarafından karşılanmıştır. Erken bitirilerek 2 Aralık 2000 tarihinde faaliyete geçmiştir.[4]

---

[1] Kliot, a. g. e. , s. 129.

[2] Bkz. DPT, "Güneydoğu Anadolu Projeleri", (web)

[3] MFA, "Water Disputes in the Euphrates-Tigris Basin" , Objections to the Construction of the Birecik Dam" kısmı, (çevrimiçi) http://www.mfa.gov.tr/grupa/ad/adg/adgb/Chap1c.HTM, 31 Mayıs 2003.

[4] Türk Müteahhitler Birliği, "Birecik Barajı", (çevrimiçi) http://www.tca-uic.org.tr/tmb/duyurular_ocak2001_haber_bulteni6.htm , 13 Haziran 2003.

Gaziantep Projesi: Gaziantep ilinde 89 000 ha dolayında toprağın sulanması projesi olup[1], bu projeye dahil olan 7330 ha sulama kapasiteli Hancağız Barajı tamamlanmıştır[2]

Karkamış Barajı: Birecik Barajının tamamlayıcısı olan Karkamış Barajı, Fırat Nehri üzerinde Keban, Karakaya, Atatürk ve Birecik Barajlarından sonraki 5. ve son halkayı oluşturmaktadır.[3] 180 MW gücündeki bu barajın yeri, Şanlıurfa–Gaziantep il sınırını oluşturan Fırat Nehri üzerinde ve Suriye sınırından yaklaşık 4.5 km akış yukarısıdır.[4] Uygulama projelerini Temelsu Firmasının, inşaatını Yüksel İnşaat Firmasının, mekanik ve elektro mekanik montajını ve mühendisliğini Avusturyalı firmaların oluşturduğu bir konsorsiyumca gerçekleştirilen baraj inşaatı, 31 Mayıs 1996 tarihinde başlamış ve 6 ünitelik santralın iki ünitesi 20 Aralık 1999 günü işletmeye alınmıştır. Kil dolgulu baraj olarak yapılan ve 180 MW gücündeki bu baraj 176 milyon dolara mal olmuştur. Barajın tüm üniteleri 2000 yılı içinde bitirilmiştir.[5]

Adıyaman-Kahta Projesi: Bu proje 5 sulama tesisi ve 5 HES'ten oluşmaktadır. Bu proje ile 77 824 ha dolayında toprağın sulaması ve 195 MW kurulu güç ile yıllık ortalama 509 milyon kWh elektrik enerjisi üretimi planlanmaktadır.

Adıyaman-Göksu-Araban Projesi: Bu proje Adıyaman-Gölbaşı ilçesi ile Gaziantep il merkezine kadar uzanan ovaları kapsamaktadır. Bu proje ile sulanacak toplam alan 71 598 ha'dır.[6]

---

[1] Kliot, a. g. e. , s. 129.
[2]Bkz. DPT, "Güneydoğu Anadolu Projeleri", (web)
[3] Kliot, a. g. e. , 129.
[4]DSİ, "Karkamış Barajı", (çevrimiçi)
http://www.dsi.gov.tr/bolge/dsi20/karkambarhes. htm., 24 Temmuz 2003.
[5] http://www.tca-uic.org.tr/tmb/duyurular_ocak2001_haber_bulteni13.htm

[6] Adıyaman Valiliği, "GAP İçerisinde Adıyaman'ın Yeri", (çevrimiçi)
http://www.adiyaman.gov.tr/GAP/gapta_adiyamanin%20_yeri.html , 31 Mayıs 2003.

B. Dicle Havzası Projeleri

Bu havzada Dicle Nehri'nden toplam 557 bin 741 ha dolayında toprağın sulanması planlanmaktadır. Bu projeler için nehrin ortalama akışının % 35'inin kullanılacağı tahmin edilmektedir. (Bu da Suriye'ye akan 20 milyar m^3 ten 5.5-7 milyar m^3 dolayındadır) [1] Kurulacak HES'ler ile 3405 MW kapasiteli güç ile 12644 GWh enerji üretileceği planlanmaktadır.[2]

Ilısu Barajı: Bu baraj, Mardin ve Şırnak İl sınırları arasında Dargeçit ilçesinin 15 km doğusunda, Dicle Nehri üzerinde yer almaktadır.[3] Yapılış amacı sulama olmaktan ziyade elektrik üretmek olan[4] Ilısu Barajı, GAP projesinin kapsamında planlanan ve 1.5 milyar dolar maliyeti olan bir projedir. 1820 metre uzunluğunda ve 135 metre yüksekliğindeki taştan yapılı seti ile 313 km^2 lik bir alanda 10.4 milyar m^3'lük bir su rezervuarı oluşturacaktır. Aynı zamanda 1,200 megavatlık kapasite ile hidroelektrik enerjisi üretecektir. Bu barajın tamamlanmasıyla başta tarihi kent olan Hasankeyf olmak üzere 15 kasaba ve 52 köy sular altında kalacağı hesaplanmaktadır. Tarihsel sit alanının bozulmasına karşı tepkilerden dolayı bu proje henüz tamamlanmamıştır. Bu nedenle Dünya Bankası bu projeye destek vermemektedir.[5] Başka bir kaynağa göre[6] barajın maksimum su kotu 526,82 metre, toplam gövde hacmi 44 milyon metreküptür. 1200 MW kurulu gücüyle 3833 milyar kWh elektrik üreteceği

---

[1] Kliot, a. g. e. , s. 130. ; Turkey Country Report, s. 76.

[2] Kolars and Mitchell, a. g. e. , s. 23. Aşağıda Dicle Havzasında yürütülen ana projelere değinilmiştir. İller ve ilçeler itibarıyla alt sulama ve pompalama projeleri için http://www.dpt.gov.tr/bgyu/gap1.html sitesine bakılabilir.

[3] Süer, Mehmet Masum, "Ilısu Barajı", (çevrimiçi) http://hasankeyf.itgo.com/ilisu.html., 31 Mayıs 2003.

[4] Kliot, a. g. e. , s. 130.

[5] International Rivers and Lakes, A Newsletter prepared jointly by the Department for Economic and Social Affairs, United Nations, New York and the Economic Commission for Latin America and the Caribbean, Santiago, Chile, No.34, December 2000, s. 10, (çevrimiçi) http://www.un.org/esa/sustdev/sdissues/water/rivers-lakes-news34.pdf , 31 Aralık.2001.

[6] Süer, a. g. m. , (web.)

planlanmaktadır. Ilısu Barajı ile üretilecek olan enerji, şu an Türkiye'de HES aracılığıyla üretilecek olan enerjinin %10'unu teşkil edecektir.

Cizre Barajı: Ilısu Barajının tamamlayıcısı olan bu proje, 240 MW gücünde ve 121000 ha alanı sulayacak kapasitede olacaktır.[1] Bu baraj, 400 milyon m^3 rezervuar hacmiyle Ilısu Barajıyla bağlantılı olarak faaliyet yapacağı planlanmaktadır. Ilısu Barajı elektrik enerjisi ürettikten sonra aşağıda bulunan Cizre Barajı kaynağına vereceği su debisi 435 m^3/sn dir. Ayrıca inşaat halinde 15 000 kişiye, inşaattan sonra ise 22 000 kişiye iş olanağı sağlayacağı tahmin edilmektedir.[2]

Dicle-Kralkızı Projesi: Bu proje Dicle ve Kralkızı Barajlarından oluşmaktadır. Kralkızı 90 MW, Dicle 110 MW gücünde olup, her ikisinin sulayacağı alan 126080 ha dolayında olacağı hesaplanmaktadır.[3] Kralkızı Barajı ve HES'i, Diyarbakır ili sınırları içerisinde Diyarbakır'a 81 km, Dicle ilçesine 6 km mesafede olup, Dicle Nehri'nin ana kolu olan Maden Çayı üzerinde yer almaktadır. Dicle Barajı ve HES'i ise, Diyarbakır ili sınırları içerisinde Diyarbakır'a 50 km mesafede olup, Maden ve Dibni Çaylarının birleşerek Dicle Nehri'ni meydana getirdiği mevkiinden 800 m mesafede ve Kralkızı Barajı akışının 22 km aşağısında yer almaktadır. Proje çalışmalarına 1986 yılında başlanmıştır. 25 Ekim 1997 tarihinde resmi yetkililerce her iki barajın kapaklarının indirilmesiyle su tutulmaya başlanmıştır.[4] 1999 yılında faaliyete geçmiştir.[5]

Batman Projesi: İki baraj ve HES'i içeren bu proje ile 37 744 ha toprağın sulaması ve 185 MW kapasiteli enerji üretimi

[1]Kliot, a. g. e., s. 130.
[2]Süer, a. g. m., (web.)
[3]Kliot, a. g. e., s. 130.
[4] GAP, "Dicle Halkın Hizmetinde", (çevrimiçi) http://www.GAP.gov.tr/Turkish/Dergi/D581997/dicle.html., 31 Mayıs 2003.
[5] Bkz. Tablo-16.

hedeflenmektedir.[1] 1985 yılında yapımına başlanan proje 2000 yılında tamamlanarak faaliyete geçmiştir.[2]

Batman-Silvan projesi: Elektrik üretim kapasitesi 300 MW gücünde olup, 213 bin ha arazinin sulanmasını amaçlayan bir projedir.

Garzan Projesi: 60 bin ha dolayında arazinin sulanmasını ve 90 MW kapasiteli elektrik üretimini hedefleyen bir projedir.[3]

3. 2. 3. 2. 5. GAP'ın Gerçekleşme Düzeyi

Sulama projelerinin tamamlanmasıyla 1.7 milyon ha dolayında alanın sulamaya açılması hedeflenen GAP'ın son yıllarda ne derece gerçekleştiğine gelince, GAP Ana Planı'nın uygulamasının ilk aşamasında, enerji amaçlı baraj ve HES inşaatlarını kapsayan projeler, enerji üretimi ve dağıtımı açısından program hedeflerine ulaşmıştır. Ancak, ana amaç olan tarımsal sulamalarda, baraj ve şebeke yatırımları ile su kaynaklarını geliştirmeye yönelik münferit projelerde plan hedeflerine ulaşılamamıştır. Gerçekleşme oranı, enerji projelerinde % 64 iken, sulama projelerinde bu oran ancak % 12 olabilmiştir.[4]

2001 yılı sonu itibarıyla DSİ tarafından sulamaya açılan alan 215080 ha olmuştur. Fiziki gerçekleşme açısından, sulama projelerinin % 12'si işletmede, % 8'i inşaat halinde, % 25'i ihale ve % 55'i planlama aşamasındadır. Sulama projeleri tamamlandığında ise, Türkiye'de şimdiye kadar devlet eliyle gerçekleştirilen sulama alanına eşit bir alan daha sulu tarıma açılmış olacaktır. 1995 yılında

---

[1]Kliot, a. g. e., s. 130.
[2]DPT, "GAP Sulama Projeleri", (çevrimiçi) http://www.dpt.gov.tr/bgyu/gap3.html., 31 Mayıs 2003.
[3]Kliot, a. g. e., s. 130.
[4] Sorguç, Nevin, "Güneydoğu Anadolu Projesine Bakış 1988-2001", Planlama dergisi s. 346, (çevrimiçi) http://ekutup.dpt.gov.tr/planlama/42nciyil/sorgucn.pdf, 15 Ekim 2003.

sulamanın başladığı Şanlıurfa-Harran Ovası'nda 2000 yılı sonu itibarıyla sulanan alan 111 600 ha' ulaşmıştır. Bu alanda sulamanın faydası 115.4 milyon dolar olmuştur [1] Başka bir kaynağa[2] göre bugüne kadar Fırat Havzasında yer alan sulama potansiyelinin % 6'sı, Dicle Havza potansiyelinin % 4'ü işletmeye alınmıştır. Fırat Havza potansiyelinin % 49'u, Dicle Havza potansiyelinin % 27'si yatırım programında yer almaktadır. Yatırım Programında yer alan Fırat Havzasındaki projeler tamamlandığında 202 976 ha alan, Dicle Havzasındaki projeler tamamlandığında ise 61 772 ha alan sulanacaktır. GAP'ın sulama kapsamındaki 1,7 milyonluk ha'lık alandan 183 bin ha alanın sulanmasıyla % 10 luk gerçekleşme seviyesine 2001 yılında ulaşılmıştır. 2004 yılı sonu itibarıyla % 14'üne karşılık gelen 254 bin ha'lık alanda sulama yatırımı tamamlanmış olup, bunun 237 bin ha'sı sulamaya açılmıştır. % 8'ine karşılık gelen 140 bin ha'lık alanda yatırım devam etmekte, % 25'i yatırım programında ihalesiz olarak yer almakta ve kalan % 53'lük kısım ise henüz yatırım programında yer almamaktadır. [3]

Hidroelektrik enerji üretiminin gerçekleşme düzeyine gelince, 2001 yılının Mart ayı itibarıyla 13 baraj tamamlanmış ve 7 HES işletmeye açılmıştır. Şanlıurfa HES'in inşaatı devam etmektedir. 5265 MW değerindeki kurulu güç işletmeye alınmıştır (planlananın % 70.3'ü). Karakaya, Atatürk, Birecik, Karkamış, Kralkızı ve Dicle Barajları elektrik üretmektedir. İnşaatı biten Batman Barajı ve HES'i 2001 yılında deneme üretimine geçmiştir. Halen Türkiye'de kullanılan hidroelektrik enerjinin yaklaşık % 45'i GAP santrallerinden elde edilmektedir.[4]

---

[1] http://www.metu-alumni.org.tr/calismagr/yayin/bulten/107/GAP.htm.
[2] DPT, "Sulama Projeleri", (çevrimiçi) http://www.dpt.gov.tr/bgyu/GAP.html#II , 13 Haziran 2003.
[3] DPT, *Ekonomik ve Sosyal Sektörlerdeki Gelişmeler*, s. 8.
[4] GAP Ana Raporu, s. 9.

Tablo-15. GAP Enerji Üretimi[1]

Karakaya Barajı ve HES	106.8 milyar kWh
Atatürk Barajı ve HES	74.5 milyar kWh
Kralkızı Barajı ve HES(*)	0.3 milyar kWh
Karkamış Barajı ve HES(*)	0.6 milyar kWh
Dicle Barajı ve HES(*)	0.1 milyar kWh
Birecik Barajı ve HES(*)	1.6 milyar kWh
TOPLAM	183.9 milyar kWh

Tablo-15'teki veriler incelenirse, Karakaya ve Atatürk Barajları ile birlikte 1999 ve 2000 yıllarında işletmeye alınan Kralkızı, Karkamış, Dicle ve Birecik barajlarında gerçekleştirilen toplam hidroelektrik üretimi, tesislerin açılışından 2001 sonuna kadar (kümülatif olarak) yaklaşık 184 milyar kWh olmuştur. Bu miktar, üretim değeri olarak yaklaşık 11 milyar dolara eşittir. Alternatif kaynaklar cinsinden ifade edilecek olursa, GAP'ın toplam elektrik üretimi yaklaşık 46 milyon ton fuel oil veya 35.5 milyar m^3 doğal gaza eşdeğerdir. 2001 yılı içinde GAP barajlarının ürettiği yaklaşık 11.5 milyar kWh değerindeki hidrolik enerji, Türkiye'nin toplam hidrolik enerji üretiminin de yaklaşık yarısını oluşturmaktadır. Aynı dönemde Türkiye'nin 123 milyar kWh'lik toplam enerji üretiminde (termik, hidrolik ve rüzgar), GAP'ın payı ise % 9.3 olmuştur. [2]

GAP'ın enerji projelerinin % 59'u işletmede olup, % 15'inin yatırımı sürmektedir. % 26'sı ise planlama aşamasındadır. Bu projelerin toplam yatırım tutarı 10,7 milyar dolar olarak tahmin edilmektedir. Tamamlanan Karakaya ve Atatürk Barajları

[1] GAP, "GAP enerji Üretimi", (çevrimiçi)http://www.GAP.gov.tr/Turkish/enerji.html , 31 Mayıs 2003. (* ile işaretli olanlar 1999-2000 yılında tamamlanmıştır.)

[2] GAP, "GAP Bölgesi'nin Sosyo-Ekonomik Özellikleri", (çevrimiçi)http://www.GAP.gov.tr/Turkish/Ggbilgi/gozel.html, 31 Ocak 2003. (GAP'ta Temel Büyüklükler başlığında)

HES'lerinden Haziran 1999 tarihi itibarıyla kümülatif olarak toplam 152 465 milyon kWh enerji elde edilmiştir. Dicle Havzasındaki projelerden Kralkızı Barajı tamamlanmıştır. Bu barajın Enerji santralı deneme üretimi, 15 Mayıs 1998 tarihi itibarıyla kümülatif olarak 146 milyon kWh değere ulaşmıştır. Yap-İşlet-Devret Modeli ile gerçekleştirilecek olan Birecik Barajının inşaatına başlanmış olup, inşaat işleri % 82,6 oranında tamamlanmıştır.[1] Bu barajın 2000 yılında iki ünitesi tamamlanmış ve 2 Aralık 2000 tarihinde erken üretime geçmiştir. Birecik HES'i, her biri 112 MW nominal gücündeki 6 Francis türbin (toplam 672 MW kurulu güç) jeneratör ünitesinden oluşmakta ve tamamlandığında yılda 2,5 milyar kWh elektrik enerjisi üretim kapasitesi ile Atatürk, Karakaya ve Keban'dan sonra Türkiye'nin işletmede olan 4. büyük santralı olacak ve 2001 yılında enerji ihtiyacının % 2'si bu santralden sağlanacaktır. İşletme süresi son ünitenin ticari işletmeye geçeceği Ekim 2001 tarihinden itibaren 15 yıl olarak öngörülmüştür.[2] 2006 yılı verilerine göre enerjide %83 oranında nakdi gerçekleşme olmuş, Karakaya, Atatürk, Batman, Kralkızı, Dicle, Birecik ve Karkamış HES'lerinin işletmeye açılışından 2006 yılı başına kadar 253 milyar kWh elektrik üretilmiştir. Tamamlanan 8 HES'in yıllık toplam elektrik üretimi 18,7 milyar kWh'dir.[3]

Karkamış Barajında birinci aşama derivasyon seddesi, santral ve dolu savak kazıları ile iki ünitede emme borusu montajı tamamlanmıştır. 1998 yılının Haziran ayında sağ sahil gövde dolgusuna başlanmış ve bitirilmiştir. Sol sahil gövde dolgusunun birinci aşama derivasyon seddesi içindeki bölümün dolgusuna başlanmış olup, çalışmalar devam etmektedir. İnşaat işleri % 85 oranında tamamlanmıştır.[4]

Finanssal gerçekleşme durumuna gelince GAP Master Planı'nın 1990 - 2005 dönemi sonu itibarıyla belirlediği hedef ve

---

[1]DPT, "Enerji Projeleri", (çevrimiçi) http://www.dpt.gov.tr/bgyu/GAP.html#II, 13 Haziran 2003.
[2] http://www.tca-uic.org.tr/tmb/duyurular_ocak2001_haber_bulteni6.htm
[3] Zaman Gazetesi, 8 Eylül 2006, s. 11.
[4] http://www.dpt.gov.tr/bgyu/GAP.html#II (enerji projeleri başlığında.)

büyüklüklere ulaşabilmek için yapılması öngörülen kamu yatırımlarının finansman ihtiyacı 2002 yılı sabit fiyatlarıyla toplam 22 katrilyon 505 trilyon 859 milyar TL'dir. GAP kapsamında 2001 yılı sonuna kadar yaklaşık 10 katrilyon 831 trilyon 855 milyar TL harcama yapılmış ve nakdi gerçekleşme % 48.1 düzeyine ulaşmış bulunmaktadır. 2002 yılında GAP kamu yatırımlarının ülke içindeki payı bir önceki yıla göre % 22 oranında artarak % 5.4 olmuştur. Ancak, Projenin 2010 yılında bitirilmesi kararı çerçevesinde değerlendirildiğinde, GAP'ın tüm bileşenleri ile birlikte, hedeflenen yılda tamamlanabilmesi için GAP'a ayrılan yıllık yatırım tahsislerinin önemli ölçüde artırılması gereği ortaya çıkmaktadır.[1] Çünkü Kaynak yetersizliği nedeniyle, gecikmeli olarak devam etmekte olan GAP projeleri için, bugüne kadar yıllık ortalama 350 milyon dolar tahsis edilebilmiştir. Projenin 2010 yılında tümleşik olarak tamamlanabilmesi için yılda ortalama 1,6 milyar dolar kaynak gerekmektedir. Bunun sadece 800 milyon doları DSİ Gn. Md.lüğü'nün ihtiyacıdır. GAP yatırımlarının 2010 yılında tamamlanabilmesi için, kamu yatırımlarına tahsis edilen ödenek tutarlarının, kısıtlı bütçe olanakları içerisinde artırılması mümkün olamamaktadır. Bu nedenle Projenin zamanında tamamlanabilmesi için yeni finansman kaynaklarının bulunmasına ihtiyaç duyulmaktadır.[2] Son dönemlerdeki verilerine bakılırsa bir artış gözlenmiştir. Buna göre kamu finansman ihtiyacı toplam 37 milyar 239 milyon 198 bin YTL (37 katrilyon 239 trilyon 198 milyar TL) olup, bu kapsamda 2005 sonuna kadar, yaklaşık 21 milyar 010 milyon 371 bin YTL (21 katrilyon 010 trilyon 371 milyar TL) harcama yapılmış ve nakdi gerçekleşme % 56.4 düzeyine ulaşmış bulunmaktadır.[3] Bölgenin ekonomik göstergelerindeki değişmeye bakarsak, GAP Master Planı'nın baz alındığı 1985 yılı itibarıyla, kişi

---

[1]GAP, "GAP'ın Finansman Durumu", (çevrimiçi) http://www.GAP.gov.tr/Turkish/Frames/fr4.html , 13 Haziran 2003.

[2]Sorguç, a. g. m. , s. 346.

[3] GAP, "GAP Bileşenleri" çevrimiçi http://www.gap.gov.tr/gap.php?sayfa=Turkish/Ggbilgi/gbilesen.html, 9 Eylül 2006

başına Gayrı Safi Bölgesel Hasıla (GSBH), Türkiye'nin kişi başına Gayrı Safi Yurtiçi Hasılası'nın (GSYİH) % 47'si kadardır. 2000 yılı itibarıyla bu oran % 52'ye yükselmiştir. 1987 - 2000 döneminde ülke GSYİH'si yıllık % 3.63 oranında büyürken Bölge hasılası ise yılda ortalama % 3.45 oranında artmıştır.[1] Başka bir kaynağa[2] göre 1987-2005 yıllarında GSYİH'nin ortalama % 6.8/yıl hızında artış göstermesi varsayılmış olmasına rağmen 1987-1998 döneminde ortalama % 4.2/yıl kadar artış gerçekleşmiştir. 1987-1988 döneminde yıllık ortalama büyüme hızı Türkiye genelinde tarımda % 1.8, sanayide % 5.2 iken GAP Bölgesinde tarımda % 5.1, sanayide % 4.6 olmuştur. Bölgenin tarım sektöründeki büyüme hızı Türkiye ortalamasının üstünde seyretmiştir.

İçme suyu durumuna gelince; Fırat ve Dicle Havzasında bulunan yerleşim merkezlerinin içme, kullanma ve endüstri suyu ihtiyaçları için yılda toplam 1,6 milyar m^3 suya ihtiyaç bulunmaktadır. GAP Bölgesi kırsal kesimi yıllık içme suyu ihtiyacının Dicle Nehri'nden 2000 yılında 1,8 bin litre (lt)/sn. ve 2020 yılında da 3,5 bin lt/sn., Fırat Nehrinden ise 2000 yılında 0,8 bin lt/sn.ve 2020 yılında da 1,6 bin lt/sn. olması beklenmektedir. DSİ tarafından yürütülmekte olan projelerle Gaziantep Acil İçme Suyu Projesi 94.6 hektometre küp (hm^3)/yıl, Diyarbakır İçme suyu Projesi 158.6 hm^3/yıl ve Şanlıurfa İçme suyu Projesi 207.8 hm^3/yıl olmak üzere toplam 461 hm^3/yıl içme suyu kapasitesi sağlayacaktır. Bölge kırsal alan yerleşmelerinin yaklaşık % 55'inde içme suyu olmasına karşın % 32'sinde sağlıklı ve yeterli içme suyu bulunmamaktadır. Yerleşmelerin % 13'ünde içme suyu yetersizdir .[3]

Aşağıdaki tabloda GAP kapsamında yapılan projelerle ilgili genel istatistiksel bilgi verilerek yapılan çalışmaların başarı düzeyi gösterilmektedir. Şimdiye kadar her iki havzada toplam 1.087.430 ha alanın sulaması için rezevuarlarda su tutma işlemleri tamamlanmış ve

---

[1] GAP, " GAP Bölgesi'nin Sosyo-Ekonomik Özellikleri", (çevrimiçi) http://www.GAP.gov.tr/Turkish/Ggbilgi/gozel.html, 31 Ocak 2003.
[2] Sorguç, a. g. m. , s. 344.
[3] DPT, "İçmesuyu Projeleri", (çevrimiçi) http://www.dpt.gov.tr/bgyu/GAP.html#II, 13 Haziran 2003.

4.308,4 MW kapasite ile hidroelektrik gücü üretecek tesisler kurulmuştur. Geride 483.348 ha alanın sulaması ile 1.440 MW gücünde elektrik üretimiyle ilgili projelerin kalması, GAP'ın önemli kısmının tamamladığını göstermektedir. Bununla birlikte gelişmiş sulama ve tarımsal teknikler yaygın olarak kullanılamadığından GAP Master Planında hedeflenen Bölgedeki refah düzeyine henüz ulaşılmış değildir. Projelerin çoğu kısımlarının bitmesi önemli değildir. Daha da önemlisi rezervuarlarda toplanmış olan suların uzak ve geniş topraklara ulaştırabilecek alt yapı tesislerinin oluşturulmasıdır. Dolayısıyla projelerin etkin ve verimli kullanımıyla ilgili sorunlar henüz çözülmüş değildir. Nitekim 2002 yılı itibarıyla DSİ kaynaklarına göre GAP Bölgesinde şu anda sulama yapılan alan 215 080 ha, inşaat halinde 146 317 ha, 437 170 ha ihale aşamasındadır. Geride 965 805 ha alan kalmıştır.[1]

Tablo-16. GAP Bölgesindeki Projelerin Durumu[2]

İLİ	ADI	BİTİŞ YILI	KURULU GüÇ (Mw)	SULAMA ALANI (Ha)
Gaziantep	Hancağız Sulaması	1989	-	7.330
Şanlıurfa	Şanlıurfa Ovası Sulaması	1996	-	89.000
Şanlıurfa	Hacıhıdır Sulaması	1995	-	2.080
Mardin	Derik-Dumluca Sulaması	1995	-	1.860
Diyarbakır	Silvan I. ve II. Kesim Sulaması	1972-1989	-	8.790
Mardin	Nusaybin Çağ Çağ Sulaması	1968	-	7500

[1]GAP, "GAP Su Kaynakları Projeleri Özet Bilgileri", (çevrimiçi) http://www.GAP.gov.tr/Turkish/Tarim/sukaynak.html , 31 Mayıs 2003.ve http://www.dsi.gov.tr/b-tarim.htm

[2] Bkz. DPT, "GAP Bölgesindeki Sulamalar, Baraj ve HES' Ler", (çevrimiçi) http://www.dpt.gov.tr/bgyu/gap2.html, 13 Haziran 2003. (2001 yılı itibarıyla DSİ verileri esas alınmıştır.)

Şırnak	Silopi-Nerdüş Sulaması	1991	-	2740
Şanlıurfa	Akçakale-Yas Sulaması	1979	-	15.000
Şanlıurfa	Ceylanpınar-Yas Sulaması	1979	-	27.000
Diyarbakır	Devegeçidi Sulaması	1972	-	7500
Şanlıurfa	Suruç Yas Sulaması	1979	-	7.000
Diyarbakır	Çınar-Göksu Sulaması	1996	-	3.580
Batman	Garzan-Kozluk Sulaması	1996	-	3.700
BİTEN SULAMALAR TOPLAMI				183.080
Diyarbakır	Karakaya Barajı ve HES	1987	1.800	-
Şanlıurfa	Atatürk Barajı ve HES	1992	2.400	882.000
Gaziantep	Hancağız Barajı	1988	-	7.330
Diyarbakır	Çınar-Göksu Barajı	1991	-	3.580
Mardin	Derik-Dumluca Barajı	1991	-	1.860
Şanlıurfa	Hacıhıdır Barajı ve	1989	-	2.080
Diyarbakır	Devegeçidi Barajı	1972	-	7.500
Mardin	Çağ Çağ HES	1968	14,4	-
Diyarbakır	Kralkızı Barajı ve HES	1998	94	-
BİTEN BARAJ VE HESLER TOPLAMI			4.308,4	904.350
BİTEN SULAMALAR, BARAJ VE HESLER TOPLAMI			4.308,4	1.087.430
Mardin + Şanlıurfa	Mardin-Ceylanpınar ve		-	78.729

	Ş.Urfa-Harran Sulamaları			
Diyarbakır	Kralkızı-Dicle Sulaması		-	24.300
Batman + Diyarbakır	Batman Sol Sahil Sulaması		-	18.753
Batman + Diyarbakır	Batman Sağ Sahil Sulaması		-	18.600
Gaziantep	Belkıs-Nizip Sulaması		-	11.925
Adıyaman	Çamgazi Sulaması		-	7.430
Gaziantep	Kayacık Ovası Sulaması		-	14.746
Şanlıurfa	Bozova-Merkez Pompaj Sulaması		-	860
Adıyaman	Samsat Pompaj Sulaması		-	2.806
DEVAM EDEN SULAMALAR TOPLAMI				178.149
Şanlıurfa	Birecik Barajı ve HES		672	91.845
Şanlıurfa	Karkamış Barajı ve HES		180	-
Adıyaman	Çamgazi Barajı		-	7.430
Gaziantep	Kayacık Barajı		-	14.740
Diyarbakır	Dicle Barajı ve HES		110	130.159
Batman	Batman Barajı ve HES		198	37.350
Şanlıurfa	Şanlıurfa HES		50	-
DEVAM EDEN BARAJ VE HES TOPLAMI			1.210	281.524
DEVAM EDEN SULAMALAR BARAJ VE HESLER TOPLAMI			1.210	459.673
Şanlıurfa	Yaylak Sulaması		-	18.320
Mardin +	Mardin-		-	325.132

Şanlıurfa	Ceylanpınar Ovaları Sulaması			
Diyarbakır	Kralkızı-Dicle Sulaması		-	130.159
Adıyaman	Yeni Samsat Sulaması		-	8.337
Kilis	Seve Barajı Sulaması		-	1.400
PROJESİ HAZIR SULAMALAR TOPLAMI				483.348
Mardin	Ilısu Barajı ve HES		1.200	-
Şırnak	Cizre Barajı ve HES		240	-
PROJESİ HAZIR SULAMALAR BARAJ VE HESLER TOPLAMI			1.440	483.348

Yatırım ödeneklerinin 1990-2005 dönemi itibarıyla yıllık seyri izlendiğinde toplam kamu kaynaklarından yılda ortalama % 6,9 oranında pay ayrılmış olup, projede yer alan tüm yatırımların hedeflenen 4 yıllık bir sürede tamamlanması için 15 milyar dolar gerektiği belirtilmektedir.[1]

Bölge ekonomisinde tarımın payının % 40'tan % 23'e ineceğini, sanayinin payının % 16'dan % 24'e yükseleceğini, hizmetler sektörü payının % 44'ten % 53'e çıkacağını ve GSBH endeksinin 4.5 kat artacağını, ayrıca 9 milyonu aşacak olan bölge nüfusunun yaklaşık 3.5 milyonuna iş imkanı yaratılacağını öngören ve bu verilere 2005 yılında ulaşılmasını amaçlayan Master Planıyla tamamlanması beklenen bu hedeflere ulaşılamamıştır. Bunun temel nedeni GAP'ın finansman boyutudur. 2002 yılında hazırlanan bölgesel kalkınma planıyla GAP'ın tamamlanması 5 yıl ertelenerek 2010 yılında tamamlanacağı kararı alınmıştır. Yılda ortalama Türkiye'deki toplam kamu yatırımlarının % 6.9'u tahsis edilen

[1] Zaman Gazetesi, 8 Eylül 2006, s. 11. (GAP İdaresi Başkanı M.Y.Özgül'ün verdiği bilgilere göre)

GAP'a ayrılan ödeneklerin son yıllarda azaltıldığına[1] göre 2010 yılında GAP'ın tamamlanabilmesi mümkün görülmemektedir.

1995 yılından bu yana Fırat'ın sularıyla buluşan verimli Harran Ovası'nın tamamı değil, 122 bin ha'lık bir bölümü sulanıyor. Bununla birlikte yaklaşık 10 yıllık süre zarfında, sulanan arazilerin önemli bir bölümü ciddi biçimde hasar görmüştür. Taban suyu ve tuzlanma, ovanın Suriye sınırındaki Akçakale ve çevresinde yoğun bir şekilde yaşanıyor. Tuzlanma ve taban suyunun yükselmesinde en önemli etken ise bilinçsiz sulamadır. Harran Ovası'nın Suriye sınırı boyunca, artık tarım yapılamayan araziler söz konusudur. Taban suyunun yükselmesi sadece tarım arazilerini etkilemiyor. Binalar da taban suyundan zarar görüyor. Bugüne kadar 6 bin ha'da drenaj çalışması bitmiş durumda. Yapılan çalışmanın yavaşlığı ve taban suyunun etkilediği arazilerin artmakta olduğu düşünüldüğünde, sorunun kısa sürede çözümü imkansız görünüyor. Ayrıca varlığıyla bölgenin iklimini değiştiren Atatürk Barajı da bugün bir tehlikeyle karşı karşıyadır. Atatürk Barajı gölünü, daha çok, başta Fırat olmak üzere Kahta Çayı, Çatalçay ve Eğri Çay besliyor. Bu akarsuların baraj gölüne ulaştıkları güzergahlar çıplak arazilerden geçmektedir. Yağışlarla birlikte toprak akarsulara akıyor ve baraj gölüne taşınıyor.[2] Böylece bu alanlardaki verimli topraklar da erozyona uğramaktadır. Bu nedenle yetersiz yapılan ağaçlandırma çalışmalarının hiç gecikmeden hızlandırılması gerekmektedir.

Yukarıda açıklanan bu verilere rağmen GAP'ın bölgenin sosyo-ekonomik gelişimine etkisi istenen seviyede olmadığı görülmektedir. DTP (Devlet Planlama Teşkilatı) kayıtlarına göre Türkiye'de bölgeler arası sosyo-ekonomik gelişmişlik sıralamasında bölgenin altıncı sırada yer aldığı belirlenerek GAP sulama faaliyetlerinin başladığı 1996 yılından bu yana bölge illeri gelişmişlik sıralamasında dört ila dokuz basamak arasında gerilediği ve GAP'ta bulunan illerden yalnızca Gaziantep'in sıralamada ilerlediği tespit edilmiştir. Gelişmişlik bakımından istenen seviyeye

---

[1] NTV, "GAP: 28 yıllık umut projesi", çevrimiçi, http://www.ntvmsnbc.com/news/default.asp, 9 Eylül 2006.
[2] Aynı yer.

ulaşılamamıştır. İlk 25 il arasında olan Gaziantep'in, GAP'ın devreye girmesiyle ilk 20 il arasına yükseldiği, 1996 yılında Türkiye sıralamasında 61. olan Adıyaman'ın 2003 yılında 65'inciliğe düştüğü, 1996 yılında 57. sırada bulunan Diyarbakır 63'üncülüğe düşerken, Mardin'in 66. sıradan 72'ye gerilediği keza 1996 yılında Türkiye 68'incisi olan Siirt'in, 2003 yılında 73. sıraya düştüğü, tarımsal sulamanın başladığı 1996 yılında 59. olan Şanlıurfa'nın 68. sıraya düştüğü ve Batman 65. sıradan 70'e gerilerken, 75. sırada bulunan Şırnak'ın 78. sıraya düştüğü tespit edilmiştir. GAP'a rağmen Güneydoğu'da gelişmişliğin yakalanmamasının en önemli nedenleri ise eğitimin ve okur-yazar oranının düşük olmasının geldiği, bölgede kadınların yüzde 60.16'sının okuma yazma bilmediği, bunun da sosyo-ekonomik gelişmeye olumsuz yönde etki yaptığı, bölgenin turizmden pay almadığı ve elektrik, yol ve nakliye giderlerinin yüksekliğinden dolayı yatırımların istenen seviyede olmadığı gerekçelerine bağlanmıştır. [1]

3. 2. 3. 2. 6. GAP'ın Temel Sorunları ve Beraberinde Getireceği Muhtemel Problemler

BM Ulaşım Dışı Su Yolları Sözleşmesinin "Önemli Zarar Vermeme" ilkesi çerçevesinde, GAP'ın I. bölümde değinilen hususlar çerçevesinde aşağı devletlere somut zararının olup olmadığı araştırılacaktır. Tamamlandığı takdirde Türkiye'nin ekonomisine çok önemli katkı sağlayacak GAP, üç ana sorunla karşı karşıyadır:

1. Bilindiği gibi GAP henüz tamamlanmamış olup, yapım süreci devam etmektedir. Zaman faktörünün maliyetleri arttırdığı dikkate alınırsa projelerin zamanında bitirilememesi Türk ekonomisine önemli yük getirmektedir. Finanssal sıkıntılar nedeniyle Keban Barajı programlandığından dört yıl sonra, Karakaya Barajı üç yıl sonra tamamlanmıştır. İnşaatına beş kez ara verilen Atatürk Barajının tamamlanması ise daha uzun bir zamanda gerçekleşmiştir.
2. Irak ve Suriye'nin itirazları nedeniyle Dünya Bankası ve diğer uluslararası finans kuruluşlarının desteklerinin yetersiz olması, tamamlanmasını geciktirmektedir. Gerekli ve yeterli

---

[1] BİA, "GAP Bölge İllerinin Gelişmesini Sağlamadı", çevrimiçi http://www.bianet.org/2004/06/16/36752.htm, 9 Eylül 2006.

finanssal kaynağın sağlanması ise Türkiye'nin Irak ve Suriye ile antlaşma yapma şartına bağlanmıştır.

3. Özellikle Fırat Nehri üzerinde yapılan GAP barajlarının yapımı sürecinde Fırat Nehri sularından % 30-40 dolayında sulama, % 10 dolayında buharlaşmadan kaynaklanan bir azalış olacağı tahmin edilmekle beraber ABD Ordusu Mühendisler Kurulunun 2000 yılında yaptığı tespite göre bu azalış sadece % 20 düzeyinde kalmıştır. Bu tespit aşağı komşuların endişelerini arttırmış olmakla beraber Türkiye'nin barajların yapımından sonra dengeli bir su arzının sağlanacağı teminatı olduğu halde bu endişeler giderilememiştir. Bu nedenle siyasal gerilimlere yol açmamak için barajlar istenilen zamanda bitirilememektedir.[1]

Bölgedeki iklim değişikliği, arkeolojik ve tarihsel mirasın sular altında kalması, köylerin tahliyesi ve yeni yerleşim yerlerinin kurulması, sulanacak topraklarla ilgili toprak reformunun uygulanamaması gibi teknik, coğrafi ve tarihsel problemler de beraberinde taşımaktadır.[2]

GAP tamamlandığı takdirde beraberinde getireceği muhtemel problemlere gelince, Kolars, bu proje tamamlandığı takdirde aşağı devletlerde üç olumsuz etkisi olacağı değerlendirmesinde bulunmuştur. Aşağıda ayrıntılarını açıklayacağımız bu etkiler şunladır:[3] a) Nehrin aşağı çığırının yukarı kıyı devletince nehrin yukarı çığırının kullanılması sebebiyle azalması (depletion), b) Tarımsal sulama nedeniyle aşağı kıyıya giden suların saptırılarak akıtılması (detouring) ve c) Nehrin aşağı çığırının kirlenmesi (pollution).

Birincisi (Depletion): Sınırı aşan suların akımının azalması, yüzeydeki rezervuarlardaki buharlaşmadan ve bitkilerin ihtiyaç duyduğu gerekli nem oranının korunamamasından dolayı su kaybı sonucunda ortaya çıkmaktadır. Tarımsal sulama olmadığı takdirde

---

[1] Kliot, a. g. e. , s. 131.
[2] Aynı eser., s. 130.
[3] Kolars, "Problems of. . . ", s. 70.

Atatürk Barajının HES'inden ortalama 677 m^3/sn suyun akıtılması ile yıllık ortalama 8190 GWh enerjinin üretilmesi mümkündür. Tam tarımsal sulama yapıldığı takdirde ortalama akış 375 m^3/sn olacak ve yıllık ortalama 4550 GWh enerji üretilmiş olacaktır (Master pln vol.2, tablo 5.4). Diğer önemli bir konu da üretilecek enerjinin bir kısmı, GAP'ın geniş kesimine suları ulaştırmak için kullanılacaktır. Tablo-17'de de görüleceği gibi Fırat üzerinde yapılan her beş baraj için benzer şeyleri söylemek mümkündür. Buna göre tarımsal sulama ile enerji üretimi arasında ters bir orantı vardır. Sulama arttıkça enerji üretimi azalacaktır. Her ne kadar kullanılan suların, sistem içinde geri dönüşümü olsa da tarımsal sulama için kullanıldığında bitkilerin alacakları nemden dolayı buharlaşmadan kaynaklanan ek bir su kaybı olacaktır.[1] Bu bağlamda 10 birim suya gereksinim duyan bir bitki için 25 birim su çekmek gerekmektedir. Aradaki 15 birimlik fazlalık, suyun rezervuardan bitkiye ulaşana kadar evaporasyon ve kanallardaki taşıma esnasında ortaya çıkan kayıplar ile yok olan kısımdır. Bölgedeki yaz kuraklığı oldukça fazla olduğundan buharlaşma ile su kaybı önemli boyutlara ulaşmaktadır.[2]

Tablo-17. Enerji Üretimi, Tarımsal Üretim ve Nehir Akımı arasındaki İlişki (Fırat için)

Barajlar		Sulama olmadan	Urfa-Harran sulam ası	Artı Mardin-Ceylanpı nar	Tam sulama
Keban	Sabit akım	455 m^3/sn	465	465	465
	Sabit enerji	5200 GWh	5200	5200	5200
Karakaya	Sabit akım	562 m^3/sn	562	562	562
	Sabit enerji	6220 GWh	6220	6220	6220

---

[1] Aynı yer.

[2] Tomanbay, Mehmet, "Güneydoğu Anadolu Projesi: Fırat Sularının Komşu Ülkeler ile Ortak Kullanımında Etkili Olacak Faktörler ", *Dış Politika Bülteni,* Cilt IV, sayı 1, (Kasım-1992), s. 98.

Atatürk	Sabit akım	677 m^3/sn	627	546	375
	Sabit enerji	8190 GWh	7580	6610	4550
Birecik	Sabit akım	687 m^3/sn	637	554	347
	Sabit enerji	2330 GWh	2180	1940	1220
Karkamış	Sabit akım	688 m^3/sn	638	557	348
	Sabit enerji	583 GWh	536	473	284
Toplam	Sabit enerji	22523 GWh	21716	20443	17474
	İkincil enerji	2101 GWh	2136	2317	2597
	Topla m enerji	24624 GWh	23852	22760	20071

Kaynak: Kolars, "problems of..."s.71 (Master Planı, vol.2, tablo 5.4'ten alınmıştır.)

Suları, GAP'ın uzak kesimlerine ulaştırmak için ayrıca ek bir enerji kullanılacağı da dikkate alınırsa, üretilen tarımsal ürünlerin maliyetindeki artış büyüyecektir.[1] GAP Master Planında her ne kadar elektrik enerjisinin üretimi üzerinde durulmaktaysa da azalan tarımla birlikte gerçekleşen enerji artışı içte bir takım sıkıntılara yol açacaktır. Maliyet artışı dış ticaret üzerinde olumsuz etki yapacağı da ayrı bir gerçektir. Bölgenin ekonomik durumu dikkate alınırsa tarımsal üretim yönünde baskının olacağı açıktır. Bu da Türkiye'yi enerji açığını gidermek için petrol gibi kaynakları ithale devam etmeye yöneltecektir. Diğer taraftan ortaya çıkabilecek su açığının Irak ve Suriye üzerinde etkisi görüleceğinden, sorunun boyutu büyüyecektir.[2]

[1] Kolars, "Problems of. . . ", s. 72.
[2] Beaumont, a. g. m. , s. 174. ; Kolars, "Problems of. . . ", s. 74.

GAP Master Planında Fırat Nehrinin kullanımı sonucunda ortaya çıkan su kaybının yıllık 10.429 milyar m^3 olacağı belirtildiği halde Kolars, bu miktarın 19.908 milyar m^3 olduğunu belirtmektedir. Kolars, bu tespitini sulanan her metre karelik tarımsal araziden kaynaklanan buharlaşma ihtiyacının karşılanabilmesi için ortalama bir 1 m^3 su olması gerektiğine dayandırmaktadır. Buna göre Master Planında rezervlerden kaynaklanacak buharlaşma ile toprağın gereksinim duyacağı nem oranı dikkate alınmadan tahmin yapılmıştır. Daha sonra sulama modülüyle ilgili yapılan incelemelere göre bu tespitlerin doğru olduğu ortaya çıkmaktadır. Sulama modülü ve su ihtiyaçları, sulama şebekelerine göre değişmekle birlikte, DSİ bitki desenine göre 1.002 l/s/ha olarak belirlenmiş olmasına karşın, mevcut Şanlıurfa-Harran sulama alanında, sulama yönetimindeki çiftçi uygulamalarından kaynaklanan sorunlara da bağlı olarak, 1.7 l/s/ha düzeyini aşmıştır.[1] Geleneksel tarzda yapılan sulama siteminden kaynaklan su kaybının asgariye indirilmesi ve etkin kullanılması için test edilen çeşitli sulama yöntemlerinden basınçlı ve düşük basınçlı sulama sisteminin uygulanması planlanmaktadır. Yapılan testlerde de bu sistemin açık kanal sulamasından daha etkin olduğu ortaya çıkmıştır. Çünkü düşük basınçlı kapalı boruları kullanan sistemler %50-60'lık düzeylerde etkinliğe sahip açık kanallara oranla, % 90 düzeyine kadar daha fazla su taşıma ve dağıtım etkinliğine sahip olduğundan, bu sistem sayesinde buharlaşma ve sızmadan kaynaklanan su kayıpları asgari düzeye düşmektedir.[2] Bu sulama sistemini önemli kılan, iklimin kuraklık karakteridir. Ortalama toprak sıcaklığının, bölge'nin farklı yörelerine göre değişmekle birlikte 18 derece olması, yıllık yağışın düzensiz olması ve Haziran-Eylül vejetasyon döneminde yağışın yok denecek kadar az olması suyun kullanımı üzerinde önemli baskı oluşturmaktadır. Ortalama 2000 mm düzeyinde gerçekleşen

---

[1] GAP Ana Raporu, s. 68.

[2] Kibaroğlu, Ayşegül ve İlker, Burcu, "Güneydoğu Anadolu Projesi Sulama Yönetiminde Sürdürülebilirlik",2003, (çevrimiçi) http://www.gap.metu.edu.tr/html/yayinlar/gapsurdurulebilirlikAKibaroglu.pdf, 25.09.2006,
s, 6-7.

buharlaşma, Şanlıurfa'da 2048 mm ve Cizre'de 2424 mm'dir. Bu da bitkinin su ihtiyacını gittikçe arttırmaktadır.[1]

Bununla beraber evapotranspirasyon[2] ve bitki deseninin bilinmesi, buharlaşmanın etkilerinin asgariye düşürülmesi açısından önemlidir. Bitkinin türüne göre evapotranspirasyon her bitki için farklı olmaktadır. Bitkinin gelişimi için gerekli olan su miktarının bilinebilmesi için öncelikle bitkinin türünün belirlenmesi gerekmektedir. Bitkinin deseninin belirlenmesinden sonra bitkinin metabolizmal gelişimi için zorunlu olan evapotranspirasyonun gerektireceği potansiyel su miktarı hesaplanabilir.[3]

Ayrıca Suriye'ye akan kısmın % 60'ı kadar suyun tarımsal faaliyetlerden dolayı yukarı kısımda kullanılacağı muhtemeldir. Böyle olunca Türkiye'nin 1987 yılında Suriye'ye akıtmayı taahhüt ettiği 500 m^3/sn esasında 360 m^3/sn olarak kabul edilmelidir.[4] Bu durumun Suriye'nin Irak'la Fırat sularının paylaşımıyla ilgili yaptığı ve Türkiye'den akan suların % 42'si Suriye'ye, % 58'i de Irak'a tahsis ettiği 1990 tarihli antlaşma üzerinde etkisine gelince, 1987 protokolü uyarınca nominal 15.8 milyar m^3/yıl tutarındaki Türkiye'den akan sulardan 9.16 milyar m^3/yıl Irak'ın, 6.6 milyar m^3/yıl Suriye'nin payına düşecektir. Ayrıca bu miktara Suriye'nin Fırat kollarından alacağı 2 milyar m^3/yıl eklenirse bu miktar 8.6 milyar m^3/yıl etmektedir. GAP tamamlandıktan sonra 2040 yılında Suriye, Fırat sularından sadece 13.4-15.9 milyar m^3/yıl kadar sahip olacaktır. Bu tutarın içinde projelerde kullanıldıktan sonra geri dönüşecek kalitesi düşük 4.6 milyar m^3/yıl su dahildir. Yukarıda açıklanan gerekçelerle Türkiye'den akacak gerçek miktar olan 11.376 milyar m^3/yıl üzerinde hesaplama yapılırsa daha düşük bir paylaşım söz konusudur.[5] Atuk [6] ise doğal durumda Suriye'ye akan Fırat suları

---

1 GAP Ana Raporu, s. 67.

2 Suyun buharlaşması ve bitkinin terlemesi sonucunda nemin topraktan atmosfere geçmesi durumu.

3 Tomanbay, a.g.m., s. 98.

4 Kolars ve Mitchell, a. g. e. , s. 208. Kolars, "Problems of. . . ", s. 75.(Master Planı vol.2, tablo 5.3, s. 5.27 deki verilerden faydalanılmıştır.)

5 Kolars and Mitchell, a. g. e. , s. 134.

6 Atuk, Nihal, Türkiye'den Suriye'ye Akan Yerüstü ve Yeraltı Suyu Miktarı ve Bunların Ekonomik Değerleri, (Eylül-1995) Ankara, (çevrimiçi) http://ekutup.dpt.gov.tr/disekono/atukn/su.html 25.09.2006, s. 88.

32,2 milyar m^3/yıl iken GAP'ın tamamlanmasından sonra bu miktarın 24,8 m^3/yıl'a düşeceğini hesaplayarak (Atuk, Tablo 28), Suriye'ye akacak sularda nispi bir azalma olmakla beraber kullanım kapasitesi dikkate alındığında Suriye'nin etkilenmeyeceğini belirtmektedir. Bölgenin kurak yapısı ve gerçekleşen fazla buharlaşma ile Suriye'nin ilerde finanse edebileceği projelerde kullanacağı sular göz önünde bulundurulursa Kolars'ın tahmini daha fazla muhtemel görülmektedir. Kaldı ki Irak'ın 1970 yılında Fırat sularından 16.3 milyar m^3/yıl, 1990 yılında 13-15 milyar m^3/yıl kullandığı[1]dikkate alınırsa gelecek yıllardaki su kullanımı artma eğilimi göstereceğinden 1987 protokolü ile düzenlenen miktar hayli düşük kalacaktır. Aslında Türkiye'nin taahhüt ettiği 500 m^3/sn Irak'ın 1967 yılında asgari olarak istediği miktardır. Körfez Savaşı sonrasında 1992 yılında yapılan üçlü görüşmelerde Suriye'nin de kullanımını dikkate alan Irak, 500 m^3/sn den 700 m^3/sn ye arttırılması isteğinde bulunmuştur.[2] Bu da ambargonun etkisiyle petrol karşılığında gıda ithal edemediğinden tarımsal sulamaya ağırlık verileceğinin işaretidir.

İkinci muhtemel problem Urfa Tünelleri'nden Urfa-Harran ile Mardin-Ceylanpınar sulama projelerine aktarılacak sulardan önemli miktarında saptırma yapılacağı için geri dönüşümün sağlanamayacağıdır. Bu durum, 2.456 milyar m^3 kadar su miktarı sınırı aşan ana nehirden azalmasına yol açacağı anlamına gelmektedir. Tabka Barajı türbinlerinin beslenmesi için Asad Gölü kapasitesinin dolu olması gerekmekte olduğundan Suriye'nin hidroelektrik enerji üretimini de etkileyecektir.

Türkiye söz konusu projeleri yürüttüğü takdirde birkaç yıl içinde söz konusu durum ortaya çıkacak ve 2005 yılından sonra su miktarı beklenenden daha az olacaktır. Diğer bir sorun da, saptırılan suyun tahminen yıllık 124 GWh değerinde enerji üretmek için Şanlıurfa'daki Urfa Tünelleri çıkışında 50 MW lik enerji üretiminde kullanılması.[3] Bu miktarda enerji üretimi sağlanması için yağışlı mevsimlerde kısmen, kurak mevsimlerde ise tam olarak suların

---

[1]Kliot, a. g. e. , s. 144. Suriye'nin Fırat sularından 1990 yılı itibarıyla kullandığı miktar 3-5 milyar m^3/yıl arasında tespit edilmiş , 2000 yılında ise 10.3 milyar m^3/yıl kullanmayı planlamaktadır.(Kliot, a. g. e. , s. 139 ve 141.)

[2] Wolf, "Middle East Water Conflicts. ..", s. 8

[3] Kolars, "Problems of. . . ", s. 75-76.

Harran Ovasına saptırılması gerekmektedir. Bu durum Asad Gölünün su kaybına yol açacağının yanı sıra Türk ve Suriye yetkililerince çözüme kavuşturulacak suyun dağılımı ve dengeli paylaşımında da etken rol oynayacaktır.[1]

GAP'ın etkilerinin olumsuz yönde gelişme eğilimini göstereceğini ve beraberinde yukarıda açıklanan problemler getireceğini belirten Kolars'ın aksine DSİ eski Genel Müdürü Özden Bilen ise, barajların aşağı kıyı devletleri üzerinde esasında olumlu etkiler bırakacağını belirtmektedir. Çünkü, Suriye ve Irak'ta Fırat ve Dicle nehirlerini çevreleyen ovalar, su seviyelerinin artması ile taşkın alanları haline dönüşmektedir. Basra Körfezi yakınlarındaki göl ve ıslak alanlar, kurak mevsimde 8.288 km^2'ye kadar küçülürken, ilkbahar taşkınlarında 28.490 km^2'ye kadar genişleyerek, sulama alanlarını kaplamaktadır. 1946 yılı taşkınında, Irak'ta 90.650 km^2 alan su altında kalmış, büyük can ve mal kayıpları meydana gelmiştir. Diğer taraftan 1958-62 ve 1970-75 yılları arasındaki kuraklık, Irak ve Suriye'de tarımsal üretimin büyük ölçüde düşmesine neden olmuştur. Geniş hacimli depolama tesisleriyle, nehirlerin doğal özellikleri üzerinde önemli değişiklikler meydana getirmek mümkündür. Bu tesislerle yıllar arasında su aktarımı yapılarak, yağışlı yıllarda kullanılamayan sular, kurak dönemler için biriktirilerek su ihtiyaçları karşılanırken, taşkın suları depolanarak zararları önlenmektedir. Suriye ve Irak'ta topgrafik koşullar büyük barajların inşasına müsait olmadığı gibi, baraj gölünden çok büyük miktarlardaki buharlaşmalar önemli su kayıplarına da neden olmaktadır. Fırat Nehri'nin Türkiye'deki barajlar inşa edilmeden önceki doğal şartları ile, barajlar inşa edildikten sonraki düzenli akım şartları karşılaştırıldığında; gerek taşkınlık doğuran ortalamanın çok üstündeki, gerekse kuraklığa neden olan ortalamanın altındaki akımların meydana gelme olasılığının büyük ölçüde azaldığı görülmektedir.[2]

Bununla beraber aşağı kıyı devletlerinin esas sıkıntısı, GAP'ın iklimsel anlamda getireceği düzelmelerden çok su rezervuarlarının Türkiye tarafından ağırlıklı kullanımının suyun niteliğinde ve miktarında getireceği etkilerden kaynaklanmaktadır.

---

[1] Aynı eser, s. 76-77.

[2] Bilen, a. g. m. (web), "Türkiye'deki Barajların Etkileri "kısmı.

Bu sıkıntı aşağı ve yukarı kıyı devletlerinin teknik komitelerince sağlanacak programlar çerçevesinde aşılması mümkündür. Gerçekten yapılan barajların kurak yıllarda aşağı devletlere suların düzenli ve dengeli akışını sağladıkları da dikkate alınırsa devletler arasında sularla ilgili veri değişimi ve koordinasyon olduğu takdirde bu barajların etkilerinin asgariye indirilmesi mümkündür.

Üçüncü problem ise kullanılmış suların sulama alanlarından ana nehir ve besleyici kollarına geri dönüşmesi sonucunda suyun kalitesinde düşme ihtimalinin olması. Şüphesiz ki sulama projeleri arttıkça bu problem de artacaktır. Ne var ki Master Planı bunun uluslararası boyutunu dikkate almamakla beraber sadece dördüncü bölümde bir paragrafta (master pln, vol.2.s.5.6) drenaj ve tuzluluk konusuna değinmektedir. Aslında Suriye, tuzluluk yönünden Türkiye ile ilgili fazla sıkıntısı yoktur. Çünkü kendi toprakları alçılı ve tuzlu olup Fırat Nehri önemli ölçüde bu ülkeden kaynaklı yüksek tuzluluk oranıyla Irak'a geçmektedir. Mamafih nehir hacmi küçüldükçe ve su kullanımı arttıkça nehrin aşağı kısmında bu sorunlar da artacaktır.[1] Gerçekten de Aşağı Fırat Projesi kapsamında yer alan Şanlıurfa-Harran ovaları sulama alanında, kuru tarımdan sulu tarıma geçişle birlikte, üretim yapısı ve ilişkilerinde önemli değişimler yaşanmış ve tarımsal hasıla artmış olmakla beraber, söz konusu olumlu gelişmeler yanında, aşırı ve bilinçsiz sulama nedeniyle tuzluluk ve drenaj problemleri gibi arzu edilmeyen sonuçlar gözlenmiştir. Nitekim, 1970'lerin sonlarından beri yeraltı sulama (YAS) alanlarında, kısmi tuzlulaşmanın ortaya çıktığı ve 15 bin ha'lık alanda drenaj sorunu olduğu tespit edilmiş bulunmaktadır.[2] Bilen ise, Fırat ve Dicle nehirlerinin kaynağında su ve toprak kalitesi yüksek olup sulamadan dönen sular, hiç bir işleme tabi tutulmadan tekrar sulamada kullanılabilecek nitelikte olduğunu ileri sürerek geri dönen suların kalitesinde önemli bir azalma olamayacağını belirtmektedir. Ayrıca yazar, gelecek yıllarda Atatürk Barajı çevresindeki alanların sulanmasından oluşacak dönüşüm suları ise, doğrudan Fırat Nehri ana koluna değil baraj gölüne gireceği ve burada baraj gölünün çok geniş hacmi içerisinde büyük ölçüde seyreltileceğini de

---

[1] Kolars, "Problems of. . . ", s. 77.
[2] GAP Ana Raporu, s. 69.

eklemektedir.[1] Sulamadan dönen suların kalitesini denetleyerek belirli bir kalite standardının altında kalan dönüş sularının oluşmasına neden olan faktörlerinin belirlenmesinin çok güç ve imkansız olduğunu belirten Bilen[2], tarımsal ilaç ve gübre kullanımında üretime zarar vermeyecek şekilde sınırlama getirilmesi gerektiğini önermektedir.

GAP'ın iklim ve eko sistemi üzerindeki etkilerinin de dikkate alınması gerekmektedir. GAP'ın tamamlanmasıyla bölgedeki mevcut su rezervleri ve geniş alanlarda yapılacak yüzey sulamaları sonucu oluşacak buharlaşma ile bölgenin nispi neminde artış olacaktır. Bölgedeki nemin artışına paralel olarakta sıcaklığın bir miktar düşeceği, özellikle gece ve gündüz aşırı sıcaklık farklarında azalmalar olacağı beklenmektedir. Bir çok baraj gölünde, erozyon ve sulama sonucunda büyük oranda sediment (tortu, çökelti) birikmektedir. Her yıl Fırat Nehrinden Keban Baraj Gölü'ne 32 milyon, Karakaya Baraj gölüne 31 milyon ton toprak erozyon sonucu akmakta ve tarım alanları toprak kaybederek, baraj gölleri ise bu materyallerle dolarak büyük zararlar oluşmaktadır. Sediment taşınımının ve depolanmasının hem olumlu hem de olumsuz etkileri vardır. Sedimentler baraj göllerinde yeni habitatlar oluşturur. Ancak özellikle nehir ağızlarında sediment birikmesi sonucu baraj göllerinin su tutma kapasiteleri azalır. Baraj göllerinde su tutulmasıyla birlikte baraj gölünün üzerinde yer aldığı kara parçasının etkisiyle, su kalitesi fiziksel, kimyasal ve biyolojik olarak değişikliğe uğrar. Suyun kimyasal bileşimi nehire göre önemli farklılıklar gösterir. Nehir ekosisteminden farklı olarak, baraj göllerinde sıcaklık tabakalaşmasına bağlı olarak da su kalitesi tabakalar arasında farklılıklar göstermektedir. Baraj göllerinin çamurlu dip kısımlarda oksijensiz ortam oluşmakta ve anerob faaliyetlerin artmasıyla metan birikimi söz konusu olmaktadır. [3]

Sürdürülebilir kalkınmanın sağlanması bağlamında BM Ulaşım Dışı Su Yolları Sözleşmesinin "Önemli Zarar Vermeme"

---

[1] Bilen, a. g. m. (web), "Çevre Sorunları"kısmı.
[2] Bilen, 1996, s. 173.
[3] Ünlü, Erhan, "GAP'ın Ekolojik Etkileri", (çevrimiçi) www.dicle.edu.tr/~halks/kon12.htm 09.09.2006, s. 2-4.

ilkesi doğrultusunda GAP'ın getireceği muhtemel olumsuz etkileri asgariye indirmek için kıyıdaş devletlerinin kalkınma projeleri arasında koordinasyon kurulması gerekmektedir.

DÖRDÜNCÜ BÖLÜM

FIRAT VE DİCLE NEHİRLERİNİN HUKUKSAL DURUMU, KIYIDAŞ DEVLETLERİN YAKLAŞIMLARI VE ÇÖZÜM ALTERNATİFLERİ

Bu bölümde hukuksal karakterleri bakımından Fırat ve Dicle nehirleri incelendikten sonra, bu nehirlerin kıyıdaş devletler tarafından ortak kullanımını etkileyen ve sorun yaratan faktörler ile ileri sürülen çözüm alternatiflerinin neler olduğu araştırılıp, analiz edilecektir. Hakkaniyete dayalı ve makul kullanım ilkesi çerçevesinde kıyıdaş devletlerin Fırat ve Dicle sularını kullanımları, ekonomik, sosyal ve tarımsal durumları ile bu nehirlerin sularına bağımlı olan nüfusları arasında karşılaştırma yapılarak suların kullanımıyla ilgili nihai antlaşma imkanları araştırılacaktır.

4.1.Fırat-Dicle Nehirleri ve Uluslararası Hukuk

Fırat ve Dicle Nehirleri Türkiye'nin sınırlarını kesip Suriye ve Irak topraklarında aktıkları için uluslararası hukukun düzenlenmesine tabidir. Türkiye, sınırları içindeki kısımlar üzerinde ulusal düzenlemeler yaparken aşağı kıyı devletleriyle antlaşma olmasa bile uluslararası hukukun gerektirdiği ilkeleri dikkate almak durumundadır. Bu nehirlerin eski tarihlere kadar dayanan stratejik ve ekonomik önem arz eden özellikleri olduğundan, bu nehirlerin sularının kullanımı ve paylaşımıyla ilgili hukuksal düzenlemeler yapılması, bölgenin ekonomik ve siyasal istikrara kavuşması bakımından her zamankinden daha çok ihtiyaç hissedilmektedir. Bu bölümde bu nehirler üzerinde Osmanlı İmparatorluğu döneminden bu yana yapılan düzenlemelere değinildikten sonra, nehirlerin kullanımıyla ilgili BM Ulaşım Dışı Su Yolları Sözleşmesi hükümlerinin baz alınacağı hukuksal bir düzenlemenin mümkün olup olmadığı incelenecektir.

4. 1. 1. Tarihsel Gelişim

Fırat ve Dicle Nehirleri Osmanlı İmparatorluğu egemenliği altındayken, 1800'lü yıllarda İngiltere, Doğudaki sömürgelerine daha rahat ulaşmak için bu nehirlerden ulaşım yoluyla faydalanmak istemiştir. Doğu Akdeniz-Fırat vadisi ulaşım projesini uygulamak ve işletmek için İngiliz Hükümeti, Osmanlı devletine başvurmuştur. Ancak İstanbul Hükümeti buna hemen olumlu yanıt vermeyip Bağdat Valisi Ali Paşa'dan bu konudaki görüşlerini sormuştur. Ali Paşa'ya göre, Fırat Nehri'nin temizlenerek üzerinde gemi işletilmesine başlanması ticareti kolaylaştıracak ve kâr getirecekti. Fakat Fırat Nehri'nin Birecik'ten Güney Irak'taki Hille'ye kadar olan kısmının temizlenmesi mümkün olduğu halde, Hille ile Kurna arasının temizlenmesi imkansızdı. Bundan dolayı Fırat ile Dicle'nin bir kanalla birleştirilmesi gerekecekti. Ali Paşa, böyle bir durumda da İngilizlere izin verilmeyip, işin kendisine bırakılmasını istemiştir.[1] O dönemde Mısır Valisi Mehmet Ali Paşa'nın ayaklanmasıyla uğraşan Osmanlı Devleti, İngilizlere Fırat Nehri üzerinden Doğudaki sömürgeleriyle ticaret yapmak amacıyla istedikleri izni vermiştir. 16 Ağustos 1838 tarihinde İngiltere ile Ticaret Antlaşmasının yapılmasıyla ticari ayrıcalıkların yanı sıra Fırat ile Dicle Nehirlerinden ulaşım yönünden faydalanma hakkı da tanınmaktaydı. Bu Antlaşma ile Fırat ve Dicle nehirleri, sulama ve ulaşım konularının yanında stratejik ve siyasal önem kazanmış oldu. İngilizler o dönemde Fırat ile Asi Nehri arasında bir kanal projesi gündeme getirmişlerse de Osmanlı Hükümeti tarafından bu proje kabul edilmemiştir. Fırat-Dicle Nehirlerinde ulaşımda kullanılmak üzere gemi inşaatı başlatılmış ve 1836 yılında iki gemi Fırat Nehri üzerinde deneme seferlerine başlamıştır. Bu gemilerden biri Basra'ya kadar gidip oradan Dicle Nehri'ne geçerek Bağdat'a varmıştır.[2]

20. Yüzyılın ilk çeyreğinden itibaren Fırat ve Dicle Havzasında suların kullanımıyla ilgili ikili işbirliği girişimlerine tanık olunmuştur. Bölgede iki mandater güç olan Fransa ve İngiltere, Fırat ve Dicle sularının kullanımıyla ilgili 1920 tarihinde antlaşma

---

[1] Uçarol, a.g.m, s. 371.
[2] Aynı yer.

imzalamışlar. Bu antlaşmanın 3. maddesi gereğince iki taraf, bölgede sulama planlarını denetlemekten sorumlu komisyon kurmuşlardır.[1] 20 Ekim 1921 tarihinde Türkiye ile Fransa arasında imzalanan antlaşmanın 12. maddesi Kuveik Suyunun kullanımını düzenlemektedir. Buna göre Kuveik Suyu Halep kenti ile kuzeydeki Türk kesimi arasında hakkaniyete uygun bir şekilde ve her iki tarafı tatmin edecek şekilde paylaşılacaktı. Halep'in su ihtiyacını karşılamak amacıyla Fırat Nehrinden de su aktarılacaktı.[2] Burada dikkati çeken nokta "hakkaniyet" ilkesinin esas alınmasıdır. Ne var ki bu ırmağın Türkiye tarafında kullanılması ve kuraklık sonucu 1940'lı yıllarda kurumaya başlamış ve 1970'li yıllarda ise özellikle yaz mevsiminde tamamen kuruduğu görülmüştür.[3]

1923 tarihli Lozan Antlaşmasının ortak sularla ilgili 109. maddesi, "Aksine bir antlaşma bulunmaması durumda, sınırın çizilmesi nedeniyle bir devletin içindeki sular sistemi (kanal açma, su taşkını, sulama, drenaj vb gibi) başka bir devletin toprağında yürütülecek çalışmalara bağlı olması, ya da bir devletin toprağı üzerinde savaştan önceki düzenlemelere göre başka bir devletin toprağından çıkan suyun ya da su gücünün kullanılması halinde, ilgili devletler arasında her birinin çıkarlarını ve kazanılmış haklarını korumak amacıyla antlaşma yapılacaktır." hükmünü getirmiştir.[4] Yeni bir devletin kurulması sonucunda ortaya çıkan fiili durumun var olan haklara verebileceği zararlar dikkate alınarak bu madde hükmü antlaşmaya konulduğu anlaşılmaktadır. Aynı Antlaşmanın 101. maddesi ise Türkiye, 1921 yılında Barselona'da kabul edilen nehirlerden serbest geçiş haklarını düzenleyen Sözleşme ve Statüyü kabul ettiğini belirtmektedir. Burada üzerinde durulması gereken husus Lozan Antlaşmasıyla ileriye dönük bir uyuşmazlık biçiminin belirlenmediğidir. Söz konusu madde akarsulardan faydalanma

[1] Kaya, a. g. m., 'An overview of use of the Euphrates-Tigris basin: Development and disputes' başlığında.
[2] Akipek, Ömer İlhan, devletler Hukuku, II.Kitap, Başnur matbaası, Ankara, 1965, s. 36.
[3] Daoudy, M., a. g. m. (web), "The Euphrates Basin in Syria" kısmı.
[4]Lozan Antlaşması'nın konuyla ilgili 4.bölümü metni için bkz. Hellenic Resources Centers, "Lausanne Treaty Part IV", (çevrimiçi) http://www.hri.org/Lausanne Treaty Part IV.htm 12.03.2002.

konusunda yapılan ve yapılacak görüşmelere temel teşkil etmemektedir. Bu Antlaşmanın 2-22. maddeleri, Türkiye'nin sınırlarını genel olarak belirleyen hükümler içermektedir. Dolayısıyla, kesin sınır tespit edildiğinde bir devletin sular sistemi, kaynağı başka bir devletin ülkesindeki sulardan faydalanma eylemine bağlı olursa veya kaynağı başka devletin ülkesinde olan ve savaş öncesinden beri kullanılan sular veyahut sular gücünün etkilenmesi söz konusu olursa bu madde uygulama alanını bulabilir. Bu nedenle madde "kesin sınırların tespiti" ile sınırlıdır ve kesin sınırların çizilmesi sırasında mevcut kullanımlar diğer devletlerin çıkarları ölçüsünde korunacaktır.[1]

1926 yılında Fransa ile yapılan anlaşmalar sınır aşan sular konusunda düzenleme getirmekle beraber, bu anlaşmaların ihtiva ettiği hükümler, bu suların bölüşülmesiyle ilgili olmayan daha çok teknik bazı tedbirlerle ilgili olmuştur.[2] 30 Mayıs 1926 tarihinde imzalanan "Muhadenet ve Münasebatı Hasenei Hemcivari Mukavelesi"nin 13. maddesi yine Kuveik Suyu ile ilgili bir hüküm içermektedir. Bu maddede 1921 Antlaşmasına[3] atıfta bulunulmuş ve "bu programın gerçekleşmesi için icap eden ameliyat hakkında menfaati umumiye kararı isdarını taahhüt eyler" ifadesiyle Türkiye'ye bir yardım yükümlülüğü getirilmiştir. Ancak bu Antlaşma, 3 Aralık 1937 tarihinde Türkiye tarafından feshedildiğinden uygulanma alanı bulamamıştır.[4] Suriye'nin Fırat suları üzerinde tasarruf hakkının olduğu konusunda dayandığı gerekçelerden biri de bu Antlaşmalardır. Suriye bağımsızlığını kazandıktan sonra Fransız manda idaresi tarafından yapılan tasarrufları tartışma konusu yapmışsa da bağımsız Suriye Hükümetinin kurulmasından sonra Suriye Dışişleri Bakanlığı'nın

---

[1] Toklu, Vefa, Su Sorunu, Uluslararası Hukuk ve Türkiye, Hacettepe Üniversitesi Sosyal Bilimler Enstitüsü, (Yayınlanmamış Yüksek Lisans Tezi), Ankara, 1998, s. 103.

[2] Alacakaptan, a. g. m. , s. 455.

[3] 20 Ekim 1921 Tarihli Türk-Fransız Antlaşmasının 12.maddesi şöyle geçmektedir:" Kuveik suyu Halep şehri ile şimalde Türk kalan mıntaka arasında her iki tarafı hakkaniyetperverane bir surette tatmin edecek veçhile tevzi olunacaktır. Halep şehri mıntakanın ihtiyacına medar olmak üzere kendi masrafile Türk toprağında Fırattan dahi su alabilecektir. Bkz. MFA, "Türk-Fransız İtilafnamesi" , (çevrimiçi) http://www.mfa.gov.tr/turkce/grupb/ikili/09.htm 13 Mart 2003.

[4] Toklu, a. g. e. , s. 103.

Şam'da bulunan yabancı devletler temsilciliklerine gönderdiği ve bir örneği Ankara'da mevcut 5 Temmuz 1944 tarihli genelge notada yeni Suriye Hükümetinin Fransa'nın Suriye adına yaptığı uluslararası antlaşmalara saygılı olmak kararında olduğunu bildirmektedir.[1] Türkiye ile Fransa arasında 29 Haziran 1929 tarihinde imzalanan "Hududun Gözetlenmesi, Hudut Rejimi, Hududu Geçen Sürülere Uygulanacak Mali Rejim ve Göçebe Nüfusun Denetimi Hakkında Protokol" ile sınırın iki tarafında 5 kilometrelik bir alanda arazileri bulunanların, daha önce olduğu gibi sulama ile ilgili haklarından mahrum edilemeyeceği hükmü getirilmiştir[2]. 1930 yılında imzalanan Türk-Fransız Protokolü, Fırat sularının kullanımıyla ilgili her iki Hükümete koordinasyonlu olarak planların yürütülmesi görevi vermekteydi. Bu protokol Dicle Havzasıyla ilgili olarak "sorunların çözümünde tam eşitlik" ilkesi getirmektedir. Daha önce imzalanan 1921 Antlaşmasında geçen "hakkaniyet" ilkesi ile bu düzenleme arasında bir tutarlılık olmadığı ileri sürülmektedir[3]. Protokolün önemli özelliği, Fırat'ın sularının kullanımıyla ilgili Hükümetlerin uygulayacakları planların koordinasyonunun sağlanmasıyla ilgili hükümler getirmesidir.

Türkiye'nin, Suriye Hükümeti ile sınır aşan sular konusunda yaptığı ilk uluslararası hukuk işlemi, Türkiye'den kaynaklanıp Nusaybin civarında Suriye topraklarına akan Çağçağ Deresi sularından faydalanmayla ilgili 13 Mayıs 1952 tarihinde imzaladığı Protokoldür. Bu protokolde şu hükümlere yer verilmiştir:

"-Çağçağ Deresi'nin halen normal şartlar altında akmakta olan suları Türkiye ile Suriye arasında mütesaviyen taksim edilecektir.

-Kendisine ait suyu kullanmak vaziyetinde olmayan memleketlerden birisi bu miktarı da diğer memleketlerin kullanımına bırakacaktır." [4]

---

[1] Alacakaptan, a. g. m. , s. 455.
[2] Toklu, a. g. e. , s. 103.
[3] Aynı yer. ; Kaya, a. g. m. , 'An overview. . . '
[4] Tiryaki, Orhan, Sınıraşan Sular ve Ortadoğu'da Su Sorunu, Harp Akademisi y., İstanbul 1994, s. 54.

Görüldüğü gibi, imzalanan bu protokolde "eşitlik" ilkesinden söz edilmiştir. Diğer taraftan, Çağçağ Deresi üzerinde Türkiye tarafından yapılacak tesislerin Suriye'ye bir fayda sağlaması durumunda Suriye'nin, elde ettiği yarar ölçüsünde bu tesislerin yapım harcamalarını karşılayacağı hükmü getirilmiştir. Bu haliyle düzenlemenin daha çok "hakkaniyet" ilkesine uygun düştüğü değerlendirilmektedir.[1] Söz konusu Protokolün bu ilkeye yer veren 3. maddesi şöyledir:

"İleride Çağçağ Deresi üzerinde inşa edilecek bir baraj ve meblağlarda yapılacak bir kaptaj neticesinde debiyi arttırmak hasıl olur ve Türkiye bu yoldan elde edilebilecek fazla debinin bir miktarını Suriye'ye bırakmak vaziyetinde olursa, Suriye bu inşaatın bakım ve yapımında iştirak ettiği nispette fazla debiden istifade edecektir."

Protokolde ayrıca Asi ve Afrin Nehirleri hakkında da aynı dostluk ve anlayış havası içinde görüşmelere başlanması ve söz konusu nehirlerle ilgili olarak anlaşmaya varılması durumunda bu protokol hükümlerinin uygulanacağı belirtilmekteydi.[2]

Fırat ve Dicle Nehirlerinin kullanımı konusunda Türkiye ile Irak arasında iki önemli antlaşma imzalanmıştır. Bunlardan biri 29 Mart 1946 tarihinde Ankara'da imzalanan "Dostluk ve İyi Komşuluk İlişkileri" Antlaşmasına ekli "Fırat ve Dicle Suları İle Kollarının düzenlenmesine İlişkin Protokol"dur.[3] Diğer antlaşma ise 7 Şubat 1976 tarihinde Bağdat'ta imzalanan "Ekonomik ve Teknik İşbirliği Antlaşması"dır.

1946 tarihli Protokolün önsözünde "Düzenli bir şekilde suların akışını sağlamak ve yağışların fazla olduğu dönemlerde su taşkınlıklarının vereceği zararı önlemek amacıyla Türk topraklarında baraj ve sürekli gözetim istasyonlarının kurulması gerekli görülmüştür. Bu protokolde yukarı kıyı devleti olarak Türkiye, aşağı kıyı devleti olan Irak için Dicle, Fırat ve kolları üzerinde suların

---

[1] Toklu, a. g. e. , s. 103.
[2] Tiryaki, a. g. e. , s. 54.
[3] Bkz. Iraqi Ministry of Foreign, a. g. m. , 'Annex-2' bölümü ile T. C. Resmi Gazete, 12 Eylül 1947, sayı.6705, s. 23.

korunmasına yönelik inşaat çalışmalarının önemine işaret edilmektedir. "Her iki taraf bu inşaat çalışmalarının mümkün olduğunca sulama ve hidroelektrik üretimi hedefleriyle uyumlaştırılması prensibini kabul etmektedirler" şeklinde Irak için çok önemli olan bir düzenleme getirilmiştir. Çünkü yıllık su taşkınlıklarının denetlenmesi ve Irak'a akan suyun tarımsal zararlara yol açmasının engellenmesi, ancak suların sınırlarının dışından kaynaklandığı Türkiye topraklarında mümkün olmaktadır. Nitekim bu protokolün 1. maddesinde, "yapılacak ve bütün harcamaları Irak tarafından karşılanacak bent ve benzeri yapılar için en uygun yerlerin araştırmalar sonunda Türk toprakları içinde bulunmasını umdukları" belirtilerek aslında Irak'ın, baraj yapımına Türkiye'ye bir desteğini de zımnen de olsa beraberinde getirmektedir. Ayrıca protokolün 3. maddesi itibarıyla daimi gözetleme istasyonlarının kurulması, bunların bakım ve çalışmalarının sağlanması görevi Türkiye'ye verilmektedir. Bu istasyonların faaliyetlerini sürdürmeleri için gerekli olan harcamalar her iki devlet tarafından eşit olarak karşılanacaktır. Aynı zamanda su seviyesinde tespit edilecek değişmelerle ilgili bilgileri Türk yetkililerince Irak yetkililerine bildirilecektir.

Protokolün 4. maddesi tam olarak açık olmayıp farklı anlamlar çıkarılmasına yol açacak mahiyettedir. Bu madde "Türk Hükümeti girişilen araştırmalar sonucunda gerekli görülen inşaat çalışmalarını ilke olarak kabul etmektedir. Daimi gözetleme istasyonları dışındaki her çalışma, konum, işletim, bakım ve Türkiye'nin elektrik üretimi ve sulama amaçlı bu nehirlerden faydalanması konuları iki devlet arasında ayrı ayrı antlaşmalarla düzenlenecektir" şeklide bir hüküm getirmektedir. Türkiye'nin bu nehirlerden faydalanması ancak ikili bir antlaşmayla mümkün olduğunu ileri süren Irak yetkilileri, bu maddeye dayanarak Fırat ve Dicle Nehirleri üzerinde kurulacak tesisler için Irak'ın olurunun alınması gerektiğini vurgulamışlardır.[1] Ancak bu protokolün bütünü ve ruhu dikkate alındığında böyle bir görüşün tutarlı olmadığı sonucuna varılmaktadır. Nitekim protokolün önsözünde tesislerin

---

[1] Iraqi Ministry of Foreign, a. g. m. , 'Agreements Relevant to the Tigris and the Euphrates' başlığında .

Türkiye sınırları içinde yapılacağı hükme bağlanmıştır. 4. maddede ise daha çok Irak'ın çıkarları için inşa edilecek tesislerle ilgili düzenleme getirilmiştir. Çünkü tamamen Irak'ın çıkarlarına hizmet edecek tesislerin masraflarının 1. madde gereğince Irak tarafından karşılanması mantıksal olarak 4. maddedeki düzenlemeyi gerektirmektedir. Bu tesisler Türk topraklarında inşa edileceği için yer seçimi, masraflarının karşılanması, işletme ve bakım konularında önceden iki devlet arasında bir anlaşmaya varılması zorunludur. Böyle bir antlaşmaya varılmaması halinde, Irak'ın bu gibi tesisleri Türk topraklarında gerçekleştirmesi mümkün değildir. Önemli bir husus da bu gibi tesislerden Türkiye'nin faydalanma durumudur. Eğer bu tesislerden Türkiye de sulama ve elektrik üretimi elde etmek için faydalanmak isterse, bu tesislerin yeri, şekli, inşa masrafı ve tamamlanmasından sonra işletme ve bakımı için yeni düzenlemeler gerekecektir. Bunun sonucu olarak da aynı tesislerden iki devletin faydalanması yapılacak bir antlaşmayla mümkündür.[1]

Protokolün getirdiği önemli diğer bir hüküm de 5. maddede belirtilmektedir. Buna göre Türkiye, Dicle, Fırat ve kolları üzerinde yapmayı planladığı herhangi bir inşaat çalışmasıyla ilgili bilgileri Irak'a iletecek ve her iki devletin çıkarlarına uygun olarak bu çalışmalarla ilgili genel antlaşmalar yapılacaktır. Bu açıdan düşünülürse bu madde Türkiye'ye bir yükümlülük getirmektedir. Aynı zamanda yukarıda değindiğimiz ulaşım dışı su yollarının kullanımıyla ilgili BM Sözleşmesinin 12. maddesinde geçen planlanan tedbirlerle ilgili bir kıyı devletinin diğer kıyıdaş devletlere bilgi verme yükümlülüğü getirilmesi ilkesi bu hükümle örtüşmektedir.

Her iki nehir ve besleyicilerini de kapsayan bu Protokole göre iki Hükümet, devletlerinin çıkarlarına yönelik olarak kullanım verileri üzerinde teknik işbirliği ve dayanışma halinde olacaklardı; ayrıca bu Protokol hükümlerinin uygulanması için bir komite görevlendirilecekti. Fakat Protokolün bu yöndeki hükümleri bazı siyasi nedenlerle uygulanamamıştır. Eğer uygulansaydı 1946

---

[1] Toklu, a. g. e., s. 106.

Protokolü gerçekten Türkiye ve Irak arasında su kullanım idaresiyle ilgili optimal işbirliğinin sağlanması için iyi bir temel olacaktı.[1]

Esasında bu protokolden itibaren Türkiye ile Irak arasında 1964 yılına kadar su sorunu olmamıştır. 1964 yılında Keban Barajı inşaatına başlanılması üzerinde Irak'tan ilk tepkiler gelmeye başlamıştır.[2] Irak'ın tepkilerinin nedeni, Türkiye'nin 1958 yılında kendisine barajın 9.4 milyar m^3 kapasiteli olacağını bildirdiği halde daha sonra 30.5 milyar m^3 olacağını belirtmesinden kaynaklanmaktadır. Fırat Nehri üzerinde ikili görüşmeler 1962 yılında Irak ile Suriye arasında, 1964 yılında da Irak ile Türkiye arasında gerçekleşmiştir. İlk üçlü toplantılar 1965 yılında yapılmaya başlanmıştır. Tarafların farklı görüşleri nedeniyle anlaşma sağlanamamış ve sorunun çözümü ileriye ertelenmiştir.[3] 1974 yılında Fırat Nehri üzerinde Türkiye'de Keban ve Suriye'de Tabka Barajları inşaatı tamamlanarak aynı dönemde faaliyete geçmeleri sonucunda Irak'a akan su miktarında önemli azalmalar ortaya çıkmış ve Irak ile Suriye savaşın eşiğine kadar gelmişlerdir. Suudi Arabistan'ın girişimiyle gerginlik önlenmiş ve iki devlet arasında anlaşma sağlanmıştır. Antlaşmanın içeriği yayınlanmamakla birlikte Iraklı yetkililerin belirttiklerine göre bu antlaşmanın getirdiği hüküm, Fırat suyundan % 40'ına kadar Suriye kullandıktan sonra geride kalanı Irak'a bırakacaktır.[4]

7 Şubat 1976 tarihinde Bağdat'ta imzalanan "Türkiye Cumhuriyeti Hükümeti ile Irak Cumhuriyeti Arasında Ekonomik ve Teknik İşbirliği Antlaşması" tarafların sanayi, tarım, petrol, sulanma projelerinin de dahil olduğu bayındırlık işleri, ulaştırma ve turizm konularında işbirliği esaslarını belirlemektedir. Bu Antlaşmanın 9. maddesinde, "karşılıklı çıkarların olduğu bütün ekonomik ve teknik alanlarda yakın işbirliğini sürdürmek hususunda kesin kararlı olan akit taraflar ekonomik ve teknik işbirliği müşterek komitesini

---

[1] Kaya, a. g. m., 'International water law in the Euphrates-Tigris case' başlığında.
[2] Bilen, a. g. m., (web) "Keban Barajı'nın İnşasından Önceki Dönem(1964 öncesi)" başlığı altında.
[3] Iraqi Ministry of Foreign, a. g. m., "Stages of Negotiations With Turkey and Syria" kısmı.
[4] Cohen, a. g. m., s. 512.

kurmayı kararlaştırdıkları" belirtilmektedir. [1] İki devlet arasında yapılacak işbirliği alanını belirleyen antlaşmanın 2. maddesi, sulardan faydalanma konusuna dolaylı olarak şu şekilde değinmiştir: "*İki taraf her iki ülkenin devlet örgütlerinin kamu ve özel sektör kuruluş ve teşebbüslerinin karşılıklı faydaya esasına dayalı olarak yapabilecekleri işbirliği konuları meyanında ekonomik ve teknik işbirliği yapılması mümkün şu alanları ele almayı kararlaştırmışlardır: Sanayi, tarım, petrol, bayındırlık işleri (sulama projeleri dahil) ve konut yapımı...*"

Antlaşma, tarafların ekonomik ve teknik işbirliğini sürdürmek amacıyla "Ekonomik ve Teknik İşbirliği Ortak Komitesi" kuracaklarını ve bu ortak komitenin yılda bir defa ve tarafların herhangi birinin talebi üzerinde lüzum görüldüğü sürece sırayla Ankara ve Bağdat'ta toplanacağını hükme bağlamaktaydı.[2]

Türkiye, 1964 yılında Irak ve Suriye'ye su sorunun teknik boyutlarıyla ilgili olarak üçlü görüşme çağrısı yapmıştır. 1965 yılında Bağdat'ta üçlü teknik toplantı yapıldı. Türkiye, kurulacak Ortak Teknik Komitenin nehirleri kaynağında denetlemesini ve her nehrin yıllık ortalama potansiyelinin ne kadar olduğunun tespitiyle ilgili çalışmalar yapmasını istemiştir. Her devletin sulama ihtiyacının tespiti ancak bu şekilde mümkün olacağını, değerlendirilecek su kaybının en aza düşürülmesinin sağlanması ve son aşamada suyun tahsisiyle ilgili antlaşma taslağının hazırlanmasını önermiştir.

1966 yılında Keban Barajında su tutulması sırasında Fırat sularından önce 350 m^3/sn ve daha sonra 450 m^3/sn su bırakılacağı taahhüdü verilmiştir. Bu miktar 1976 yılında 500 m^3/sn kadar arttırılmıştır.

Sularla ilgili en önemli görüşmeler Ortak Ekonomik Komisyon ve Ortak Teknik Komite toplantılarında olmuştur. Bu toplantıların başlatılması kararı 22-25 Aralık 1980 tarihinde yapılan Irak ve Türkiye'nin Ekonomik ve Teknik İşbirliğine ilişkin Ortak Komisyonunun ilk toplantısında alınmıştır. Bu toplantı sonucunda kıyıdaş devletler arasındaki su problemlerini tartışmak ve çözmek

---

[1] Bağış, "Turkey's South. . . ", (web)
[2] Tiryaki, a. g. e. , s. 48.

amacıyla Ortak Teknik Komite kurulmuştur. Suriye 1983 yılında bu komiteye katılmıştır. 22-25 Aralık 1980 yılındaki ilk oturumda Ortak Teknik Komitenin üzerinde anlaştığı hususları düzenlenen protokol şu konuları içermekteydi:

1. Su sorunuyla ilgili olarak taraflar bölgedeki genel suların kirliliğini kontrol altına alınması konularında işbirliği yapacaklardır.

2. Ortak Teknik Komitenin bulgularını değerlendirmek üzere her üç Hükümetin, bakanlar düzeyinde toplantı yapmaları istenmektedir. Bu toplantılarda her üç devletin ortak sulara olan makul ve yerinde ihtiyaçlarını tanımlamaya götürecek yöntem ve prosedürlerin tespitiyle ilgili kararlar alınacaktır.[1] Ortak Komite havza devletlerini ilgilendiren tüm su problemlerini ele almaktadır. Komite, uluslararası hukukun gerektirdiği gibi danışma ve bilgilendirme prosedürlerinin uygulanmasını sağlamıştır. Nitekim, Komitenin 1989 yılındaki toplantısında Türkiye, Fırat Nehrinin bir aylığına kesileceğini ve kayıplarının telafisi için daha fazla su bırakılacağını bildirmiştir.[2] Bu toplantıda ulaşım dışı nehirlerin kullanımıyla ilgili BM Sözleşmesinin 12. ve 13. maddelerin getirdiği bildirme yükümlülüğüne dair hükümleri doğrultusunda, Türkiye Atatürk Barajında suların tutulacağını bildirmiştir. Bu komite nezdinde üç devletin 1980-1992 tarihleri arasında yaptıkları 27 toplantıdan önemli bir sonuç çıkmamıştır.

Bu komite çalışmalarında Irak, Dicle Nehirden çok Fırat Nehri üzerinde durmuş ve Fırat'ın, Dicle ile güçlendirilmesi önerilerine karşı çıkmıştır.[3]

Fırat ve Dicle Nehirlerinin tanımlanması üzerinde yapılan tartışmalarda tarafların tanımlamaları arasında bir uzlaşma sağlanmamıştır. Türkiye'ye göre bu nehirler sınırı aşan sular niteliğindeyken Irak ve Suriye'ye göre bunlar uluslararası sulardır. Bununla birlikte 1987 yılında yapılan Protokolde bu iki farklı tanım yerine her iki tanımlanmayı da kapsayan "bölgesel sular" kavramı

---

[1] Bağış, Ali İhsan, "Turkey's Hydropolotics of Euphrates-Tigris Basin", Water Resources Develeopment, Vol.13, No.4, (December 1997), s. 578.
[2] Kliot, a. g. e., s. 128 ; Kaya, a. g. m., 'An overview..'başlığında.
[3] Bağış, "Turkey's Hydropolotics. ..", s. 578.

kabul edilmiştir. Bu protokol uyarınca Türkiye, Fırat sularından 500m^3/sn. komşu devletlere bırakacağını taahhüt etmiştir.[1]

17 Temmuz 1987 tarihinde Şam'da imzalanan Türkiye-Suriye Ekonomik İşbirliği Protokolünün 6-10. maddeleri suyla ilgili hükümleri ihtiva etmektedir. 6. madde gereğince Atatürk Barajı rezervuarının doldurulması sırasında ve Fırat sularının üç devlet arasında nihai taksimine kadar, Türk tarafı sınırdan ortalama 500m^3/sn den fazla su bırakacağını taahhüt etmekte ve aylık akışın 500m^3/sn altına düştüğü takdirde bu farkın takip eden ayda kapatılacağını kabul etmektedir. 8. madde uyarınca Bölgesel Sular Ortak Teknik Komitenin çalışmaları hızlandırılacaktır. 9. maddeye göre taraflar iki devlet uzmanları tarafından işbirliği içinde projelerin teknik ve ekonomik fizibilite çalışmalarının yürütülmesi halinde, topraklarından geçen Fırat ve Dicle Nehirleri üzerinde sulama ve enerji amaçlı müşterek projeler yapmayı ve işletmeyi ilke olarak kabul etmektedirler.[2] Aslında bu protokol taraflarca ileride nihai olarak yapılacak bir antlaşma için ön basamak niteliğindedir. Tek taraflı olsa da Türkiye'nin asgari 500 m^3/sn suyun akıtılması taahhüdü ilerisi için önemli bir adımdır.

16 Nisan 1990 tarihinde Suriye ile Irak, Fırat Nehrini kendi aralarında paylaşmalarıyla ilgili ikili antlaşma imzalamışlardır. Türkiye'nin dahil olmadığı bu antlaşmaya göre Fırat sularının %58'i Irak'a, % 42'si de Suriye'ye tahsis edilmekteydi.[3] Türkiye'nin içinde bulunmadığı geçici yöntemler niteliğindeki ve büyük ölçüde de o dönemin siyasi atmosferinden kaynaklanmış olan bu ikili mutabakatlar, Fırat-Dicle Havzasındaki su kaynaklarının verimli ve adil kullanımı ve yönetimi hedefini gerçekleştiremediği eğilimi ağır basmaktadır.[4]

---

[1] Kaya, a.gm..Ayrıca bkz. I.Bölümdeki uluslararası suların tanımlanması konuları.
[2] Bkz. T. C. Resmi Gazete, 10 Aralık 1987, sayı.19660, s. 2.
[3] Kliot, a. g. e. , s. 162. ; Türkiye'nin 1987 yılında Suriye ile yaptığı Protokolün bu antlaşma üzerindeki etkileri için bkz. Kolars and Mitchell, a. g. e. , s. 134. (yukarıda 3.2.3.1.6.başlıklı konuda açıklanmıştır.)
[4] Kibaroğlu, Ayşegül, "Fırat ve Dicle Havzasında Su Kaynakları Anlaşmazlıklarının Çözümü", "Suriye ve Irak Arasında Suyun Tahsisatı Anlaşması: 1990 Protokolü" kısmı, (çevrimiçi) http://www.stradigma.com/turkce/temmuz2003/print_01.html , 13 Mart 2003.

4. 1. 2. Ulaşım Dışı Su Yollarının Kullanımına İlişkin BM Sözleşmesi Açısından Fırat ve Dicle Nehirlerinin Değerlendirilmesi

Yukarıda da açıklandığı gibi 21 Mayıs 1997 tarihinde BM Genel Kurulunda yapılan oylama sonucunda 3 karşıt, 26 çekimser oya karşılık 104 üyenin kabul ettiği BM'nin ihtisas komisyonu UHK tarafından hazırlanmış olan taslak metin, Genel Kurulun 51/229 sayılı kararıyla sözleşme mahiyetini kazanarak devletlerin onayına sunulmuştur.[1]

Her ne kadar yürürlüğe girmesi için gerekli onay sağlanmışsa da devletlerin ağırlıklı çoğunluğunca onaylanmadığı için henüz genel uluslararası teamül kuralına dönüşmemiş sözleşmenin üzerinde durduğu ana tema, I. Bölümde de belirtildiği gibi, aynı nehirleri paylaşan devletlerin kendi aralarında antlaşma yaparak hakkaniyete dayalı ve makul kullanım ilkesi çerçevesinde uyuşmazlıklarını gidermeleridir. Yukarıda ayrıntılarıyla açıklanan Sözleşmenin 5. maddesi uyarınca kıyıdaş devletler, uluslararası su hukukunun önemli ilkesi olan ***"hakkaniyete dayalı ve makul kullanım ölçüsü"***nü dikkate alarak ülkelerinde geçen uluslararası sulardan faydalanacaklar. Eşit ve makul kullanım ölçüsünü ise sözleşmenin 6. maddesi açıklamaktadır. Buna göre coğrafya, iklim, arazi koşulları, sosyo-ekonomik durum ve nüfusun yapısı ile diğer şartlar dikkate alınarak ilgili devletler antlaşma yapacaklar. Zarar vermeme yükümlülüğünü getiren 7. madde ise:

---

[1] Bu sözleşmeyi şimdiye kadar imzalayıp onaylayan devletler şunlardır:Macaristan, Ürdün, Namibya, Norveç, Güney Afrika, Suriye, Irak, Lübnan, Hollanda, İsceç, Finlandiya ve Katar.onaylamayıp sadece imzalayan devletler: Almanya, Fildişi Sahili, Lüksemburg, Paraguay, Portekiz, Tunus, Venezuella ve Yemen. Bkz. International water law, "Status of the Watercourse Convention as of 15 August 2002", (çevrimiçi) http://www.internationalwaterlaw.org/IntlDocs/Watercourse_status. htm , 02 Mart 2004.

"1. Kıyı devletleri, kendi ülkelerindeki uluslararası suları kullanırken diğer kıyı devletlerine önemli zarar vermemek için gerekli önlemler alacaklardır.

2. Bir kıyı devletinden kaynaklanan önemli zarar ortaya çıktığı takdirde bir antlaşma olmaması durumunda zarar veren devlet, gerekli tedbirleri alarak verdiği zararı hafifletmek ve telafi etmek için sözleşmenin 5. ve 6. maddelerinin hükümleri doğrultusunda zarar gören devletle görüşmelerde bulunacaktır." hükmünü getirmektedir.

7. maddenin esas esprisi önemli zarara yol açmama ilkesinin gerçekleşmesi için gerekli mekanizmaların oluşturulmasıdır. Sözleşmenin amacı eşit ve makul kullanım ilkesi doğrultusunda kıyı devletlerinin çıkarlarını dengeleyecek biçimde suyun akışının ve kalitesinin sağlanmasıdır. 8. madde, kıyıdaş devletleri müşterek mekanizma ve komisyonlar aracılığıyla egemen eşitlik, toprak bütünlüğü, karşılıklı çıkar ve iyi niyet temelinde işbirliği yapmalarını önermektedir. 9. madde hidrolojik bilgi değişimi, 11. madde planlanmış tedbirlerin bildirilmesi hükümlerini getirmektedir. 29. madde silahlı çatışma durumunda uluslararası suların ve ilgili tesislerin hukuku ve sözleşme ilkelerini çiğneyecek biçimde kullanılmaması hükmünü getirmektedir. 33. madde kıyı devletlerinin uyuşmazlıklarını doğrudan görüşme, arabuluculuk veya yargısal yollarla barışçı araçlar kullanarak çözmelerini önermektedir.

Sözleşme kıyıdaş devletler arasında antlaşma yoluyla nehirlerin paylaşılması konusunda tedrici bir süreç önermektedir. Uluslararası teamül hukukuna göndermede bulunarak devletlerin buna göre yükümlülüklerini sıralamaktadır. Bu anlamda sözleşme, egemenlik orijinli UHD tarafından hazırlanan Helsinki Nehir İlkelerinden ayrılmaktadır. Sözleşmeye yöneltilen I. Bölümde değinilen eleştirilerin yanında, Sözleşmenin öngördüğü prosedürün şu zafiyetlerinin bulunduğu tespit edilmiştir:[1]

1. Önemli zarar gören hangi kıyı devletinin olabileceğini belirlemek , önlemleri planlayan devletin durumuna bağlıdır.

[1]Nahrain, "United Nations 1997 Watercourses Convention and Euphrates-Tigris Rivers", http://www.nahrain.com/d/water/wtr001.html İnd.tr 30.12.2001.

2. Her ne kadar elverişli veri ve teknik bilgi verilmesi gerektiği öngörülmüşse de belirli bilgi tipinin verilmesi yükümlülüğünü getirmemiştir.
3. Görüşmeleri gerektiren önlemler dizisi belirli ölçülerin ötesinde barajların yapımı ve suyun saptırılması konularını da içerebilir.
4. Bilgilendirme konusunda görevini yerine getirmeyen devlet için hukuksal sonuçların neler olduğu açıklanmamıştır.
5. Anlaşmazlık durumunda gerçekleri araştıracak bağımsız bir komisyonun üç ay içinde ilgili devletlerce oluşturulmaması durumunda BM Genel Sekreteri 33/5 md. gereğince tek üyeli bir komisyon atayabilir. Bu durumda güçlü devletlerle uyuşmazlık durumunda zayıf devletleri olumsuz etkileyecek kararların çıkması ihtimali söz konusu olabilir.

Bu sözleşme hükümlerine dayanarak Fırat ve Dicle Nehirleri konusunda anlaşmazlığın giderileceğine dair bir antlaşmanın yapılması umudu olmuşsa da, Türkiye sözleşmeyi onaylamadığı için belirsizlik halen devam etmektedir.

Fırat ve Dicle Nehirleriyle ilgili olarak Sözleşmenin şu noktalarda yetersiz olduğu belirlenmiştir:

- Nehirleri paylaşan devletlerin kuraklık veya taşkınlıklara hazırlanmaları için, mevcut ulusal veya uluslararası kuruluşlara, çok önemli olan veri değişimini sağlamada aktif rol verilmemiştir.

-Yer altı sularına ilişkin anlaşmazlıkların çözümünü sağlayacak bir düzenleme getirilmemiştir.

-Suyun kaynağı dışına saptırılmasına dair bir yaptırım ve önlem mekanizması oluşturulmamıştır.[1]

Sözleşme, suyla ilgili anlaşmazlıkları çözmek için devletlerin izleyecekleri yöntemleri genel olarak düzenlemekle beraber bu konuda da eksik yönleri tespit edilmiştir. Nitekim su anlaşmazlıkları alanında önde gelen akademisyenlerden olan Aaron T. Wolf'a göre her ne kadar işbirliği yapma görevi ve ortak yönetim dahil bir çok önemli ilke sunmaktaysa da, Sözleşme muğlak olup ve bazen de

[1] Darwish ve Bulloch, a. g. e., s. 155.

çelişkilere düşmektedir. Ayrıca sözleşmede sadece onay veren tarafların katıldığı davalara Uluslararası Adalet Divanı tarafından bakılması öngörülmüş ve son derece olağanüstü nitelikteki davalar hariç, Mahkemenin bulgularını destekleyecek hiç bir pratik yaptırım mekanizması ortaya konulmamıştır. Ulusal çıkarlarını öne çıkaran bir devlet, Mahkeme karar ya da bulgularını kabul etmeyebilmektedir.[1] Bununla beraber Sözleşmenin aldığı bu eleştirilere rağmen uluslararası su hukukun önemli prensiplerini genel olarak düzenlemiştir. Sözleşme bu haliyle uluslararası boyutta sınır aşan sularla ilgili kodifikasyon çalışmalarında önemli bir aşamaya gelindiği ve eksiklilerinin zamanla telafi edilebileceği düşüncesindeyiz.

Bu sözleşmenin 1. maddesi itibarıyla düşünülürse Fırat ve Dicle Nehirleri Türkiye'nin "*Sınırı Aşan Sular*" tanımlamasına karşılık "*Uluslararası Su Yolu*" olarak tanımlanmaktadır. Sözleşmenin 5. maddesinin 1. fıkrası uyarınca kıyı devletleri birbirlerinin çıkarlarına zarar vermeden topraklarındaki uluslararası nehirleri eşit, optimal ve makul ölçülerde kullanacaklar. 2. fıkra uyarınca kıyı devletleri uluslararası suyun kullanımı, geliştirilmesi ve korunması hususunda katılımda bulunacaklar. Bu katılım sözleşmece düzenlendiği gibi devletin ödevini ve nehri kullanma hakkını içermektedir. Sözleşmenin 3. maddesi kıyı devletlerinin uluslararası sularla ilgili antlaşma yapabileceğini belirtmektedir. Sözleşmenin genel hükümlerine bakılırsa hem Türkiye'nin "suyu tahsis" hem de Suriye ve Irak'ın "suyu taksim" ilkelerini kapsamaktadır.[2]

Sözleşmenin 5. maddesinde geçen "eşit ve makul kullanım" ilkesi itibarıyla düşünülürse, 1993 yılında yaptıkları araştırmaya göre Kolars ve Mitchell, Irak'ın Hit Bölgesinde ölçülen Fırat Nehri'nin ortalama doğal akımının yıllık 33 milyar m^3 civarında olduğunu tahmin etmişlerdir. Bu da barajların kurulmasından önceki 1924-1973 arası süredeki bu nehrin saniyede ortalama 902 m^3 akımına

---

[1] Wolf, "Transboundary waters:saharing, benefits...", s. 5.
[2] Kaya, a. g. m., 'International water law in the Euphrates-Tigris case' başlığında.

karşılık geldiği anlamına gelmektedir.[1] Buna karşılık Beaumont ise Türkiye'nin Suriye'ye Fırat Nehri'nden saniyede 500 m^3 su akımını sağlaması durumunda yıllık akımın 15.768 milyar m^3 olacağını belirterek, bu da nehrin yıllık doğal ortalamasının toplam akımının yarısının karşılığı olduğunu tahmin etmektedir. Bu yazar, Fırat Nehrinin % 90 ının Türkiye'den kaynaklandığı nedenine bağlı olarak hem "uluslararası emsal" hem de "doğal hakkaniyet" anlamında Türkiye'nin topraklarından kaynaklanan bu suların yarısına kadar kullanmak istemesinin haksızlık olmayacağı sonucunu çıkarmaktadır.[2] Kolars, yukarıda gerekçeleriyle birlikte açıklandığı gibi, Bölgenin iklim yapısı ve buharlaşma etkenini dikkate alarak Suriye'ye akacak Fırat Nehri akımı yıllık 15.768 milyar m^3 değil de 11.376 m^3 olacağını belirtmiştir.[3] Araplar ise suyun doğal akışı gereğince akımında bir sınırlama getirilmemesi gerektiğini bu suların geçtiği üç devletin ihtiyacını karşılaması için eşit olarak bölünmesi gerektiğini iddia etmektedirler.[4]

Sözleşmenin 7. maddesinde geçen önemli zarar vermeme ilkesinin uygulanmasına gelince, yukarı devlet konumunda bulunan Türkiye, Fırat ve Dicle Nehirlerine önemli katkısı bulunduğundan bu sular üzerinde egemen haklarının olduğunu iddia ederek bu suları kullanmaya daha öncelikli konumda olduğunu ileri sürmektedir. Bununla birlikte projeler yürütülürken aşağı devletlere zarar verilmemesi için titizlik gösterildiğini vurgulamaktadır.[5] Kanaatimize göre Fırat Nehri üzerinde yapılan projelerden dolayı iki defa "Önemli Zarar" unsuru gerçekleşmiştir:

Biri, 1974 yılında Türkiye'de Keban ile Suriye'de Tabka Barajları'nın eş zamanlı olarak faaliyete geçmesi sonucunda Irak'ın tarımsal alanlarının olumsuz etkilenmesi, diğeri de 1990 yılında Atatürk Barajının dolumu sırasında görülmüştür. Ki bu da aşağı

---

[1] Gruen, a. g. m. , s. 573. ; Ayrıca Kolars, daha önce Irak'ın Hit kentinde yıllık ortalama maksimum akımının 35, 9 milyar m^3 olarak ölçüldüğünü belirtmiştir. Bkz. Kolars and Mitchell, a. g. e. , s. 6.

[2] Beaumont, a. g. m. , , s. 170.

[3] Kolars and Mitchell, a. g. e. , s. 134.

[4] Beaumont, a. g. m. , , s. 170.

[5] Kliot, a. g. e. , s. 149.

devletler gerekli tedbiri almamaları sonucunda olmuştur.[1] Atatürk Barajında su tutulmadan önce Türkiye, söz konusu BM sözleşmesinin 12. maddesine uygun olarak aşağı kıyı devletlere önceden bildirimde bulunmakla berber bu devletlerin gerekli tedbir almamaları sonucunda Atatürk Barajında su tutulduğu bir aylık sürede aşağı devletlerin tarım ve enerji üretiminin olumsuz etkilendiği bildirilmiştir.[2] Bununla beraber Türkiye, sorunun daha çok teknik yönü üzerinde durarak aşağı kıyı devletlerle bu suların kullanımı konusunda kendi kriterlerine yakın antlaşma zeminini aramaktadır.

Türkiye'nin Irak ve Suriye ile, Fırat ve Dicle nehirleri konusunda imzalamış olduğu hukuksal düzenlemelerle, BM'nin 1997 yılında kabul ettiği Uluslararası Su Yollarının Ulaşım Dışı Amaçlarla Kullanımına İlişkin Sözleşme incelendiğinde şu hususlar tespit edilmiştir:[3]

- Türkiye'nin Fırat ve Dicle sularından faydalanması konusunda sınırlayıcı ahdi bir düzenleme yoktur.
- Şimdiye kadar yapılan hukuksal düzenlemeler daha çok karşılıklı yardım ve bilgi verme yükümlülüklerini getirmektedir.
- Türkiye'ye yükümlülük getiren tek antlaşma 1987 yılında imzalanan Türkiye- Suriye Ekonomik İşbirliği Protokolüdür. Protokolün 6 ncı maddesiyle Türkiye Fırat Nehrinden Suriye'ye en az 500 m^3/sn su bırakmayı taahhüt etmiştir.
- Lozan Barış Antlaşması'nın getirdiği yükümlülük ise sadece, 1. Dünya Savaşı öncesi kazanılmış hakların korunması ile ilgilidir. Ancak 1987 Protokolü ile Suriye'ye tahsis edilen su

---

[1] Nitekim 1989 yılında Türkiye bu konuda gerekli bildirimde bulunmuş ve aşağı devletlere rezevuarlarını doldurmak için, su tutulmadan önce 4 ay boyunca Fırat Nehrinden 750 m^3/sn su akıtmıştır. Ayrıca kış mevsimi tercih edilmiştir. Bkz. Kliot, a. g. e., s. 128.

[2] Shapland, a. g. e., s. 110.

[3] Bozkurt, Enver, "1997 BM Sözleşmesine Göre Ulaşıma Elverişli Olmayan Uluslararası Akarsuların Hukukî Statüsü ve Ortadoğu'daki Akarsuların Hukuki Rejiminin Değerlendirilmesi (Fırat – Dicle Örneği) ", s. 14, (çevrimiçi) www.ir.metu.edu.tr/conf/papers/ebozkurt.pdf, 7 Eylül 2003.

miktarının, Lozan Barış Antlaşması'nın 109 ncu maddesi gereği kazanılmış hakkı olan su miktarından çok daha fazla olduğu değerlendirilmekle[1] birlikte 109. maddede su miktarıyla ilgili bir düzenleme bulunmamaktadır. Ayrıca yukarıda da değindiğimiz gibi Türkiye, 1926 yılında bu konuda kendisine yükümlülük getiren antlaşmalar imzalamıştır.[2]

- Günümüzde uygulanan uluslararası hukuk, gerek kuralların doğması gerekse somut olaylara uygulanması bakımından, başta devletler olmak üzere uluslararası birimler arasındaki toplumsal dayanışma derecesine bağlıdır.
- Uygulanan uluslararası hukuk, devletlerin uyuşmazlıkların çözümü konusunda, barışçı yollara başvurması gerektiği kuralı dışında hiçbir genel kural koymamakta ve barışçı yollardan hangisinin seçileceği hususunu devletlerin ortak rızasına bırakmaktadır. Bu yönüyle, Uluslararası Su Yollarının Ulaşım Dışı Amaçlarla Kullanımına İlişkin Sözleşmenin sadece tarafları bağlayacağı değerlendirilmektedir.[3] Bununla beraber devletler uluslararası hukukça genel kabul görmüş hakkaniyet ölçülerine ve zarar vermeme yükümlülüklerine uymak durumundadırlar. Bir antlaşma ve sözleşmeye taraf olmasa da bir devlet her davranışında serbest olmadığı BM kurucu antlaşmasının 2/6. maddesinde de düzenlenmiştir.
- Su kaynaklarının kullanımı, yönetimi ve korunması, her akarsu havzası ve sisteminin kendine özgü nitelikler taşıması nedeniyle, yalnızca ilgili devletler arasında sürekli işbirliğini sağlayan bölgesel antlaşmalarla tatmin edici bir şekilde düzenlenebileceği öngörülmektedir.
- Türkiye'ye göre BM'nin 1997 tarihli ulaşım dışı su yolu Sözleşmesi her ne kadar hali hazırda teamül oluşturmaktan uzak da olsa, Sözleşmenin gerektirdiği ilkeler benimsendiği ölçüde çözüm alanının daralacağı ve bir baskı unsuru olarak kullanılabileceği düşünülmektedir.[4]

---

[1] Aynı yer.
[2] Bkz. Supra, "4.1.1. Tarihsel Gelişim" başlığı.
[3] Bozkurt, a. g. e. , s. 14.
[4] Aynı yer.

BM Genel Kurulunda bu sözleşmenin taslağı oylanırken Türk temsilcisi Hüseyin E. Celem Hükümetinin ret oyu vermesinin sebebini şöyle açıklamıştır:

"Sözleşme metni genel ilkeleri ortaya koyacağına planlanmış tedbirlerle ilgili uluslararası hukukun ötesinde ve devletler arasında eşitsizliğe neden olacak mekanizmalar düzenlemiştir. İlgili devletlerin takdir yetkilerine bırakılması gereken sorunların çözülmesiyle ilgili zorunlu kuralları öngörmek taslak halindeki sözleşme için uygun değildir. Aynı zamanda bu taslak, suların topraklarından kaynaklandığı devletlerin bu sular üzerindeki egemenliğinden söz etmemiştir. Taslak sözleşme önemli zarara yol açmayacak biçimde yükümlülüklere ilişkin makul ve eşit kullanım ilkesinin öncelikleri konusunda düzenleme de getirmesi gerekiyordu. Bu nedenle Türkiye bu sözleşmeye ret oyu vermiştir."[1]

Bu görüş doğrultusunda Türkiye'nin bu sözleşmeye ilişkin resmi yaklaşımı şöyle özetlenebilir:[2]

- Planlanan projeler ve anlaşmazlıkların çözümüyle ilgili zorunlu mekanizmalar yerine genel ilkeler konulmalıydı. İlgili devletlere kendilerine göre ayrıntılarda takdir hakları tanınmalıydı. (Esneklik)
- Suların topraklarından kaynaklandığı devletlerin, ülkelerindeki uluslararası sular üzerinde egemenliklerinden söz edilmemiştir.
- Sözleşme "Önemli Zarar Vermeme" yükümlülüğüyle ilgili eşit ve makul kullanım ilkelerinin temellerini oluşturmalıydı.

Bu sözleşmeye ret oyu veren Çin Halk Cumhuriyeti temsilcisi Gao Feng: "Sözleşme taslağında önemli zafiyetler açıkça görülmektedir. Bunlardan biri, tüm devletler arasında genel bir

---

[1] UN Press Release GA/9248, "General Assembly Adopts Convention on Law of Non-Navigational Uses of International Watercourses, GA/9248 on 21may, 1997", (çevrimiçi) http://www.un.org/News/Press/docs/1997/19970521.ga9248.html, 30 Aralık 2001.

[2] Turkey Country Report, s. 74.

antlaşma mahiyeti yansıtmadığı gibi ana su rezervlerine sahip olan devletlere yönelik genel bir antlaşma niteliğinde de değildir. İkinci husus ise sözleşme metni, topraklarından akan su yolu üzerinde tartışmasız egemen olan devletin ülkesel egemenliği ilkesini de yansıtmamaktadır. Aynı zamanda aşağı kıyı devleti ile yukarı kıyı devletinin hak ve yükümlülükleri arasında da dengesizlikler görülmektedir. Sözleşmenin uyuşmazlıkların çözümüyle ilgili düzenlemeleri BM kurucu antlaşmasında geçen uyuşmazlıkları çözme hükümleriyle uyuşmamaktadır. Hükümetimiz tüm uyuşmazlıkların barışçı görüşmeler çerçevesinde çözülmesinden yanadır. Bu nedenle bu sözleşmenin aleyhinde oy kullandık."[1]

Suriye ise bu sözleşmenin şiddetli taraftarlarından biridir. Suriye'nin BM temsilcisi Mikhail Wehbe'ye göre sözleşme uluslararası hukuk normunu kodifiye ettiğinden uluslararası teamül hukukunun bir parçası olarak tüm devletleri bağlamaktadır. Suriye, Komite çalışmalarında suyla ilgili uyuşmazlıkların çözülmesi konusunda Uluslararası Adalet Divanı'nın zorunlu yargısının tanınmasıyla ilgili bir hükmün sözleşmeye konulmasını da önermiştir. Gerçekten de uyuşmazlıkların çözülmesiyle ilgili taslaktaki 33. maddede geçen hükümler sözleşmeye konulmuştur. Bu maddelerdeki hükümlerin Suriye'nin isteğiyle örtüştüğü görülüyor. Bu düzenlemeye göre taraflar sorunlarını görüşme çağrısından sonra altı ay içinde çözemezlerse tek bir tarafın isteğine bağlı olarak araştırma/soruşturma komisyonu oluşturulabilir (33md/3). Her ne kadar komisyonun bulgularının bağlayıcı özelliği olmamakla birlikte bu bulgular sorunun çözümünde önemli sonuçlar doğurabilir. 33. md/10 itibarıyla taraflar, çözümlenmemiş herhangi bir anlaşmazlık için aynı yükümlülüğü kabul eden her hangi bir tarafla ilgili özel bir anlaşma olmaksızın Adalet Divanı'nın veya Hakem Mahkemesinin zorunlu yargı yetkisini tanıdıklarını bildirebilirler.[2]

Her ne kadar Türkiye'nin 1987 yılında tek taraflı olarak taahhüt ettiği 500 m^3/sn kadar suyun Suriye'ye akıtılmasında bir sorun olmamışsa da (kurak mevsimlerde bile bazen 700 m^3/sn olmuştur), Türkiye'nin 14 milyar m^3 su tuttuktan sonra, Fırat Nehri'nin toplam kapasitesi olan 32 milyar m^3 rezerviyle, Suriye'nin

---

[1] UN Press Release GA/9248. (Adı geçen yazı)
[2] Gruen, a. g. m. , s. 573.

tahmini13 milyar m^3, Irak'ın 26 milyar m^3 lük su ihtiyacını 2005 yılında nasıl karşılayacağı sorunuyla karşılaşılmaktadır. Dolayısıyla havza devletlerinin mevcut su talepleri ile nehirlerin su potansiyeli arasında paralellik bulunmamaktadır. Kaynak devlet olan Türkiye'nin sulama ve tahminen 10.104 milyar m^3 su kapasitesini gerektiren hidroelektrik tesislerini kurmasından endişelenilmektedir. Bu projelerin gerçekleşmesi durumunda su miktarında ortaya çıkabilecek azalma sonucunda, anlaşmazlık boyutu daha da büyüyebilir.

Havzadaki her üç kıyıdaş devletinin üçlü bir antlaşma zeminini bulamamaları, teknik konular ile siyasi önceliklerini karıştırmalarından kaynaklanmaktadır. Bu nedenle, ulaşım dışı su yollarının kullanımıyla ilgili BM Sözleşmesinin hükümleri doğrultusunda hukuksal bir alt yapı henüz oluşturulmamıştır. Türkiye, aşağı kıyı devletlerinin suyu etkin bir şekilde kullanamadıklarını ve ilişkilerde esneklik göstermediklerini ileri sürerken, bu devletler de Türkiye'nin sözleşmeyi reddetmesinin suyun kalitesi ve kıtlığıyla ilgili daha çok sıkıntılara neden olacağını iddia etmektedirler. Kaldı ki bu sözleşme Mısır gibi bazı bölge devletlerince onaylanmamıştır. Onaylamamalarının nedeni de, sözleşmenin aşağı kıyı devletlerinin çıkarlarına yönelik açık bir garanti getirmemesidir.

Aşağı kıyı devletlerince önemli zarar vereceğine inanılan GAP, Bölgenin geri kalmışlığına ve Kürt Sorununa önemli bir çözüm unsuru olarak değerlendirilmekte olup, çoğunlukla iç finansman desteğiyle bu projenin tamamlanması hedeflenmektedir. 1990 yılında Atatürk Barajında su tutulacağıyla ilgili olarak Türkiye, altı ay önceden komşularına haber vermekle birlikte komşuları tatmin olmamış ve GAP'ın kendilerine akan suları azaltacağını devamlı dile getirmişlerdir.[1] Aslında gerek Helsinki İlkeleri gerekse söz konusu BM Sözleşmesinin su kullanımı ve projelerle ilgili getirdiği bilgilendirme mekanizmalarının işlevsel hale getirilmesi için karma su kuruluşlarının oluşturulması, kıyı devletlerinin ortak kullanım ve projeleri için işbirliği temelinde iyi bir zemin sağlanacaktır.

---

[1]Nahrain, "United Nations 1997 Watercourses Convention and Euphrates-Tigris Rivers", (çevrimiçi) http://www.nahrain.com/d/water/wtr001.html , 30.12.2001.

4. 2. Fırat ve Dicle Nehirlerine Kıyı Devletlerinin Farklı Yaklaşımları

Taraflar arasında başlangıçta bir tanım sorunu yaşanmaktadır. Bu nehirlerin uluslararası nehir olup olmadığı hakkında ileri sürülen kriterler tatmin edici olmayıp, taraflar ulusal politikalarına uygun bir şekilde tanımlama getirmişlerdir. Yukarıda da açıklandığı gibi Suriye ve Irak'a göre bu nehirler uluslararası nehirlerdir. I. Bölümde de değinildiği için bu tanımlamalara ayrıntılarıyla girilmeyecektir. Aşağıda nehirlerin kullanımları ve niteliklerine dair tarafların farklı görüşlerin ve dayandıkları gerekçeler üzerinde durulacaktır.

4. 2. 1. Türkiye'nin Görüşleri

Türkiye, kaynağı kendi ülkesinde bulunan bu nehirler için uluslararası nehir kavramı yerine "sınır aşan sular" (cross-boundary) kavramını kullanmaktadır. Türkiye'ye göre "Uluslararası nehirler" yakaları iki ve daha fazla devletin egemenliği altında bulunan ve bu devletler için sınır niteliğinde olan nehirlerdir. Bu nehirler, en derin noktası olan "Thalveg" hattı denilen ortay hat ile ayrılarak ortak devletlerin egemenlik alanları belirlenmektedir. "Sınır aşan sular" ise, kaynağı bir devletin ülkesinde olan iki veya daha fazla devleti kateden sulardır. Bunlar üzerinde ortak egemenlik kurulamaz. Bu sular üzerinde paylaşım değil ancak tahsis işlemi yapılır.[1]

Ne var ki Türkiye'nin getirdiği bu tanımlamalar, hem ulaşım dışı su yollarının kullanımına dair BM Sözleşmesinin hem de Helsinki İlkelerinin getirdiği tanımlamalardan farklıdır. Bu uluslararası belgelerin getirdiği tanımlamalar daha geniş ve kapsayıcı mahiyettedir. Yukarıda da belirtildiği gibi "uluslararası su yolu" ve "uluslararası drenaj havzası" kavramları hem sınır aşan hem de sınır oluşturan nehirleri kapsamaktadır.[2] Nitekim 1992 tarihli Helsinki Sözleşmesinin 1. maddesi itibarıyla hem sınır aşan hem de

---

[1] Cengiz Çandar, "Türkiye İçin Bir Supolitik Olabilir Mi?", Su Sorunu, Türkiye ve Ortadoğu , yay.haz.Sabahattin Şen, bağlam y., İstanbul 1993 , s. 450-451. T. C. Dışişleri Bakanlığı., a. g. e. , s. 27. ; MFA, "Turkey's Views on the Arguments of its Neighbours", (çevrimiçi) http://www.mfa.gov.tr/grupa/ad/adg/adgc/Chap2c.HTM , 13 Haziran 2003.

[2]Kliot, a. g. e. , s. 163.

sınır oluşturan sular uluslararası sulardır. Aynı şekilde UHK'ya göre devletleri ayırarak sınır niteliğinde olan bitişik (contiguous) sularla devlet sınırlarını keserek başka devletlerin topraklarında akan ardışık (successive) suların her biri uluslararası su yollarının tanımı kapsamındadır. [1] Bitişik sular, ilgili devletler arasında eşit olarak paylaşılırken, ardışık sular ise ilgili devletlerin hidrografik ve sosyoekonomik durumlarına göre paylaşılmaktadır. Tahsisli paylaşım da denilen bu hukuksal işlem, her devletin sınır aşan sularla ilgili hak ve yükümlülükleri belirlemektedir.[2]

Bu nedenle ardışık hiçbir nehrin devletler arasında eşit paylaşılamayacağı ve ilgili devletlerin durumlarına göre tahsisli paylaşılacağı gerçeğinden hareketle Suriye ve Irak, esasında suların eşit olarak paylaşılması değil de ülkelerinin durumuna göre paylarına düşenin ne kadar olacağının belirlenmesi ve kesintiye uğramaması yönünde politikalar izlemektedirler. Anlaşmazlığa neden olan esas konulardan biri de budur.

Türkiye, yukarıdaki tanımlamayı ileri sürerken esasında soruna egemenlik boyutuyla yaklaşmaktadır. Bu sular kendi egemenliği altındaki topraklardan kaynaklandığı için kendisinin faydalanmasının öncelikli olduğunu, egemenliğine konu olan bu suların uluslararası alanda tartışılmamasını, ihtiyacı dışında kalan sulardan sınır ötesindeki devletlerin faydalanabileceğini belirtmektedir. Çünkü Türkiye, Arapların topraklarından kaynaklanan petrole nasıl karışmıyorsa Arapların da Türkiye'nin topraklarından kaynaklanan suya karışmalarının hakkının bulunmadığını ileri sürmüştür.[3] Harmon Doktrinine yakın görülen bu yaklaşım, I. bölümde de belirtildiği gibi uluslararası hukukun dayandığı "suların hakça ve adilce kullanımı"yla ilgili referans

---

[1] Yearbook of international law commission... 1986, V.II, Part one, s. 104. ; Ayrıca bkz. Lipper, a. g. m. , s. 40 vd.

[2] Tahsis ve taksim arasındaki fark için bkz. supra, I.bölüm, "1.10.1.Suyun Tahsisine ilişkin Antlaşmalar".

[3] Riemer, a. g. m. , s. 98 ; 1992 yılında dönemin Başbakanı Süleyman Demirel'in "Su kaynakları Türkiye'nin petrol de onlarındır.Biz onlara petrolünüzün yarısında hakkımız var diyemeceğimiz gibi onalar da bizim sular üzerinde hak iddia edemezler."sözü, (Kolars, "Problems. ..", s. 65) Türkiye'nin resmi görüşünün ne kadarını yansıttığı tartışma konusudur. Çünkü siyasi olarak söylenenler hukuksal durumu etkilememektedir.

ilkelere aykırıdır. İnsanın temel yaşam kaynağı olan ve onsuz yaşamayacağı sular ile petrol tabiatıyla bir değildir. Daha sonra kurulmuş olan ulusal devletlerin toprakları içinde doğal olarak akışını sürdüren bu nehirler üzerinde bu devletlerin antlaşma sağlamaları, kalkınma projelerinin geleceği açısından hayati önem arz etmektedir. Bu nedenle Türkiye, üçlü teknik komiteler aracılığıyla bir antlaşma zemini arayışını sürdürmektedir.

Dünya Barajlar Komisyonunun 16 kasım 2000 tarihli raporunda suların paylaşımıyla ilgili yaklaşımı her üç devlete de referans olabilecek hususlar içermektedir. Raporda suların değil de faydalanmaların paylaşımı öngörülmektedir. Uluslararası nehirlerle ilgili uyuşmazlıkların çoğunda esas sorun faydalanmaların paylaşılamamasından kaynaklanmaktadır. Nitekim BM Sözleşmesinin 5. maddesi su yollarından hakkaniyete dayalı ve makul faydalanmada katılım ve işbirliği ilkesini getirmiştir.[1] Buna göre hakların ve faydalanmaların paylaşımında şu unsurlar dikkate alınması gerekir:[2]

Sorunların çözülmesiyle ilgili yapılacak müşterek görüşmelerde hakların tanınması ve risklerin değerlendirilmesi olumsuz etkilenen tarafların belirlenmesi ve dahil edilmesi için gereklidir.

Etkilenme değerlendirmesi, yukarı veya aşağı kıyı devletlerde yaşayan her yönden olumsuz etkilenen bütün insanları kapsamına almalıdır. Gördükleri zarar ve risk değerlendirmesi dikkate alınarak ne kadar faydalanmanın paylaşılacağı hususunda anlaşma sağlanmalıdır.

Gerçekten de sınır aşan suların geliştirilmesinde yapıcı olan bir yaklaşım da, havza bazında faydaların bölgesel bir yaklaşımla ele alınması olmuştur. Bu durum, devletlerin suyu paylaşılması gereken bir nesne (hak temelli yaklaşım) olarak algılamak yerine, suyu değil de suyun sağladığı yararları paylaşan, artı değere dayalı, bütünsel bir yaklaşım üretmelerini gerektirmiştir. Örneğin ABD ile Kanada

---

[1] Salman, a. g. m. , s. 286.
[2] Dams and Development., (web), "Recognizing Entitlements and Sharing Benefits" başlığında.

arasındaki Sınır Suları Antlaşması, suyu genellikle hidro-enerji olarak tanımlanan eşit faydalanma esasına göre dağıtmaktadır. Buradaki anlayış, sudan elde edilen enerjinin kâr amaçlı olarak havzadan ihraç edilebileceği, ancak suyun kendisi için bunun mümkün olamayacağı gerçeğine dayanır. 1964 Kolombiya Antlaşmasında, ABD'nin Kanada'ya selle mücadeleye karşılık ödeme yapması, ve Kanada'nın hidro-enerji üretimi için Kolombiya nehrinden Kootenai Nehrine su aktarma hakkına sahip olmasına yönelik bir düzenleme hayata geçirilmiştir. Aynı şekilde, 1975 Mekong mutabakatı "hakların eşitliği" kavramını eşit miktarda su olarak değil, her bir ülkenin ekonomik ve sosyal ihtiyaçları doğrultusunda su kullanmakta eşit haklara sahip olması şeklinde tanımlamaktadır. Bu çok kaynaklı bağlantılar, bir fayda havuzu oluşturulmasına izin vermek yoluyla ekonomik verimi artırarak, yaratıcı çözümlerin üretilmesi için daha fazla olanak sunabilir.[1]

Türkiye'nin üzerinde durduğu önemli konu da Fırat ve Dicle'nin ayrı havza değil de tek bir havza olduğudur. Bu iddiasına gerekçe olarak bu iki nehrin Basra Körfezine dökülmeden önce doğal olarak birleşmesi ile Irak'ta yapılan yapay Tartar Kanalı aracılığıyla Dicle'den Fırat'a suların aktarılabilmesidir. Türkiye'nin bunu ileri sürmesinin gerekçesi ise bölgede yapılacak bir antlaşmada her iki nehrin sularının birlikte değerlendirilmesi ile birindeki azalmanın diğeriyle telafi edilebilirliğine işlevsellik kazandırmaktır.[2] Nihai çözüm için , ayrıntıları aşağıda açıklanan taraflar arasında "Üç Aşamalı Plan"ın uygulanmasını önerilmektedir.

---

[1] Kibaroğlu, a. g. m. , (web)"Su Kaynakları Paylaşımından Faydaların Paylaşımı Yaklaşımına"kısmı.

[2] T. C. Dişişleri Bakanlığı, a. g. e. , s. 37.

Tablo-18. Fırat ve Dicle Nehirlerine İlişkin Üç devletin Yaklaşımını Gösteren Özet Tablo:[1]

	Türkiye	**Suriye**	**Irak**
Eski Antlaşmalar	Paylaşıma Yönelik Değil	Paylaşıma Yönelik	Paylaşıma Yönelik
Kalıcı Üçlü Antlaşma	İstemiyor	İstiyor	İstiyor
Uluslararası Su Yolu	Tanımı Kullanmıyor	Tanımı Kullanıyor	Tanımı Kullanıyor
Fırat ve Dicle Nehirleri	Ortak Havzadır	Ortak Havzadır	Ayrı Havzadır
Savunduğu Doktrin	Mutlak Devlet Egemenliği	Nehrin Bölünmez Bütünlüğü (Doğal Durumun Bütünlüğü Doktrini)	Tarihsel Kullanım Hakkı (Ön Kullanım Hakkı Doktrini)
Asi Nehri	Görüşülsün	Görüşülmesin	Yorumsuz
GAP	İşbirliğini Arttıracak	Sorunu Artıracak	Sorunu Artıracak
İstenen Akış Miktarı	500 m^3/sn	700 m^3/sn	700 m^3/sn
Çözüm	Üç Aşamalı Plan	Miktar Üzerinden Paylaşım	Miktar Üzerinden Paylaşım

4. 2. 2. Irak'ın Görüşleri

Her ne kadar 2003 yılında ABD'nin müdahalesiyle Irak'ın yönetim sisteminde değişiklik söz konusu olmuşsa da, Irak'ın aşağı

[1] Pamukçu, a. g. e. , s. 250.

devlet konumunda olması itibarıyla yeni siyasi otorite sınır aşan sularla ilgili önceki yönetimden çok farklı bir yaklaşım sergilemeyebilir. Aslında devletlerin çıkarlarını hayati ölçüde etkileyen konularda rejim değişikliği olsa bile dış politika yaklaşımlarında özü itibarıyla önemli bir değişiklik olmamaktadır. Bu nedenle Irak'ın su sorununa ilişkin yaklaşımı öncekilerden önemli farklılık arz edeceği beklenmemektedir. Yeni yönetimin bu konudaki yaklaşımı kesin olarak henüz belirlenmemiş olmakla beraber, eski yönetimin aşağıda sıralanan görüşlerden ne kadar farklılık sergileyeceği bilinmemektedir. Bu nedenle aksine bir yaklaşım olmadığı müddetçe eski yönetimin bu konudaki görüşleri geçerli kabul edilecektir. Bunları[1] maddeler halinde şöyle sıralayabiliriz:

a. Fırat ve Dicle uluslararası sözleşmelerdeki su yolu tanımına uygun olarak uluslararası nehirlerdir.
b. Dicle Havzası Fırat Havzasından ayrıdır. Her ne kadar iki nehir güneyde birleşse de tek havza oldukları anlamına gelmez.
c. Ortak Teknik Komitenin amacı kıyıdaş olan üç devletin makul paylarını tespit etmektir.
d. Mevcut projeler dikkate alınarak müktesep hakları korumak için uluslararası hukuk ve teamüle dayanan makul ve hakkaniyete dayalı su paylaşım ilkelerine bağlı olarak, her üç devletin adil ve makul su paylarını tespite yönelik üç taraflı bir antlaşmanın yapılması gerekmektedir.
e. Sulama ve tarımsal projelerin uygulanmasından kaynaklanan her iki nehrin kirliliğinin önlenmesi ve kontrol altına alınması için gerekli tedbirleri almaya yönelik prosedür ve mevzuatın oluşturulması gerekir.
f. Kıyıdaş devletlerin her biri tamamlanmış, tamamlanacak veya planlanacak projeler için ihtiyaç duydukları su miktarıyla ilgili diğer devletlere bilgi verecektir.

---

[1]Bkz. Iraqi Ministry of Foreign, a. g. m. , "The Two Positions of Iraq and Turkey"başlığı altında açıklanmıştır. Ayrıca bkz. MFA , "Water Issues Between Turkey, Syria And Iraq", (çevrimiçi) http://www.mfa.gov.tr/grupa/percept/i2/i2-6.htm , 04 Ocak 2002.

g. Fırat ve Dicle sularına ilişkin hidrolojik veri alışverişi yapılmalıdır.
h. Gerekli tüm veriler toplandıktan sonra Ortak Teknik Komite tamamlanmış, tamamlanacak veya planlanacak projeler için ihtiyaç duyulan su miktarıyla ilgili hesaplamalarda bulunacaktır. İlgili projeler için su ihtiyacı ayrı ayrı belirlenecektir.

Irak, Türkiye'nin Fırat ve Dicle Nehirlerinin tek havza olduğu görüşüne itiraz etmektedir. Çünkü her iki nehir ayrı hidrografik, coğrafi ve topografik sınırlar dahilinde akmaktadır. Türkiye'nin bunun 'tek havzadır' belirtmesiyle, yapacağı projelerle sadece Fırat sularının yeterli olmayacağını ve Fırat sularında azalma olacağı kabulüyle bunun Dicle Nehrinden karşılanmasının sağlanmasıdır.[1]

Irak'ın nihai çözüm için Türkiye tarafından geliştirilen "Üç Aşamalı Plan"ı reddetmesinin nedenleri şu noktalarda toplanmaktadır: Toprak sınıflandırılması ve analiziyle ilgili uygulama ve kriterler her devlete göre izafi olup çeşitlilik arz etmektedir. Doğal olarak her devlet genel geçer değil de kendi koşuluna uygun kriter seçecektir. Bu nedenle her üç devletin aynı kriteri paylaşacağı umulmamaktadır. Aynı zamanda toprak sınıflandırılması ve analiziyle ilgili çalışmalar doğal olarak karmaşık olup tamamlanması uzun zaman almakta ve elde edilecek sonuçlar nihai ayrıntılı aşamaya ulaşılmasından önce kendini göstermeyecektir.[2] Düşüncemize göre her üç devletin teknik uzmanlarınca oluşturulacak bir çalışma doğrultusunda su ve toprak analiziyle ilgili genel geçer uluslararası hukuka uygun kriterlerin bulunması o kadar zor değildir. Antlaşma için bir alt yapının oluşturulması için tabiatıyla devletlerin havzada sahip oldukları su, toprak kaynakları, sahip olunan alternatif

---

[1] Iraqi Ministry of Foreign, a. g. m., "(e) The Two Basins of the Tigris and The Euphrates Are Deemed by Turkey as One Basin" kısmı.

[2] Aynı eser, "(c) The Concept of the Optimum Use of Waters" kısmı.

kaynaklar, suya bağımlı olan nüfus gibi etkenler dikkate alınması gerekir. Bu analizler ne kadar uzun zaman alsa da ilgili devletlerin bu konuda ciddi bir şekilde girişimde bulunmaları belirli bir yapının kurulması için önemlidir. Aksi halde sorunun çözümünde bir gelişme kaydedilemez.Irak'a göre suların optimal kullanımı kavramı, bu sulardan en iyi şekilde faydalanmayı sağlamak üzere su kaynaklarının geliştirilmesi ile suyun etkin kullanımı ve su kayıplarının önlenmesi anlamındadır. Irak, 1910'lu yıllarından beri bu sular üzerinde projeler yaparak sulardan faydalanmakta ve bölgedeki yarım milyon ha'lık arazinin sulanmasını bu projelerden sağlamaktadır. Iraklı yetkililere göre, Irak'ın tarihsel kullanım hakkı eski çağlara kadar dayanmakta olup diğer kıyıdaş devletlerin kullanımları üzerinde devamlı öncelikli hakları bulunmaktadır. Esasında yukarıda sıralanan hususların çoğu Türkiye ile yapılan ve yukarıda incelen 1946 tarihli protokolde açık veya zımnen geçmektedir. Bu protokol daha çok Dicle Nehriyle ilgili düzenlemeler getirmekte ve suyun kıtlığından çok sel ve taşkınlığın önlenmesine ilişkin hükümler getirmektedir. Bu nedenle Irak'ın en fazla sorun yaşadığı nehir Fırat olup Dicle konusunda bir sorun henüz yaşanmamıştır. Bunda Türkiye'nin projelerinin önemli kısmı Fırat Havzası üzerinde olmasının yanı sıra her iki nehrin özelliği arasındaki farklar etkilidir. Dicle Nehri, sularının çoğunu nehrin orta kesimindeki Irak topraklarında besleyici kollardan almaktadır. Buna karşılık Fırat Nehri, havzanın oldukça yukarı kesiminde önemli bileşenlerinden beslenmektedir. Bu durum nehirleri kontrol etme yönteminde önemli farklılıklar getirmektedir. Fırat üzerinde kurulan barajlar, yukarı devlete Dicle üzerinde kurulanlardan daha fazla kontrol yetkisini vermektedir. Bu nedenle Türkiye'nin Fırat'a nazaran Dicle Nehri üzerinde kontrol yeteneği daha az olup Fırat Nehrindeki azalmaların Dicle ile telafi edilebileceğini ileri sürmekle dolaylı olarak da Dicle üzerinde kontrolünü geliştirmek istemektedir. [1]

İzlenen doktrine gelince, tarihin ilk medeniyeti olan Mezopotamya medeniyeti bu nehirler üzerinde yeşermiş ve gelişmiş olduğundan dolayı, Irak'ın bu nehirler konusundaki yaklaşımı ön

[1]Beaumont.170 ve 174.

kullanım doktrini temelindedir. Gerçekten de tarıma elverişli Irak topraklarının tümü ilk çağlardan beri Fırat ve Dicle nehirlerinden sulanmaktadır.Çünkü Irak eski tarihlerden beri bu nehirleri kullandığı için bu kullanımının kısıtlanmaması gereken tarihsel müktesep hakkı bulunduğunu düşünmektedir. Bununla beraber müktesep hakların kısıtlanmaması için yukarı devletlerin nehirlere olan sosyoekonomik ihtiyaçlarının karşılanmaması sonucunda nasıl bir programın uygulanacağı belirtilmemiştir."Hakkaniyete dayalı makul kullanım" ilkesi itibarıyla düşünülürse, müktesep haklar zarar verici sonuçlar doğurmaması gerekmektedir.

4.2.3. Suriye'nin Görüşleri

Suriye, Irak'ın görüşlerine paralel olarak topraklarından geçen suyun üzerinde tarihten kaynaklanan müktesep hakkının olduğunu ve suların kesintisiz olarak akımının sağlanması gerektiğini ileri sürmektedir. Fırat ve Dicle Nehirleri "paylaşılacak doğal kaynak" anlamında "uluslararası su yolu" olup topraklarında geçen devletler tarafından paylaşılması gerekir. Her kıyı devleti matematiksel olarak kendi payına düşeni alacaktır. Bunun nasıl sağlanacağı sorununa ise şöyle bir çözüm önermektedir: [1]

- Her kıyı devleti her nehre ilişkin taleplerini ayrı ayrı bildirecektir.
- Kıyı devletlerdeki her nehrin kapasitesi hesaplanacaktır.
- Toplam talep, toplam mevcut su kapasitesini aşmayacaktır. Belirtilen ölçümlere göre sular paylaşılacaktır.
- Üç kıyı devletince açıklanan toplam su talebi toplam su kapasitesini aştığı takdirde aşan kısım her devletin toplam talebinden oransal olarak düşülür.

Suriye'nin jeopolitik konumun da etkisiyle, Irak gibi sular konusunda kesin ve tutarlı bir politika oluşturmuş değildir. Türkiye'ye göre aşağı devlet konumunda olan, Irak ve Ürdün'e göre ise yukarı devlet konumda olan Suriye'nin suların paylaşım ve kullanımına ilişkin yaklaşımlarında farklılıklar görülmektedir. Bu

[1] Bkz. MFA, "Arguments of Syria", (çevrimiçi) http://www.mfa.gov.tr/grupa/ad/adg/adgc/Chap2b.HTM 04 Ocak 2002., T. C. Dışişleri Bakanlığı., a. g. e. , s. 23.

nedenle, Suriye'nin bu nehirlerle ilgili yukarıda belirtilen görüşleri ile Asi Nehri konusunda Lübnan ile Yarmuk Nehri konusunda Ürdün ile yaptığı anlaşmalardaki hükümler arasında bir paralellik bulunmamaktadır. Yarmuk Nehrinde kaynak devlet konumunda bulunan Suriye aşağı ve ortak kıyı devleti konumunda olan Ürdün'e göre çok önemli avantajlar elde etmiştir. [1] 1953 yılında Ürdün ile imzalanan ve 1987 yılında revize edilen Yarmuk Nehri antlaşması, üretilen elektrik enerjisinin % 75'ini Suriye'ye ve %25'ini Ürdün'e tahsis etmesinin yanı sıra[2] aynı zamanda, antlaşmanın 7/a maddesi gereğince, Maqarin Barajının yukarı kısmında kalan ve denizden 250 m seviyesi altındaki sular hariç olmak üzere Suriye topraklarında Yarmuk havzasındaki tüm derelerin suları Suriye'ye tahsis edilmekteydi. Yani Ürdün'e Suriye topraklarında sadece deniz seviyesine göre 250 metre yükselti altındaki suları kullanma hakkı tanınmaktadır.[3] Bu antlaşmanın getirdiği hükümlerden anlaşılacağı gibi, Suriye mutlak egemenlik doktrinine daha yakın görülmektedir. Bu devletin genel olarak hangi hukuksal doktrin izlediği, içinde bulunduğu coğrafi ve topografik koşullar tarafından belirlenmektedir. Esnek yapısından dolayı belirli bir doktrin çerçevesinde politika geliştirilmemiştir. Bu nedenle Ürdün ile Yarmuk Nehri konusunda ulusal egemenlik doktrinine, Türkiye ile Fırat Nehri konusunda ülkesel bütünlük ile ön kullanım doktrinine dayandığı görülmektedir.

4. 2. 4. Türkiye'nin, Irak ve Suriye'nin Görüşleriyle ilgili Değerlendirmesi

Türkiye'ye göre Irak tarafından ileri sürülen "Müktesep Haklar" düşüncesi, Türkiye'den daha fazla su bırakmasını sağlayabilmek ve bu yöndeki görüşlere taban oluşturmak için gündeme getirilmiştir. Bunun uluslararası hukukta tek başına bir şey ifade etmediğini ileri sürerek, UHK için raportörlük yapmış Stephen

---

[1] Bu antlaşmanın metni için bkz. International water law, "Agreement Between The Republic of Syria and the Hashemite Kingdom of Jordan Concerning the Utilization of The Yarmuk Waters", (çevrimiçi) http://www.internationalwaterlaw.org/RegionalDocs/Syria-Jordan.htm, 10.08.2003.

[2] Bu düzenleme, antlaşmanın eski metninin 8/c md. ile yeni metnin 7.md.de geçmektedir. Yeni metin için. Bkz. Hudes, a. g. m. , (web) "Distribution"kısmı.

[3] Haddadin, Munther J., a. g. m. , s. 465.

C. McCaffrey'in konuyla ilgili görüşünü referans göstermiştir. Bu hukukçuya göre, aşağı kıyı devletinin sınır aşan sular üzerinde projelerini tamamlamış olması bu devlete söz konusu nehir üzerinde kendisinden sonra tesisler kurmak için girişimlerde bulunan yukarı kıyı devletlere, bu faaliyetleri sebebiyle itiraz etme ve engelleme hakkını vermemektedir. Suların kullanımına önceden başlamış olmak hakkaniyete uygun bir şekilde tahsise ulaşabilmek için dikkate alınabilecek faktörlerden yalnızca birini teşkil etmektedir.[1]

Irak ve Suriye'nin aritmetik anlamda suların üç devlet arasında paylaşımı önerisi, Fırat ve Dicle Nehirlerinin iklim ve coğrafi koşullarıyla uyumlu olmadığı ileri sürülmüştür. Buna karşın bu suların ihtiyaca dayalı tahsis edilmesi gereği düşüncesi, bölgenin coğrafi ve sosyoekonomik durumuna daha uygun olduğu gerekçesiyle savunulmuştur. Bölgede kalıcı bir barışın sağlanması açısından suların etkin ve verimli kullanılması gereği gittikçe önem kazanmaktadır.[2] Aslında ne Irak ne de Suriye suların üç ortak arasında aritmetik olarak paylaşımı yönünde bir politika izlememişlerdir. Bu devletlerin üzerinde durdukları ana tema, yukarıda da değindiğimiz gibi suların paylaşımında devletlerin ekonomik, iklimsel ve sosyal durumlarının dikkate alınarak sularla ilgili belirli kurumsal ve hukuksal bir yapılanmaya gidilmesidir. Çünkü bölgedeki iklim koşulları, nüfus yapısı ve sulanabilecek arazi durumu dikkate alınırsa suların matematiksel olarak paylaşılması zaten mümkün değildir.

Bir tarafın kazancı diğer tarafın net kaybı olduğunda soruna adil bir paylaşım düzeniyle çözüm bulunacağı düşünülebilir. Kendisini su kullanımı konusunda yukarı kıyı devletin keyfine tabi olma tehlikesi altında hisseden aşağı kıyı devleti geleneksel olarak uluslararası sular üzerindeki haklarının tescilini ve paylarının tespitini isteme yoluna gitmişlerdir.[3] Bu nedenle bu devletler kendi paylarına hukuksal bir boyut kazandırmak için Türkiye ile bir antlaşma zemini aramışlardır. Türkiye de sorunun siyasal ve

[1] T. C. Dışişleri Bakanlığı, a. g. e. , s. 26. ; Bilen, Ortadoğu su sorunları. . . s. 87.
[2] Kut, Gün, "Ortadoğu'da Su Sorunu :Çözüm Önerileri", Su Sorunu, Türkiye ve Ortadoğu, yay.haz.Sabahattin Şen, bağlam y., İstanbul 1993 , s. 476.
[3] Aynı eser, s. 474.

hukuksal değil teknik düzeyde çözülmesi gereken bir sorun olduğunu vurgulamakta ve bu çerçevede bir çözüme gidilmesini istemektedir.

4. 2. 5. Türkiye, Irak ve Suriye Arasındaki Su Kaynaklı Krizleri Azaltan ve Artıran Etkenler

Türkiye, Suriye ve Irak arasındaki su kaynaklı krizi azaltacak veya artırabilecek üç ana faktör bulunmaktadır. Bunlar;

1-Her üç devletin de tarımsal kalkınma projelerini uygulamalarında ve ya tamamlamalarında başarısızlığı vardır. Zayıf ekonomiler, Irak'ın giriştiği savaşlar ve sulama projelerinin büyük yatırım gerektirmesi gibi nedenler bu konudaki gelişmelere engeldir. Bunun pozitif bir tarafı da projeler uygulanamadığı veya tamamlanamadığından dolayı su miktarında az miktarda düşme olduğundan savaşa girişmeyi gerektirmeyecek kadar aşağı kıyı devletlere yeterince su kalmasıdır.[1] Esasında kıyıdaş devletlerin esas anlaşmazlığı şimdiki su kullanımıyla ilgili değil de gelecekteki su kullanımıyla ilgilidir. Nitekim 1999 yılı itibarıyla Suriye'nin resmi kaynaklarına göre Fırat sularından 500-1000 m^3/sn dolayında su alınmış ve şimdiki tarihe kadar önemli su problemiyle henüz karşılaşılmamıştır.[2]

2-Her üç devletin barajlarda su tutma durumları krizleri etkilemektedir. Her devletin eş zamanda barajlarda su tutmaları veya aşamalı sürelerle doldurmamaları, suları daha da azalttığından gerginliği arttırmaktadır. Nitekim 1974 yılında Fırat Nehri üzerinde eş zamanda Türkiye'nin Keban, Suriye'nin de Tabka Barajında su tutmaları sonucu Irak'a akan sularda önemli azaltmalara yol açmış ve Irak ile Suriye savaş eşiğine kadar gelmişlerdir. Farklı zamanlarda ve aşamalı olarak barajlarda su tutmak gerginliği azaltmaktadır. Nitekim, Türkiye'nin Atatürk Barajında kış mevsiminde su tutması ve bunu aşamalı olarak gerçekleştirmiş olması gerginliği azaltmıştır.

---

[1] Kliot, a. g. e. , s. 171.

[2] Daoudy, M., a. g. m. , (web) "2.1 The Euphrates Basin in Syria" başlığında.

3-Kıyıdaş devletlerin suları kullanımla ilgili talep ve ihtiyaçlarını uyumlaştırmaları ve sulama politikaları arasında koordinasyon sağlanması krizleri azaltmaktadır. Bu da havzadaki devletlerin sürekli olarak birbirleriyle bilgi alışverişinde bulunup, veri analizi yapılarak kullanımla ilgili bütün faaliyetler hakkında birbirlerini haberdar etmelerini gerektirmektedir.

Bu etkenler doğrultusunda havza devletleri suları kullanırken krizi artırıcı ve gerginliklere yol açıcı davranışlardan kaçınmalıdırlar. Zaten çıkan sorunların ve anlaşmazlıkların önemli bölümü bu faktörlerin dikkate alınmadığından kaynaklanmaktadır. Dolayısıyla devletler arasında suların kullanımıyla ilgili sürekli koordinasyonda ve eşgüdümde en ufak bir aksamaya meydan verilmemesi hayati önem taşımaktadır. Planlanan faaliyet ve projelerle ilgili havza devletlerinin zamanında birbirlerine bilgi vermeleri ve bunların zararlı sonuçları dikkate alınarak gerekli önlemde bulunmaları, Helsinki İlkeleri ve BM Ulaşım Dışı Su Yolları Sözleşmesinde de geçtiği gibi esasında uluslararası hukukun yükümlülük getiren genel prensiplerindendir.

4.3.Sorunun Çözümüne İlişkin Sunulan Öneriler

4. 3. 1. Genel Olarak

Ali İhsan Bağış'a göre Uluslararası ilişkilerde ihtilaf her zaman "hukuksal" boyutuyla düşünülmemelidir. Taraflar arasında yapılan görüşmelerden anlaşıldığı kadarıyla sınır aşan sular anlaşmazlığını hukuk açısından çözmek şimdilik mümkün görünmemektedir. Bu nedenle 1980 yılından beri Türkiye, Irak ve Suriye arasında bu uyuşmazlığa bir çare bulmak üzere "Ortak Teknik Komite" oluşturulmuş olup yapılan 30'a yakın görüşmelerden bir sonuç alınamamıştır. Görüşmelerin 5. 'si yapıldığında Türkiye 3 aşamalı bir plan ileri sürmüştür. Uyuşmazlığa taraf olan devletler, uyuşmazlığı hukuksal bir anlaşmazlık kabul ettikleri taktirde bunu hakem mahkemeleri yada Uluslararası Adalet Divanı gibi hukuksal yollardan çözebilirler. Sorun siyasi olarak görülüyorsa siyasal çözüm yollarına başvurabilirler. Bununla birlikte hiçbir devlet kendi iradesi dışında bir uyuşmazlığı hukuksal veya siyasal yollardan çözmeye zorlanamaz. Mesela Türkiye, Suriye ve Irak arasında uyuşmazlıkların zamanla çözümü konusunda iki veya çok taraflı bir anlaşma olmadığından, var olan uyuşmazlığın barışçı yollardan çözümlenebilmesi için devletler iyi niyetlerini ortaya koymak zorundadırlar. Uyuşmazlığın barış ve güvenliği tehdit eder bir mahiyet alması halinde Birleşmiş Milletler Antlaşması'nın 33. Maddesi gereğince taraflar bu uyuşmazlığı barışçı yollardan çözümleme yoluna gitmektedirler. Taraf devletler arasındaki iyi niyet ve işbirliği arzusu, her türlü uyuşmazlığın çözümü için esas olan en önemli etkendir.[1] Buna karşın kanaatimize göre, iyi niyet ve işbirliğinin devamının sağlanması için kıyıdaş devletler arasında hukuksal bir alt yapının oluşturulması gerekir. devletlerin sorunlarını çözecek uzun dönemli kurumsal yapılar kurmaları hem ekonomik hem de politik olarak istikrarın sağlanması için önemlidir. Dolayısıyla hukuk dışı çözüm yolları geçici olup sorunu geçici olarak

---

[1] Bağış, Ali İhsan , "Sınır Aşan Sular Sorununun Çözüm Yolları", (panel konuşması)
Dünya, Türkiye ve Hidropolitik Durum, 22 Mart 2001, (çevrimiçi) http://www.suvakfi.org.tr/22mart/2001.ASP#aihsan, 05 Temmuz 2003.

dondurmakta ve çözümünü ertelemektedir. Taraflar arasında su kaynaklı sorunun temel etkeni ise aslında suların kıtlığıdır. Kıt olan kaynakların tahsisli olarak nasıl paylaşılacağı konusu her bir devletin kendisine göre belirlediği kriterlerden dolayı belirsizliğini korumaktadır.

Gün Kut ise paylaşımı su sorununun çözümü değil, su kıtlığının tescili olarak değerlendirmektedir. Soruna kalıcı ve kapsamlı bir çözüm ise bölgesel ölçekte işbirliğini gerektiren iki yönlü yaklaşımın tüm taraflarca benimsenmesiyle mümkün olacaktır. Bu da mevcut su kaynaklarını akılcı ve etkin bir şekilde kullanmak ve kullanılabilir su kaynaklarını arttırmaktır. Akılcı ve etkin kulanım, sudan tasarruf edilmesine ve uzun vadede artan ve farklılaşan ihtiyaçların karşılanmasına imkan sağlayacaktır. Kullanılabilir su kaynaklarının arttırılması ve çeşitlendirilmesi de taraflar arasındaki net kazanç-net kayıp ikilemini yumuşatacak ve akılcı kullanımının tek başına çözüm olmadığı eksiklikleri kapatmada yardımcı olacaktır.[1]

Bölgedeki devletler suyla ilgili anlaşmazlıklarını çözmede esas alacakları kriterlere gelince, bunları şu şekilde özetlemek mümkündür:[2]

- Siyasal ve yargısal yollara başvurma: Öncelikli olarak sular konusunda uyuşmazlığı bulunan devletlerin karar organları bir araya gelerek ve 3. kişi aracılığıyla sorunlarını çözmelidirler. Bunun yetersiz olması halinde sorunu tahkim yoluyla çözmek için anlaşma sağlanmalıdır. Suriye'nin onayladığı ulaşım dışı su yollarının kullanımına ilişkin BM Sözleşmenin 33. maddesi uluslararası mahkemeye zorunlu yargı yetkisi tanımaktadır. Bu sözleşmeyi onaylamamış olan Türkiye, topraklarından kaynaklanan suların sınır aşan nehirler olup, uluslararası nehirler olmadığını dolayısıyla uluslararası mahkemelerce çözümlenecek bir sorun olmadığını, ilgili devletlerin siyasal ve teknik uzmanlarınca çözümlenecek bir sorun olduğunu belirttiğinden, sorunun uluslararası düzeyde değil de ikili veya üçlü görüşmelerle çözülmesini desteklemektedir.

- Ayrıntılı ve Entegre Çözümler: Bu yaklaşım, su yönetimiyle ilgili bütün unsurları kapsamaktadır. Su sektörünün

[1] Kut, a. g. m. , s. 476-477.
[2] Haddad and Mizyed, a. g. m. , s. 11-12.

özelleştirilmesi, devletin sulara müdahalesinin kaldırılması, suların kullanımını dengeleyecek fiyat mekanizmasının kazandırılması gibi önlemleri kapsamaktadır. Bunların gerçekleşmesi için şu hususların yerine getirilmesi gerekir:

- Bölgedeki su kaynaklarını değerlendirecek bölgesel kurumların oluşturulması,
- Su sisteminin unsurlarının neler olduğunun tanımlanması,
- Tüm sektörlerde ve kullanımlarda kişi başına düşen su ihtiyaçlarının gözetlenmesi, suların etkin olarak kullanımıyla ilgili tedbirlerin getirilmesi,
- Su kaynaklarını, kullanımı ve kullanıcıları açıkça belirleyen referans antlaşmalar temelinde bölgedeki Ortak su kaynaklarının korunması,
- Suların yeniden kullanımı, geri dönüşümünün sağlanması, tuzdan arındırılması ve artırılması stratejilerinin planlanması,

- Su Şartı: Tarafların üzerinde uzlaşabilecekleri bölge dışı bağımsız uzman kişilerin, tarafların yükümlülükleri ve sorumlulukları ile bu sulardan hak ve gereksinimlerini belirleyerek bunların nasıl uygulanacağını da içeren etraflı bir şekilde düzenleyecekleri hükümler oluşturmaları önerilmektedir.[1]

- Sularla ilgili bölgesel işbirliğinin yapılmasıyla ilgili Dünya Bankası yetkililerinden Shawki Barghouti, havzada geniş ölçekli işbirliği sağlanmasında üç kritik faktör bulunduğunu belirtmektedir. Bunlar sularla ilgili serbest veri ve bilgi değişimi, bölgesel su idaresinin kurulması ile modern su teknolojisi ve mühendisliğinin uygulanmasıdır.[2] Türkiye'nin "Üç Aşamalı Plan "ına kısmen de olsa benzerlik arz eden bu yaklaşıma göre esaslı su yönetiminin sağlanması için verilerin analizi, kazanılması ve doğrulanması gerekmektedir. Yağış, buharlaşma, nehir debisindeki değişiklik, tuzluluk oranı, kullanılacak su miktarı gibi değişken durumlarla ilgili devamlı veri akışının sağlanması konuları kıyı devletlerinin hayati öneme haiz sorunlarındandır. Bölgedeki önemli diğer sorun da havza

---

[1] Aynı eser, s. 13.
[2] Kolars, "Problems...", s. 88.

devletleri arasında su durumuyla ilgili tüm verilerin analiz edileceği ve yönetileceği ortak kurumsallaşma faaliyetine gidilmemesidir. Bu konuda yapılacak antlaşmayla kurumsallaşma için gerekli düzenlemeler yapılması sorunun çözümünde önemli bir aşamaya gelinecektir. Kullanılan sulama tekniklerinin geliştirilmesi suların etkin ve tasarruflu kullanımının sağlanarak tarımda modern ve verim artırıcı tekniklerin kullanılması sorunun çözümünü çabuklaştırmasına yardımcı olacaktır.[1]

4. 3. 2. Su Arzını Arttırmak

Bölgede kıt olan su miktarını arttırmanın beş yolu vardır. Bunlar: Yağmur suyunu arttırmak, yer altı sularını beslemek, atık suları arıtarak yeniden kullanmak, deniz suyunu tatlılaştırma tekniklerini kullanmak ve başka devletlerden su ithal etmek[2] bölgedeki su kaynaklarının kıt olması devletler arasında bu kıt kaynakların kullanımıyla ilgili anlaşmazlığın önemli nedenlerindendir. Bundan dolayı su miktarını artıracak teknikler ve faaliyetler arttıkça su anlaşmazlığının çözümünü kolaylaştıracaktır. Ayrıca tek bir su kaynağı yerine birden fazla kaynak yaratmak ve bunlardan faydalanmak bölgesel su barışının oluşmasına yardımcı olacaktır. Su arzını artırıcı yöntemlerin her birini etraflı bir şekilde incelemek konumuzun amacı dışındadır. Bununla birlikte bölgedeki entegrasyon ve barışın sağlanması çerçevesinde konumuzu ilgilendirdiğinden dolayı bu yöntemlerden su ithalatı ve ihracatına değineceğiz.

Bölgedeki su anlaşmazlığına yardımcı olmak yönünde devletler arasında su ticaretiyle ilgili olarak Türkiye'nin **Barış Suyu Projesi'**nden söz edilebilir. Su kaynakları açısından ciddi sorunlar yaşayan Ortadoğu'ya su satma fikri, ilk olarak, 1986 yılında dönemin Başbakanı Turgut Özal tarafından ortaya atılmıştır. Özal'ın 1987 yılında Şam'a yaptığı resmi ziyarette gündeme gelen Barış Suyu Projesi, Suriye'ye önerilmiştir. Hatta, bu ziyarette imzalanan iki protokolden birisi olan ekonomik protokolün 10. maddesinde de

---

[1] Aynı eser, s. 89.

[2] Uluatam, Özhan, Damlaya Damlaya... (Ortadoğu'nun Su Sorunu), T.İş Bankası y., 1998, Ankara, s. 175.

duruma değinilmekte ve Türkiye'nin yaptığı ve ilke olarak kabul edilen önerinin Suriye tarafından değerlendirileceği belirtilmektedir. Türkiye projeyle ilgili resmi olarak 1988 yılında öneride bulunmuştur. 'Barış Suyu Projesi' adı verilen projeyle, Ceyhan ve Seyhan nehirlerinin ihtiyaç fazlası sularının iki ayrı hat üzerinden Ortadoğu devletlerine taşınması düşünülmüştür. Yaptırılan ön fizibilite raporlarına göre, Suudi Arabistan'a kadar uzanacak olan Batı Hattı'nda yılda yaklaşık 1.260 milyar m^3, Kuveyt, Bahreyn, Katar ve Birleşik Arap Emirlikleri'ne kadar uzanacak olan Doğu Hattı'ndan ise yılda yaklaşık 900 milyon m^3 su taşınması planlanmıştır. Kısacası, Seyhan ve Ceyhan nehirlerinden toplam yaklaşık 2.1 milyar m^3 suyun bu iki hatla çeşitli Ortadoğu devletlerine taşınması amaçlanmıştır. [1] Her iki su boru hattı başlangıçta 20 milyara mal olacağı tahmin edilmiştir. Projenin getireceği maliyet, bu devletlerde tatlılaştırılan deniz suyu miktarının üçte bir maliyetine karşılık geldiği tespit edilmiştir.[2] Ne var ki, bu proje, Arap devletleri tarafından benimsenmemiş ve ciddi eleştirilere uğramıştır. Arap devletleri, projenin asıl amacının İsrail'e su satmak olduğunu ileri sürmüşlerdir. Döşenecek boru hatlarıyla her ne kadar Arap devletlerinin hedeflendiği görülse de, Arap devletleri, bu hattan daha sonra İsrail'in de bir şekilde yararlanmaya başlayacağını düşünmüşlerdir. Diğer yandan, boru hattının niteliği gereği birçok devletin topraklarından geçmesi de bir diğer eleştiri konusu olmuştur. Arap devletlerinin birçok ülkeyi geçecek bir boru hattına ne ölçüde olumlu bakacakları kuşkuludur. Gerçekten de, sahip olduğu karışık yapı nedeniyle 'güvensizliğin kural, bağımlılığın fobi' olduğu bu bölgede, Arap devletleri bile bir diğerinin topraklarından geçen, yani bir anlamda vanasının diğerinin elinde olan bir projeye onay vermeleri olanaklı görülmemektedir. Projenin karşılaştığı diğer ciddi itiraz da, Türkiye'nin su satması konusundadır. Nitekim, Arap devletleri, Fırat ve Dicle Nehirlerinin kullanımı konusunda Suriye ve Irak'la sorunlar yaşayan Türkiye'nin, su satmak yerine -eğer satacak

---

[1]Denk, Erdem, "Su satmak kolay değil", Radikal Gazetesi, 18 Mart 2000, (çevrimiçi) http://www.radikal.com.tr/2000/03/18/yorum/01su.shtml , 22 Temmuz 2003. ; Kolars, "Problems of. . . .", s. 78.
[2]Kolars, "Problems of. . . .", s. 78.

kadar suyu varsa- bu iki devlete 'ortak' sulardan daha fazla su bırakmasının gerektiğini savunmuşlardır. Nihayet, yapılan fizibilite ön çalışmaları sonucu açıklanan fiyatlar da tepki çekmiştir. Yapılan ön fizibilite çalışmalarına göre Doğu Hattı için m^3 başına 1.07 dolar, Batı Hattı için de 0.84 dolar olarak belirlenen fiyatlara tepki gösteren Arap devletleri, zaten diğer nedenlerle karşı oldukları su satma fikrini bu yönden de eleştirmişlerdir. Yukarıda özetlenmeye çalışılan itirazların yanı sıra, hattın bizzat kendisinden kaynaklanan zaaflarının olduğu da söylenebilir. Birincisi, hat, bölgenin özellikleri nedeniyle bir boru hattı yapımının karşılaşacağı sorunların ötesinde, sınırlılığı nedeniyle de akılcı görülmemektedir. Zira, bir boru hattıyla taşınacak suyun potansiyel müşterisi her zaman için sınırlıdır. Taşınacak su, ancak hattın gittiği devletlere ve belki birkaç bölge devletine daha ilave hatlarla ya da tanker vs. gibi ek araçlarla satılabilecektir. Bu ikinci olasılık daha geniş bir işbirliğini gerektireceğinden, hattın yapımına uygunluğu bile tartışma konusu olan bir bölgede bu olasılığının zayıf olduğu açıktır. İkincisi, itirazlar arasında da bulunduğu gibi, bir boru hattıyla su taşıma her zaman için maliyetlidir. Satış değeri temel hammadde olan petrolden çok az olan suyun diğer yandan neredeyse petrolle aynı maliyetle taşınması mantıklı olmadığı düşünülmüştür.[1] Bölgede ekonomik anlamda petrol ve su arasında maliyet analizi yapılarak bu iki kaynak üzerinde bölge devletleri arasında ekonomik entegrasyon sağlamaya yarayacak bu proje yürütülmüş olsaydı kanaatimizce aşağı ve yukarı devletleri ekonomik yönden birbirine yakınlaştıracak ve paylaşılan su kaynakları konusunda daha rahat antlaşma sağlanacaktı. Çünkü ekonomik etkenler AB'nde olduğu gibi siyasal ve hukuksal faktörleri de etkilemektedir.

4. 3. 3. Türkiye'nin Teknik İşbirliği Önerisi

7-12 Mart 1990 tarihinde Ankara'da yapılan Ortak Teknik Komite toplantısında Türkiye, su sorununun siyasi değil teknik bir konu olduğunu bu anlamda üç devlet arasında teknik bir işbirliği yapılması gerektiğini ısrarla vurgulamıştır. Bu bağlamda havzadaki

---

[1] Denk, a. g. m., (web) benzer değerlendirmeler için, bkz. Kolars and Mitchell, a. g. e., s. 27-31.; Kolars, "Problems of. . . .", s. 78.

bütün su kaynaklarının adil, rasyonel ve optimal kullanımının sağlanması için her üç devletin müşterek çalışmalarının yürütüleceği "Üç Aşamalı Plan "ını sunmuştur. [1] İlk defa Türkiye tarafından 1984 yılında Ortak Teknik Komite toplantılarına getirilen ve *"Fırat-Dicle Havzası Sularının Kullanımına Yönelik Üç Aşamalı Plan"* olarak isimlendirilen öneri üzerindeki görüşmeler 1990 yılına kadar devam etmiştir. Bu plan, Fırat ve Dicle nehirlerinin bir bütün olarak ele alınarak; sulanabilir toprak miktarının, su kaynaklarının ve Dicle Nehri'nin fazla sularının Fırat Nehri'ne aktarılması imkanlarının incelenerek, bir mühendislik çalışması içinde bütünleştirilmesini içermektedir.[2] Aşağıda inceleyeceğimiz bu planla ilgili çalışmalardan elde edilecek veriler her üç devletin mühendislerince analiz edilip değerlendirilecektir. Teknik işbirliğinin diğer önemli amacı da su kaybını asgari seviyeye indirmektir.

Türkiye açısından teknik işbirliği yapmanın üç önemli nedeni vardır: [3]

1. İşbirliği sayesinde su akışındaki düzensizlikler önlenecektir. Mevsimsel yağışlardan dolayı nehirlerin debilerinde önemli dengesizlikler oluşmaktadır. Bu da önemli su kaybına yol açmaktadır. Barajların olmaması durumunda, kurak mevsimlerde nehirlerin debileri 170-180 m^3/sn.'e inerken yağışlı mevsimlerde bu miktar 7000 m^3 /sn'yi aşmaktadır. Bu da bölgenin tarıma elverişli toprakları ya su taşkınlıklarından veya kuraklıktan olumsuz etkilenmesine yol açmaktadır. Barajların olması durumunda ise nehirlerin su seviyesi 700-800 m^3 /sn seviyesinde dengeli bir seyir izleyebilmekte ve iklimin doğuracağı elverişsiz koşulların etkisi asgari seviyeye indirgenebilmektedir. Bu nedenle GAP, Türkiye'ye olduğu kadar aşağı kıyı devletlerine de faydalı olmaktadır.
2. Teknik işbirliği bölgedeki sulama tesislerinin geliştirilmesine ve su kaybının önlenmesine yardımcı olmaktadır. Modern sulama teknikleri yerine yerçekimi eğimine dayalı ilkel

---

[1] Gözen, Ramazan, "The Turkish-Iraqi Relations:From Cooperation to Uncertainity", Foreing Policy, Vol.XIX, No.3-4, Ankara 1995, s. 70-71.
[2] Bilen, a. g. m. (web), II.Bölüm, "Urfa Tünelleri ve Atatürk Barajı İnşaatlarının Başlaması" başlığında.
[3] Gözen, a. g. m. , s. 71.

sulama yöntemlerinin kullanılması, verimi düşürmekte ve daha çok su kaybına yol açmaktadır.

3. Suyun etkin ve yerinde kullanımının sağlanması, teknik işbirliğinin önemli diğer bir unsurudur. Mümkün ölçüde su tasarrufunun sağlanması etkin ve yerinde kullanmanın diğer parçasıdır. Bunun için bölgede su tasarrufunu sağlayacak projelerin arttırılması her üç devletin müşterek ve kolektif çalışmalarıyla mümkün olabilir.

Üç Aşamalı Plan:[1] Türkiye tarafından esas alınan *"Fırat-Dicle Havzası Sularının hakça ve akılcı Kullanımına Yönelik Üç Aşamalı Plan"* olarak nitelenen bu planın **birinci aşaması** su kaynaklarıyla ilgili envanter çalışmalarının yapılmasıdır. Bu aşamadaki çalışmalar, üç devletin uzmanlarınca Fırat ve Dicle Havzasındaki ayrı ayrı istasyonlarda sıcaklık, yağış, buharlaşma, kar kalınlığı gibi tüm verileri tespit edip teati etmek, bu verileri kontrol etmek, farklı dönemlerde müşterek ölçümler yapmak, su kalitesini kontrol etmek ve su tüketimi ve kayıplarının tespitinden sonra çeşitli istasyonlarda doğal akımı hesaplamaya dayanmaktadır. **İkinci aşama**da ise toprak kaynaklarıyla ilgili envanter çalışmalarının yapılması söz konusudur. Her devletteki kabul edilen toprak sınıflandırma ve drenaj kriterleri hakkında bilgi alışverişinde bulunmak, inşa halindeki ve planlanan projelerin toprak sınıflarını kontrol etmek, toprak sınıfları ve drenaj koşullarına göre bitki desenlerini etüt etmek ve bu çalışmaları esas alarak işletmede, inşa halinde ve planlanan projelerdeki sulama suyu ve yıkama suyu ihtiyaçlarını hesaplamak gibi unsurlar içermektedir. Planın önemli aşaması olan **üçüncü aşama** ise su ve toprak faaliyetlerinin değerlendirilmesini içermektedir. Bu çerçevede planlanan projelerdeki su kaybını en aza indirmek için sulama tipi ve sistemini belirleyerek modernizasyonu sağlamak, her devletteki içme, sulama ve endüstri suyu temini ile buharlaşma kayıpları dahil olmak üzere tüm projelerin toplam su tüketimini belirlemek, Dicle'den Fırat'a su transferini sağlayarak bir nehirdeki su eksikliğini diğeriyle telafi etmek ve planlama safhasındaki tüm projelerin ekonomik

[1] T. C. Dışişleri Bakanlığı, a. g. e., s. 34-36. ; Bağış, "Turkey's hydropolitics of... ", s. 579.

yapılabilirliğini belirlemek için yöntem ve kriterleri tespit etmek gibi çalışmalar yürütülecektir.

"Üç Aşamalı Plan"ın Eksik Yönleri: Şüphesiz ki bu planın teknik anlamda uluslararası belgelerde de geçen tutulacak yönleri olmakla beraber ekonomik ve sosyal açıdan analiz çalışmalarını kapsamına almaması yönünden eksiktir. Havzadaki her üç devletin ekonomik ve sosyal durumu ve ihtiyacı ile bu sulara olan bağımlı nüfus, alternatif kaynakların varlığı gibi uluslararası hukukun referans aldığı diğer kriterleri içermemesi, Türkiye'nin sorunun sadece teknik bir konu olduğu yaklaşımından kaynaklanmaktadır. Halbuki suların hakça ve akılcı kullanımıyla ilgili nihai antlaşmanın sağlanması için teknik konuların yanı sıra her üç devletin I. bölümde değinilen ulaşım dışı su yollarının kullanımına dair BM Sözleşmesi ile Helsinki İlkelerinin konuyla ilgili belgelerinde esas alınan kriterler üzerinde de ortaklaşa çalışma yürütmeleri gerekmektedir.

"Üç Aşamalı Plan"ın dikkati çeken önemli bir yönü şudur: Bu da Türkiye'nin vurguladığı Fırat ve Dicle'ın ayrı değil de tek bir havza olarak değerlendirilmesini içermesidir. Türkiye bu tezini her iki nehrin Basra Körfezi'ne dökülmeden önce Şattularap olarak birleşmesine ve yapay Tartar Kanalı aracılığıyla Dicle'den Fırat'a aktarma yapılabilmesine dayandırmaktadır.[1] Aslında Irak'ın bu yolla Fırat'taki azalmayı telafi etmeye gitmesi, kısa dönemde yukarı komşularıyla krizi engellemekle beraber uzun dönemde Türkiye'nin Dicle sularını da projelerde kullanacağı sonucunda Dicle Nehrini azaltacağından bu işlevin fazla etkisi olmayabilir.[2] Buna karşın, uzun dönemde de kıyıdaş devletlerin bir nehirde ortaya çıkacak bir azalmadan tarımsal arazilerin etkilenmemesi için diğer nehir suları ile ikame edebilmeleri, aralarında kurulacak bir koordinasyon sayesinde mümkün olacaktır. Türkiye'nin bu yaklaşımıyla aslında zımnen de olsa GAP'ın tamamlanmasıyla Fırat sularından önemli bir azalma olacağını kabul etmektedir.

---

[1] Aynı eser, s. 37.
[2] Cohen, a. g. m. , s. 510.

4. 3. 4. Nehir Avukatlığı ve Nehir Etiği

Sandra Postel, paylaşılan kaynaklar ne kadar kıt olursa olsun makul ve dengeli kullanıldığı ve haklara saygı gösterildiği takdirde devletler arasında sorun yaşanmayacağını belirtmektedir. Ona göre uluslararası nehirleri paylaşan devletler arasındaki su anlaşmazlıklarının önemli sebebi su kıtlığından ziyade su projelerinin ilgili devletler tarafından tek taraflı olarak geliştirilmesi ve uygulanmasıdır. Havza devletleri arasında nehirlerle ilgili bir antlaşma yapılmadan bir tarafın su kullanımıyla ilgili tek taraflı yaptığı girişim, bölgesel rahatsızlığı ve anlaşmazlığı derinleştirmektedir. Ortadoğu'daki su anlaşmazlığı esasında devletlerin tek taraflı giriştiği kullanımla ilgili faaliyetlerinden kaynaklanmaktadır. Suyun kıt olması tahsis veya paylaşmaya dayalı anlaşmayı engellememektedir. Bölgedeki devletlerin ulusal çıkarlarını uyumlaştıracak mekanizmalar siyasi nedenlerle henüz oluşturulmuş değildir. Bu nedenle siyasal nedenler bir tarafa bırakılır ve sadece insani gereksinimler orijinli kurumsal yapıların oluşturulması durumunda sorun aşılabilecektir.[1] Bölgedeki su anlaşamazlığının çözülmesine yardımcı olacak mahiyette görülen ve hukukçularla teknisyenlerin işbirliğini gerektiren "Nehir Etiği" olarak nitelendirilen yaklaşım bu yazar tarafından geliştirilmiştir. Buna göre suların kullanımıyla ilgili olarak devletlerin yapacakları görüşmelerde nehirlerin korunmasını esas alan bağımsız katılımcıların etkin kılınması gerekir. Bu katılımcılar siyasi nedenlerden soyutlayarak sadece insanlığın faydasına yönelik olarak nehirlerin kullanılması yönünde girişimlerde bulunurlar. Patricia Wouters de benzer yaklaşımla, su hukukçularının teknik uzmanlarla birlikte sularla ilgili tüm veriler ve değişkenler ile anlaşmazlık konusu hususların tespit edilerek hukuki çözüm yolları içeren taslak antlaşma üzerinde taraflarca görüşmeler yoluyla bir sonuca ulaşılabileceğini vurgulamaktadır. Ayrıca tarafların birbirleriyle çelişen doktrinleri bir tarafa bırakılarak suların adil ve akla uygun bir şekilde paylaşımına esas olacak somut veriler ve ihtiyaçlar temelinde uyum mekanizmaları ve uluslararası belgelerde geçen ilkeler dikkate

---

[1] Postel and Wolf, a. g. m. , (web) "Reducing Water Pressure" başlığında.

alınarak bir düzenleme yapılması mümkündür.[1] Aslında bu düşünce oldukça iyimser olmakla beraber tarafların tamamen çelişen görüşleri ve teknik konulardaki anlaşmazlıkları belirli bir zeminde çözümlenmediği sürece gerçekçi değildir.[2]

4. 3. 5. Suyun Fiyatlandırılması

Diğer bir çözüm önerisi de suyun ekonomik bir değer olduğu ve çok önemli bir üretim girdisi olması nedeniyle suya fiyat mekanizmasının etkin bir şekilde uygulanması gereğidir. Bu sayede suların etkin ve tasarruflu kullanımı mümkün olabilecektir. Bu yaklaşım, "kullanıcı kullandığının karşılığını, kirletici ise kirlettiğinin karşılığını ödeyecektir" prensibine dayanmaktadır. Burada iki durum söz konusudur. Biri, kullanıcı kendisine sunulan suyun işleme ve bakımını tam olarak finanse etmesi, diğeri de suyun marjinal maliyetine denk gelen fiyatın uygulanmasıdır. Uygulamada çoğu gelişmekte olan devletlerde uygulanan fiyatlar, marjinal maliyete eşit olmayıp finanssal maliyetleri karşılamayacak düzeyde düşük seviyede olup suyun gerçek değerini yansıtmamaktadır. Tarımda uygulanan fiyatlar ise kentsel kullanım fiyatlarının altındadır. Dolayısıyla suyun çok önemli bir değer olduğu bilinci tüketicide yerleşmediği müddetçe suların etkin ve tasarruflu kullanımı zordur.[3] Diğer Arap devletlerinde olduğu gibi Suriye ve Irak'ta da sulara uygulanan fiyatlar çok düşüktür. Tarım gibi sektörlerde düşük gelir gruplarının maliyetlerini düşürmek için sular düşük fiyatlarla sunulmaya devam edilmektedir. Tarımsal projelere gerekli finansman kaynağı sağlamak için su fiyatlarının artırılmasının yerinde tarımsal, endüstriyel ve yerel su kullanımlarıyla ilgili faaliyetleri vergilendirme yoluna gidilmiştir. Bu da dolaylı olarak su fiyatlarının artmasına yol açmıştır. Bununla beraber orta ölçekli topraklara sahip olan çiftçilere uzun vadeli taksitlerle faizsiz kredi imkanı sağlanmıştır. Bu nedenle tüm su fiyatları nominal değerde olup su

---

[1] Wouters, " The Relevance and Role of. . . ", s. 12-13.
[2] Kolars, "Defining. . . ", 'river advocacy and a river ethic' kısmı.
[3] Haddadin, M.J., "water management:a Jordanian viewpoint", Water, Peace and Middle East Negotiating Resources in The Jordan Basin, ed.by J.A.Allan, I.B.Tauris Publishers, London-Newyork 1996, s. 68.

arzının reel maliyetini yansıtmamaktadır. Aynı zamanda maliyet azaltıcı mekanizmalar optimal seviyede değildir. Çünkü fiyatlar su sunumunun sermaye giderlerini kapsamayıp sadece mevcut su arzının küçük bir kısmının maliyetini içermektedir. Çiftçiler sulama maliyetlerinin sadece % 20 sini ödemektedirler. Diğer taraftan yer altı sularının kullanımına her hangi bir fiyat uygulanmamaktadır. 1990 yılında Hükümetçe alınan 3072 sayılı karar yerel su fiyatlarının kamusal su arzına katkı anlamında sembolik olduğunu göstermektedir.[1]

Su kaynaklarının yetersiz olduğu bölge ve devletlerde, özellikle tarımda su ücretlerinin çok düşük tutulması veya hiç alınmaması, su israfını artıran en önemli faktörlerden birisidir. Sulama ücretlerindeki devlet desteği politikası ile su kullanımında israfı azaltmak yönündeki genel politika birbirleri ile çelişmektedir. Bu çelişkiyi bir ölçüde giderebilmek için, tahsis edilen su miktarlarından daha az su kullanılması halinde fiyatları düşürmek, aksi halde yükseltmek yoluna gidilebilir. Belirtilen uygulama en etkin şekilde çiftçileri demokratik bir sistem içinde örgütleyerek, Sulama Birlikleri kurmak ve tesisleri bu Birliklere devir etmekle elde edilebilir. Baraj ve büyük pompaj tesislerindeki suyu, Birliklere toplam bir hacim üzerinden vermek ve tasarruf ettikleri oranda, diğer sektörlere veya Birliklere satmalarına imkan sağlayacak yasal düzenlemeler yapmak suretiyle, su kullanımında önemli tasarruflar sağlanabilir.

Ortadoğu devletleri dahil pek çok devlet ülkesinde, su haklarının transferini sağlayan yasal düzenlemelere ihtiyaç vardır. Bu konudaki uygulamalara, bazı devletlerde geçilmiş bulunmaktadır. Örneğin Meksika'da bir endüstri kompleksi, ihtiyacı olan saniyede 1 m^3 suyu temin etmek üzere, tesisin kurulacağı bölgeye yakın bir tarımsal alandaki sulama sistemini damlama sulamasına çevirmek için gerekli finansmanı sağlamış, bunun karşılığında tasarruf edilen suyu, 50 yıl süre ile kullanmak üzere yöre çiftçileri ile anlaşılmıştır. Bu şekilde sulama sistemi geliştirilerek, %40 oranında su tasarrufu sağlanırken, endüstri tesisine çok uzak mesafelerden, ekonomik

---

[1] Daoudy, M, agm.(web) "3.2. Low Water Charges" kısmı.("Bakour, 1991"den faydalanılmıştır.)

olmayan bir proje ile su getirilmesine ihtiyaç kalmamıştır. Diğer bazı devletlerde de benzeri uygulamalar göze çarpmakta; şehirlere içme suyu teminle yükümlü belediyelerle, çiftçiler namına hareket eden Sulama Birlikleri arasında yukarıda belirtilen esaslar çerçevesinde su tasarruf anlaşmaları yapılmaktadır [1]

4. 3. 6. Suların Etkin Kullanımı

Sulama sisteminde suların etkin kullanımı, ürünlerin yetiştirildiği alan için alınan gerçek su miktarının sistemin içinde akan toplam suya oranlaması şeklinde tanımlanmaktadır.[2] Belirli bir ürünün yetiştirilmesi için ne kadar suya ihtiyaç duyulduğu ve kullanılacak bu suların sistemdeki ana sulardan ne kadarının kullanılacağının tespiti gerekir. Etkin kullanımın ana unsurları şunlardır:

a) Ekonomik Etkinlik: Sulama suyunun ekonomik etkinliği birim başına elde edilen ürün miktarıyla ölçülmektedir. Aynı zamanda bu, maliyet ve kar arasındaki orantısal ilişkidir. Çiftçilerin karlarını artırmak için daha fazla ürün üretmelerini amaçlayan bu yaklaşım, suların etkin kullanımının bir parçasıdır. Etkinlik aynı zamanda sulanan tarımsal alanlardan kaynaklanan suların fırsat maliyeti ve teknolojik etkinlik gibi faktörleri kapsamına almaktadır.[3] Bu bağlamda Suriye'deki ekonomik etkinlik ve sulamanın maliyeti incelenirse, yüzey sulaması küçük projeler için 3800 dolar/ha, orta projeler için 6600 dolar/ha büyük projeler için 7600 dolar/ha kadar ortalama maliyet gerektirmektedir. Yerçekimi yöntemiyle sulama yapıldığı takdirde ayrıca ortalama bakım ve işleme masrafları yıllık 60 dolar/ha ile 85 dolar/ha arasında değişmektedir. Pompalama yöntemiyle ise yıllık 155 dolar/ha ile 238 dolar/ha arasında değişmektedir. Bununla beraber Hükümet projelerinin sularını

---

[1] Bilen a. g. m. (web) , III.Bölüm, "Suyun Sektörler Arasında Tahsisi ve Su Hakları "kısmı.

[2] Dinar , Ariel and Tiwari, Dirgha, " Role and Use of Economic Incentives in Irrigeted Agriculture", s. 9, (çevrimiçi) http://lnweb18.worldbank.org/ESSD/ardext.nsf/26ByDocName/RoleandUseofEconomicIncentivesinIrrigatedAgriculturepaper/$FILE/RoleandUseofEconomicIncentives(paper).pdf., 13.Ocak 2004.

[3] Aynı eser, s. 10.

kullanan özel çiftçiler sadece yıllık 26dolar/ha ödemektedirler. 1 ha'lık mikro sulama tesisi için mevcut sermaye maliyeti yerli araçlar için 1000 dolar iken ithal araçlar için 1400 dolar olduğu tahmin edilmektedir. Ne var ki bakım ve işletme dışında sulama için herhangi bir ücret alınmamaktadır.[1] Bu verilerden de anlaşılacağı gibi ekonomik darlık ve teknik sıkıntılar nedeniyle etkin kullanım tam olarak gerçekleşmemektedir.

b) Teknik Etkinlik: Sistem tarafından sağlanan toplam su miktarı ile bitkiler tarafından alınan toplam sular arasındaki oranlamayla teknik etkinlik tespit edilmektedir. Burada buharlaşmadan kaynaklanan kayıplar ile suların taşındığı kanalların teknik yapısı önem arz etmektedir. Kanalların kapalı tutulması buharlaşmayı önleyeceği gibi suları emen toprak kanalları yerine beton veya geçirimsiz kanallar oluşturulması teknik etkinliği etkilemektedir.[2] Aslında suların bu şekilde etkin kullanımı sorunu sadece Irak ve Suriye'de değil Türkiye'de de görülmektedir. Her üç devlette de tam olarak teknik etkinliğin uygulandığı söylenemez.

c) Su Kullanımının Ekolojik ve Çevresel Etkinliği: Çevrenin sürdürülebilirliği kapsamında alınan bu etkinlik çeşitli ekolojik nedenlerle gelecek nesillerin kullanımına bırakılacak potansiyel fırsatı azaltmayacak şekilde elverişli su kaynaklarının idare edilmesidir. Suların kirletilmeden ve israf edilmeden kullanılması, ekolojik dengenin sürdürülmesi için esastır. Tuzlanma ve erozyon nedeniyle verimli toprakların gittikçe azalarak çölleşmeye neden olması bu unsurun gereğinin yerine getirilememesinin sonucudur.[3] Suların tuzlardan arındırılması için Suriye ve Irakta yapılan drenaj çalışmaları yetersizdir. Irak'ta drenaj çalışmaları her iki nehrin boyutunda da yapılırken Suriye'de ise daha çok Fırat kıyısındaki vilayetlerde yapılmaktadır. Drenaj sistemi genel olarak karma olup yüzey ve yer altı drenajları kapsamaktadır. 1993 yılında 60 bin ha dolayında sulu arazinin tuzlanmadan etkilendiği tahmin edilmektedir. Fırat Havzasındaki 5 bin ha dolayında arazinin tuzlanmadan dolayı verimsizleşmesi nedeniyle kullanım dışı olmuştur. Bu nedenle yeni sulama projelerinde açık drenaj sistemleri

---

[1] FAO, "Syria", (web), "Irrigation and drainage development" kısmı.

[2] Dinar and Tiwari, a. g. m. , s. 9.

[3] Aynı eser, s. 10

sulu arazilerin % 90 ı üzerinde kurulmuştur.[1] Bununla birlikte Suriye'nin önemli bir dezavantajı da sahip olduğu toprak yapısıdır. Sulamaya elverişli topraklarının önemli bölümünün alçılı ve cipsli olması tarımsal verimi olumsuz etkilediğini yukarıda açıklamıştık.[2]

4.4. Fırat-Dicle Nehirlerinin Hakkaniyete Dayalı ve Makul Kullanımının Temel İlkeleri

Çalışmamamızın esas aldığı suların hakça ve makul kullanımı ilkesinden hareketle Fırat-Dicle nehirlerinin kullanımıyla ilgili üç devlet arasında gelecekte oluşturulacak bir antlaşmaya esas olmak üzere gelişen uluslararası su hukuku çerçevesinde bu nehirlerin kıyıdaş devletler arasında tahsisli olarak nasıl paylaşılacağına ilişkin veriler üzerinde durulacaktır. Helsinki İlkelerinin 4. ve 5. maddeleri başta olmak üzere BM Ulaşım Dışı Su Yolları Sözleşmesinin 5-7. maddeleri çerçevesinde bu nehirlerin kıyı devletleri arasında tahsisli paylaşımına zemin hazırlayacak veriler incelenecektir. Bu nedenle nihai antlaşma için bölgenin tüm koşullarının ve özelliklerinin dikkate alınması gerekmektedir.

4. 4. 1. Kıyıdaş Devletlerin Karşılaştırmalı Su Durumu ve Önemli Projeleri

Devletlerin halen yapmış oldukları ve yapım aşamasında olan bir çok projeleri olmakla birlikte yukarıdaki tablo sadece devletlerin rezerve ettikleri su kaynaklarını göstermektedir. Tablo-19'dan da anlaşılacağı gibi Türkiye, kaynak devlet olması avantajı ile diğer devletlere göre daha fazla kapasiteli göl ve barajlara sahiptir. Her üç devletin sahip oldukları su kaynaklarını yukarıdaki konularda ayrı ayrı açıklandığından bu tabloda belli başlı projeler bazında bilgiler verilmiştir. Bu devletlerin sahip oldukları su kapasiteleriyle nüfus ve sulanabilecek tarımsal alan arasındaki ilişki dikkate alınırsa, su kaynaklarının gelişmiş devlet standardına göre yetersiz olduğu anlaşılmaktadır.

---

[1] FAO, "Syria", (web), "Irrigation and drainage development" kısmı.
[2] Kolars ve Mitchell, a. g. e. , s. 282. Bkz. yukarıda "Suriye'nin su durumu ve projeleri" konusu

Tablo-19. Bazı Ortadoğu Devletlerinin Su Kaynakları[1]

Devlet	Baraj/göl	Kapasitesi (milyar m^3olarak)	Alanı($1x10^6m^2$)	Oran (kapasite/Alan)
Türkiye	Keban	30.6	675	44.4
	Karakaya	9.58	298	32.1
	Atatürk	48.7	817	59.6
	Birecik	1.22	56.25	21.7
	Karkamış	0.2	28.4	7.0
Suriye	Tişrin	1.3	70	18.6
	Tabka (Al-Thawrah)	11.7	628	18.6
	Ba'ath	0.09	2.7	33.3
	Martyr Basel Al-Assad*	0.605	92.5	6.5
Irak	Kadisiye	10	550	18.2
	Habbaniye	3.1	400	7.8
	Fallouja	3.6	?	-
Mısır	Nasır Gölü	78.5	3500	22.4

Kaynak: Kolars and Mitchell, U. S. Army Corps of Engineers.
*Habur Nehri üzerinde. Financial Times, G. W. R. , s.10. (Kolars tarafından ölçülen)

Türkiye, karlı dağları ve yeterli yağmurlarıyla, yerüstü ve yeraltı su kaynakları açısından oldukça talihli bir devlet olmakla birlikte bu bolluk ortasında susuzluk çeken kentleri, çok az bir bölümü sulanan tarım alanlarıyla, doğanın bu cömertliğinden gereği gibi yararlanamamaktadır. Bunun nedeni teknik ve mali donanım eksikliğidir. Bu eksiklik giderilmedikçe, doğal kaynakların, toplumsal servete dönüşmesi mümkün değildir. Bu nedenle

[1] Kolars, "Defining. . . ", s. 109.ve Kolars, "Managing. . . ", s. 137.'den alınmıştır.

aşağıdaki tablolardan da anlaşılacağı gibi Türkiye'nin daha düşük nüfus artış oranına rağmen kişi başına düşen su miktarı düşüktür.

Tablo-20. Kıyıdaş Devletlerin Nüfus Tahminleri:[1]

Devlet	1990	2000	2005[3]	2010[1]	2025	Nüfus artış hızı (%)	
						1990	2005[3]
Suriye	12.36	17.55	18,44	22.5	35.25	3.58	2,34
Türkiye	55.99	68.17	69,66	78.2	92.88	2.05[2]	1,09
Irak	18.08	24.78	26,07	30.9	46.26	3.21	2,70

[1](Bilen, 2001, III bl)., 'Kıyıdaş Ülkelerde 1990-2020 Yılları Arası Nüfus Değişimi'konusu.
[2]2002 yılı verilerine göre artış hızı % 1.57'e düşmüştür.
Bkz.http://www.foreigntrade.gov.tr/ead/gosterge/sosyalgos
[3] CIA verilerine göre bkz. http://www.odci.gov/cia/publications/factbook/index.html

Tablo-20'deki veriler incelenirse, Türkiye'nin nüfus artış oranlarında gittikçe bir azalış görülürken Suriye ve Irak'ın nüfuslarında ciddi bir artış görülmektedir. Bu da su gibi doğal kaynakların kıt olduğu gerçeği dikkate alınırsa, bölgedeki sulara bağımlı olan nüfusun gelecekte ciddi anlamda su sıkıntısı çekeceğini göstermektedir

[1]Yolles, Peter and Gleick, Peter H., "Water, War and Peace in the Middle East", Environment, , Vol. 36 Issue 3, p6, 18p, 4 charts, 1c, 4bw., (April 94), 'table 2. Middle East Population Estimates and Projections' kısmı. (çevrimiçi)macam.ac.il/ ~arnon/Int-ME/water/Water, %20war%20&%20peace%20in%20the%20Middle%20East%203.htm - 101k , 03 Nisan 2003.

Tablo-21. Kıyıdaş Devletlerde Kişi Başına Düşen Yıllık Su Miktarı (m^3)[1]

	1990	2000	2010	2020
Türkiye	3223 (1611)	2703 (1351)	2326 (1163)	2002 (1000)
Suriye	1636	1177	880	760
Irak	2352	1848	1434	1062

Parantez içindeki değerler, Türkiye için faydalanılabilir su potansiyeli olan 91 milyar m^3 yıllık su miktarı esas alınarak hesaplanmıştır.[2] 1993 yılı itibarıyla Bağış'ın yaptığı tespite göre kişi başına düşen yıllık su miktarı Türkiye'de 1830 m^3, Suriye'de 1420 m^3, Irak'ta ise 2110 m^3 olarak bulunmuştur.[3] Başka bir kaynağa göre[4] kişi başına düşen yıllık su miktarı Irak'ta 5.500 m^3, Türkiye'de 4.000 m^3, Suriye'de 2.800 m^3olarak tespit edilmiştir. Söz konusu rakamlar kesin olmamakla birlikte, bölge devletlerinin su tüketimlerini ve ihtiyaçlarını karşılaştırabilme ve bir sonuca varabilme açısından dikkate değerdir. Gelişmiş devletlerdeki 8-10 bin m^3olan kişi başına düşen su miktarıyla karşılaştırılırsa bölgedeki su kıtlığının boyutu ile Türkiye'nin de fazla su zengini bir devlet olmadığı bu tablodan da anlaşılabilir. Fırat Nehri'nin tamamen, Dicle Nehrinin ise büyük ölçüde düzenlendiği ve her iki ülkede topografik şartların, söz konusu suların ülke genelinde tarıma tahsisini mümkün kıldığı dikkate alınırsa; Suriye ve Irak'ta kullanılabilir su potansiyelinin, tüm su potansiyeline eşdeğer olduğu kabul edilebilir.

---

[1] Bilen, a. g. m. , (web) II.Bölüm, 'kişi başına düşen yıllık su miktarı' kısmı. Gleick'e göre1990 yılı itibarıyla Suriye'de kişi başına 2914, Irak'ta kişi başına 5531 m^3olarak tespit edilmiştir.2025 yılı tahmini ise sırasıyla 1021 ve 2162 m^3 olacaktır. Bkz. Yolles and Gleick , a. g. m. , (web) 'Table 3. Per-Capita Water Availability in 1990 and 2025'kısmı.

[2] Bilen, a. g. m. , (web) II.Bölüm, 'kişi başına düşen yıllık su miktarı' kısmı.
[3] Bağış, "Turkey's Hydropolitics of. . . ", s. 569.
[4] Biçer, a. g. m. (web) "b) Su Kaynakları Açısından Ortadoğu'daki Genel Durum"kısmı.

Kişi başına su miktarı 1000 m^3 civarında ve altında olan devletlerde önemli su sorunları ile karşılaşılacağı genelde kabul edilmektedir. Buna göre, her üç devlet de 2020 yıllarında yaklaşık olarak aynı şartlara haiz olacaktır.

Her devlete ait Fırat-Dicle sularıyla sulanacak alanlara gelince her devletteki sulamaya elverişli topraklar yukarıda ayrıntılarıyla açıklamış olmakla birlikte daha rahat bir karşılaştırma yapmak açısından her devlete ait sulanabilecek toprak miktarı kısaca aşağıda değinilmektedir.

Türkiye: Dicle Nehri ile 557,741 ha; Fırat Nehri ile 1,076,386 ha toprağın sulamaya elverişli olduğu tespit edilmiştir.[1] 1990 yılı verilerine göre Fırat bölgesinde 150 bin ha alanın sulanması için 1.62 milyar m^3 su kullanılmıştır. 2000 yılından sonra aynı bölgedeki 1 milyon 250 bin ha alan için 13.7 milyar m^3/YIL su kullanılması planlanmaktadır. 2040 yılında tüm projeler bittiği takdirde 21.5 milyar m^3/yıl su kullanılacağı hesaplanmıştır.[2]

Suriye: Fırat Nehri sularından 1985-1986 yıllarında Fırat Vadisi'nde 208 bin ha toprak sulanabilmiştir.[3] 1990 yılı itibarıyla 300-500 bin ha alanın sulanması için Fırat sularından 3-5 milyar m^3 su kullanılmıştır. 2000'li yıllarda 795 bin ha alanın sulanması için Fırat Nehrinden 10.3 milyar m^3/yıl su kullanılması planlanmaktadır.[4] Kolars'a göre 1989 yılı itibarıyla 240 bin ha arazi sulanabilmiş, gelecekte ise 640 bin arazinin sulanması planlanmaktadır. Kolars'ın belirttiği gibi bu devletin sulamaya elverişli topraklarının önemli kısmının cipsli olması[5] bir dezavantaj olarak görülmektedir. Dicle sularından ise pompalama yöntemiyle 150 bin ha alanın sulanması planlanmaktadır.[6] Daoudy ise yapılacak projelerle Dicle-Habur

[1] Kliot, a. g. e. , s. 127.Beaunmont ve Kolars da aynı olmasa da aşağı yukarı benzer rakamlar ileri sürmüşlerdir. Bkz. Beaumont, a. g. m. , s. 172 ; Kolars ve Mithcell, a. g. e. , s. 268.

[2] Kolars, "Problems of. . . ", s. 86 ; Kliot, a. g. e. , s. 134.

[3] Kolars and Mitchell, a. g. e. , s. 276.

[4] Kliot, a. g. e. , 141.

[5] Kolars and Mitchell, a. g. e. , s. 282.

[6] FAO, "Syria", (web), "Trends in water resources management"kısmı.

havzasında 614,804 ha alanın sulanmasının planlandığını belirtmektedir.[1]

Irak: 1990 yılı tahminlerine göre Irak'ın tam veya kısmi kontrollü sulama ile sulanabilir toprakları 3.5 milyon ha dır. Bunun % 3'ü (105 bin ha) Şattülarap havzasında, %67'si (2 milyon 200 bin ha) Dicle Havzasında ve % 30'u (1 milyon ha) Fırat Havzasındadır. Bununla birlikte sulardaki tuzluluk ve su taşkınlıklarından dolayı bu alanların tümü sulanamamaktadır. 1993 yılı itibarıyla sadece 1936000 ha nın sulandığı tahmin edilmektedir.[2] Kıyıdaş devletler içinde Dicle–Fırat sularıyla en fazla sulanabilecek alan Irak'ta bulunmaktadır. Irak'ın daha önceki kullanımları da her zaman diğer kıyıdaşlarınkinden fazla olmuştur. Fırat Havzasında 1990 yılı verilerine göre 13.0-15.0 milyar m^3/yıl, Dicle Havzasında 28.0-32.0 milyar m^3/yıl su kullanılmıştır.[3]

---

[1] Daoudy, M., a. g. m. , 'water and soil quality' kısmı ile 'The construction of dams' kısmı.
[2] FAO, "Iraq", (web), "Irrigated areas" başlığında.
[3]Kliot, a. g. e. , s. 144.

4. 4. 2. Üç Kıyıdaş Devletin Fırat-Dicle Nehirleri Sularından Gelecekteki Talepleri

a) Gelecekteki Su Talepleri

Su talebi iki yönden düşünülebilir: biri, suyun yeterince elverişliliği durumunda talebin karşılanması, diğeri ise su kıtlığı nedeniyle talebin karşılanamaması. 1960 lı yıllara kadar havzadaki her üç devletin talebinin karşılanmasında önemli sorun yaşanmamıştır. Nüfus artışı ve sanayileşme süreci ve diğer nedenlerle su talebi arttıkça su arzında gittikçe artan açıklar meydana gelmiştir.[1] Türkiye'de, GAP tamamlandığında Fırat Havzasında 1 083 000 ha alanın sulanması için 9 milyar m^3/yıl, Dicle Havzasında 558 000 ha alanın sulanması için 3.7 milyar m^3/yıl kadar suyun kullanılacağı planlanmaktadır. Bununla beraber yapılan toprak araştırmasına göre ha başına 10 000 m^3 kadar suyun kullanılacağı tespit edilmiştir. Bu da kullanılacak su miktarının Fırat Havzasında 10 milyar m^3/yıl, Dicle Havzasında ise 5.58 milyar m^3/yıl olacağını göstermektedir.[2] Bazı yazarların vardıkları ortak nokta, Fırat sularının kullanılması durumunda her üç devletin ihtiyacının yeterince karşılanamayacağıdır. Dicle Nehri konusunda ise sorun, Fırat Nehrindeki gibi önemli boyutta değildir. Hem Kolars hem de Kliot, tüm projelerin tamamlanması durumunda Türkiye'nin Fırat sularından yıllık 21.5 milyar m^3 dolayında su talebi olacağını belirtmişlerdir.[3] Beaumont ise buna itiraz etmektedir. Ona göre Fırat'ın sularından 1 083 000 ha dolayında sulama yapılacağı dikkate alınırsa bu rakam çok yüksek kalmaktadır. 2020 yılında tahmin edilen 21.5 milyar m^3/yıl su talebi ile ha başına 19 853 m^3 dolayında su kullanılacağı anlamına gelmektedir.

Tablo-22. Değişik Kaynaklara Göre 2020 Yılından Sonra Fırat Nehrinin Elverişli Su Kapasitesi ve Kıyıdaş Devletlerin Su Talebi. (milyar m^3/yıl olarak)

Devlet	Kolars	Kliot	Altınbilek	DSİ[1]
Türkiye (talep)	21.6	21.5	14.5	18.42

[1] Beaumont, a. g. m. , s. 177.
[2] Aynı eser, s. 172 ve 177.
[3] Kliot, a. g. e. , s. 135. ; Kolars, "Problems of. . . ", s. 86. (Bkz. Tablo-22.)

Suriye (talep)	11.995	13.4	5.5	11.50
Irak (talep)	17.00	16.00	15.5	23.00
Toplam talep	50.595	50.9	35.5	52.92
Elverişli su miktarı	32.750	31.00	31.680	35.58
Denge	-17.875	-19.900	-3.820	-17.34

Kaynak: Beaumont, a.g.m., s.178. [1] DSİ'ye göre Irak'ın Fırat Nehrinden talep ettiği su miktarı 23 milyar m^3 tür. Bkz. T. C. Dışleri Bak. ., a. g. e., s. 7.; Akmandor, a. g. m. , s. 22.

Daha gerçekçi tahmin 10.830 milyar m^3/yıl su talebi ile ha başına kullanılacak su miktarının 10000 m^3 olacağıdır. 12000 m^3/ha dolayında su kullanılsa bile azami su talebi ancak 12.996 milyar m^3/yıl olacaktır. Buharlaşmadan kaynaklanacak su kaybı dikkate alınırsa toplam su talebi 11.913 ila 14,079 milyar m^3/yıl olacaktır. Altınbilek'in tahmini bu tespite daha yakın görülmektedir.[1] Ne var ki, bölgede yıllık toplam 17.7 milyar m^3 ile 19.0 milyar m^3 düzeyinde su miktarına ihtiyaç duyulacağını belirleyen GAP Raporunun verileri[2] Kolars ve Kliot'un verilerine daha yakındır. Bununla birlikte DSİ verilerine göre Türkiye'nin su talebi 18.42 milyar m^3/yıl olacağının belirlenmesi,[3] Altınbilek ile Kolars ve Kliot'ın verileri arasında ortalama miktar olarak dikkat çekmektedir. Suriye için Kolars 11.995 milyar m^3/yıl, Kliot 13.4 milyar m^3/yıl su talebi olacağını tahmin ederken [4], Altınbilek 5,5 milyar m^3/yıl tahmin etmiştir. Suriye tarafından daha sonra geliştirilecek sulu alanların boyutunda gerçekleşecek değişiklikler nedeniyle bu rakamları değerlendirmek zor görünmektedir.[5] Bununla birlikte Suriye'nin 1999 yılı resmi istatistikleri uyarınca Fırat sularından 4.1 milyar m^3/yıl tarımsal

[1] Beaumont, a. g. m. s. 177. ; bkz. Tablo-23. ; Beaumont, Altınbilek'e ait verileri Altinbilek, H. D. 1997. Water and land resources development in southeastern Turkey. *International Journal of Water Resources Development*, vol. 13, no. 3.'ten almıştır.

[2] GAP Ana Raporu, s. 67.

[3] T. C. Dışişleri Bakanlığı, a. g. e. , s. 7. ; Akmandor, a. g. m. , s. 22.

[4] Kliot, a. g. e. , s. 141. ; Kolars, "Problems of. . . ", s. 86. DSİ de Kolars'a yakın rakam olan 11.5 milyar m^3 olduğunu belirtir. Bkz. T. C. Dışişleri Bakanlığı, a. g. e. , s. 7. ; Akmandor, a. g. m. , s. 22.

[5] Beaumont, a. g. m. s. 178.

sulamada, 84 milyon m^3/yıl endüstride ve 270 milyon m^3/yıl kentsel kullanımda olmak üzere 4.454 milyar m^3/yıl su kullanılmıştır.[1] Bu miktarlar, Altınbilek'in tahminine daha yakın olarak gerçekleşmiştir. Suriye'nin tüm projeleri tamamlandığında sulu alanların 475000 ile 1 milyon ha arasında olacağı düşünülmektedir. Bununla beraber bu sulanacak toprakların en az 10,000 m^3/ha için 4.750 milyar m^3/yıl, en çok 12,000 m^3/ha için 12.00 milyar m^3/yıl kadar suya ihtiyaç duyulacağı tahmin edilmektedir. Buharlaşmadan kaynaklanacak su kaybı ise 630 milyon m^3/yıl olacaktır.[2]

Tablo-23. 2020 Yılından Sonra Fırat Nehri'nden Sulama Suyu Talebi (milyon m^3/yıl olarak)

Devlet	Sulama suyu kullanımı	Buharlaşma	Toplam
Türkiye	10830-13000	1100	12000-14000
Suriye	4750-12500	630	5400-12600
Irak	24400-27500	600	25000-28100
Toplam talep	42300-54800		
Elverişli su miktarı	31800		
Denge	-10500,-23000		

Kaynak: Beaumont, a. g. e. , s. 179. Not: Türkiye ve Suriye için minimum sulanabilir alan değerleri minimum 10000 m^3/ha su tarifesi kullanılarak hesaplanmıştır. Maksimum sulanabilir alanlar için 12000 m^3/ha tarifesi kullanılmıştır. Irak için sırasıyla 13300 ile 15000 m^3/ha su tarifleri kullanılmıştır.

Irak'ın su talebine gelince, bu daha çok Türkiye ve Suriye'nin kullanımına bağlı olarak değişiklik gösterecektir. Fırat sularından yukarı kıyıdaki iki devletin faydalanması maksimum olduğu takdirde Irak'a Fırat sularından 5 milyar m^3/yıl dolayında akış gerçekleşecektir. Yapılan tespitlere göre Irak'ın 1960 lı yıllarda Hit ve Hindiya arasındaki 1,230,000 ha dolayındaki toprağın sulanması

---

[1] Doudy, a. g. m. (web), "Table 3:water uses in Eupharates Basin" kısmı.
[2] Beaumont, a. g. m. s. 178. (Bkz.Tablo-23.)

için Fırat suyundan yıllık 16.368 milyar m^3/yıl kullanmıştır.[1] Çünkü bu dönemde Irak'ın bu alanda yoğun sulama çalışması yaptığı bilinmektedir. Shapland, Irak'ın Suriye'ye göre avantajının daha fazla olduğunu belirtmektedir. Fırat'taki azalmaları Tartar Kanalıyla telafi edebilme avantajının yanı sıra Dicle Nehrinden de Türkiye ne kadar kullansa dahi Dicle'yi besleyen önemli kollar Irak'ın içinde olduğu için Irak fazla olumsuz etkilenmeyecektir.[2] Altınbilek, Irak'ta 1970 yılında Fırat sularından 400 000 ha, Dicle sularından 800 000 ha dolayında toprağın sulandığını belirtmekle beraber bu rakamlarda hatalı bir durum vardır. Çünkü Mclachlan 1970 yılında Irak'ta Fırat-Dicle Havzasında toplam 3 680 000 ha alanın sulandığını tespit etmiştir.[3] Kliot ise 1990 lı yılların başında Irak'ta 1 ila 1,29 milyon ha arazinin sulanması için 13-15 milyar m^3/yıl kadar Fırat sularından kullanıldığını tespit eden verilere dayanmaktadır.[4] Ne var ki 1980'li yıllardaki Irak-İran savaşı nedeniyle sulanan tarımsal topraklarda düşüş olduğu da göz önünde bulundurulmalıdır. Kliot tarafından ileri sürülen Fırat sularından sulanacak toplam arazinin 1 833 000 ha olduğu[5] dikkate alınırsa, Irak'ın gelecekteki su ihtiyacı, ha başına 13300 m^3 su kullanılmak üzere yıllık 24.379 milyar m^3'e yükselebilir. Eğer Tablo-23'te geçen 15000 m^3/ha oranı dikkate alınırsa, toplam su ihtiyacı 27.495 milyar m^3/yıl'a ulaşır. Tablo-23'te görüldüğü gibi 2020 yılından sonra Fırat Nehrinde ortaya çıkacak potansiyel su açığı 10.5 den 23 milyar m^3/yıl'a kadar çıkabilir. Bu durumda Fırat Nehrinin Suriye ve Türkiye'nin tüm ihtiyaçlarını karşılaması durumunda Irak'a yok denecek kadar çok az su miktarı düşecektir.[6] Bununla birlikte Shapland'a göre Irak'ın 1990 yılında Suriye ile yaptığı antlaşmaya göre 9.3 milyar m^3/yıl'a karşılık gelen %58 oranında Fırat sularından Irak'ın payına düştüğü takdirde, 620 bin ha dolayında bir alanı sulayabilecektir. Bu da şu anda Fırat suları ile suladığı alanın üçte ikisini oluşturmaktadır. Eğer Suriye,

---

[1] Aynı yer. (Ubell 1971 den naklen)
[2] Shapland, a. g. e. , s. 131.
[3] Beaumont, a. g. m. , s. 179.
[4] Kliot, a. g. e. , s. 144.
[5] Aynı eser, s. 145.
[6] Beaumont, a. g. m. s. 179.

belirlediği resmi hedefler altında sulama gerçekleştirirse, Irak'a 780 bin ha sulayabilecek 10.5 milyar m^3/yıl su kalacaktır.[1]

Dicle Nehri durumuna gelince, Tablo-24'te görüldüğü gibi Türkiye'nin bu nehirden yıllık 6.7 ila 8 milyar m^3 arasında ihtiyacının olacağı tahmin edilmektedir. Beaumont'ın yaptığı hesaplamaya göre sulanması planlanan 558,000 ha arazi için 5.580-6.696 milyar m^3/yıl arasında suya ihtiyaç duyulacaktır.[2] Beaumont, Suriye'nin Dicle Nehri sularından ne kadar kullanacağının belirsiz olduğunu[3] ileri sürmekle beraber DSİ kaynaklarına göre[4] Suriye'nin bu nehre katkısının olmadığı halde bu nehirden 2.6 milyar m^3/yıl talep ettiğini belirtmektedir (Tablo-24). Suriye'nin 1999 yılı itibarıyla resmi verilerine göre Dicle-Habur Havzasında daha çok tarımsal sulamada olmak üzere toplam 3.25 milyar m^3/yıl su kullanılmış, bu havzada 210 bin ha dolayında alan sulanmıştır.[5] Bununla birlikte kullanılan bu suların ne kadarının Dicle'den alındığı belirtilmemiştir.

Tablo-24. Değişik Kaynaklara Göre 2020 Yılından Sonra Dicle Nehrinin Elverişli Su Kapasitesi ve Kıyıdaş Devletlerin Su Talebi. (milyon m^3/yıl olarak)

Devlet	Kolars	Kliot	Altınbilek	DSİ[1]
Türkiye'nin talebi	6700	7200	8000	6870
Suriye'nin talebi	0	500	0	2600
Irak'ın talebi	29200	40000	31900	45000
Toplam talep	38700	47700	39900	54470
Elverişli su miktarı	49200	48000-52600	49750	48670
Denge	+10500	+300,-4900	+9670	-5800

Kaynak: Beaumont, a. g. m. , s. 181. [1]T. C. Dışişleri Bakanlığı, a. g. e. , s. 8.

[1] Shapland, a. g. e. , s. 130.
[2] Bkz.Tablo-25.
[3] Beaumont, a. g. m. , s. 179 ve 172.
[4] T. C. Dışişleri Bakanlığı., a. g. e. , s. 8.
[5] Daoudy, M., a. g. m. (web), "The Khabur-Tigris Basin"kısmı.

Suriye'nin,Dicle nehrinden Habur nehrine aktarma yapmak için saptırma yapabilmesi ihtimali olsa da bunu gerçekleştirmesi başta fiziksel ve doğal faktörler nedeniyle zor görülmektedir. Nehir sularının elverişli tarımsal arazilere aktarılması sorunu nedeniyle Suriye'nin bu nehir sularını kullanımı sınırlı düzeyde kalmaktadır.[1]

Irak'ın Dicle sularıyla ilgili talebi ise yazarlara göre 29.20-40.00 milyar m^3/yıl arasında değişmektedir. Kliot, 1980'li yılların sonunda Dicle sularından toplam 2 milyon ha arazinin sulandığını tespit eden veriler olduğunu belirttikten sonra, her iki nehrin sularından ise toplam 2.4-4 milyon ha arasında arazinin sulandığı sonucuna varmaktadır.[2] Irak'ın Dicle Nehrinden talep ettiği su miktarının 45 milyar m^3/yıl olduğu DSİ tarafından ileri sürülmekle[3] birlikte bu devletin 1990 yılı itibarıyla söz konusu nehirden arazi sulaması da dahil 28-32 milyar m^3/yıl dolayında su tükettiği[4] dikkate alınırsa muhtemel tüketimin 45 milyar m^3/yıl seviyeye ulaşması, Türkiye'nin de gittikçe artan kullanımı dolayısıyla zor görülmektedir.

Tablo-25. 2020 Yılından Sonra Dicle Nehri'nden Sulama Suyu Talebi (milyon m^3/yıl olarak)

Devlet	Sulama suyu kullanımı	Buharlaşma	Toplam
Türkiye	5600-6700	630	6200-7300
Suriye	0	0	0
Irak	37200-60000	1000	38200-61000
Toplam talep	44400-68300		
Elverişli su miktarı	52700		
Denge	+8200,-15700		

Kaynak: Beaumont, a. g. m. ,s. 182. Not: Türkiye için minimum sulanabilir alan değerleri minimum 10000 m^3/ha su tarifesi kullanılarak hesaplanmıştır. Maksimum

[1] Beaumont, a. g. m. , s. 180.
[2] Kliot, a. g. e. , s. 146.
[3] T. C. Dışişleri Bakanlığı, a. g. e. , s. 8.
[4] Kliot, a. g. e. , s. 144.

sulanabilir alanlar için 12000 m^3/ha tarifesi kullanılmıştır. Irak için sırasıyla 13300 ile 15000 m^3/ha su tarifeleri kullanılmıştır.

Bu veriler dikkate alınırsa Irak'ın potansiyel su talebi, 13300-15000 m^3/ha oranlamasıyla 37.24-60.00 milyar m^3/yıl olacaktır. Tablo-25'teki veriler dikkate alınırsa Irak'ın tüm su rezervuarları için buharlaşmadan kaynaklanan maksimum su kaybı en az 1.00 milyar m^3/yıl olacağı tahmin edilmektedir. Bu verileri Dicle'nin tümü için dikkate alırsak en düşük oranlı miktar için yıllık 8.00 milyar m^3/yıl su fazlalığı olurken, yüksek oranlı miktar kullanılırsa 15.5 milyar m^3 /yıl dolayında su açığı olacaktır. 2020 yılından sonra Fırat ve Dicle nehirlerinin tümüne ilişkin toplam su talebiyle ilgili veriler özetlenirse minimum su açığı 2.233 milyar m^3 /yıl olarak tahmin edilirken maksimum su açığı 38.641 milyar m^3/yıl olarak tahmin edilmektedir ki bu Fırat'ın ortalama akımından fazladır.[1] Bu veriler ışığında gelecekte yapılacak muhtemel hakkaniyete dayalı ve makul su paylaşımıyla ilgili olarak, Kliot'a göre hidrocoğrafya temeline dayanan Fırat-Dicle sularının taraflar arasında hakkaniyete dayalı paylaşımında diğer faktörler dikkate alınmadığı takdirde Türkiye'ye % 40, Suriye'ye %10 ve Irak'a %50 oranında birleşik sulardan pay düşmektedir. Bu da ancak taraflar arasında entegre planların yapılarak uygulanmasıyla mümkün olabilecektir.[2]

Aşağıdaki tabloda GAP projesi tamamlandıktan sonra her bir devletin Fırat-Dicle nehirlerinden taleplerini ve su miktarını değişik yıllara göre karşılaştırmalı olarak verilmiştir. Birindeki fazlalığın diğerindeki açıklığı ne kadar telafi edeceğini incelemek için, veriler her iki nehir için ayrı ayrı olarak gösterilmektedir. Bu tablo şu dayanaklar üzerinde düzenlenmiştir: Birincisi, toplam tüketimler tüm kullanımlar dikkate alınarak hesaplanmıştır. İkincisi su mevcudu Fırat için 31.0 milyar m^3/yıl, Dicle için 48.0-52.6 milyar m^3/yıl olmak üzere toplam 79-83.6 milyar m^3/yıl olarak dikkate alınmıştır. Üçüncüsü ise Fırat-Dicle için denge hesabı kuraklığın yaşanmayacağı, Türkiye'nin Fırat Nehrinin akışında kesintiye gitmeyeceği gibi oldukça iyimser tahminlere dayanmıştır. Bu

[1] Beaumont, a. g. m. , s. 180.
[2] Kliot, a. g. e. , s. 116.

koşullardaki herhangi bir değişiklik, Suriye ve Irak'ı bu nehirlerin sularından faydalanmalarında önemli sıkıntılarla karşı karşıya bırakabilir.

Tablo-26. 1990, 2005 ve 2040 Yılı İtibarıyla Fırat-Dicle Havzasında Kıyıdaş Devletlerin Su Talepleri ve Su Mevcudu (milyar m^3 olarak)[1]

Devlet	Fırat			Dicle			Toplam		
	1990	2005	2040	1990	2005	2040	1990	2005	2040
Talep									
Türkiye	2.8	7-11	21.5	0	3.7	7.2	2.8	10.7-14.7	28.7
Suriye	5.9	6-7	13.4	0	0.5?	0.5?	5.9	6.5-7.5	13.4-13.9
Irak	13-15	16	16	28-32	40.5	40	38-45	59.5	61.7
Su mevcudu									
Türkiye	28.2	28.2	28.2	18.5	18.5	18.5	46.7	46.7	46.7
Suriye	30.1-31.1	16-20	13.6-16.1	_	_	_	30.1-31.1	16-20	13.6-16.1
Irak	27-29	10-13	10.6	48.2-52.6	45	40.5	75-81	47-53	47.6-51.1

Denge	1990	2005	2040
Türkiye	+43.9 +44.9	+32.0 +36.0	+18.0
Suriye	+24.2 +27.4	+9.5 +13.9	-0.5 +2.7
Irak	+30.0 +37.0[a]	-12.5 -6.5	-14.1 -10.6

Kaynaklar: Beaumont 1978, Allan 1987, Türk Hükümeti 1989, Gischler 1979, Shahin, ABD Ordusu Mühendisler Kurulu 1991.[a] Bu dengede su kayıpları da dahildir.

[1] Aynı eser, s. 148.

Her hangi bir durumda bu tabloya göre Fırat-Dicle sisteminde en dezavantajlı devlet Irak olmaktadır. Suriye Irak'a nazaran daha az su kıtlığıyla karşılaşmaktadır. Türkiye yıllık 16 milyar m^3 ten fazla bırakmadığı sürece aşağı devletlerin sulardan istedikleri şekilde faydalanmaları gittikçe güçleşecektir. Aşağıdaki tabloda da görüleceği gibi Türkiye dışında kıyıdaş devletlerin yıllara yayılmış talepleri artarken sahip olunan su mevcudunda gittikçe bir düşme görülmektedir. [1]

Tablo-27. 1990 ve 2000 Yılları Sonrası Türkiye, Suriye ve Irak'ın Toplam Su Kapasiteleri ve Talepleri (milyar m^3 olarak)

Devlet	1990			2000 sonrası		
	Yer altı	Yüzey suları	Talep	Yer altı	Yüzey suları	Talep
Türkiye	0.500	95.0	43.3	0.5	95.5	56.3
Suriye	2.0-3.6	28-34	7.8	2	19-20	14.9
Irak	0.400	75.2-81.6	43-44	0.400	47-53	59.5

Kaynaklar: Shahin 1989, US Army of Engineers 1991, Beaumont, Blake, and Wagstaff 1988, Gischler 1979, Bilen ve Uskay 1991. (Kliot, a. g. e., s. 149.)

Ulaşım dışı su yollarının kullanımıyla ilgili BM Sözleşmesi'nin 7. maddesinde geçen "Önemli Zarar Vermeme" ilkesi itibarıyla düşünülürse, Türkiye'nin GAP programı çerçevesinde tarımsal alanda kullanacağı suların nitelik değiştirerek ana nehirlerin sularına karışması, aşağı devletlerde tarımsal üretimde olumsuz etki bırakacağı düşünülmektedir. GAP projeleri tamamlandıktan sonraki yıllarda Suriye'ye akan Fırat sularının % 40'ı ve Irak'a akan Dicle sularının % 25'i bu projelerde kullanılmış sulardan oluşacaktır. Fırat Nehri Suriye'de kullanıldıktan sonra da Irak'a geçerken bu oran % 50'ye çıkacaktır. Bu durum söz konusu BM Sözleşmesi'nin "Önemli Zarar Vermeme" ilkesine aykırı değerlendirilmektedir.[2] Bununla

[1]Aynı eser, s. 147-148.
[2]Aynı eser, s. 149.

birlikte 1990 yılından sonra GAP bölgesindeki önemli projeler tamamlandığı halde şimdiye kadar aşağı devletlerde önemli zarar görüldüğü yönünde ciddi anlamda herhangi bir tespit yapılmış değildir. Suların her devletin asgari ihtiyacını karşılayacak kadar yeterli olması, 1990'lı yıllarda önemli kuraklığın yaşanmaması ve ayrıca kıyı devletlerinin projelerini eş zamanda yapmamaları bunun önemli bir etkenidir. Zaten I. Bölümde de incelediğimiz gibi önemli zarar, maddi ve ölçülebilir değerlerin üzerinde tespit edilebilmektedir. Özellikle 1990 yılından zamanınıza kadar tarımsal ve diğer alanlarda suların aşağı devletlerde azalmasından söz edilmişse de bağımsız kaynaklarca ciddi bir zarar tespit edilmiş değildir.

Ayrıca alternatiflerin elverişliliğiyle ilgili hükümler içeren söz konusu BM Sözleşmesi'nin 6/1(f) maddesi ile ve suların tahsisi sürecinde hakkaniyet ilkesine esas olmak üzere diğer kaynakların elverişliliği koşulunu düzenleyen Helsinki İlkeleri'nin V(h) maddesine göre düşünülürse devletlerin ikame edebilecekleri sahip oldukları diğer kaynakların da dikkate alınması gerekmektedir. Her üç devletin su kaynakları incelenince diğer kıyıdaşlara nazaran Türkiye'nin sahip olduğu su kapasitesinde üstünlüğü ortaya çıkmaktadır. Nitekim Fırat ve Dicle Nehirleri Türkiye'nin toplam su mevcudunun % 40 kadarı iken aynı nehirler Irak'ın toplam su mevcudunun % 80-85'ni, Suriye'nin ise % 98'ini oluşturmaktadır. Buna göre Türkiye'ye nazaran Irak ve Suriye'nin daha fazla bu sulara bağımlılığı söz konusudur. Yani Türkiye'nin su kaynakları yönünden alternatifleri aşağı komşularınınkine göre daha fazladır.[1] Bununla birlikte "Alternatiflerin Elverişliliği" faktörü Fırat-Dicle Havzası sularının paylaşım sürecinde sadece sahip olunan su kaynakları ve sulanacak alanlar açısından düşünülmemesi gerekir. Türkiye'nin enerji kaynakları çok kıt olduğu olduğundan, enerji açığını ithal yoluyla kapatmak yerine nehirlerinden enerji üretmekle ikame etmeye çalışmaktadır.[2] Suriye'nin ve özellikle Irak'ın petrol gibi enerji ihtiyaçlarını karşılayabilecek kaynakları olması ayrıca hidro

---

[1]Aynı eser, s. 150.

[2]Bkz. supra, "Türkiye'nin sahip olduğu su kaynaklarını kullanmaya yönelten başlangıçtaki neden"ile başlayan paragraf. ("3.2.3. Türkiye'nin Su Durumu ve Projeleri" başlığı altında)

enerji üretimi için Türk tarafının yer koşulları Irak ve Suriye'ninkinden daha müsait olması, "Alternatiflerin Elverişliliği" ilkesi ile suların kullanımında özellikle enerji üretimi açısından Türkiye'nin önceliği mümkün olabilmektedir.

Muhtemelen eşitlik ve hakkaniyet ilkelerinin yerine getirilmesinin sağlanması için, önemli zarara yol açmaması koşuluyla, Türkiye'nin Fırat-Dicle su dengesine sağlayacağı katkıdan daha fazla bu faktöre ağırlık verilmesi gerekebilir. Türkiye'nin uyguladığı sulama sistemi, suyun fazla harcanmasına neden olan yetersiz ve geleneksel metotlar uygulayan Suriye ve Irak'ınkinden daha modern ve daha etkilidir. Bu nedenle kullanılan geri sulama sistemi nedeniyle sulara olan talepte gittikçe artış gözlenmektedir. Bu durumda Kıyıdaşlar arasında yapılacak uzlaşma aslında Türkiye'nin bu sulardan daha az faydalanmasına dayanmaktadır. Fırat Nehrinin aşağı devletlere 19-20 milyar m^3/yıl akışı sağlanırsa Atatürk Barajını ve diğer barajları doldurmaya yetecek 6-8 milyar m^3/yıl miktar Türkiye'nin ihtiyacını karşılayabilir.[1] Bununla beraber bu miktar tarımsal sulama için yeterli olmakla birlikte enerji üretimi için yetersiz olabilir. Alternatiflerin elverişliliği bağlamında Irak ve Suriye'nin sahip oldukları petrol ürünleri ve diğer kaynaklar ile tarımsal sulamayla gerçekleştirilecek gıda maddelerini ithal yoluyla ikame edebilme şansları da dikkate alınmalıdır. Nitekim Irak, Körfez Savaşı öncesine kadar gıda maddelerinin ¾ ünü petrol ithalatıyla temin etmekteydi.[2] İthal ikame ile ihtiyaçların karşılanması kısa dönemde mümkün olmakla birlikte petrolün kıt olması ve yenilenebilir olmaması nedeniyle uzun dönemde elverişli olmayabilir. Bölgenin güneş ışığı açısından avantajlı olduğu dikkate alınırsa, solar enerji üretimiyle ilgili projelere ağırlık verilmesi her üç kıyı devletin enerji sorunlarına çözüm getirebilir.

b) Su Kalitesi ve Çevre Sorunu

Fırat-Dicle nehirleriyle ilgili yapılan değerlendirmelerde suyun kalitesinden ziyade suyun miktarı üzerinde durulmuştur. Halbuki suyun kaliteliliği en az suyun miktarı kadar önemlidir. Fırat

---

[1] Kliot, a. g. e. , s. 150.
[2] Shapland, a. g. e. , 132.

ve Dicle suları yağışların yoğun olduğu ve karların erimeye başladığı ilkbahar mevsiminde kalitesi oldukça yüksek olmakla beraber tarımsal sulamada kullanıldıktan sonra kalitesinde gittikçe bir azalma olmakta ve tuzluluk oranı gittikçe artmaktadır. Kullanıldıktan sonra beraberinde çözülmüş kimyasal maddeler de içeren atık suların ana nehir sularına geri dönüşümü nehrin genel kalitesini olumsuz etkilemektedir.[1] Zaman zaman somut olarak "Önemli Zarar"a yol açabilecek mahiyette Türk sulama projelerinin atık sularının döküldüğü Balık ve Habur nehirleri, besledikleri Fırat sularını kirletebilmektedir. Normal yıllık akışları düşük düzeyde olan bu nehirler daha çok tarımsal sulama sularının geri akışları ile bunların suları normalden 3.5 kat artmaktadır. Ana nehir olan Fırat'ın suları üzerinde etkilerinin ne kadar olduğu bilinmemekle beraber akışın düşük olduğu yaz dönemlerinde oldukça yüksek olduğu tahmin edilmektedir. Buna göre özellikle Fırat Nehrinin suları yukardan aşağıya doğru akarken kalitesinde gittikçe bir azalma olmakta ve bundan en çok olumsuz etkilenen devlet, Irak olmaktadır. Ayrıca Irak'ın güneyinde tarımsal alanlarda kullanılamayan bu sular bataklıklar oluşturmaktadır. Bu bataklıklar Irak tarafından drenaj kanalları oluşturularak kurutulmaya çalışılarak bu sular değerlendirilmekle beraber bu alandaki projeler teknik ve ekonomik nedenlerden dolayı yetersizdir.[2] Fırat ve Dicle Nehirleri genellikle 1. kalite ham su özellikleri taşırlar. Fırat ve Dicle havzaları'nın yukarı ve aşağı mecraları çevresinde yer alan kentsel yerleşmelerin pis su atıkları çoğunlukla arıtılmadan alıcı ortama verilmektedir. Yerleşim alanlarının ve tarım alanlarının yoğun atıklarını verdikleri noktalarda, pek çok parametre 4.kaliteye kadar su özellikleri göstermektedir. Sanayileşmenin düşük oluşu ve tarımsal savaşım ilaçlarının az kullanılması şimdilik kirlenmenin daha fazla olmasını engellemekle[3] beraber ilerde önemli problemlere yol açabilir.

---

[1]Beaumont, a. g. m. , s. 180.
[2] Kolars, "Managing. . . ", s. 138-139. ; Beaumont, a. g. m. , s. 181-182.

[3] GAP Ana Raporu, s. 130.

4. 4. 3. Kıyıdaş Devletlerin Fırat-Dicle Sularını Hakça ve Makul Kullanımlarını Etkileyen Ekonomik , Sosyal ve Tarımsal Durumu

4. 4. 3. 1. Genel Olarak

Birinci bölümde değinilen Helsinki İlkeleri ile BM Sözleşmesinin getirdiği düzenlemelerin havza devletlerinde hüküm süren ekonomik ve sosyal koşullar bağlamında önemli yeri vardır. Taraflar arasında yapılacak antlaşma, uluslararası su yollarına bağımlı nüfusun boyutu, kıyı devletlerin ekonomik ve sosyal ihtiyaçları ile diğer kaynakların elverişliliği ve telafi edilebilirlik özelliği temelinde olacaktır.

Fırat-Dicle Havzasındaki üç kıyı devletinin ekonomik ve sosyal koşullarının dört ana özelliği bulunmaktadır:

1. Türkiye dışında bölgedeki nüfus artışı yüksektir. (Türkiye'nin ki de yüksek olmakla beraber 2000 yılına doğru nüfus artışı azalan biçimde gerçekleşmektedir.) Ortalama yaşam süreleri, hayat standartları, bebek ölümü gibi sosyal göstergeler kıyıdaş devletlerin su gibi doğal kaynaklara olan taleplerini ve kullanım şekillerini etkilemektedir.[1] Ne var ki Türkiye'nin diğer bölgelerine göre daha geri olan GAP bölgesinde nüfus artışı fazladır.[2]

2. Gıda üretimi için Fırat-Dicle sularına bağımlılık seviyesinin belirlenmesi esastır. Her üç devlet de gıda üretiminde kendi kendine yeterlilik politikasını izlemekle beraber bu sulara daha

---

[1] Bkz. World Bank, "Countries and Region" , (çevrimiçi) http://web.worldbank.org/WBSITE/EXTERNAL/COUNTRIES/0,, pagePK:180619~theSitePK:136917, 00.html , 14 Şubat 2004.

[2] 2000 yılı nüfus sayımına göre Türkiye geneli nüfus artışı yıllık % 1.83 olarak gerçekleşirken GAP bölgesinde % 2.47/yıl olmuştur. Bkz. Turkey Water Report, Chapter 6: GAP Case Study, s. 13.

az bağımlı olan ve petrol geliriyle gıda açığını kapatabilecek sevideki devlet Irak'tır. [1]

3. Tarımın gayrı safi milli hasılaya (GSMH)'ye katkısının % 28 olduğu Suriye'de, ve % 18 olduğu Türkiye'de bu sektör, önemli geçim kaynağını oluşturmaktadır. Türkiye'de işgücünün % 45'i, Suriye'de % 25'i tarım sektöründe çalışmaktadır. Irak'ın ise % 7 oranıyla tarıma bağımlılığı daha az seviyededir.[2]

4. Türkiye'nin bölgedeki nüfusunun ihtiyaçları ve tarıma bağımlılıkları nedeniyle Fırat-Dicle sularından faydalanmasında öncelikli olduğunu sonucunu doğurmakla birlikte söz konusu Helsinki İlkelerinin ve BM Sözleşmesinin getirdiği ilkelerinin uygulanmasına dengeli ağırlık verilmediği takdirde bölgedeki suların paylaşımı hakkaniyete dayalı olmayabilir. Çünkü bu ilkelerin göreceli uygulanması Irak'ın Fırat-Dicle sularına bağımlılık derecesine veya Türkiye'nin sahip olduğu alternatif su kaynaklarına uygun olmayabilir. Aslında bu havzada yaşayan nüfusun ekonomik ve sosyal ihtiyaçlarının neler olduğunu tam anlamıyla belirleyip hesaplamanın zor olduğunun ileri sürülmesiyle[3] birlikte, bu ihtiyaçların önemli boyutta tespit edilmesi mümkündür. Çünkü bu havzada yaşayan nüfusun sosyo kültürel ve ekonomik durumları dikkate alınınca sınır aşan sulara ne kadar ihtiyaçlarının olduğu kestirilebilir.

---

[1] Kliot, a. g. e. , s. 160.

[2] Bkz. World Bank, "Countries and Region", (web).Ayrıca bkz. FAO, "Aquastat FAO's Information System on water and agriculture", (çevrimiçi) http://www.fao.org/ag/AGL/aglw/aquastat/countries/index.stm, 22 Aralık 2003.

[3] Kliot, a. g. e. , s. 160.

Tablo-28. Fırat-Dicle Havzası Devletlerinin Sosyal Göstergeleri:

Devlet	Ortalama yaşam süresi			Bebek ölümü (1000 kişiden)			Okuma yazma bilmeyenlerin oranı (%)		Nüfus artış oranı (%)	
	1990	2005	2006	1990-5	2005	2006	1991	2003	1995-2000	2000-2005
Türkiye	67	71,3[a]	71,5[a]	62	23,6[a]	22,6[a]	19	13,5	1.63	1.09
Suriye	66	70.03	70.32[b]	39	29.53	28.61[b]	36	23,1	3.45	2.34
Irak	63	68.7	69.01[b]	56	50.25	48,64[b]	40	59,6	3.23	2.7
İran	63	69.96	--	40	41.58	--	46	20,6	2.62	0.86

Kaynaklar: World Bank 1992, World Resources Institute 1992, Human Development Report 1992 (Kliot, a. g. e., s. 151.); CIA, The World Factbook, 2005, (web). [a] : DPT, Ekonomik ve sosyal Sektörlerdeki Gelişmeler...s. 184. [b] : Mundi, Iraq/Syria Demographics Profile 2006, http://www.indexmundi.com/iraq/

Bu tablodaki veriler dikkate alınırsa ortalama yaşam süresi AB devletlerinin ortalamasından 10 yıl düşüktür. Bebek ölümleri ise Türkiye hariç, AB ortalamasından beş kat fazladır. Havzadaki devletlerin hızlı nüfus artışı ve tarımsal sektöre daha fazla bağımlı olmaları nedeniyle ekonomik problemleri fazladır. Türkiye dışında havzadaki diğer devletlerin nüfus artış oranı yüksek olup yetişkin nüfusun okuma yazma oranı düşüktür.[1] Son yıllarda Türkiye ve Suriye'nin bebek ölüm oranlarında düşüş ve ortalama yaşam sürelerinde artış gözlenirken, istikrarsızlık nedeniyle Irak'ta bebek ölüm oranları artmış ve ortalama yaşam süresi azalmıştır.

[1] Kliot, a. g. e., s. 151.

Devletlerin ekonomik potansiyeline gelince; Türkiye'de, İhracatın % 40'nı oluşturan ve GSMH'ye katkısının % 22 olan iyi gelişmiş bir imalat endüstrisi mevcuttur. Sanayi sektörü 1960-1969 yıllarında %5.8 düzeyinden 1970 li yıllarda % 6 düzeyine artış gösterirken 1980-1988 yıllarında % 3 düşüş göstermiştir.[1] 2000 yılında %5,6 oranında artış kaydederken 2001 yılındaki ekonomik krizin etkisiyle % -6,1 seviyesinde sıfırın altında bir düşüş gerçekleşmiştir.[2] Müteakip yıllarda toparlanma gözlenmiş, 2003 yılında % 9,3 ve 2004 yılında % 10,4 düzeyinde artış kaydetmiştir.[3] Tablo-29 dan da anlaşılacağı gibi önceki yıllardaki tarıma yüksek bağımlılığın sonraki yıllarda azalması ve GSMH'de sanayi payının artması, Türkiye'nin gittikçe geliştiğinin de bir göstergesi olmakla beraber sanayinin gerekli girdisi olan önemli ölçüde doğal gaz ve petrol gibi enerji kaynaklarının dışardan ithal edilmesi ileride sorun oluşturabileceği durumu dikkate alınırsa sanayideki gelişmenin ve tarıma bağımlılığın azalmasının ancak hidrolik enerji gibi yerli enerji kaynakların üretilmesiyle istikrarlı bir yapıya kavuşabilecektir.

2003 yılında % 5,8 oranında büyüyen Gayri Safi Yurtiçi Hasıla GSYİH 2004 yılında % 8,9 oranında büyüme kaydetmiştir. 2004 yılında GSMH'de kaydedilen % 9,9 oranındaki büyüme hızı, 1966 yılından bu yana ulaşılan en yüksek büyüme hızı olmuştur. Söz konusu yılda tarım sektörü katma değeri % 2 oranında artarken, sanayi sektörü katma değer artışı % 9,4 olarak gerçekleşmiştir. Hizmetler sektörü katma değeri, ticaret sektöründeki ve ithalat vergisindeki sırasıyla % 12,8 ve % 26,2 oranındaki artışların etkisiyle, % 10,2 oranında artmıştır.[4]

Suriye'nin en önemli mineral kaynakları arasında petrol bulunmakla birlikte Dünya standartları ölçüsünde 1985 yılı sonu itibarıyla bu devlet, Dünya petrol rezervlerinin ancak % 0.2'si kadar petrol kaynağına sahiptir. Bu kaynak Suriye'ye 25 yıllık bir süre için

---

[1] Aynı eser, s. 160.
[2] *T. C. Dış Ticaret Müsteşarlığı,* Türkiye'nin Ekonomik Göstergeleri, (çevrimiçi) http://www.foreigntrade.gov.tr/ead/gosterge/ekogosterge.xls, 22.03.2005.

[3] DPT, Ekonomik ve sosyal Sektörlerdeki Gelişmeler…s.34
[4] T.C. Resmi Gazete, 2006 Yılı Programı, 2 Kasım 2005, sayı.25984 Mükerrer, s.7.

yetecek seviyededir. Bununla beraber bu petrolün kalitesi, düşük olduğundan Irak'tan ve Suudi Arabistan'dan petrol ithal etmek zorunda kalmaktadır. Dolayısıyla petrol kaynaklarında da Türkiye gibi dışa bağımlıdır. Bunun dışında bu devletin fosfat, gaz gibi yer altı kaynakları mevcut olup petrolle birlikte bu kaynakların GSMH'ye katkısı % 16 dır. Suriye sanayisi çoğunlukla GSMH'ye % 28 katkısı bulunan ve ekonomide en önemli sektör olan tarıma dayalıdır. 1980'li yılların sonunda Suriye ekonomisi giderek zayıflamıştır. Tarımsal üretimin düşmesi, ham maddelerin eksikliği, yetersiz elektrik enerjisi ve imalat sanayide gerileme nedeniyle GSMH düşmüştür. Ekonomiyi gerileten diğer önemli faktör ise petrol fiyatlarındaki düşüştür. Petrol zengini diğer Arap devletlerinin finanssal desteklerini azaltmaları ile önemli ihtiyaç maddelerini ithal edemeyecek kadar gittikçe artan döviz darlığı söz konusu olmuştur. Ekonomideki bu zayıflık daha çok Fırat Nehrinin sularından faydalanılacak tarımsal sektöre ağırlık verilmesine yol açmıştır. Sulamada ise geri tekniklerin kullanılması nedeniyle daha fazla su harcanmakta ve su tasarrufu sağlanamamaktadır.[1] Irak, Lübnan gibi çevresel faktörlerden çok etkilenen Suriye ekonomisi, son yıllarda faiz oranlarının indirilmesi özel bankaların açılması kontrollü de olsa serbest piyasaya geçilmesi gibi ılımlı politikaların izlenmesiyle istikrar kazanmaya başlamıştır. Tarımın % 23, sanayinin % 24 ve hizmetlerin % 53 oranında payı tespit edilen GSMH'de 2004 yılında % 2,3 dolayında artış kaydedilmiş olup, bu artışın müteakip yıllarda devam edeceği beklenmektedir. 2004 yılının kayıtlarına göre toplam işgücünün % 30'u tarımda, % 27'si sanayide ve % 43'ü Hizmet sektöründe çalıştığı tespit edilmiştir. [2]

---

[1]Kliot, a. g. e ., s. 152.

[2] Mundi, Syria Economy Profile 2006, cevrimiçi, http://www.indexmundi.com/syria/economy 20.09.2006.

Tablo-29. Fırat-Dicle Havzası Devletlerinin Ekonomik Göstergeleri:

Devlet	Kişi başına düşen reel gayrı safi iç hasıla		Kişi başına düşen milli gelir		Ortalama GSMH büyüme oranı (%)		Tarımda çalışan işgücü oranı (%)		Tarımın GSMH içindeki oranı (%)		Toplam borcun GSMH içindeki oranı
	(1985-8)	2004	1990	2003	1965-90	2004	1985-90	2002	1990	2003	
Türkiye	3900	7400[a]	1630	2800	2.6	9,9[b]	45.3	35,9	18	11,7	46.1
Suriye	4460	3400	1000	1160	2.9	2.3	24.9	30	28	25	118.1
Irak	3510	3500	3020	--	--	52.3	12.5	--	--	13,6	--
İran	3560	7700[a]	2490		0.1	6,3	36.4	30	21	11,2	7.6

Kaynak: World Bank 1992 (Kliot, a. g. e. s. 152);. World Bank, "Countries and Region", 2003, (web); CIA, The World Factbook, 2005 (web) [a] Satın alma gücü paritesine göre. [b] DPT, Ekonomik Gelişmeler, Yıllık Programlar ve Konjonktür Değerlendirme Genel Müdürlüğü, Şubat 2006, Ankara.s.2.

Irak'ın durumuna gelince; yukarıdaki tablodan da anlaşılacağı gibi Irak'ın ekonomisi tarımdan ziyade petrol ürünlerine dayanmaktadır. Irak'ın sahip olduğu zengin petrol kaynakları bu devletin kalkınmasında önemli yer tutmaktadır. Petrol fiyatlarındaki düşüş ve artışlar Irak ekonomisini önemli ölçüde etkilemektedir. 1986 yılında petroldeki fiyat düşüşü sonucunda petrol geliri 7 milyar dolara gerilemiştir. Fiyatların normal seviyeye geldiği 1988 yılında petrol geliri 15 milyar dolardan daha fazla olmuştur. Bununla birlikte aynı dönemde Irak'ın savaşın da neden olduğu 25-30 milyar dolayındaki borcu yüzünden ekonomide istenilen ilerleme sağlanamamıştır. Aynı yılda ödemeler bilançosu ise az oranda açık vermiştir. 1990 yılında Irak'ın Kuveyt'i işgal sebeplerinden biri de giriştiği savaşlar nedeniyle 80 milyar dolara ulaşan borçlarını ve faizlerini sildirmek istemesidir.[1] Mamafih Irak'ın giriştiği bu hareket çok pahalıya mal olmuş, on yıldan fazla ekonomik ambargo ile

---

[1] .Kliot, a. g. e., s. 152.

ekonomisi giderek kötüleşmiş ve 2003 yılında ABD'nin müdahale etmesinden sonra da bu durum devam etmiştir. Bu yılda GSMH'de -41,4 gibi Irak tarihinin en yüksek oranda gerileme söz konusu olmuştur (Tablo-33). 22 Mayıs 2003 tarihinde ABD ve BM tarafından 1990 yılından beri uygulanmakta olan ambargo kaldırılmasından[1] sonra GSMH'de artışlar gözlenmeye başlanmıştır. Irak'ın yeniden yapılandırılmasının finansmanında kullanılmak üzere uluslararası toplumun katkısını sağlamak amacıyla 2003 yılının Haziran ayında ABD'de yapılan ve içlerinde Türkiye'nin de bulunduğu Donörler Toplantısının ikincisi 23-24 Ekim 2003 tarihleri arasına İspanya'nın başkenti Madrid'de gerçekleştirilmiştir. Söz konusu toplantıda ABD'den net 18.6 milyar dolar, katılan diğer devletlerden ise net 3.3 milyar dolar yardım toplanmıştır. Türkiye ise Irak'a 2004 yılında başlamak üzere 4 yıllık bir süre zarfında 50 milyon dolarlık bir yardım bulunmuştur.[2] Siyasal istikrarsızlığa rağmen ekonomi politikaların uygulanmasını sağlayacak kurumlar oluşturulmuş, dış borçların yapılandırılmasıyla ilgili Paris Kulübüyle üç aşamalı borç indirimiyle ilgili anlaşma sağlanmış ve IMF ile standby antlaşması yapılması çalışmalarına da başlanmıştır.[3]

Sonuç olarak uluslararası belgelerde geçen "Alternatiflerin Elverişliliği" ilkesi bağlamında düşünülürse, Irak ve İran'ın alternatif ekonomik kaynakları olduğundan dolayı başta Suriye, ikinci planda ise Türkiye, Fırat sularından faydalanmada daha fazla önceliğe sahip oldukları sonucuna varılmaktadır.

4. 4. 3. 2. Türkiye'nin Tarımsal Potansiyeli

İstihdam açısından düşünülürse 1960 yılında toplam işgücünün % 79'u, 1975 yılında % 55'i, 1985-1988 yıllarında % 50'si ve 1990 yılında % 40'ı tarım sektöründe çalıştığı tespit edilmiştir. Sanayi sektörü geliştikçe tarımda istihdam seviyesi düşmektedir. Tarımın 1970'li yıllarda GSMH'deki payı üçte bir

---

[1] DEİK, a.g.e., s. 1.
[2] Aynı eser, s.3.
[3] Mundi, Economy of Iraq, (çevrimiçi) http://www.indexmundi.com/iraq/economy_overview.html, 20.09.2006.

düzeyinde (%33) iken 1990 yılı verilerine göre % 17'e kadar düşmüştür. Bununla beraber 1985 yılındaki BM verilerine göre çiftçilerin ortalama gelirleri Türkiye ortalamasının % 40'ı kadar olmakla birlikte pamuk, tütün, meyve ve fındık başta olmak üzere tarımın ihracata katkısı % 36.5'tir.[1] 2004 yılında tarım sektöründe % 3,3, sanayi sektöründe % 3,7 ve hizmetler sektöründe % 2,6 oranında istihdam artışı sağlanmış olup, toplam istihdam içerisine sanayi sektörünün patı % 18,3, hizmetler sektörünün payı % 47,7 ve tarım sektörünün payı % 34 olmuştur. [2]

Tablo-30. Türkiye'de GSMH'nin Sektörel Dağılımı (% olarak)[3]

	1997	1998	1999	2000	2001	2002	2003	2004
Tarım	15.1	18.5	16.0	15.4	12.8	13.0	13,14	13,00
Sanayi	22.1	19.2	19.0	20.0	21.1	21.5	18,50	19,00
Hizmet	62.8	62.3	64.9	64.6	66.1	65.5	68,2	68,5

GAP bölgesinde ise kişi başına düşen milli gelir 1998 yılı verilerine göre 1685 dolardır. Aynı yıldaki Türkiye'nin geneli ise 3243 dolar olmuştur. GAP Master Planı uyarınca bölge'de kişi başına gelir Türkiye ortalamasının % 52'si iken plan dönemi sonunda bu oran % 62.0'a yükseleceği öngörülmektedir.[4]

Tarımsal verime gelince, Türkiye'de 1960-1980 yılları arasında ekilebilen alanlar %7 artmakla beraber üretim aynı dönemde iki kat artmıştır. Türkiye topraklarının % 36 sı tarıma elverişlidir.

---

[1] . Aynı eser., s. 155-156.

[2] T.C. Resmi Gazete, 2006 Yılı Programı, 2 Kasım 2005, sayı.25984 Mükerrer, s.11.

[3] Kaynak:T. C. Dış ticaret Müsteşarlığı, "Türkiye'nin Ekonomik Göstergeleri", (çevrimiçi) http://www.foreigntrade.gov.tr/ead/gosterge/ekogosterge.xls, 12 Aralık 2005. Tarımın payı ile sanayiinin payları ters orantılı olarak gelişmektedir. Kişi başına düşen milli gelir ise 1990 yılında 1630 dolar iken 2004 yılında 4172 dolara çıkmıştır. Bkz. http://www.foreigntrade.gov.tr/ead/gosterge/ekogosterge.xls)

[4] GAP Ana Raporu, s. 36.

(sulamaya elverişli tarımsal arazi potansiyeli ise 8.5 milyon ha'dır. Bunun 1.7 milyon ha'sı GAP bölgesindedir.) Tarımsal arazilerin genişletilmesinin önündeki en büyük engel de arazilerin yarıya yakınını etkileyen erozyondur. GAP bölgesinde ise topografik koşullar uygun olmakla birlikte iklimin kurak olması ve buharlaşma oranının yüksek olması tarımsal verimi olumsuz etkilediğinden GAP'ın önemini arttırmaktadır.[1]

GAP bölgesindeki tarımsal duruma gelince, Türkiye'nin genelinden farklı olarak bölgede tarıma bağımlılık daha fazladır. Çalışan nüfusun yaklaşık % 60'ı tarım kesiminde istihdam edilmektedir. Özellikle küçük ve nüfusu 100 binin altında olan orta büyüklükteki kentlerde nüfusun önemli bir bölümü esas geçim ve istihdam kaynağı olarak tarımla meşgul olmaktadır. Bölgede makinalaşma düzeyi düşük olduğundan tarımda yoğun işgücü söz konusudur. Önemli sanayi girdisi olan pamuk gibi tarım ürünlerinin üretimi, mekanik değil de yoğun insan emeği gerektirmekte olduğundan tarımda istihdam seviyesinin yüksek olmasına neden olmuştur. 1989 yılında hazırlanan Master Planı, 2005 yılı itibarıyla GSBH'nin % 22.9'unun tarım, % 23.7'sinin sanayi ve % 53.4'ünün hizmetler sektörlerinden kaynaklanmasını öngörmüştür. Oysa 1998 yılında cari fiyatlarla GSBH'nın % 30.1'i tarımdan, % 15.1'i sanayiden, ve % 54.8'i hizmetlerden kaynaklanmıştır. Bu değerlendirmeleri yaparken 1987 bazlı yeni milli gelir serisinin, 1968 bazlı eski milli gelir serisinden farklılıklarını da göz ardı etmemek gerekir. Bölgenin az gelişmiş geleneksel ekonomik ve sosyal yapısı ve yüksek nüfus artış hızı kişi başına gelire yansımaktadır. 1998 yılında Bölgedeki kişi başına gelir, Türkiye ortalamasının % 51.95 olarak gerçekleşmiştir. Öte yandan gelir dağılımı 1994 yılı gelir dağılımı araştırmasına göre Şırnak hariç Bölgede ülkenin diğer yörelerine göre daha adil bir görünüm arz etmektedir. Gelir dağılımının bir göstergesi olarak kabul edilen ve yükseldikçe gelir

---

[1] Kliot, a. g. e., s. 156.Ayrıca toprak yapısıyla ilgili geniş bilgi için bkz. Karagöz, Alptekin, "Country Pasture/Forage Resource Profiles:Turkey", "2. soils and topography"kısmı. (çevrimiçi) http://www.fao.org/WAICENT/FAOINFO/AGRICULT/AGP/AGPC/doc/Counprof/Turkey.htm 24 Aralık 2003.

eşitsizliğinin arttığını ifade eden Gini katsayısı Bölgede 0.38, Doğu Anadolu hariç ülkenin diğer yörelerinde 0.44 ile 0.56 arasındadır. Bu; ekonomisi ağırlıklı olarak tarıma dayanan Bölgede, kalkınma iktisatçılarının belirttiği gibi beklenen bir durumdur. Ayrıca, kırsal kesimde toprak dağılımının dengesiz olduğu bilinen Bölgede, büyük mülk sahiplerinin gelirlerini kendi kontrollerindeki birden fazla haneye yaymış olabilecekleri olasılığının da bir sonucudur.[1]

Tablo-31. GAP Bölgesinin Ekonomik ve Sosyal Göstergeleri (2000 yılı)[2]

Ana Göstergeler	Türkiye	GAP Bölgesi	GAP'ın Türkiye'deki payı (%)
Yüzölçümü(km^2)	779,452	75,358	9.7
Toplam nüfus	67,844,903	6,604,205	9.7
Yıllık nüfus artışı (%)	1.83	2.47	-
Nüfus yoğunluğu	87	88	-
Kent nüfusu (%)	65.0	62.9	-
Tarımın GSMH'deki payı (%)	14.4	39.6	11.0
Sanayinin payı	23.0	11.7	4.0
Hizmetler	62.6	48.7	5.0
GSMH[a] (milyar dolar olarak)	188.77	9.8	5.1
Kişi başına düşen GSMH(dolar olarak)	3,002	1604	53
İhracat (milyon dolar)	26,245	619.1	2.36

Kaynak: DSİ-2001, [a] 1997 yılındaki fiyatlar esas alınmıştır.

Bu tablodan da anlaşılacağı gibi bölgenin ana geçim kaynağı tarım olup, iş gücünün önemli bir bölümü tarımda istihdam

[1] GAP Ana Raporu, s. 7.
[2] Turkey Water Report, Chapter 6, GAP Case Study, s. 13.

edilmektedir. Suriye ve Irak ile yapılacak antlaşmada bölgenin sosyoekonomik durumunun geriliği ve sulanacak topraklara bağımlı olan bölge nüfusunun büyüklüğü dikkate alınarak paylaşımda daha gerçekçi veriler üzerinde sonuca varılması mümkündür.

4. 4. 3. 3. Suriye'nin Tarımsal Potansiyeli

Fırat-Dicle Havzasında tarımın ekonomisinde önemli sektör olduğu devlet Suriye'dir. 1950'li yıllarda tarımın GSMH içindeki oranı % 45-50 olduğu ve nüfusun %65-70'i tarım sektöründen geçimlerini sağladıkları tespit edilmiştir. Yukarıdaki tablo-29'dan da anlaşılacağı gibi 1985-88 yılları itibarıyla nüfusun % 50'si kırsal bölgelerde yaşamakta ve işgücünün % 25'i tarımda çalışırken[1] 2002 yılında bu oran % 30'a yükselerek daha da artmıştır. Tarım sektörünün 1990 yılı itibarıyla GSMH'ye katkısı % 28'dir. Kişi başına düşen milli gelir ise 1990 yılı itibarıyla 1000 dolar, 2002 yılında 1130[2] dolar iken 2004 yılında 1270 dolara çıkmıştır.[3]

1981 yılı itibarıyla tarıma elverişli topraklar 5.7 milyon ha civarında olduğu halde bunun ancak %9.85'i sulamaya elverişlidir ki bu 531 000 ha dolayında araziye tekabül etmektedir. 1980 li yılların sonlarında ise bu oran aşağı yukarı değişmemiştir.[4]

Tablo-32. Suriye'nin Ekonomik Göstergeleri

	1982	1992	2001	2002	2004[1]	2005[2]
GSMH (milyar dolar olarak)	16.3	13.3	19.5	21.9	25,00	26,3
Toplam borç/GSMH	37.9	145.0	109.3	98.1	86,2	--

[1] Kliot, a. g. e. , s. 157.
[2] Worl Bank, "Syria:Country Brief", (çevrimiçi), http://lnweb18.worldbank.org/mna/mena.nsf/Countries/Syria/ 14 Şubat 2004.
[3] Worldbank, Syrian Arab Republic, çevrimiçi, http://www.worldbank.org/data/dataquery.html, 17.09.2006.
[4] Kliot,a.g.e., .s. 157. (Beaumont'tan naklen)

Tarım (%)	20.0	31.7	22.5	23.1	22,2	21,4
Sanayi (%)	23.4	17.4	28.0	27.6	26,1	26,1
Hizmet (%)	56.6	50.9	49.6	49.6	51,7	52,5

Kaynak : www.worldbank.org/, "data by country" bölümü. [1]: Worldbank "Syrian Arab Republic at a glance 13.08/2006" 'dan alınmıştır. [2]: 2005 yılı verileri tahminidir

Her ne kadar 1963-1978 yılları arasında tarım sektörünce GSMH ye sağlanan toplam değer ortalama yıllık %3.5 oranında büyümüşse de 1970'li yılların sonuna doğu tarımın GSMH'ye katkısı % 20 oranında olmuştur. devletin tarım eksenli politikalar üzerinde ağırlıklı olarak durduğu halde nüfus artışının yüksek olması nedeniyle tarımsal üretim ülkenin ihtiyacını karşılayamamıştır. 1974 yılında tarımsal üretimden fazla ürün alındığı halde tarımsal ithalat 336 milyon dolar olmuş, bu da 253 milyon dolar olarak gerçekleşen tarımsal ihracatı aşmıştır. 1983 yılında ise 230 milyon dolarlık tarımsal ihracata karşılık 625 milyon dolar ithalat yapılmıştır. Suriye'nin tarımsal üretimini artıramamasının birkaç nedeni vardır. Bunlardan biri 1980 li yıllarda toprak reformunun yapılmasıyla büyük arazilerin bölünmesine yol açtığından bu topraklardan elde edilen maksimum üretimin azalmasını beraberinde getirmiştir.[1] Diğer neden ise tarımsal kaynakların sınırlı olmasının yanı sıra çoğu toprak yapısının zayıf ve kireçli olmasıdır. Yapılan toprak ıslahı da istenilen sonucu vermemesinin yanı sıra geleneksel sulama yöntemlerinin uygulanması tarımsal verimi etkilemektedir.[2] Gıda maddelerinin üretiminin arttırılmasına olan artan talebin karşılanması için, son yıllarda yapılan sulama projeleri sayesinde tarım yapılabilen toprakların %18'nin sulanması sonucunda toplam tarımsal üretimin % 50'inden fazlası ürün elde edilmiştir. Toplam tarımsal üretim içinde sulanan toprakların hasılatı % 50 sinin üzerindedir. Yıllık % 3 ün üzerinde artan nüfusun ihtiyaçlarını karşılamak amacıyla tarımsal üretimi arttırmak için daha fazla sulama alanı ve bu alanı sulayabilmek için ek baraj ve sulama projelerinin kurulması gerekmektedir. Son kalkınma planları çerçevesinde özellikle baraj yapımında kullanılmak üzere tarıma harcanacak kamusal yatırımların

[1]Aynı yer.
[2] Kolars ve Mitchell, a. g. e. , s. 282., Kliot, a. g. e. , s. 157.

% 60-70'i sulama projelerine tahsis edilmiştir. Suriye'nin sulama projelerinin boyutu bir ölçüde bu devletin ülkesinde geçen uluslararası nehirlerle ilgili komşu devletlerle yapacağı antlaşmalara bağlıdır. Özellikle Türkiye'den kaynaklanan suların etkin kullanımı ile bu sular üzerinde kontrolü sağlamak için programlar, planlar ve projeler oluşturarak bunları tanımlaması ve uygulaması konusunda Suriye'nin karar vericileri önemli zorlukla karşılaşmaktadırlar. Yapılması planlanan Haseke Barajı ile Fırat Havzasında 91 bin ha, Habur Havzasında 150 bin ha, Dicle Nehrinden pompalama yöntemiyle Dicle Havzasında 150 bin ha dolayında toprağın sulanması projeleri yürütülmektedir. [1]

4. 4. 3. 4. Irak'ın Tarımsal Potansiyeli

Irak'ın ülke yüzölçümünün % 26'sı tarımsal amaçla kullanılabilir olduğu halde bunun ancak % 30-40 kadarı (yaklaşık 5.45 milyon ha) ekilip dikilebilmektedir. Sulamaya elverişli arazi miktarı ise 3.5 milyon ha civarındadır.[2] Suriye'ye oranla Irak'ın sahip olduğu su kaynakları ile nüfus orantılamasındaki avantajı ve ekilebilir arazilerin çokluğuna rağmen tarımsal gelişimi istenilen seviyede değildir. Nüfusun % 29' unun kırsal alanlarda yaşamasına rağmen, ülkenin işgücünün % 12.5'u tarım sektöründe çalışmaktadır. Bunun nedeni ise ülke ekonomisine en büyük katkının petrol ihracatından sağlanmasıdır. Tarımın GSMH'ye katkısı 1972 yılında % 21 iken 1980 li yıllarda % 7'ye kadar düşmüştür. Irak ekonomisinin bir zamanlar en önemli sektörü olan tarım sektöründeki bu düşüşler tarıma harcanacak finanssal yatırımların azaltılmasından kaynaklanmaktadır. 1976-1980 dönemini kapsayan beş yıllık kalkınma planı çerçevesinde gıda üretiminde kendi kendine yeterliliğin sağlanması için tarıma ayrılacak payın % 34 oranında (11.5 milyar dolar) arttırılması amaçlanmışsa da 1981 yılında bütçenin ancak % 10'u tarımsal kalkınmaya ve sulama projelerine ayrılmıştır. Esasında büyük su projelerinin maliyetinin yüksek olması nedeniyle tarımsal kalkınma planları uygulanamamıştır. Örneğin 1984 yılında tamamlanan Kadisiye Barajı 830 milyon dolara, daha

---

[1] FAO, "Syria", "Trends in water resources management" başlığında.
[2] FAO, "Iraq", "Irrigated areas" kısmı.

sonra tamamlanan Musul Barajı 2 milyar dolara mal olmuştur. 1980 li yıllarda petrol gelirlerinin önemli bölümünün İran ile yapılan savaşta harcanması, tarımsal gelişmenin durmasına yol açmış ve Musul Barajı gibi önemli sulama projelerinin tamamlanmasını geciktirmiştir. Tarımsal araziler yoğun olarak ekilmediği için elde edilen hasıla düşüktür. Fisher, düşük verimi, geleneksel metotların uygulanması da dahil olmak üzere doğal yapı ile sosyal ve ekonomik faktörlerle ilişkilendirmiştir.[1] Tarımda kullanılan suların tuzluluk oranının yüksek olması, etkili drenaj çalışmalarının yapılamaması nedeniyle üretim dışı kalan topraklar her geçen yıl artmaktadır. Irak'ın tarımsal performansını bozan diğer önemli faktör ise - Suriye'de olduğu gibi- toprak reformudur. 1958 yılında ilk defa uygulanmaya çalışılan bu reform, toprak dağılımının dengesiz yapılması ve siyasal tepkilerden dolayı etkili olmamıştır. 1970 yılında kapsamlı olarak uygulanan bu reform sonucunda verimi yüksek olan büyük toprakların bölünmesine ve üretimin düşmesine yol açmıştır. Bu nedenle Hükümet, bu olumsuzluğu gidermek için bölünecek toprakların ortalama 38 dönümden az olmamasına özen göstermiştir. 1980 li yılların sonunda ise özel sektör tarımda yatırım yapmasına teşvik edilmiştir. Topraktaki tuzluluğun fazla olması tarımsal üretimin artmasına engeldir. 1949 yılı itibarıyla yüzey sularıyla sulanan toprakların % 60'ı tuzluluktan etkilenmiştir. Yirmi yıllık süre içinde ekilebilen arazilerin % 20-30'u tuzlu sulardan dolayı üretim dışı bırakılırken geri kalan arazilerden elde edilen verim % 30-50 oranında düşmüştür. Tuzluluğun yüksek olduğu diğer kesim ise Irak'ın güney bölgesidir.[2]

Irak'ın sahip olduğu su kaynakları ile nüfusuna yetecek kadar tarımsal üretim yapabilmesine rağmen insan ve doğa kaynaklı engellerden dolayı tarımsal kalkınmada geri kalmıştır. Etkili sulama teknikleri su israfını önlemesine rağmen, toprağı birikmiş olan tuzlardan arındırmak için daha fazla suya ihtiyaç duyulmaktadır. Ülkenin sürüklendiği savaşlardan ve BM kararlarına uyulmadığı için uygulanan ambargodan dolayı tarımsal gelişimi oldukça gerilemiştir.

---

[1] Kliot, a. g. e. s. 158.(Fisher 1978:378'den naklen)
[2] aynı yer.

Kuveyt'in işgalinden önceki 80 milyardan fazla dış borç yükü[1] ile 2003 yılındaki ABD'nin askeri müdahalesiyle rejim değişikliği yaşayan ve siyasal yapısı henüz istikrara kavuşamamış olan Irak'ın karşı karşıya bulunduğu ekonomik sıkıntıları atlaması çok zaman alacağa benziyor. Bu da dengeli ve uyumlu bir siyasal yapının kurulmasına bağlıdır. Kurulmuş olan Geçici Hükümet Konseyi ve daha sonra seçimlerle belirlenen yeni Hükümet tarafından alınan önlemlere rağmen güvenlik sağlanamadığından ekonomik faaliyetlerin gelişmesinde ilerleme sağlanamıyor. Petrol üretimi 2003 ağustosunda günde 1.3 milyon varile çıkmasına rağmen GSMH'deki düşüş devam etmiştir. Petrol gelirlerinin önemli miktarının savaş sonrası bozulmuş olan Irak'ın altyapısının kurulmasına ve Irak'ın dış borçlarına yatırılacağı dikkate alınırsa Irak'ın tarımsal kalkınmasının tamamlanması zaman alacaktır. Irak'ta savaş ve krizlerden önce 1980 yılında tespit edilen 3600 dolar olan kişi başına düşen milli gelir, 1990'lı yıllarda 200 dolara kadar gerilemiş ve 2001 yılı itibarıyla 770-1000 dolar[2] iken 2003 yılında 479 dolar olarak ölçülmüştür (Tablo-33). BM ambargosu nedeniyle petrol ihracatını yapamadığından tarım sektörüne ağırlık verilmekle beraber geleneksel yöntemlerle sulama yapıldığından istenilen verim elde edilememiştir. BM Güvenlik Konseyi'nin 986 sayılı gıda karşılığı sınırlı petrol satışına izin verilmesi kararının 1996 yılında Irak tarafından kabul edildikten sonra az da olsa insani boyuttaki bazı sıkıntılar giderilmiş olmakla birlikte ülkedeki istikrarsızlık ve BM kararlarına uyulmaması sonucunda artan gerginlikler ile şiddetini artıran ambargo uygulanması ekonomik durumu gittikçe kötüleştirmiştir. Bununla beraber 1997 ile 2003 yılları arasında uluslararası petrol karşılığı gıda programının dışardan gıda sağlaması nedeniyle toprak mahsulleri üretiminde azalma olmuştur. 2003 yılındaki ABD'nin askeri müdahalesi olumlu hava koşullarından dolayı Irak tarımına fazla zarar vermemiş olup, bu yıldaki hububat üretimi 2002 yılındakinden % 22 dolayında fazla olmuştur. 2004

---

[1] Aynı eser, s. 159. 2001 yılı itibarıyla dış borç 62.2 milyar dolar olarak tahmin edilmiştir. Bkz. Nation Master, "Middle East: Iraq:Economy", (çevrimiçi) http://www.nationmaster.com/country/iz/Economy 14 Şubat 2004.

[2] International Monetary Fund, "Iraq: Macroeconomic Assessment", s. 3 ve 6. (çevrimiçi) http://www.imf.org/external/np/oth/102103.pdf , 26.Aralık 2003.

yılında artış devam etmekle beraber, bu artış ihtiyaca veremeyeceğinden gıdada dışa bağımlılığın yakın gelecekte devam edeceği uzmanlar tarafından tahmin edilmektedir.[1]

2000 yılı verilerine göre ülkenin GSMH'si 31.8 milyar dolar, kişi başı milli gelir 1376 dolar olmasına rağmen % 70'e varan enflasyon nedeniyle halkın satın alma gücü gittikçe düşmüştür.[2] 2001 yılında büyüme oranının sıfırın altında -5,7 olarak[3] gerçekleşen ülkenin ekonomik durumu ABD işgalinin gerçekleştiği 2003 yılında çok feci hale gelmiş ve büyüme sıfırın altında -41,4 olarak ölçülmüştür (Tablo-33). Son yıllarda az da olsa büyüme pozitif yönde bir artış gözlenmekle beraber ekonomik ve insani yönden ülke halen kötü durumdadır. Nitekim BM Eğitim, Bilim ve Kültür Örgütü (UNESCO) verilerine göre 1990-92 yılları arası 1.2 milyon insan (nüfusun % 7'si), 1997-99 yılları arası 3 milyon insan (nüfusun % 14'ü) kötü beslenmeden dolayı hastalığa yakalanmışlardır.[4] Kentsel yerleşimlere % 91.6 dolayında su verilmesine rağmen kişi başına düşen su miktarı ya yetersizdir veya sağlık koşullarından yoksundur. Her geçen gün kirletilen nehir sularından dolayı su kaynaklı hastalıklı vakalarda artış görülmektedir. Savaş sırasında su ve lağım tesisleri tahrip olmuş sağlam olanlar da bakımsızlık, yedek parçalarının olmaması ve uzman personelin azalmasından dolayı işlevsiz hale gelmiş ve lağım sularının içme suları şebekelerine sızmasına neden olmuştur. Bu dönemde Irak'taki temiz su kaynaklarının gittikçe yetersizleştiği insani durum çok dramatik bir hal arz etmektedir.[5] Ülkede 218 yerleşik , 1191 mobil su arıtma tesisi bulunmaktadır. Mobil su arıtma tesisleri kırsal bölgelerde kullanılmaktadır. Irak

---

[1] http://en.wikipedia.org/wiki/Economy_of_Iraq

[2]Economist, "Iraq: Economic Structure", (çevrimiçi) http://www.economist.com/countries/Iraq/profile.cfm?folder=Profile-Economic%20Structure , 14 Şubat 2004.

[3] Nation Master, "Middle East: Iraq: Economy", (çevrimiçi), http://www.nationmaster.com/country/iz/Economy, 14.Şubat 2004.

[4] United Nations Educational, Scientific,and Cultural Organization (UNESCO), "Water resources in Iraq", Water, sustainable development, conservation of freshwater WWAP., (çevrimiçi) http://www.unesco.org/ iraq.htm , 28 Aralık 2003.

[5]UNDP, "Post-conflict Iraq: A UNDP humanitarian action plan", (çevrimiçi) http://www.undp.org/dpa/journalists/postconflictiraq.html , 31 Aralık 2003.

Bayındırlık Bakanlığı su dağıtılan Iraklıların %90'ına 2004 yılında, %100'üne 2005 yılında temiz su sağlamayı planlamaktadır. Ülkenin kanalizasyon arıtma tesislerinin yalnızca yarısı işler durumdadır. Halkın yalnızca %3'ü temiz kanalizasyon sisteminden faydalanabilmektedir. Bağdat'ta hızla artan nüfus itibarıyla zorluklar yaşanmaktadır. Bakanlık, işleyen kanalizasyon arıtma tesislerini 2004 yılı sonunda %15, 2005 yılı itibarıyla %30 oranında arttırmayı öngörmektedir.[1] Ne var ki gittikçe artan istikrarsızlıktan dolayı bakanlığın planlandığı gerçekleşmemiştir. Savaş sonrası yeniden inşa çalışmaları yeşil hat dışındaki bölgelerde halen yapılamamakta olup, petrol üretimi, temiz su kaynaklarına erişim ve lağım boşaltma hizmetleri savaş öncesi seviyelerine halen (2006/9) döndürülememiştir.[2]

Tablo-33. Irak'ın Ekonomik Göstergeleri:

	1980	1990	2000	2002	2003	2004[t]	2005[t]	2006[t]
GSMH (milyar$)	47,5	48,65	25,85	18,9	12,6	25,7	34,5	47,0
Petrol payı %	--	--	60,3	68,0	68,9	67,8	65,8	64,1
Kişi başına gelir ($)	3240	2170	1068	743	479	947	1237	1638
GSMH büyümesi %	-18	-30,7	-4,3	-7,8	-41,4	46,5	3,7	4,0
Toplam borç/GSMH					992	345,5	182,2	102,2
Tarım (%)						7.3[1]		
Sanayi (%)						66.6[1]		
Hizmet (%)						26.1[1]		

Kaynak: World Bank: Data Sheet for Iraq
t: tahmini, 1: http://www.indexmundi.com/Iraq Economy Profile, aynı yılın CIA verilerine göre sırayla % 13,6, % 58,6 ve % 27,8 (CIA, The World Factbook/Iraq)

---

[1] DEİK (Dış Ekonomik İlişkiler Kurumu), "Irak'ın Yeniden Yapılandırılması ve Türkiye'nin Rolü-II", Türk-Irak İş Konseyi, Aralık-2003, Ankara, s.10.
[2] Conetta, Carl, "Irak ve Afganistan: Mükemmel Felaketler…", *Zaman Gazetesi*, 10 Eylül 2006, s.19.

27 milyon nüfusuyla kişi başına düşen milli gelir 2006 yılı tahminlerine göre 1638 dolar olan Irak'ın 15 yaş üstü okuma yazma oranının 1972 yılında % 74,2 iken 2004 yılı tahminlerine göre % 65'e düşmesinin nedeni, ABD işgali nedeniyle baş gösteren istikrarsızlık, insan kıyımı ve ekonomik nedenlerden dolayı ülkenin yıllık % 2,8 gibi[1] gittikçe artan nüfusuna okul ve öğretmen ihtiyacının sağlanamamasıdır. İstikrarsızlık nedeniyle ülkeden beyin göçü olması da eğitimin büyük aksaklıklar yaşamasına neden olmaktadır. 1996-2002 yılları tahminlerine göre nüfusun % 68'i kentsel alanlarda yaşamakta ve ortalama yaşam süresi 63 yıl olup, 1991-1996 yılları arasında tarım, inşaat ve imalat gibi üretim sektörlerinde % 32-86 arasında değişen oranlarda düşüş gözlemlenmiştir.[2] Ayrıca içilebilir temiz suya erişen nüfus oranı daha önce % 85 iken 2004 yılı tahminlerine göre % 61'lere düşmesi ülkeyi yaşanmaz hale getirmektedir.[3] 2005 yılı tahminlerine göre dış borç yükü 82,1 milyar dolar olup, nüfusun 7,4 milyonluk işgücü içindeki işsizlik oranı % 30 dur.[4]

1990'lı yıllarda yaşanan ambargo nedeniyle petrol ihracatı üzerindeki sınırlamalardan dolayı tarım sektörüne önemli boyutta ağırlık verilmiş ve 1989 yılında tarımın GSMH'ye katkısı % 5-7 iken 1992 yılında % 36.6'ya çıkmıştır. BM tarafından getirilen gıda karşılığı petrol ihracatı arttığı müddetçe tarımın katkısı düşmeye başlamıştır. Nitekim 2001 yılında tarımın GSMH'ye katkısı % 24.6 seviyesinde olmuştur.[5] Tablo-33'deki verilerden de anlaşılacağı gibi 2000 yılından sonra petrolün ekonomideki payı artmaya başlamış ve her geçen yıl artış eğilimi göstermektedir. Tablodaki 2004 yılı tahminlerine göre tarımın ekonomideki payı gene 1989 yılındaki

---

[1] World Bank, Data Sheet for Iraq, http://siteresources.worldbank.org/IRFFI/64168382-1092419012421/21049712/IraqDatasheetSept06.pdf 17.09.2006.

[2] UNDP, "Post-conflict Iraq:..", (web)
[3] World Bank, Data Sheet for Iraq,
[4] Mundi, Iraq Economy Profile, Çevrimiçi, http://www.indexmundi.com/Iraq Economy Profile 2006.htm, 20 Eylül 2006.
[5] World Bank, "Country Brief: Iraq " (çevrimiçi) http://lnweb18.worldbank.org/mna/mena.nsf/Countries/Iraq/C19BB3EFC8E289BC85256E52005AA394?OpenDocument 14 Şubat 2004.

oranına düştüğü gözlenmektedir. Bundan çıkan sonuç, tarımsal faaliyetlerin geleneksel yöntemlerle yapıldığı için tarımdan istenilen verim elde edilememiş olduğundan dışa bağımlılık devam etmiştir. Uzun dönemde Irak'ın istikrara kavuşması durumunda savaştan önce olduğu gibi petrol ihracatıyla ihtiyaç duyduğu gıdaları ithal edeceğinden tarım sektörüne bağımlılık azalacaktır.

4. 4. 4. Fırat-Dicle Sularının Hakça ve Makul Tahsisiyle İlgili Verilere Toplu Bakış

Sınırları aşan sularla ilgili yapılan antlaşmalar incelenirse antlaşmaya esas olmak üzere her devlete ait değişik veriler arasında koordinasyon sağlanarak bir sonuca gidildiği görülmektedir. Antlaşmaların yapılmasına yön veren ekonomik, coğrafi, sosyal durumlar gibi bütün faktörler dikkate alınmaktadır.

Fırat-Dicle Nehri sularının tahsis edilerek paylaşımı, I. Bölümde de belirttiğimiz gibi doğal olarak uluslararası hukukun esas aldığı şu somut ilkelere dayanılarak yapılacaktır: Kıyıdaş devletlerin hidrolojik yapısı, iklimi, geçmiş ve gelecek kullanımları, ekonomik ve sosyal ihtiyaçları, uluslararası sulara bağımlı nüfus, havza devletlerinin ekonomik ve sosyal ihtiyaçlarını karşılayacak alternatif araçların karşılaştırmalı maliyet unsuru, alternatif kaynakların elverişliliği, mevcut ve potansiyel kullanımları, su israfından kaçınma ile diğer devlete önemli zarar vermeden bir devletin talebinin karşılanması.

Bu ilkeler ışığında Fırat-Dicle sularının üç devlet arasında aşağıdaki tabloda nasıl paylaşılacağına yardımcı olmak üzere veriler gösterilmektedir. Bu devletler arasında gelecekte yapılacak antlaşmalara referans niteliğinde olabilecek bu değerler uzmanlarca geliştirilmiş olmakla birlikte mutlak olmayıp üzerinde uzlaşılabilecek referans değerlerdir. Tabloda, Dicle Nehrini besleyen bazı kollarının İran'dan kaynaklanması nedeniyle İran'ın da katkısı gösterilmiş olmakla birlikte İran'ın bu kollardan doğal koşullar nedeniyle çok az faydalandığından dolayı payı az olmuştur.

Kıyıdaş devletlerin sahip oldukları ekonomik ve sosyal yapılarının heterojen olması Fırat-Dicle sularına ne kadar hak kazandıklarının tespitinde zorluklarla karşılaşılmıştır. Örneğin, Irak ve İran önemli ölçüde petrol ve petrol ürünleri ihracatına dayandıklarından ve bunda da her zaman istikrar sağlayamadıklarından bu sektörün ne kadarının tarımla ikame edilebileceğinin tespitini yapmak kolay olmayabilir.

Tablo-34. Fırat-Dicle Nehirleri Sularının Tahsisli Paylaşımının Dayanacağı Veriler:[1]

Tahsis ilkeleri		Türkiye	Suriye	Irak	İran
Fırat-Dicle Havzasındaki Devlet payı[a]	Fırat	%28	%17	%40	-
	Dicle	%12	>%1	%54	%34
Nehirlere Devletlerin katkısı[b]	Fırat	%88-98	%2-12	-	-
	Dicle	%100	-	-	-
	Dicle kolları	%70	-	%8-9	%21
İklim		Yağış miktarı fazla,buharlaşma fazla,çöl yok	Sadece % 10'u 500 mm'den fazla yağış almaktadır.	Bölgenin %70'inden fazlası kuraktır.	Daha çok kurak ve yarı kurak iklim hakim
Faydalanma şekilleri	Geçmiş	Faydalanmamış	Faydalanmamış	Tarihsel haklar	Faydalanmamış
	Şimdiki*	1.8 milyar m^3	4.47-5.9 milyar m^3	13-15 milyar m^3	Yerel kullanım
Sosyal ve ekonomik ihtiyaçlar[c]	Gelir	1630	1000	3020	2490
	Nüfus artışı	1.63	3.45	3.23	2.62
	Tarımsal gelişim	3.3	-1.1	5.37	-
	Ömür süresi	67	66	63	63
	Bebek öl.	62	39	56	40
Ekonomik ve sosyal değerlendirme[d]		Orta gelirli,düşük-orta gelirli.sulara orta dereceli gereksinim	Orta gelirli,düşük-orta gelirli. sulara yüksek dereceli gereksinim	Üst orta gelirli.Dicle suyuna gereksinim yüksek, Fırat suyuna orta	Üst orta gelirli. sulara düşük dereceli gereksinim

[1] Kliot, a. g. e. , s. 168-169.

Tarıma bağımlılık seviyesi	Gıda üretimi	%97	%80	%92	%104
	GSMH'ye tarımın katkısı	%18	%28	%18[f]	%21
Diğer kaynakların elverişliliği		Su,küçük miktarda kömür,linyit, demir cevheri,krom ,turizm ve imalat sanayi	Petrol,küçük miktarda fosfat	Büyük miktarda petrol	Büyük miktarda petrol
Nehirlerle ilgili yapılan antlaşmalar		1930 tarihli Türk-Fransız protokolü,Irakla 1946 antlaşması	1987 tarihli protokol	1946 tarihli antlaşma	-
Notlar ve değerlendirme		Orta-düşük gelirli ekonomi	Orta-düşük gelirli ekonomi	Üst-orta gelirli ekonomi	Üst-orta gelirli ekonomi

Kaynaklar: Ionides 1937; Ali 1955; Cressey 1960; Fisher 1978; Karmon and Brawer 1967, Beaumont 1978; Ockerman and Samano 1985; Beaumont, Blake and Wagstaff 1988; Naff and Matson 1984; World Bank 1992; World Resources Institute 1992-3.

[a] Fırat-Dicle havzalarındaki her devletin payının ayrı ayrı olarak gösterilmiştir.

[b] Fırat-Dicle nehirlerine ne kadar katkı sağlayan her devlete ait oransal gösterimi.

[c] kişi başına düşen milli gelir dolar bazında hesaplanmıştır. Bebek ölümü doğan bin bebek içindeki ölen bebek sayısıdır.

[d] orta ve düşük gelirli ekonomi Dünya Bankası tarafından sınıflandırılmıştır. Orta/düşük/yüksek düzeyli ihtiyaçlar ise ekonomik durumlarına dayanılarak her devletin suya olan bağımlılık derecesi sınıflandırılması Kliot tarafından yapılmıştır.

[e] Gıda üretim endeksi 1979-81 yıllarında 100 olarak hesaplanan endeks esas alınmıştır.

[f] 1965 yılındaki veridir. 1989 yılında % 5-7 seviyesine inmişken, ülkenin içinde bulunduğu savaş ve krizlerden dolayı 1992 yılında % 36; 2001 yılında % 24 dolayında olmuştur. Son yıllardaki petrol satışının artmasıyla 1989 yılındaki seviyesine doğru azalma kaydetmektedir.

[*] 1992 yılındaki verilerdir.

Irak, hidrolojik ve iklimsel yapısından dolayı Fırat ve Dicle gibi ülkesi dışından kaynaklanan sulara bağımlıdır. Nehir sularından faydalanması eski tarihlere dayandığı halde ürün verimliliği düşük olmasının yanı sıra, suları da etkin bir şekilde kullanamamaktadır. Savaş ve krizlerden önce gıda maddelerinin % 80'i ithal etmesi, tarımsal faaliyetlerin yerini petrol ve petrol ürünlerinin ihracatıyla ikame edildiğini göstermektedir. Zaten uygulanan ambargonun halk üzerinde gıda sıkıntısına neden olmasının sonucu da yukarıda belirttiğimiz gibi tarımsal sektöre gereği kadar ağırlık verilememesidir. Irak ve İran'ın sahip oldukları petrol dikkate alındığında tarımdaki açıklarını petrol ile ikame edebilme yetenekleri olduğundan nihai paylaşımda Suriye ve Türkiye'den sonra gelmektedirler.[1] Bununla beraber Irak, petrol kaynakları bittiğinde ülkesindeki su kaynaklarını enerji ve tarımsal üretim için önemli potansiyel değerlendirecektir. Petrol ihracatı karşılığında daha önce gıda ihtiyacının ¾ ithal ettiği bu devlet BM'nin petrol ambargosu sonucunda gıda üretimine yönelmekle birlikte etkin tarımsal üretim yapamadığından yetersiz kalmış ve temel gıda maddelerinde bile sıkıntı yaşamıştır. Enerji boyutuna gelince, 1991 yılına kadar her iki nehir üzerinde bir çok HES'e sahip olmakla birlikte, bu tesisler Türkiye ve Suriye'nin suları fazla kullanmasından daha çok bu tesislerin bulunduğu konumdan olumsuz etkilenmektedirler. Çünkü özellikle Fırat Havzasında arazi düz olduğundan ve suların şiddetli akışını etkileyen eğimin çok alçak olduğundan, istenen ölçüde enerji üretimi gerçekleşememektedir. Buharlaşma kayıpları ise daha çok Fırat boyutunda olmaktadır. Dicle ve bu nehri besleyen ırmaklar üzerinde yapılan barajlar üzerinde kurulan elektrik santralleri, konumları itibarıyla Fırat üzerindekilerden daha avantajlıdırlar. Zaten hidroelektrik enerjisinin önemli bölümü bu santrallerden üretilmektedir.[2] Türkiye ise önemli ölçüde petrol ithalatçısı devlet konumunda olduğundan enerji açığını hidroelektrik enerjisini üretmekle kapatmakta ve gıda üretiminde kendi kendine yeterlilik sağlamak için GAP gibi büyük bir proje çalışmasını yürütmektedir. Kaynağının kendisinde olan Fırat-Dicle sularının kullanımıyla ilgili projeleri geliştirmesi özelde bölgenin sosyoekonomik yapısının değişmesini sağlamak, genelde de ülke ekonomisini büyütmek amacına yöneliktir. Aynı zamanda bu proje güvenlik sorununu çözmenin zorunlu yolu olarak değerlendirilmektedir. Suların tahsisiyle ilgili yapılacak bir antlaşmada tablo-34'teki verilerden de anlaşılacağı gibi tarıma daha çok bağımlı olan başta Suriye'ye daha sonra Türkiye'ye öncelik verileceği[3]denilmekle beraber GAP bölgesinin sosyoekonomik durumunun Suriye kesiminden fazla farklı olmaması nedeniyle Suriye ile aynı öncelikte oldukları yukarıda verdiğimiz bilgelerden de anlaşılmaktadır.

---

[1] Aynı eser, s. 170.
[2] Shapland, a. g. e. , s. 131-132.
[3] Kliot, a. g. e. , s. 170.

Bu bilgiler çerçevesinde kanaatimizce ulaşım dışı su yollarının kullanımına dair BM Sözleşmesi, Türkiye tarafından onaylandığı takdirde bu sözleşme projelerin yürütülmesini olumsuz etkilemeyeceğinden, Türkiye kalkınma programını rahatlıkla gerçekleştirebilecektir. Dolayısıyla Türkiye bu nehirlerle ilgili politikalarını bu sözleşmenin hükümleriyle uyumlaştırırsa daha kazançlı çıkacağının yanı sıra uluslararası alanda haklılık payını arttıracağından uluslararası finans kuruluşlarından istediği ölçüde kredi alabilecektir.

Irak ve Suriye'ye gelince, bu devletler, GAP'ın kendi kalkınma projelerini olumsuz etkileyeceğini sürekli dile getirmişlerdir. Bununla birlikte 1990 yılından zamanımıza kadar GAP'ın aşağı devletlere önemli zarar verdiği durumuyla karşılaşılmamıştır. Bu dönemde, Türkiye tarafından önemli projeler gerçekleştirildiği halde aşağı devletlere tarımsal sulama alanlarını genişletecek kadar yeterli su bırakılmıştır. Yukarıda değinilen gerginliği azaltan yöntemlere başvurulması sonucunda[1] şimdiye kadar her iki aşağı devlet de tarımsal üretimde sulama yönünde bir problem yaşamamıştır. Bununla birlikte suyun geleceği konusunda endişeleri halen devam ettiğinden en azından şimdiki kullanımlarını garanti edebilecek bir antlaşma yapma girişimleri Türkiye ile yapılan görüşmelerde henüz bir sonuç vermemiştir. Her iki nehirdeki azalan su kalitesinden de bu devletlerin önemli zararı tespit edilmiş olmamakla birlikte topraklardaki tuzluluk ile etkin drenaj çalışmalarının yapılamaması tarımsal verimi etkilemektedir. Bu nedenle toprak ıslahı ve drenaj işlemlerine ağırlık verilmesi gerekmektedir. Bu devletlerin bu nehirlerden hidroelektrik enerji üretimlerinde bir düşüş olmakla birlikte alternatif enerji kaynaklarına sahip olduklarından önemli bir sorun yaşanmamıştır. [2]

Taraflar arasında anlaşmazlığı etkileyen diğer faktör de güvenlik sorunudur. Bu sorun aşıldıkça ortak suların kullanımına ilişkin gerginlikler de yerini anlaşmaya bırakmaktadır. Gerçekten de 1998 yılında Türkiye ve Suriye arasında Adana Güvenlik Anlaşması'nın imzalanması, her iki devletin ilgili makamlarının

---

[1] Bkz. supra, "4.2.5. Kıyıdaş devletler Arasındaki Su kaynaklı Krizi Azaltan ve Artıran Etkenler"

[2] Shapland, a. g. e. , s. 137.

ilişkilerini ekonomik, ticari, bilimsel, ve teknik işbirliği gibi alanlara yaymalarına olanak vermiştir. 2001 yılında Suriye ile gelişen ilişkileri destekleyecek biçimde Suriye'de GAP benzeri olan Arazi Islah Müessesesi ve Suriye Sulama Bakanlığı ile GAP İdaresi arasında görüşmeler gerçekleşmiştir. Bu görüşmeler sonucunda her iki devletin delegasyonu tarafından 23 Ağustos 2001 tarihinde ortak Bildiri (Protokol) imzalanmıştır. Bu Bildiride, iki tarafın eğitim, karşılıklı uzman değişimi, teknoloji alışverişi ve ortak projelerin yürütülmesi gibi alanlarda işbirliği yapmaları öngörülmektedir. Ayrıca GAP ve Suriye Arazi Islah Müessesesi arasındaki bu Bildiri, her iki ülkede birden uygulanabilecek her ülkeden birer tane ikiz koruma alanının çalışılması, planlanması ve uygulanmasına dayalı İkiz Kalkınma Projesi konusunda bazı hazırlıkları da içermektedir. Ayrıca, 2002 yılının Haziran ayında bir Uygulama Belgesi imzalanarak, bu belgede Ortak Bildiri'de ortaya konan işbirliğinin uygulanmasıyla ilgili prensipler belirlenmiştir. Bu belge, ülkeler arasında yürütülecek olan projeleri, eğitim programlarını, ve diğer faaliyetleri tanımlamaktadır. Söz konusu belge, büyük ölçüde iki ülke arasında her iki tarafın da kazanacağı çözümler üretebilmek için ortak bir diyalog tesis edilmesi amacıyla kaleme alınmıştır. Bu yeni anlaşmalarla kurulan iletişim ağı, taraflara su kaynaklarının yönetimini genel sosyoekonomik kalkınma çerçevesinde değerlendirme ve böylelikle yeni gündemler ortaya koyarak, suya dayalı işbirliği için yeni bir potansiyel çerçeve çizmeye ön ayak olma özelliğine sahiptir. Bu Protokolün ve daha sonra imzalanan Uygulama Belgesi'nin amacı, sosyoekonomik kalkınmayı genel bir çerçeve içinde değerlendirerek bölgenin toprak ve su kaynaklarından sürdürülebilir biçimde yararlanılmasını, Türkiye ile Suriye'nin az gelişmiş bölgelerinin geliştirilmesini ve bunun bütüncül bir kalkınma anlayışı ile ele alınmasını sağlamaktır. Türkiye ve Suriye arasında son zamanlardaki bu umut verici gelişmelerin ışığında, bir zamanlar bölgesel politikada yalnızca gerilime yol açmış olan GAP, şimdi kalkınmayla ilişkili alanlarda gelişen işbirliğinin kaynağı olma yolundadır.[1] Gerçekten de, 2004 yılında Suriye Devlet Başkanı'nın

---

[1] Kibaroğlu, a. g. m. , (web), "Fırat-Dicle Havzasındaki Son Gelişmeler ve İşbirliği Olanakları"kısmı.

Türkiye ziyareti, işbirliği temelinin sağlamlaştırılması anlamında önemli bir diğer adımdır.

2003 yılında ABD müdahalesiyle Irak'ta gerçekleştirilen yönetim değişikliğinden sonra ülkedeki istikrarsızlığa rağmen GAP bölgesiyle ekonomik ilişkiler oldukça ileri seviyededir. 2005 yılı itibarıyla GAP bölgesi toplam ihracatının % 55,2 gibi önemli kısmı Irak'a yapılmıştır. 2006 yılının ilk yarısında ise Irak'a yapılan ihracatın %60'tan fazlası bu bölgeden gerçekleştirilmiştir.[1] Bölge devletlerinin ekonomik anlamda entegrasyon sağlamalarında GAP'ın etkisinin ne kadar fazla olduğu bu rakamlardan da anlaşılmaktadır.

[1] Zaman Gazetesi, 8 Eylül 2006, s.11.

SONUÇ VE DEĞERLENDİRME

Uluslararası su hukuku, uluslararası ve bölgesel konjonktürün de etkisiyle süreklilik, genellik ve kapsayıcılık anlamında gelişimini henüz tamamlamamıştır. Sınır aşan nehirlere uygulanacak ve her konuyu kapsayacak ayrıntılı kurallar bulunmamakla beraber bu nehirlere uygulanabilecek uluslararası hukuk ilkeleri oluşmuştur. Konuyla ilgili kodifikasyon çalışmaları yapılmış ve çalışmada değinilen hükümet dışı kuruluş olan UHD tarafından 1966 yılında Helsinki İlkeleri yayınlanmıştır. Yöneltilen eleştiriler ve eksik noktaları ile birlikte UHK tarafından oluşturulan 1997 tarihli ulaşım dışı su yollarının kullanılmasına ilişkin BM Sözleşmesi, uluslararası nehirlerin kullanımıyla ilgili getirdiği standartların ve ilkelerin uluslararası ölçekte uygulanabilirliği konusunda konsensüs oluşturulmasında referans kabul edilebilir. Bu sözleşmenin yürürlüğe girse de genel bir teamül kuralına dönüşmemiş olması, uluslararası su hukukunun gelişmesini olumsuz etkilememektedir. Nitekim çalışmada da değindiğimiz gibi Uluslararası Adalet Divanı'nın Tuna Nehri uyuşmazlığıyla ilgili kararında referans olarak çoğunlukla söz konusu BM Sözleşmesi ilkelerine dikkat çekmesi var olan anlaşmazlıkların çözümünde bu sözleşmenin kılavuzluk yapma özelliğinin gelecekte de süreceğini göstermektedir. Esasında uluslararası su hukukunun gelişmesini olumsuz etkileyen önemli faktör de devletlerin su gibi doğal kaynaklar üzerinde egemenliklerinden ödün vermemeleridir. Yapılan uluslararası antlaşmalarda sular üzerinde karşılıklı egemen hakların korunması ve tescili ağırlıklı olarak kendini hissettirmektedir.

Sınır aşan sular ile ilgili her sorun, tarafları ve koşulları ile, bir diğerinden farklılık göstermektedir. Bu sularla ilgili yapılacak teknik ve bilimsel araştırmaların sonuçlarına bağlı olarak bu suların ilgili taraflar arasında makul, mantıklı ve adil paylaşımı, doktrinde destek bulmaktadır. Türkiye'den kaynaklanan Fırat ve Dicle suları üzerinde Türkiye'nin egemenlik hakları olmakla birlikte bu hakların kullanımı konusunda Suriye ve Irak ile belirli düzeyde de olsa anlaşma sağlaması sular üzerindeki egemenliğinin tartışılmasına son verebilecektir. Bölgenin kuraklık koşulları, nüfus yapısı ve suların kısıtlı olması durumu göz önünde bulundurularak Fırat ve Dicle sularının kullanımı Türkiye, Irak ve Suriye arasında üçlü bir düzenleme ile bir esasa kavuşturulması gerekmektedir. Konuya bu açıdan yaklaşıldığında, doktrinde çoğunlukla kabul görmüş bulunan "hakkaniyete uygun eşit ve makul kullanım" ilkesinin çıkış noktası alınması gereği ortaya çıkmaktadır. Hakkaniyete uygun olarak nasıl paylaşılacağı hususunda taraflar arasında henüz bir anlaşma zemini sağlanmış değildir. Bu konuda bir gelişme sağlanabilmesi için tarafların, yukarıda da değindiğimiz gibi su, toprak, nüfus durumu, alternatif kaynaklar, sulara bağımlı olan nüfusun ekonomik ve sosyal ihtiyaçları başta olmak üzere tüm faktörler dikkate alınarak geniş bir işbirliği çerçevesinde antlaşma zeminini oluşturmaları gerekmektedir. Ne var ki şimdiye kadar sorunu teknik yönünden çözme amacındaki Ortak Teknik Komite toplantılarından henüz bir sonuç alınmış değildir.

Türkiye'nin ileri sürdüğü "Üç Aşamalı Plan"ın kapsamının genişletilerek aşağı devletlerin hassasiyetlerinin giderileceği bir çerçeve taslak üzerinde çalışmalar yürütülebilir. Suların kullanımı teknik bir konu olduğuna göre tarafların suları etkin ve tasarruflu kullanmaları sürüdürülebilirlik açısından önemlidir. Suların önemli kısmının kullanılmadan denize dökülmesi, suların etkin ve sürdürülebilir kullanılamadığının göstergesidir. Bu nedenle her üç devletin koordinasyonlu olarak veya ortaklaşa projelerini yürüterek gelecekteki kullanımlarını da içerecek şekilde ortak bir zeminde anlaşmaları, gelecekteki çıkarlarını ve barışlarını teminat altına almaları açısından elzemdir. Türkiye'nin tek taraflı olarak Fırat sularından asgari 500 m^3/sn'nin Suriye'ye akıtılması taahhüdünü içeren ve sular üzerindeki anlaşmazlığın giderilmesinde geçici de olsa önemli rol oynayan 1987 tarihli Protokolün olumlu etkisi dikkate alınırsa ileride geniş kapsamlı bir antlaşma yapılması umudu artmaktadır. Çalışmada da değinildiği gibi, sınır aşan nehirlerle ilgili yapılan antlaşmalara taraf olan devletlerin coğrafi ve diğer koşulları farklı olsa da, bu antlaşmalar Fırat-Dicle havzası devletleri için örneklik teşkil edebilirler. Sosyal ve ekonomik öncelikler her zaman için siyasal önceliklerden üstün tutulması ve her üç tarafın bu bilinçte olmaları durumunda sorun ne kadar karmaşık olsa bile antlaşma yapma şansları artmaktadır. Kaldı ki çözümsüzlük siyasal durumu da olumsuz etkilemektedir. Dünya Bankasının sorunlu olan bölgelerdeki projelere kalkınma kredileri vermemesi, her üç devletin de ekonomilerinin zorlanmasına yol açmakta ve projelerinin tamamlanmasını geciktirmektedir.

Bölgesel anlamda tarafların hak ve yükümlülüklerini düzenleyen bir su antlaşması için bu devletler arasında işbirliği ve dayanışma sağlayacak müşterek kuruluşların etkinleştirilmesi gerekir. Tüm tarafların bu manada su kapasitesi ve sulanabilecek topraklarının envanteri, alternatif kaynaklar, sosyal ve ekonomik ihtiyaçlar üzerinde analiz yapılarak anlaşma zemini oluşturmaları kısa dönemde zor görünmektedir.

Türkiye, Suriye ve Irak'ın, nehirlerin kullanımıyla ilgili ileri sürdükleri farklı görüşleri işbirliği ve ortak faydalanma çerçevesinde bağdaştırmak mümkündür. Tarafların suları kullanırken gerginliğe yol açıcı davranışlardan kaçınmaları, bunun önemli aşaması olup birbirlerine karşı güven duygularının gelişmesine yardımcı olmaktadır. Tarafların suları kullanımla ilgili projelerden ve diğer faaliyetlerden birbirlerini haberdar ederek önemli zararın oluşmasını engellemeleri ve koordineli biçimde çalışmalar yürütmeleri, antlaşma sağlanmasını kolaylaştıracaktır. Eş zamanlı yapılan Keban ve Tabka Barajlarının neden olduğu bunalımın yaşanmaması için tarafların bu konuda azami gayret gösterdikleri gerekmektedir. Nitekim Atatürk Barajı'nda su tutulmadan önce Türkiye'nin önceden bildirimde bulunması ve aşamalı olarak su tutması gerginliğin engellenmesi açısından önemli bir gelişme olarak değerlendirilebilir. Bu açıdan bakılırsa aşağı devletlerin şimdiye kadar endişe ettikleri gibi GAP'tan kaynaklanan ciddi bir su kıtlığıyla karşılaştıkları görülmemiştir. Türkiye'nin "önemli zarar vermeme" ilkesi çerçevesinde üzerine düşen görev, GAP'ın tamamlanması halinde aşağı komşulara verebileceği muhtemel zararın asgariye indirilmesi konusunda ciddi gayret göstermesidir. Taraflar arasında su kaynaklarının kullanımıyla ilgili işbirliğini etkileyen güvenlik sorunu çözüldükçe ve ekonomi ağırlıklı ilişkiler arttıkça su sorunun çözümü o ölçüde kolaylaşacaktır. Son yıllarda Türkiye ile Suriye arasında güvenlik sorununun giderilmesine bağlı olarak görülen yakınlaşma, ticari ilişkilerin geliştirilmesini sağlamış ve su sorunun da çözülmesi umudunu arttırmıştır. Kültürel ve tarihsel benzerliklerinin bulunduğu üç ülke insanları arasında karşılıklı ekonomik ilişkiler geliştiği müddetçe -ki bu olan ve olması gereken bir durum- su sorunu dahil en zor sorunların dahi çözüleceği şüphesizdir.

Gerçekten de, Türkiye ve Suriye'nin üst düzey yetkililerinin diyalogları ve yakınlaşmaları işbirliği temelinin sağlamlaştırılması anlamında önemli bir diğer adımdır. Bu gelişmeler göstermektedir ki ilişkilerin kapalı tutularak tarafların birbirlerine karşı güvenlik kaygılarını beslemeleri, ekonomik işbirliğini ve gelişmeyi aksatmaktadır. Türkiye'nin diğer komşulara nazaran en fazla sınır paylaşan Suriye ile ekonomik ilişkilerini geliştirmesi özelde iki devlet için genelde de Ortadoğu barışı için hayati önem taşımaktadır. 2003 yılından itibaren Irak'ta yönetimi üstelenen yeni yönetimin Türkiye ile ticari ve ekonomik anlamda ilişkilerini geliştirmesi, büyük ölçüde ülkede istikrarın sağlanmasına bağlıdır. İstikrar sağlanması durumunda Suriye ile olduğu gibi bu devlet ile yakınlaşma olacağı ihtimali güçlüdür. Tarafların sınır aşan suların kullanımıyla ilgili hakkaniyete dayalı eşit ve makul ilkeler çerçevesinde antlaşma sağlamaları, ancak birbirlerine karşı güven beslemeleri ve farklı çıkarlarını bağdaştırmalarıyla mümkün olabilecektir. Çünkü uluslararası antlaşmaların yapılmasını etkileyen önemli bir faktör de tarafların karşılıklı önceliklerini ve görevlerini içeren ortak çıkar anlayışıyla hareket etmeleridir. Karşılıklı bağımlılığın olduğu zamanımızda her üç devletin bu anlayıştan hareket ederek ticari ve diğer ilişkilerini geliştirmeleriyle birlikte su kaynaklarının kullanımı konusunda antlaşma sağlamaları her zamankinden daha kolay olacaktır.

KAYNAKLAR

Aberra, Getachew, "There is Neither Customary International Law Nor a Treaty That Entitles Egypt to Nile Waters within Ethiopian Territory", Politics of Nile, (çevrimiçi) http://chora.virtualave.net/egyptandnile.htm, 01 Ocak 2002.

Abraham, Kinfe, "The Nile Issue: Psycho-Political Hurdles To An Agreement and The Way Forward Toward A Rapprochement", (çevrimiçi) http://www.addis-eiipd.org/Occasional, 21.05.2008.

Adıyaman Valiliği, "Gap İçerisinde Adıyaman'ın Yeri", (çevrimiçi) http://www.adiyaman.gov.tr/gap/gapta_adiyamanin%20_yeri.html , 31 Mayıs 2003.

Akgün, M.Zerrin, Sular Hukuku ve Sularla İlgili Arazi Davaları, 2.Baskı, yay.y., Ankara, 1967.

Akipek, Ömer İlhan, Devletler Hukuku, II.Kitap, Başnur Matbaası, Ankara, 1965.

Akmandor , Neşet , "Su Sorununun Fiziksel Boyutları", Ortadoğu Devletlerinde Su Sorunu, TESAV y., No.4, Ankara, 1994.

Alacakaptan, Aydın G., "Sınır Aşan Akarsularımız Dicle-Fırat'ın, Arap Komşularımızla Büyük Sürtüşmelere Neden Olmaları Abartılıdır", Su Sorunu, Türkiye ve Ortadoğu, yay.haz.Sabahattin Şen, bağlam y., İstanbul, 1993, ss. 455-471.

Allrefer, "Iraq: Water Resources", (çevrimiçi) www.reference.allrefer.com/iraq54[2].html , 4 Şubat 2004.

Altınbilek, Doğan, "The Role of Dams in Development", Water Resources Develeopment, Vol.18, No.1, 2002, ss. 9-24, (Çevrimiçi) http://titania.ingentaselect.com.pdf 29 Ocak 2004.

AnaBritannica, C.3, 10, 14, 29, Hürriyet y., İstanbul, 1994.

Anderson, Prof., "Water Law", Summer-1997, ss. 1-26, (Çevrimiçi) www.rincon-de-cortess. com/pdf/waterlaw1.pdf , 27 Ekim 2002.

Andualem Sisay, "Ethiopia gets green light for irrigation on Nile",17 july, 2007, (çevrimiçi) http://www.ethiopiainsight.com, 21.05.2008.

Atuk, Nihal, Türkiye'den Suriye'ye Akan Yerüstü ve Yeraltı Suyu Miktarı ve Bunların Ekonomik Değerleri, (Eylül-1995) Ankara, (çevrimiçi) http://ekutup.dpt.gov.tr/disekono/atukn/su.html 25.09.2006.

The Avalon Project at Yale Law School , "Treaty of Peace Between the State of Israel and the Hashemite Kingdom of Jordan, October 26, 1994", (çevrimiçi) http://www.yale.edu/lawweb/avalon/mideast/jordan_treaty_annex2.htm#art7.10 Kasım 2002.

Bağış, Ali İhsan, "Turkey's South Anatolia Project (GAP) and the Water Conflict in the Middle East", (Çevrimiçi) http://www.hidropolitik.hacettepe.edu.tr/turkce/kupur04.htm, 13 Mart 2002.

Bağış, Ali İhsan, "Turkey's Hydropolotics of Euphrates-Tigris Basin" Water Resources Develeopment, Vol.13, No.4, (December 1997), ss. 567-581.

Bağış, Ali İhsan, "Sınır Aşan Sular Sorununun Çözüm Yolları", (panel konuşması) Dünya, Türkiye ve Hidropolitik Durum, 22 Mart 2001, (çevrimiçi) http://www.suvakfi.org.tr/22mart/2001.ASP#aihsan, 05 Temmuz 2003.

Beach, Heather L.; Hammer, Jesse ; Hewitt, J. Joseph; Kaufman, Edy; Kurki, Anja; Oppenheimer, Joe A. and Wolf, Aaron T., "Transboundary freshwater dispute resolution: Theory, practice, and annotated references" The United Nations University pr., 2000, ss. 1-320, (çevrimiçi) www.ciao.org.(California), 13 Mart 2002. (şifreli site)

Beaumont, Peter, "Restructuring of Water Usage in the Tigris-Euphrates Basin:The Impact of Modern Water Management Policies", Middle Eastern Natural Environments, Bulletin 103, ss. 168-186, (Çevrimiçi) www.yale.edu/environment/publications/bulletin/103pdfs/103beaumont.pdf., 3 Aralık 2002.

The Bellagio Draft Treaty, Revised and Augmented by Robert Hayton and Albert Utton, 29 Nat. Resources J., no. 663, 1989, (çevrimiçi) htmhttp://www.law.berkeley.edu/faculty/ddcaron/Courses/iel/ie01005.htm., 21 Ocak 2002.

BİA, "GAP Bölge İllerinin Gelişmesini Sağlamadı", çevrimiçi http://www.bianet.org/2004/06/16/36752.htm, 9 Eylül 2006.

Biçer, Ahmet , "Orta Doğu Su Sorunu", (çevrimiçi) http://www.avrasyakusagi.com/deneme/susorunu.htm ., 21 Ocak 2002.

Bilen, Özden, "Ortadoğu su sorunları ve Türkiye", (çevrimiçi) http://www.basarm.com.tr/yayin/politik/susorunicin.htm., 01 Ocak 2002.

Bilen, Özden, Ortadoğu Su Sorunu ve Türkiye, TESAV y., Ankara, 1996.

Bilsel, Cemil, Devletler Hukuku, C.I, İ.Ü.Hukuk F.y., İstanbul, 1941.

Biswas, Asit K. , "Management Of International Water Resources:Some Recent Developments", International Waters of the Middle East From Euphrates-Tigris to Nile, Edited by Asit K.Biswas, Oxford Univ.pr., Oxford, Newyork, Bombay, 1994, ss. 185-203.

Bosnjakovic, Branko, "Regulation of International Watercourses Under The UN/ECE Regional Agreements", Water International, International Water Resources Association, V.25, No 4, (December 2000), ss. 544-553.

Bozkurt, Enver, "1997 BM Sözleşmesine Göre Ulaşıma Elverişli Olmayan Uluslararası Akarsuların Hukukî Statüsü ve Ortadoğu'daki Akarsuların Hukuki Rejiminin Değerlendirilmesi (Fırat – Dicle Örneği) ", ss. 1-16, (çevrimiçi) www.ir.metu.edu.tr/conf/papers/ebozkurt.pdf. , 7 Eylül 2003.

Brooks, David, "Between the Great Rivers: Water in the Heart of the Middle East", (çevrimiçi) http://www.idrc.ca/books/focus/804/chap4.html , 31Aralık 2001.

Caponera, Dante A., "The Importance Of Water Law And Institutions For Sustainable Development", (çevrimiçi) http://www.oieau.fr/ciedd/contributions/atriob/contribution/caponera.htm , 13.Eylül 2003.

Caponera, Dante A., The Law of International Water Resources, pub.by Food and Agriculture Organization of United Nations, Legislative study No.23, Rome, 1980.

Carriker, Roy R., "Water Wars: Water Allocation Law and the Apalachicola-Chattahoochee-Flint River Basin", University of Florida, Institute of Food and Agricultural Sciences, (November 2000), (çevrimiçi) http://edis.ifas.ufl.edu/BODY_FE208, 4 Mart 2003.

CIA, The World Factbook, 2005, çevrimiçi, http://www.odci.gov/cia/publications/factbook/index.html, 01.04.2005.

Cohen, Jonathan E., "International law and the water politics of the Euphrates", New York University Journal of International Law and Politics, Vol.24, No.1, (Fall 1991), ss. 503-556.

Connel (Cantab), D.P., International Law for Student, yay.y., London, 1971.

Conetta, Carl, "Irak ve Afganistan: Mükemmel Felaketler…", *Zaman Gazetesi*, 10 Eylül 2006,

Cullen, Heidi M. And De Menocal, Peter B., "North Atlantic Influence On Tigris–Euphrates Streamflow", International Journal of Climatology, No.20, 2000, ss. 853–863, (çevrimiçi) www.ldeo.columbia.edu/~peter/Resources/ Cullen.deMenocal.2000.pdf, 3 Aralık 2002.

Çandar, Cengiz, "Türkiye İçin Bir Supolitik Olabilir Mi?", Su Sorunu, Türkiye ve Ortadoğu , yay.haz. Sabahattin Şen, Bağlam y., İstanbul, 1993, ss. 447-454.

Çelik, Edip F., "Milli Selahiyetin Hukuki Mahiyeti Hakkında İleri Sürülen Nazariyeler", A.Ü.SBF.Mecmuası, C.XI, No.3, Ankara, 1956, ss. 120-154.

Çelik, Edip F., Milletlerarası Hukuk , Birinci Kitap, 2.b., Filiz Kitabevi, İstanbul, 1987.

Çelik, Edip F., Milletlerarası Hukuk, İkinci Kitap, Filiz Kitabevi, İstanbul, 1987.

Dalar, Mehmet, "Mısır: İç ve Dış Çatışma Dinamikleri", *Dünya Çatışmaları Çatışma Bölgeleri ve Konuları*, Cilt 1, Ed: Kemal İnat, Burhanettin Duran ve Muhittin Ataman, Nobel Yayın Dağıtım, Ankara, Ekim 2010, ss.309-335

Dalar, Mehmet "Asi Nehri'nin Türkiye-Suriye İlişkileri Üzerindeki Etkisi ve Geleceği", *Ortadoğu Analiz*, (Mart 2010), Cilt 2, sayı 15, ORSAM yayınları, Ankara, ss. 106-113

Darwish, Adel ve Bulloch, John, Su Savaşları Ortadoğuda Beklenen Çatışma, çev.Mehmet Harmancı, Altın kitaplar basımevi, İstanbul, 1994.

Daoudy, Marwa, "Water, Institutions and Development in Syria: a Downstream Perspective from the Euphrates and Tigris", Copyright 1999, 2000, The World Commission on Dams, (çevrimiçi) http://www.dams.org/kbase/submissions/showsub.php?rec=env108 , 11Mart 2002.

Daoudy, Riad , "Facing water resources challenges in Syria", Presented at the Syria : New dawn for Business, Trade and Investment Conference, London , July 3-4, 2001, (çevrimiçi) http://www.mafhoum.com/press2/water76.htm , 11Mart 2002.

De Chazournes, Laurence Boisson, "The UN Convention on International Watercourses: Prospects for an Unfinished Agenda for Co-Management", Conference on "Water, Dispute Prevention and Development: South Perspectives", Presented at the Center for the Global South, American Univ., Washington DC., Oct 12-13, 1998, (çevrimiçi) http://www.american.edu/maksoud/water98/present7.htm#Laurence , 11 Kasım 2002.

DEİK (Dış Ekonomik İlişkiler Kurumu), "Irak'ın Yeniden Yapılandırılması ve Türkiye'nin Rolü-II", Türk-Irak İş Konseyi, Aralık-2003, Ankara.

Dellapenna, Joseph W., "The customary international law of transboundary fresh waters", Int. J. Global Environmental Issues, Vol. 1, No. 3/4, Pennsylvania, 2001, ss. 264-305, (çevrimiçi) www.internationalwaterlaw.org/Bibliography/IJGEI/04ijgenvl2001v1n34 dellapenna.pdf., 27.Nisan 2003.

Denk, Erdem, "Su satmak kolay değil", Radikal Gazetesi, 18 Mart 2000, (çevrimiçi) http://www.radikal.com.tr/2000/03/18/yorum/01su.shtml , 22.Temmuz 2003.

Dinar, Ariel, "Political Economy of Water Pricing Reforms", the Political Economy of Water Pricing Reforms, ed.by Ariel Dinar, Oxford Univ.pr., Washington D.C., 2000, ss. 1-23.

Dinar, Ariel; Rosegrant, Mark W.and Meinzen-Dick, Ruth, "Water Allocation Mechanisms-Principles and Examples", World Bank, Agriculture and Natural Resources Department, ss. 1-43, (çevrimiçi) http://econ.worldbank.org/view.php?type=5&id=598/pdf, 2 Mart 2004.

Dinar , Ariel and Tiwari, Dirgha , " Role and Use of Economic Incentives in Irrigeted Agriculture", ss. 1-69, (çevrimiçi) http://lnweb18.worldbank.org/ESD/ardext.nsf/26ByDocName/RoleandU

seofEconomicIncentivesinIrrigatedAgriculturepaper/$FILE/RoleandUseo fEconomicIncentives(paper).pdf., 13.Ocak 2004.
DPT (Devlet Planlama Teşkilatı), " Güneydoğu Anadolu Projesi", (çevrimiçi) http://www.dpt.gov.tr/bgyu/GAP.html , 13 Haziran 2003.
DPT, " Güneydoğu Anadolu Projeleri", (çevrimiçi)http://www.dpt.gov.tr/bgyu/gap1.html , 13 Haziran 2003.
DPT, "Gap Bölgesindeki Sulamalar, Baraj ve HES' ler", (çevrimiçi) http://www.dpt.gov.tr/bgyu/gap2.html, 13 Haziran 2003.
DPT, "Sulama Projeleri", (çevrimiçi) http://www.dpt.gov.tr/bgyu/GAP.html#II, 13 Haziran 2003.
DPT, "Enerji Projeleri", (çevrimiçi) http://www.dpt.gov.tr/bgyu/gap.html#II, 13 Haziran 2003.
DPT, *Ekonomik ve Sosyal Sektörlerdeki Gelişmeler*, Sekizinci Beş Yıllık Kalkınma Planı (2001-2005), 2005 yılı Program Destek Çalışmaları, 2006, Ankara.
DPT, *Ekonomik Gelişmeler*, Yıllık Programlar ve Konjonktür Değerlendirme Genel Müdürlüğü, Şubat 2006, Ankara.

DSİ (Devlet Su İşleri), "Karkamış Barajı", (çevrimiçi) http://www.dsi.gov.tr/bolge/dsi20/karkambarhes.htm., 24 Temmuz 2003.
Eckstein, Gabriel, "Application of International Water Law to Transboundary Groundwater Resources, and the Slovak-Hungarian Dispute Over Gabcikovo-Nagymaros" , Suffolk Transnational Law Review, winter-1995, Vol.19, (çevrimiçi) http://www.internationalwaterlaw.org/Articles/TransboundaryGW.htm, 21 Ocak 2002.
Economic and Social Council, Distr.General Unedited Version, E/C.12/2002/11, 26 November 2002, Committee On Economic, Social And Cultural Rights, Twenty-ninth session, Geneva, 11-29 November 2002, Agenda item 3, ss. 1-18, (çevrimiçi) http://www.internationalwaterlaw.org/IntlDocs/UNCECSR-General-Comment-right_to_water.pdf , 03 Nisan 2003.
Economist, "Iraq: Economic Structure", (çevrimiçi) http://www.economist.com/countries/Iraq/profile.cfm?folder=Profile-Economic%20Structure , 14 Şubat 2004.
Elmusa, Sharif S., "Harmonizing Equitable Utilization And Significant Harm: Comments On The 1997 ILC Convention", Conference on "Water, Dispute Prevention and Development: South Perspectives", Presented at the Center for the Global South, American Univ., Washington, DC, Oct 12-13, 1998, (çevrimiçi) http://www.american.edu/maksoud/water98/present7.htm , 11 Kasım 2002.
Elver, Hilal, "Emerging Water conflict in the Middle East?The Case of the Euphrates and the Tigris Rivers Basin", (çevrimiçi) http://www.american.edu/maksoud/water98/present8.htm#Elver , 11.Mart 2002.

EUR-Lex (Europe Union Lex (Avrupa Birliği Hukuku)), "Community legislation in force , Document 300L0060", (çevrimiçi) http://europa.eu.int/eur-lex -, 4 Ocak 2002.
FAO (Food and Agriculture Organization), "4. World Water Resources By Country", (çevrimiçi) http://www.fao.org/DOCREP/005/Y4473E/y4473e08.htm#bm08.1 22 Aralık 2003.
FAO, "Aquastat FAO's Information System on water and agriculture", (çevrimiçi) http://www.fao.org/ag/AGL/aglw/aquastat/countries/index.stm, 22 Aralık 2003.
FAO, "Iraq", (çevrimiçi) http://www.fao.org/ag/AGL/aglw/aquastat/countries/iraq/index.stm, 22 Aralık 2003.
FAO, "Syria", (çevrimiçi) http://www.fao.org/ag/AGL/aglw/aquastat/countries/syria/index.stm, 22 Aralık 2003.
FAO, "Turkey", (çevrimiçi) http://www.fao.org/ag/AGL/aglw/aquastat/countries/turkey/index.stm, 22 Aralık2003.
'GAP Ana Raporu' T.C.Başbakanlık GAP İdaresi Başkanlığı, GAP Ana Raporu, Güneydoğu Anadolu Bölgesi Kalkınma Planı, cilt.2, Ankara, 2002, ss. 1-167, (çevrimiçi) http://www.gap.gov.tr/Turkish/Bolgekpl/anarap.pdf , 07 Eylül 2003.(metinde 'GAP Ana Raporu' olarak geçmektedir.)
GAP, "Güneydoğu Anadolu Projesi'nin Tarihçesi", (çevrimiçi) , http://www.GAP.gov.tr/Turkish/Ggbilgi/gtarihce.html, 31 Ocak 2003.
GAP, "GAP Toprak ve Su Kaynakları Geliştirme Programı", (çevrimiçi) http://www.gap.gov.tr/Turkish/Ggbilgi/gbilesen.html#tarim , 13 haziran 2003.
GAP, " Gap Bölgesi'nin Sosyo-Ekonomik Özellikleri", (çevrimiçi) http://www.GAP.gov.tr/Turkish/Ggbilgi/gozel.html, 31 Ocak 2003.
GAP, "Proje Ve Faaliyetler", (çevrimiçi) http://www.GAP.gov.tr/Turkish/Frames/fr2.html , 13 Haziran 2003.
GAP, "Dicle Halkın Hizmetinde", (çevrimiçi) http://www.gap.gov.tr/Turkish/Dergi/D581997/dicle.html. 31 Mayıs 2003.

GAP, "GAP'ın Finansman Durumu", (çevrimiçi) http://www.gap.gov.tr/Turkish/Frames/fr4.html, 13 Haziran 2003.

GAP, "Sürdürülebilir Kalkınma Nedir?", (çevrimiçi) http://www.gapturkiye.gen.tr/kalkinma/ , 23 Haziran 2003.
GAP, "GAP Su Kaynakları Projeleri Özet Bilgileri", (çevrimiçi) http://www.gap.gov.tr/Turkish/Tarim/sukaynak.html , 31 Mayıs 2003.

GAP, "GAP Bileşenleri" çevrimiçi http://www.gap.gov.tr/gap.php?sayfa=Turkish/Ggbilgi/gbilesen.html, 9 Eylül 2006.
GAP, Gap'ın Finansman Boyutu, çevrimiçi, http://www.gap.gov.tr 11.11.2005.

GAİB (Güneydoğu Anadolu İhracatçı Birlikleri Genel Sekreterliği), "GAP Projeleri", (çevrimiçi) http://www.gaib.org.tr/gap_projesi.htm , 13 Haziran 2003.
Gönlübol, Mehmet, Milletlerarası Siyasi Teşkilatlanma, A.Ü.S.B.F.y., Ankara, 1964.
Gözen, Ramazan, "The Turkish-Iraqi Relations:From Cooperation to Uncertainity", Foreing Policy, Vol.XIX, No.3-4, Ankara, 1995, ss. 49-98.
Green Cross International, National Sovereignty and International Watercourses, Green Cross pub., the Hague, 2000, ss. 1-52, (çevrimiçi) http://www.greencrossinternational.net/ pdf, 31 Mart 2002.

Gruen, G.E., "Turkish Waters:Source of Regional Conflict or Catalyst for Peace?", water, Air and soil Pollution, an international journal of environmental pollution, Vol.123, Kluwer Academic Publishers, 2000, ss. 565-579.
Gürbüz, Mahir, "Kuraklık Ve Su ! "Çözümü Belirsiz Sorunsal", 01.05.2001, (çevrimiçi) www.chp.org.tr/bykp/ , 26 Nisan 2002.
Haddad, M. and Mizyed, N., "Water Resources in The Middle East:Conflict and Solutions", Water, Peace and Middle East Negotiating Resources in The Jordan Basin, ed.by J.A.Allan, I.B.Tauris Publishers, London-Newyork, 1996, ss. 3-17.
Haddadin, Munther J., "Water Scarcity Impacts and Potential Conflicts in the MENA Region" Water International, International Water Resources, Association, V.26, No.4, (December 2001), ss. 460-470.
Haddadin, M.J. "Water management:a Jordanian viewpoint" Water, Peace and Middle East Negotiating Resources in The Jordan Basin, ed.by J.A.Allan, I.B.Tauris Publishers, London-Newyork, 1996, ss. 59-73.
Haftendorn, Helga, "Water and International Conflict", International Studies Association, 40th Annual Convention, Washington, D.C., February 16–20, 1999, (çevrimiçi) http://www.ciao.edu. 13 Mart 2002.(şifreli site)
Hamner, Jesse H. and Wolf, Aaron T., "Patterns In International Water Resource Treaties:The Transboundary Freshwater Dispute Database", Colorado Journal of International Environmental Law and Policy, Yearbook of 1997 , 1998, (çevrimiçi) http://www.transboundarywaters. orst.edu/documents/patterns/ , 31 Aralık 2001.
Hannum, Hurst , Autonomy, Sovereignty and Self-Determination, Pennsylvania U.pr., Pennsylvania, 1990.
Hayton, Robert and Utton, Albert, "The Bellagio Draft Treaty", 29 Nat. Resources J. 663, 1989, (çevrimiçi) http://www.law.berkeley.edu/faculty/ddcaron/Courses/iel/ie01005.htm., 21 Ocak 2002.

Hellenic Resources Centers, "Lausanne Treaty Part IV", (çevrimiçi) http://www.hri.org/Lausanne Treaty Part IV.htm 12.03.2002.
Hirzalla , Hazem Bader S., "Water Resources Agreements And Practices In Selected Shared Water Resources In The Escwa Region", Congress International, Liban, June 1998, ss. 3-24, (çevrimiçi) http://funredes. org/agua/files/droit/HIRZALLA.rtf , 10 Kasım 2002.

Hudes, Karen, "Shared Water Resources in The Jordan River Basin", Across borders, Gonzaga Univrsity, (çevrimiçi) Http://Law.Gonzaga.Edu/Borders/Water.Htm, 14 Eylül 2003.
ICE Case Studies , "Case Number : Case Identifier: TIGRIS Tigris-Euphrates River Dispute", (çevrimiçi) http://www.american.edu/ted/ice/tigris. htm#r1 .29 Mart 2002.
Ilomäki, Jukka , "Institutional Challenge of Developing Transboundary Water Resources", Theories and principles of water rights, Helsinki, 1999, (çevrimiçi) http://www.water.hut.fi/wr/research/glob/pubications/index.html ., 20 Nisan 2002.
International Constitutional Law, "United States - Constitution - Amendments", (çevrimiçi) www.icl.com., 24 Eylül 2002 .
International Court of Justice, "Case Concerning The Gabcíkovo-Nagymaros Project, (Hungary/Slovakia)", 25 September 1997, General List, No. 92, (çevrimiçi) http://www.icj-cij.org/icjwww/idocket/ihs/ihsframe.htm , 29 Mart 2002.
International Law Association, "History of ILA", (çevrimiçi) http://www.ila-hq.org. , 31 Aralık 2001.
International Law Commission, "Convention on the Law of the Non-navigational Uses of International Watercourses, 1997", (çevrimiçi) http://www.un.org/law/ilc/texts/nonnav.htm , 22 Ocak 2002.
International Law Commission, "Draft articles on the Law of the Non-navigational Uses of International Watercourses", adopted by the International Law Commission in 1994, ss. 1-155, (çevrimiçi) http://www.un.org/law/ilc/texts/nonnav94.htm.pdf , 10 Ağustos 2003.
International Law Commission, "Introduction", (çevrimiçi) http://www.un.org/law/ilc/introfra.htm , 31 Aralık 2001.
International Rivers and Lakes, A Newsletter prepared jointly by the Department for Economic and Social Affairs, United Nations, New York and the Economic Commission for Latin America and the Caribbean, Santiago, Chile, No.34, December 2000, ss. 1-12, (çevrimiçi) www.un.org , (pdf formatında), 31Aralık 2001.
International Water Law, "Status of the Watercourse Convention as of 15 August 2002", (çevrimiçi) http://www.internationalwaterlaw.org/IntlDocs/Watercourse_status.htm , 02 Mart 2004.

International Water Law, "Agreement Between The Republic of Syria and the Hashemite Kingdom of Jordan Concerning the Utilization of The Yarmuk Waters", (çevrimiçi) http://www.internationalwaterlaw.org/RegionalDocs/Syria-Jordan.htm, 10.08.2003.

International Water Law Project, "The Helsinki Rules on the Uses of the Waters of International Rivers-1966", (çevrimiçi) http://www.internationalwaterlaw.org/IntlDocs/Helsinki_Rules.htm 29 Aralık 2001.

International Monetary Fund, "Iraq: Macroeconomic Assessment", Prepared by the Middle Eastern Department, (çevrimiçi), ss. 1-26, http://www.imf.org/external/np/oth/102103.pdf , 26 Aralık 2003.

Iraqi Dam Assessments, Report by The United States Army, Corps of Engineers, Iraq, May-June 2003, ss. 1-164, (çevrimiçi) http://www.cpa-iraq.org/ministries/dam_assessment_report.pdf , 20 Ağustos 2003.

'Iraqi Ministry of Foreign'-Ministry of Foreign Affairs and Ministry of Irrigation, "The Division Of Waters In The International Law Facts On The Joint Waters With Turkey", Baghdad – Iraq, 1999, (çevrimiçi) www.uruklink.net.mofa/iraq , 22 Nisan 2002.(metindeki dipnotlarda 'Iraqi Ministry of Foreign' olarak geçmektedir.)

İnan , Yüksel, "The Law Of International Water Courses And The Middle East", Perceptions Journal Of International Affairs , Vol.V, Number 2, (June-August 2000), (çevrimiçi) http://www.mfa.gov.tr/grupa/percept/V-2/yinan.htm, 30 Aralık 2001.

İnan, Yüksel, "Sınır Aşan Suların Hukuksal Boyutları (Dicle ve Fırat)", A.Ü.SBF Dergisi, C.49, No.1-2, (Ocak-Haziran 1994), ss. 243-253.

Jones, Patricia A., "Compliance Mechanism of International Water Agreements A Case of U.S.-Mexico Boundary Waters", Water International, International Water Resources Association, V.25, No.4, (December 2000), ss. 554-564.

Kaboğlu, İbrahim, Çevre Hakkı, 3.b., İmge Kitabevi, Ankara., 1996.

Kaçmaz, Safa, "Eski Sümer Savaşları ve Hakem Kurumu", Aleviyol, (çevrimiçi) http://www.aleviyol.com/eskisumer.htm , 1 Mayıs 2003.

Karagöz, Alptekin , "Country Pasture/Forage Resource Profiles:Turkey", (çevrimiçi) http://www.fao.org/WAICENT/FAOINFO/AGRICULT/AGP/AGPC/doc /Counprof/Turkey.htm , 24 Aralık 2003.

Kaya, İbrahim, "The Euphrates-Tigris basin: An overview and opportunities for cooperation under international law", Arid Lands, No. 44, (Fall/Winter 1998), (çevrimiçi) http://ag.arizona.edu/OALS/ALN/aln44/Kaya .html ., 29 Aralık 2001.

Kibaroğlu, Ayşegül, "Fırat ve Dicle Havzasında Su Kaynakları Anlaşmazlıklarının Çözümü", (çevrimiçi) http://www.stradigma.com/turkce/temmuz2003/print_01.html, 13 Mart 2003.

Kibaroğlu, Ayşegül ve İlker, Burcu, "Güneydoğu Anadolu Projesi Sulama Yönetiminde Sürdürülebilirlik",2003, (çevrimiçi) http://www.gap.metu.edu.tr/html/yayinlar/gapsurdurulebilirlikAKibaroglu.pdf, 25.09.2006.

Kliot, Nurit, Water Resources and Conflict In The Middle East, Routldge pr., London-Newyork, 1994.

Kolars, John F. and Mitchell, William A., The Euphrates River and The Southeast Anatolia Development Project, Southern Illinois Univ.pr., Carbondale and Edwardsuille, 1991.

Kolars, John, "Managing the Impact of Development:The Euphrates and Tigris Rivers and Ecology of the Arabian Gulf-Alink in Forging Tri-Riparian Cooperation", Water as an Element of Cooperation and Development in the Middle East , ed.by A.İhsan Bağış, Ayna y., İstanbul, 1994, ss. 129-153.

Kolars , John, "Proplems of International River Management:The case of the Euphrates", International Waters of the Middle East From Euphrates-Tigris to Nile, edited by Asit K.Biswas, Oxford Univ.pr., Oxford, Newyork, Bombay, 1994, ss. 44-94.

Kolars, John, "Defining The Political/Ecological Threshold For The Euphrates And Tigris Rivers", Arab Studies Quarterly, Vol. 22, No.2 (Spring 2000), (çevrimiçi) http://web.macam.ac.il/~arnon/Int-E/water/EUPHRATES%20AND%20TIGRIS.htm , 18 Kasım 2002.

Kut, Gün, "Ortadoğu'da Su Sorunu :Çözüm Önerileri", Su Sorunu, Türkiye ve Ortadoğu, yay.haz.Sabahattin Şen, bağlam y., İstanbul, 1993, ss. 473-484.

Le Fur, Louis, Devletler Amme Hukuku, çev.Nihat Erim, C.I, Maarif Matbaası, Ankara, 1942.

Lipper, Jerome, "Equitable utilization", The Law of International Drainage Basins, ed.by A.H. Garretson, R.D. Hayton and C.J. Olmstead, eds. , Dobbs Ferry, N.Y., Oceana Publications, Newyork, 1967.ss. 15-73.

Lütem, İlhan, Egemenlik Kavramı ve Devletlerarası Hukuk , Sakarya Basımevi, Ankara, 1947.

Mazlum, İbrahim, Water in the Middle East: The Scarce Resource of Region, Marmara University, unpublished Master Thesis, 1996.

M. El-Fadel, Y. El-Sayegh, K. El-Fadl, and D. Khorbotly, "The Nile River Basin: A Case Study in Surface Water Conflict Resolution", J. Nat. Resour. Life Sci. Educ.,Vol. 32, 2003.

McCaffrey, Stephen, "The contribution of the UN Convention on the law of the non- navigational uses of international watercourses", Int. J. Global Environmental Issues, Vol. 1, No. 3/4, 2001, ss. 250-263, (çevrimiçi) http://www.internationalwaterlaw.org/Bibliography/IJGEI/03ijgenvl2001 v1n34mccaffrey.pdf , 12 Ağustos 2003.

Mcwhinney, Edward, United Nations Law Making, Cultural and Ideological Relativism and International Law-Making for an Era of Transition, Holmes and Meier/UNESCO , Newyork, 1984.

Medeni Kanun (17 Şubat 1926 tarih ve 743 sayılı kanun), Vatandaşlık Ansiklopedisi, Milliyet Gazetesi yayınları, İstanbul, 1991.

Medeni Kanun (22 Kasım 2001 tarih ve 4721 sayılı kanun) 08.12.2001 tarih ve 24607 sayılı T.C.Resmi Gazetede yayınlanmıştır.

Medzini, Arnon, "The possibility of shortage of water among members of the Euphrates drainage basin", ss. 1-20, (çevrimiçi) http://www.ir.metu.edu.tr/conf/papers/medzini.pdf, 7Aralık.2003.

Mekonnen, Kefyalew, "The Defects and Effects of Past Treaties and Agreements on the Nile River Waters: Whose Faults Were They?", ViTrade , Global Financial Risk Analysis, Addis Tribune, November 28, 1998.

Meray, Seha L., Devletler Hukuna Giriş, C.I, A.Ü. S.B.F. y., Ankara, 1968.

MFA (Turkish Ministry of Foreign Affairs) , "Turkey's Views on the Arguments of its Neighbours", (çevrimiçi) http://www.mfa.gov.tr/grupa/ad/adg/adgc/Chap2c.HTM , 21 Aralık 2001.

MFA, "Water Disputes in the Euphrates-Tigris Basin" , (çevrimiçi) http://www.mfa.gov.tr/grupa/ad/adg/adgb/Chap1c.HTM, 31 Mayıs 2003.

MFA, "Türk-Fransız İtilafnamesi" , (çevrimiçi) http://www.mfa.gov.tr/turkce/grupb/ikili/09.htm 13 Mart 2003.

MFA, "Turkey's Views on the Arguments of its Neighbours", (çevrimiçi) http://www.mfa.gov.tr/grupa/ad/adg/adgc/Chap2c.HTM , 13 Haziran 2003.

MFA , "Water Issues Between Turkey, Syria And Iraq", (çevrimiçi) http://www.mfa.gov.tr/grupa/percept/i2/i2-6.htm , 04 Ocak 2002.

MFA, "Arguments of Syria", (çevrimiçi) http://www.mfa.gov.tr/grupa/ad/adg/adgc/Chap2b.HTM , 04 Ocak 2002.

Milich, Lenard and Varady, Robert G., "Openness, sustainability, and public participation in transboundary river-basin institutions- Part I and II", Arid Lands, No.44, (Fall/Winter 1998), (çevrimiçi) http://ag.arizona.edu/OALS/ALN/aln44/Varady-Milich .html . 29 Aralık 2001.

Mundi, Syria Economy Profile 2006, (çevrimiçi) http://www.indexmundi.com/syria/economy.html, 20 Eylül 2006.

Mundi, Iraq Economy Profile 2006, (çevrimiçi) http://www.indexmundi.com/iraq/economy.html, 20 Eylül 2006.

NACSE (Northwest Alliance for Computational Science and Engineering), "Treaty between the United States of America and Mexico relating to the waters of the Colorado and Tijuana Rivers, and of the Rio Grande", (çevrimiçi) http://mgd.nacse.org/qml/watertreaty/textdocs/international/98.html , 01 Temmuz 2002.

NACSE, "Agreement between the Government of the United Arab Republic and the Government of Sudan for The Full Utilization of the Nile Waters, (with annexes) signed at Cairo, on 8 November 1959", (çevrimiçi) http://mgd.nacse.org/qml/watertreaty/textdocs/international/58.html , 4 Nisan 2002.

NACSE, "Agreement between [Bangladesh] and [India] on sharing of the GangesÆ waters at Farakka and on augmenting its flows Parties: Bangladesh, India Basin: Ganges Date: 11/5/1977 Dakka", (çevrimiçi) http://mgd.nacse.org/cgi-bin/qml2.0 , 31 Aralık 2001.

NACSE, "Treaty between the United States of America and Mexico relating to the waters of the Colorado and Tijuana Rivers, and of the Rio Grande ", (çevrimiçi) http://mgd.nacse.org/qml/watertreaty/textdocs/international/98.html, 31Aralık 2001.

NACSE, "Treaty Between The Unıted States Of America And Canada Relating To Cooperative Development Of The Water Resources Of The Columbia River Basin", (çevrimiçi) http://mgd.nacse.org/cgi-bin/qml2.0/watertreaty/intl_treaties.qml?qml_screen=full&TN=84 , 4 Ocak 2002.

Nahrain, "United Nations 1997 Watercourses Convention and Euphrates-Tigris Rivers", (çevrimiçi) http://www.nahrain.com/d/water/wtr001.html , 30.12.2001.

Nation Master, "Middle East: Iraq:Energy", (çevrimiçi), http://www.nationmaster.com/country/iz/Energy , 14.Şubat 2004.

Nation Master, "Middle East: Iraq: Economy", (çevrimiçi), http://www.nationmaster.com/country/iz/Economy, 14.Şubat 2004.

Nation Master, "Middle East: Syria: Energy", (çevrimiçi)http://www.nationmaster.com/country/sy/Energy, 14 Şubat 2004.

The Nile: water conflicts, May 2003, http://www.scienceinafrica.co.za/2003/may/nile.htm, E.T: 18.01.2008.

Nile River Politics: Who Receives Water?,10 Aug 2000, online, http://www.somaliawatch.org/archivejuly/000810605.htm, E.T:19.05.2008.

NTV, "Ankara-Şam ilişkilerinde yeni dönem", (çevrimiçi) http://www.ntvmsnbc.com/news/251405.asp 31 Ocak 2004.

NTV, "GAP: 28 yıllık umut projesi", (çevrimiçi), http://www.ntvmsnbc.com/news/default.asp, 9 Eylül 2006.

Oppenheim, L., M.A.LL.D, International Law A Treatise , V.I, yay.y., London, 1952.

Öziş, Ünal; Baran, Türkay; Özdemir, Yalçın ; Fıstıkoğlu , Okan; Türkman, Ferhat ve Dalkılıç, Yıldırım, "Türkiye'nin Sınır - Aşan Sularının Su Hukuku

Ve Su Siyaseti Açısından Durumu", ss. 1-17, (çevrimiçi) www.suvakfi.org.tr/sinirasan.DOC, :03.Aralık 2002.
Özkan, Naki ;"Türkiye su zengini değil", Milliyet Gazetesi , 24 Mart 2000, (çevrimiçi) www.milliyet.com.tr , 21 Ocak 2002.
Pamukçu, Konuralp, Su Poilitikası , 1.b., bağlam y., İstanbul, 2000.
Pazarcı, Hüseyin; "Su Sorununun Hukuksal Boyutları", Ortadoğu Devletlerinde Su Sorunu, TESAV y., No.4, Ankara, 1994, ss. 39-54.
Pazarcı, Hüseyin, "Çevre Sorunlarının uluslararası boyutları ve uluslararası hukuk", A.Ü.S.B.F. Dergisi, A.Ü.SBF y., Ankara, 1983, ss. 201-213.
Pazarcı, Hüseyin, Uluslararası Hukuk Dersleri , 2.Kitap, Turhan Kitabevi, Ankara, 1989.
Pichyakorn, Bantita , "Sustainable Development And International Watercourses Agreements: The Mekong and The Rhine", Draft, 30 June 2002.ss. 1-30, (çevrimiçi) www.iucn.org/themes/law/pdfdocuments/CDGFinalPaperSunnyPichyakorn .pdf , 27 Ekim 2002.
Pohoryles, Samuel, "Program for Efficient Water Use in Middle East Agriculture", Water for Peace in the Middle East and Southern Africa, Green Cross International, The Hague, 2000, ss. 18-32, (çervrimiçi) http://www.greencrossinternational.net/ (pdf formatında), 31 Mart 2002.
Postel, Sandra L. and Wolf, Aaron T., "Dehydrating Conflict", Foreign policy, September-October, 2001, (çervrimiçi)http://www.foreignpolicy.com/, 23 Aralık 2001.

Priscoli, Jerome Delli, "International Conflicts Related to Transboundary Water", Water Resources Institute, USA, 1998, (çervrimiçi) www.internationalwaterlaw.org. , 24 Mart 2002.
Rabi, Ayman, "Water: A Means for Confidence-Building and Cooperation in the Jordan River Basin.", Water for Peace in the Middle East and Southern Africa, Green Cross International pr., The Hague, March 2000, ss. 33-38, (çervrimiçi) .http://www.greencrossinternational.net/ , 31 Mart 2003. (pdf formatında)
The Report of the World Commission on Dams "Dams and Development: A New Framework for Decision-Making", The Report by the World Commission on Dams, An Overview , November 16, 2000, (çevrimiçi) http://www.dams.org/ , 04.Şubat 2002.
Richards, Alan ve Singh, Nirvikar, "Water and Federalism: India's Institutions Governing Inter-State River Waters", Department of Economics, University of California, Santa Cruz, (June 1996), ss. 1-55, (çevrimiçi) econ.ucsc.edu/~boxjenk/ - 22k , 27 Ekim 2002.
Riemer, Andrea K., "Water Issue and Extended Understanding of 'Security':The Southeast Anatolia Project As Multidimensional Potential For Crisis?", The Turkish Yearbook of International Relations, No.XXVI, 1996, ss. 81-99.
Salha, Samir , Türkiye, Suriye ve Lübnan İlişkilerinde Asi Nehri Sorunu, Dış Politika Enstitüsü y., Ankara, 1995.

Salman, Salman M.A., "Sharing Rivers For Peace, Development, And Security Analysis of the Recommendations of the World Commission on Dams", Water International, International Water Resources Association, V.26, No.2, (June 2001), ss. 283-288.
Sar, Cem Uluslararası Nehirlerden Endüstriyel ve Tarımsal Amaçlarla Faydalanma Hakkı, A.Ü.SBF.y., Sevinç Matbaası, Ankara, 1970.
Schwabach, Aaron, "The Tisza Cyanide Disaster and International Law", ELR News&Analysis, 7-2000, ss. 10509-10515, (çevrimiçi) www.home.san.rr.com/cgls/Faculty/article.pdf. 03 Nisan 2003.
Schwarzenberger, Georg, A Manuel of International Law, fifth edition, pub.by Stevens and Sons, London, 1967.
Shapland, Greg, Rivers of Discord International Water Disputes in the Middle East, published by C.Hurst&Co., London, 1997.
Sherk, George William, "Interstate Water Conflicts and Individual Rights Perspectives from the United States Supreme Court", Water International, International Water Resources Association, Vol.25, No.4, (December 2000), ss. 519-525.
Shuval, Hillel I., "The Water Issues on the Jordan River Basin between Israel, Syria and Lebanon can be a Motivation for Peace and Regional Cooperation", Water for Peace in the Middle East and Southern Africa, Green Cross International, The Hague, 2000, ss. 39-54, (çevrimiçi) http://www.greencrossinternational.net/ (pdf formatında), 31Mart 2002.

Soffer, Arnon, *Rivers of Fire,* pub. by Rowman and Littlefield, Maryland,1999.

Sorguç, Nevin, "Güneydoğu Anadolu Projesine Bakış (1988-2001)", Planlama Dergisi, ss. 337-348, (çevrimçi)http://ekutup.dpt.gov.tr/planlama/42nciyil/sorgucn.pdf, 15 Ekim 2003.
Suriye ve Irak'ta İncelemeler Yapan Gerçekleri Araştırma Heyeti'nin Raporu, "Türkiye'de Baraj Yapımının Alt-Havza Etkileri", , çev. Emin Soğancı, (Mayıs 2002), (çevrimiçi) www.khrp.org/documents/turkish/baraj.doc , 13 Ekim 2003.
Süer, Mehmet Masum, "Ilısu Barajı", (çevrimiçi) http://hasankeyf.itgo.com/ilisu.html., 31 Mayıs 2003.
TED (The Trade Environment Database), "Colorado River Water Dispute (COLORADO Case)", (çevrimiçi) www.american.edu/ted/COLORADO.HTM ., 9 Kasım 2002.
T.C.Dışişleri Bakanlığı , Ortadoğu'da su sorunu, Bölgesel ve Sınıraşan Sular İdaresi, Ankara, 1994.
T.C.Dış Ticaret Müsteşarlığı, "Türkiye'nin Ekonomik Göstergeleri", (çevrimiçi) http://www.foreigntrade.gov.tr/ead/gosterge/ekogosterge.xls, 22Aralık 2003./ 22 Mart 2005/ 12 Aralık 2005.
T.C. Resmi Gazete "8 Kânunusani 1927 Tarihli Kars'da İmza Edilen Sular İtilafnamesi ile Serdarabat Barajının İnşasına Dair Müzeyyel Protokol ",

3- 4 Ağustos 1927, III. Tertip, C.8, Sayı. 649-650, (çevrimiçi) www.mfa.gov.tr , 4 Ocak 2002.
T.C.Resmi Gazete 15.1.1945, sayı. 5905.
T.C.Resmi Gazete, 10 Aralık 1987, sayı.19660.
T.C.Resmi Gazete, 10 Aralık 1975, sayı.15438.
T.C.Resmi Gazete, 18 Ekim, 1969, sayı 13330.
T.C.Resmi Gazete, 25 Mayıs 1935, sayı 3011.
T.C.Resmi Gazete, 31 Ağustos 1964, sayı.11794.
T.C.Resmi Gazete, 9 Ocak 1967, sayı 12499.
T.C.Resmi Gazete, 27 Haziran 1970, sayı 13531.
T.C. Resmi Gazete, 2006 Yılı Programı, 2 Kasım 2005, sayı.25984 Mükerrer.
Tekinel, Osman; Kanber, Rıza; Çetin, Mahmut;"Su Kaynaklarını Geliştirme ve Kullanım", (çevrimiçi) http://www.zmo.org.tr/etkinlikler/5tk02/09.pdf , 22 Tennuz 2003.
Tiryaki, Orhan, Sınıraşan Sular ve Ortadoğu'da Su Sorunu, Harp Akademisi y., İstanbul, 1994.
Toklu, Vefa, Su Sorunu, Uluslararası Hukuk ve Türkiye, Hacettepe Üniversitesi Sosyal Bilimler Enstitüsü, (Yayınlanmamış Yüksek Lisans Tezi), Ankara, 1998.
Toluner, Sevin, Milletlerarası Hukuk Dersleri, 2.b., İ.Ü.Hukuk F.y., İstanbul, 1977.
Tomanbay, Mehmet, "Güneydoğu Anadolu Projesi: Fırat Sularının Komşu Ülkeler ile Ortak Kullanımında Etkili Olacak Faktörler ", *Dış Politika Bülteni,* Cilt IV, sayı 1, (Kasım-1992), ss.93-103.
Topkaya, Bülent; "Water Resources In The Middle East: Forthcoming Problems And Solutions For Sustainable Development of the Region", Akdeniz University , (July 1998), (çevrimiçi) http://www.akdeniz.edu.tr/muhfak/publications/gap.html#Theories, 12 Mart 2002.
Tunkin, G.I., Theory of International Law, translated by William E.Butler, Harvard University Press, London, 1974.
'Turkey Country Report' Republic of Turkey, Turkey Country Report, prepared by for 3rd World Water Forum, Published by: World Water Council, 2003, ss. 1-154, (çervrimiçi) www.worldwatercouncil.org/WAU-about.shtlm.pdf , 22.Temmuz 2003. (Metinde 'Turkey Country Report' olarak geçmektedir.)
Turton, A.R., "Water And State Sovereignty: The Hydropolitical Challenge For States In Arid Regions", Occasional Paper , No.5, California, (March 1999), (çevrimiçi) www.ciao.org., 30 Aralık 2001.(şifreli site)
Tübitak "Vizyon 2023 Teknoloji Öngörü Projesi Enerji Ve Doğal Kaynaklar Paneli Raporu", Ankara, 24 Temmuz 2003, ss. 1-52, (çevrimiçi) http://vizyon2023.tubitak.gov.tr/teknolojiongorusu/paneller/enerjivedogalkaynaklar/raporlar/enerji_surum1.pdf, 4.Ekim 2003.
Türk Müteahhitler Birliği, "Birecik Barajı", (çevrimiçi) http://www.tca-uic.org.tr/tmb/duyurular_ocak2001_haber_bulteni6.htm , 13 Haziran 2003.

Uçarol, Rifat;"Tarihte;Dicle-Fırat Nehirleri Basra Körfezi ve Çevresinde Önemli Gelişmeler", Su Sorunu, Türkiye ve Ortadoğu, yay.haz.Sabahattin Şen, bağlam y., İstanbul, 1993, ss. 361-399.

UNESCO, "Water resources in Iraq", Water, sustainable development, conservation of freshwater WWAP., (çevrimiçi) http://www.unesco.org/ iraq.htm , 28 Aralık 2003.

UNDP, "Post-conflict Iraq: A UNDP humanitarian action plan", (çevrimiçi) http://www.undp.org/dpa/journalists/postconflictiraq.html , 31 Aralık 2003.

United Nations, Treaty Collection, https://treaties.un.org/Pages/ViewDetails.aspx?src=IND&mtdsg_no=XXVII-12&chapter=27&lang=en Erişim tarihi: 29.01.2015.

UN Distr. General, "Report of Sixth Committee Convening as the Working Group of the Whole", A/51/869 11 April 1997, (çevrimiçi) http://www.un.org/law/watere.htm., 22 Ocak 2002.

UN Press Release GA/9248, "General Assembly Adopts Convention on Law of Non-Navigational Uses of International Watercourses, GA/9248 on 21may, 1997", (çevrimiçi) http://www.un.org/News/Press/docs/1997/19970521.ga9248.html, 30 Aralık 2001.

Ünlü, Erhan, "GAP'ın Ekolojik Etkileri", (çevrimiçi) http://www.dicle.edu.tr/~halks/kon12.htm 09.09.2006.

The Water Page, "Convention On The Protection And Use of Transboundary Watercourses and International Lakes, (Helsinki, 17 March 1992)", The water page, .(çevrimiçi) http://www.thewaterpage.com/helsinki.htm 31 Aralık 2001.

Water Net, "Draft convention text of 11/9/1991", (çevrimiçi) http://allserv.rug.ac.be/~sdconinc/waternet/convention.htm , 31 Aralık 2001.

Williams, Paul, "Water Usually Flows Downhill: The Role of Power, Norms, and Domestic Politics in Resolving Transboundary Water-Sharing Conflicts", Institute on Global Conflict and Cooperation, March 1998, (çevrimiçi) www.ciao.edu. , 13 Mart 2002.(şifreli site)

Wolf, Aaron T., "Tranboundary Waters: Sharing Benefits, Lessons Learned", Thematic Background Paper, Bonn, 2001, ss. 1-33, (çevrimiçi) http://www.water-2001.de/co_doc/transboundary_waters. pdf , 3 Mayıs 2003.

Wolf, Aaron T., "Criteria For Equitable Allocations: The Heart of International Water Conflict", Natural Resources Forum, Vol. 23, No.1, February 1999, (çevrimiçi) http://www.transboundarywaters. orst.edu/publications/allocations/ 24 Mart 2002.

Wolf, Aaron T., "Middle East Water Conflicts and Directions for Conflict Resolution", International Food Policy Research Institute, Washington,

D.C., U.S.A., March 1996, ss. 1-24, (çevrimiçi) www.ifpri.org/2020/dp/dp12.pdf , 03.Aralık 2002.

Wolf, Aaron T , "Conflict And Cooperation Along International Waterways", Water Policy. Vol.1, No.2, 1998, (çevrimiçi) http://www.transboundarywaters. orst.edu/documents/conflict_coop/paper.html , 24.Mart 2002.

Wolf, Aaron T. and Hamner, Jesse H., "Trends in Transboundary Water Disputes and Dispute Resolution", Water for Peace in the Middle East and Southern Africa, Green Cross International, The Hague, 2000, ss. 55-66, (çevrimiçi) http://www.greencrossinternational.net/ (pdf formatında), 31 Mart 2002.

Worl Bank, " World Bank Operational Policies" , (çevrimiçi) http://wbln0018.worldbank.org/Institutional/Manuals/OpManual.nsf/toc2/72CC6840FC533D508525672C007D076B?OpenDocument , 22 Temmuz 2003.

World Bank, "Country Brief: Iraq " (çevrimiçi) http://lnweb18.worldbank.org/mna/mena.nsf/Countries/Iraq/C19BB3EFC8E289BC85256E52005AA394?OpenDocument 14 Şubat 2004.

Worl Bank, "Syria:Country Brief ", (çevrimiçi), http://lnweb18.worldbank.org/mna/mena.nsf/Countries/Syria/ 14 Şubat 2004.

Worldbank, Syrian Arab Republic, çevrimiçi, http://www.worldbank.org/data/dataquery.html, 17 Eylül 2006.

World Bank, Data Sheet for Iraq, (çevrimiçi) http://siteresources.worldbank.org/IRFFI/64168382-1092419012421/21049712/IraqDatasheetSept06.pdf 17 Eylül 2006.

World Bank, "Countries and Region" , (çevrimiçi) http://web.worldbank.org/WBSITE/EXTERNAL/COUNTRIES/0, , pagePK:180619~theSitePK:136917, 00.html , 14 Şubat 2004.

World Commission on Environment and Development, "*Our Common Future* (1987)", (çevrimiçi) http://www.sdinfo.gc.ca/what_is_sd/index_e.cfm., 4 Şubat 2002.

Wouters, Patricia, "The Legal Response to International Water Scarcity and Water Conflicts: The UN Watercourses Convention and Beyond", The water page, (çevrimiçi) http://www.thewaterpage.com/pat_wouters1.htm#_ftn8 01 Eylül 2002.

Wouters, Patricia, "Present Status of International Water Law", Editor's Foreword to *"International Water Law. Selected Writings of Professor Charles B. Bourne", (London, Kluwer Law International, 1997)*, (çevrimiçi) www.dundee.ac.uk/cepmlp/assets/images/wouters. doc , 31 Aralık 2001.

Wouters, Patricia, "The Relevance And Role of Water Law in The Sustainable Development of Freshwater", (çevrimiçi), ss. 1-14. http://www.dundee.ac.uk/cepmlp/water/assets/images/Siwiarticle.doc, 10 Ağustos 2003.

Yearbook of United Nations, Vol.86, United Nations pr., Newyork, 1997.

Yearbook of International Law Commission, 1985 , Vol.II., Part One, Documents of the thirty-seventh session, United Nations pr., Newyork, 1987.

Yearbook of the International Law Commission, 1986, Vol.II.Part one, Documents of the thirty-eight session, United Nations pr., Newyork. 1988.

Yearbook of international Law Commission, 1987, Vol.II., Part One, Documents of the thirty-ninth session, United Nations pr., Newyork, 1989.

Yearbook of International Law Commission, 1988 , Vol.II., Part One, Documents of the fortieth session, United Nations pr., Geneva, Newyork, 1992.

Yearbook of International Law Commission, 1991, Vol.II., Part One, Documents of the forty-third session, United Nations pr, Newyork, Geneva, 1994.

Yearbook of International Law Commission, 1991, Vol.II., Part two, Report of the Commission to General Assembly on the work of its of the Forty-third session, United Nations, Newyork, Geneva, 1994

Yearbook of International Law Commission, 1971, Vol.II., Part one, Documents of the twenty-third session, United Nations, Newyork, 1974.

Yearbook of International Law Commission, 1974, Vol.II., Part two, Documents of the twenty-sixth session, United Nations pr., Newyork, 1977.

Yearbook of International Law Commission, 1976, Vol.II., Part two, Documents of the twenty-eight session, United Nations, Newyork pr., 1978.

Yearbook of International Law Commission , 1980, Vol.II, part one, Documents of the thirty-second session, United Nations, Newyork pr., 1982.

Yolles, Peter and Gleick, Peter H., "Water, War and Peace in the Middle East", Environment, , Vol. 36 Issue 3, p6, 18p, 4 charts, 1c, 4bw., (April 94). (çevrimiçi) macam.ac.il/ ~arnon/International ME/water/Water, %20war%20&%20peace%20in%20the%20Middle%20East%203.htm - 101k , 03 Nisan 2003.

Zaman Gazetesi, 8 Eylül 2006.

More Books!

yes

I want morebooks!

Buy your books fast and straightforward online - at one of the world's fastest growing online book stores! Environmentally sound due to Print-on-Demand technologies.

Buy your books online at

www.get-morebooks.com

Kaufen Sie Ihre Bücher schnell und unkompliziert online – auf einer der am schnellsten wachsenden Buchhandelsplattformen weltweit!
Dank Print-On-Demand umwelt- und ressourcenschonend produziert.

Bücher schneller online kaufen

www.morebooks.de

OmniScriptum Marketing DEU GmbH
Heinrich-Böcking-Str. 6-8
D - 66121 Saarbrücken
Telefax: +49 681 93 81 567-9

info@omniscriptum.com
www.omniscriptum.com

OMNIScriptum

FSC
www.fsc.org
MIX
Papier | Fördert gute Waldnutzung
FSC® C083411

Kolibri 360 GmbH
Ferdinand-Jühlke-Straße 7
99095 Erfurt, Deutschland
produktsicherheit@kolibri360.de

Druck:
CPI Druckdienstleistungen GmbH
im Auftrag der
Kolibri 360 GmbH
Ferdinand-Jühlke-Str. 7
99095 Erfurt